LES FEMMES ET LE MARCHÉ DU TRAVAIL URBAIN EN AFRIQUE SUBSAHARIENNE

Jean-Pierre LACHAUD

LES FEMMES ET LE MARCHÉ DU TRAVAIL URBAIN EN AFRIQUE SUBSAHARIENNE

L'Harmattan
5-7, rue de l'École-Polytechnique
75005 Paris - FRANCE

L'Harmattan Inc
55, rue Saint-Jacques
Montréal (Qc) - CANADA H2Y 1K9

Collection :
Études africaines

- Alfred BOSCH, *Nelson Mandela – Le dernier titan.*
- Ambroise KOM, *Éducation et démocratie en Afrique – Le temps des illusions.*
- ATANGANA, *Éducation scolaire au Cameroun.*
- Claude RAYNAUD, *Sociétés d'Afrique et Sida.*
- Thibaut MOURGUES, *Les Ethiopiens. La Misère et la Gloire.*
- Fweley DIANGITUKWA, *Qui gouverne le Zaïre ? La république des copains. Essai.*-
- Fabien EBOUSSI BOULAGA, *La démocratie de transit au Cameroun*

ISBN : 2-7384-5682-0

Table des matières

Liste des tableaux

Liste des figures

1. Environnement socio-économique et contexte méthodologique

L'un des défis majeurs des pays d'Afrique au sud du Sahara consiste à promouvoir des politiques économiques et sociales susceptibles de combattre la pauvreté et de maîtriser la dynamique des marchés du travail. Mais, s'il est admis que le fonctionnement de ces derniers constitue un déterminant fondamental du bien-être et d'un développement égalitaire, la complexité de la tâche demeure. En particulier, compte tenu de la diversité de la nature humaine, la recherche d'égalité dans un espace engendre fréquemment l'inégalité dans d'autres espaces[1]. De ce fait, le succès de toute orientation du développement visant à réduire la pauvreté à court terme et à l'éradiquer à long terme, est étroitement dépendant du mode d'appréhension des institutions des marchés du travail, en particulier les groupes entre lesquels les disparités sont les plus prononcées. Dans ce contexte, l'option analytique en termes de genre revêt une importance spécifique, dans la mesure où le différentiel de libertés qui prévaut entre les hommes et les femmes n'est pas, la plupart du temps, réductible à un écart de revenus ou de ressources. Ainsi, l'intégration de la dimension féminine dans le processus de transition économique constitue une stratégie opportune, non seulement pour mieux appréhender l'ampleur et la nature des inégalités selon le genre, mais également pour atténuer la fragilité et les déséquilibres liés au cheminement du développement[2].

La présente étude s'inscrit dans cette perspective, et tente d'expliciter les inégalités selon le genre inhérentes à la participation aux marchés du travail urbains des pays d'Afrique subsaharienne. Après avoir esquissé les traits dominants de l'environnement socio-économique des pays considérés, les fondements méthodologiques de la recherche seront exposés.

---

[1] Sen [1992].

[2] Sen opère la distinction entre les 'fonctionnements' — les êtres et les faits ; par exemple, être bien alimenté, bien instruit, etc. — qui sont constitutifs de l'être d'une personne, et les 'capacités' de fonctionnement qui représentent les diverses combinaisons des 'fonctionnements' qu'une personne peut réaliser, c'est-à-dire la liberté de choix d'un individu quant à son style de vie. Dans cette optique, Sen suggère que la question de l'inégalité selon le genre est fondamentalement liée aux disparités de libertés. De ce fait, ce type d'inégalité peut être mieux appréhendé par les éléments intrinsèquement importants — 'fonctionnements' et 'capacités' — plutôt que par les moyens tels que les biens ou les ressources de base. Sen [1992]. Dans les pays les moins avancés, l'opportunité d'une telle orientation analytique peut être discutée.

1. Déséquilibres, ajustements et exclusion

Depuis le début des années 1980, les déséquilibres macroéconomiques constituent une caractéristique commune à maints pays africains. A cet égard, bien que les racines des disparités selon le genre soient, en grande partie, structurelles, un tel contexte économique ne favorise pas la réduction de l'ampleur de l'exclusion sociale des femmes.

1. Crise économique et ajustement social[3]

Compte tenu des informations disponibles[4], les capitales de cinq pays francophones d'Afrique subsaharienne — Ouagadougou, Burkina Faso ; Yaoundé, Cameroun ; Abidjan, Côte d'Ivoire ; Conakry, Guinée ; Bamako, Mali — font l'objet de la présente investigation. Tous ces pays sont confrontés à une profonde crise économique et sociale, sans précédent au cours de leur histoire. Quelques éléments relatifs à leur environnement socio-économique — tableau A1.1 en annexe — permettront de mieux appréhender les traits fondamentaux de l'ajustement social qui a prévalu dans ces pays au cours des quinze dernières années.

A. Le Burkina Faso

Avec un PNB par habitant d'environ 300 dollars en 1993, le Burkina Faso est l'un des pays en développement les moins avancés. A Ouagadougou, la capitale, la proportion des ménages pauvres en 1992 était de 51,7 pour cent, tandis qu'un faible développement humain caractérise l'ensemble du pays[5]. La géographie[6] et l'histoire[7] expliquent en grande partie les atermoiements du processus de transition économique de ce pays, et le fait que pendant les deux premières décennies de l'indépendance, le cheminement du développement se soit fortement appuyé sur les dotations en ressources. En effet, l'enclavement, la faiblesse du marché interne, l'insuffisance du capital humain, l'inadaptation des technologies,

---

[3] Cette partie est partiellement empruntée à Lachaud [1994a].

[4] Voir ci-après, la section relative à la méthodologie.

[5] L'espérance de vie à la naissance — 47,4 ans — et le taux brut de scolarisation, tous niveaux confondus — 19 pour cent — sont parmi les plus faibles en Afrique au sud du Sahara — 1992.

[6] Précarité des ressources et leur dégradation.

[7] D'une part, les hésitations et les négligences de la colonisation, d'autre part, l'instabilité politique au début des années 1960 et 1980.

l'inefficacité du contexte institutionnel et législatif, et l'absence de gisements de minerais connus, ont empêché la mise en œuvre d'une stratégie d'industrialisation basée sur la substitution des importations ou l'exploitation minière. Par conséquent, le processus de développement du Burkina Faso demeure encore largement axé autour de trois principaux éléments : (i) courant important d'émigration vers les pays voisins permettant de contenir une croissance démographique rapide, tout en assurant au pays des ressources financières importantes ; (ii) exportations de bétail dans les pays de la région ; (iii) développement de cultures de rente — coton, arachide.

Bien qu'une gestion économique prudente ait contribué à renforcer ces piliers du développement[8], cette stratégie a engendré des résultats mitigés au début des années 1980 : faible progression du niveau de vie[9], accroissement du déficit commercial, auto-suffisance alimentaire précaire, secteur industriel embryonnaire, faiblesse du développement humain, forte dépendance à l'égard de l'aide internationale et vulnérabilité aux chocs exogènes. Ainsi, entre 1983 et 1989, les nouveaux dirigeants, tout en essayant de rationaliser les finances publiques, mirent l'accent sur l'essor des secteurs agricole — commercial et vivrier — minier et informel, et le développement humain. Malgré les aspects positifs de ce nouveau cheminement du développement[10], au début des années 1990, la structure de l'économie burkinabè était assez proche de celle qui prévalait dans les premières années de l'indépendance. Elle reste dominée par l'agriculture[11] et le secteur public[12], tandis que le secteur informel joue un rôle essentiel. En outre, l'économie du Burkina Faso souffre de la faible efficacité des

[8] Notamment par des politiques de prix et de fourniture de facteurs de production appropriées dans le secteur du coton, et par des investissements publics substantiels en matière d'élevage et de cultures commerciales.

[9] Le PIB a augmenté de 1 pour cent en moyenne pendant les deux premières décennies de développement.

[10] Entre 1982 et 1988, compte tenu de la nouvelle impulsion donnée à l'agriculture, au secteur minier, au secteur informel, et, dans une moindre mesure, au secteur manufacturier essentiellement public, le PIB par habitant augmenta annuellement de 3,1 pour cent —3,7 pour cent entre 1980 et 1993.

[11] L'agriculture représente un tiers environ du PIB et constitue encore la principale source d'emplois — plus de 80 pour cent de la population active — et de revenus. L'activité agricole la plus importante est liée aux cultures vivrières traditionnelles, tandis que le coton est la principale culture de rente.

[12] Malgré une rapide expansion récente du secteur minier, le secteur secondaire reste peu développé, tandis que le secteur manufacturier demeure embryonnaire. Le secteur para-public représente la quasi-totalité du secteur industriel moderne, et l'administration publique prédomine largement dans le secteur tertiaire.

investissements publics et de rigidités structurelles qui entravent la réalisation du potentiel de croissance. Par ailleurs, les déséquilibres des comptes extérieurs et des finances publiques handicapent considérablement la situation financière du pays.

Ce contexte explique la mise en place des programmes d'ajustement structurel à partir du début des années 1990 — 1991 et 1994. Afin de réduire de façon durable la pauvreté, le gouvernement s'est employé à lever les contraintes principales qui freinent la croissance économique à long terme, à savoir la croissance démographique, le faible développement des ressources humaines et la dégradation de l'environnement. Pour atteindre ces objectifs, la stratégie du gouvernement s'est appuyée sur plusieurs réformes structurelles — programme de privatisations, en particulier —, assorties d'une gestion macroéconomique visant le rétablissement des équilibres de base — notamment du compte courant, de manière à rétablir une position extérieure viable à partir de 1995 — grâce à une maîtrise de la demande globale. A la fin de 1994, les effets de la dévaluation semblaient maîtrisés[13], tandis que l'agriculture et l'élevage retrouvaient un certain dynamisme[14]. Cependant, au niveau social, la situation demeure préoccupante, le taux de chômage étant de 25 pour cent environ dans la capitale burkinabè au début des années 1990.

B. Le Cameroun

Le développement de l'économie camerounaise est le résultat d'une interaction spécifique de facteurs géographiques, historiques, politiques et économiques. Avec un revenu par habitant de 820 dollars en 1993, le Cameroun dispose d'importantes ressources humaines — 12,5 millions d'habitants — et naturelles — relief, climat et pluviométrie favorables —, source de croissance économique potentielle considérable. Mais, plus que dans tout autre pays d'Afrique, l'empreinte de l'histoire est indissociable du développement de ce pays. A côté des disparités est-ouest liées à une hétérogénéité des influences européennes[15], s'est superposé le clivage régional nord-sud, fortement influencé par les conditions géographiques[16].

---

[13] En 1994, l'inflation était limitée à 30 pour cent et les salaires n'avaient pas enregistré de hausses exhorbitantes — 4 à 8 pour cent dans le secteur privé et 10 pour cent dans le secteur public.

[14] Toutefois, l'industrie et les services n'ont pas bénéficié de la relance.

[15] En particulier, le «Cameroun utile» — Centre-Sud, Ouest, et Sud-Ouest — bénéficia du développement des grandes cultures d'exportation et d'infrastructures de base.

[16] Alors qu'au sud les religions européennes et le mode de vie urbain structuraient l'ensemble des rapports sociaux, au nord le système social demeurait organisé autour de la

Cette dualité, contrainte politique importante du développement, a été à l'origine d'une inégalité dans les transformations économiques et sociales, et explique, par exemple, que la population urbaine se concentre surtout à Douala, principal centre industriel et commercial du pays, et à Yaoundé, la capitale[17].

Ce contexte est à l'origine des axes majeurs du développement de l'économie camerounaise après l'indépendance, en particulier dans les années 1970 : (i) développement du système productif par une exploitation appropriée des ressources naturelles — notamment les petites exploitations agricoles — et la dynamisation d'un secteur industriel — appuyé par des capitaux privés extérieurs et composé en grande partie d'industries de substitution aux importations ; (ii) extension considérable du secteur public et para-public dans la plupart des secteurs clés de l'économie, dans le cadre du développement auto-centré et du libéralisme planifié, et par souci d'assurer un équilibre régional ; (iii) développement spectaculaire du système éducatif depuis l'indépendance, inhérent au primat de certains objectifs politiques — unité du pays, construction nationale. Ainsi, à la fin des années 1970, le Cameroun fut, grâce à une gestion prudente et un endettement externe faible, l'un des rares pays d'Afrique au sud du Sahara à ne souffrir que de façon atténuée des effets de la crise et à poursuivre une expansion à un rythme soutenu[18]. Il est vrai que la rente pétrolière, apparue à la fin des années 1970, contribua à donner une impulsion à l'économie camerounaise, en dynamisant l'investissement — en particulier public[19].

En fait, à partir de 1985, la dégradation des termes de l'échange[20] et du déficit de la balance des paiements qui s'en suivit contribuèrent à la chute de la croissance économique — négative de 1987 à 1989 — du niveau de vie — baisse du PNB par tête de 19 pour cent entre 1987 et

société traditionnelle.

[17] La crainte de bouleversements au nord, peuplé surtout par des ethnies du groupe soudanais, à été à l'origine d'une certaine prudence, tandis qu'au sud, réunissant les groupes semi-Bantou — Bamiléké — et Bantou, la dynamisation des échanges était favorisée.

[18] Au cours de la période 1973-80, le PIB augmente annuellement de 8,9 pour cent, ce qui est bien supérieur au taux de croissance de la population — 3,1 pour cent. Néanmoins, à la fin des années 1970, l'agriculture demeure le secteur clé de l'économie, en employant encore plus de 80 pour cent de la population active et en fournissant plus de 70 pour cent des recettes d'exportation.

[19] Tout en maintenant un budget équilibré jusqu'au milieu des années 1980, sans recours excessif à l'endettement externe. Au milieu des années 1980, la production pétrolière représentait 15 pour cent de la richesse nationale, 45 pour cent des recettes de l'Etat, et presque les deux tiers du total des marchandises exportées.

[20] Entre 1985 et 1987, la détérioration des termes de l'échange a été de 47 pour cent.

1989 — des investissements et des importations[21]. En outre, les tendances structurelles du marché du travail[22] s'affirmaient, alors que la production du système éducatif[23] évoluait indépendamment de toute considération économique. Afin de rétablir à moyen et à long terme la croissance économique[24], les autorités camerounaises ont mis en œuvre à la fin de 1989 un programme d'ajustement structurel, l'objectif étant de restructurer l'économie en adoptant un ensemble de réformes macroéconomiques et sectorielles[25]. Par ailleurs, afin de limiter l'impact social de l'ajustement — à Yaoundé, en 1990-91, 26,3 pour cent des ménages sont pauvres, et le taux de chômage est de 29,3 pour cent[26] — le gouvernement a inclus dans sa stratégie un programme social afin de protéger les segments défavorisés et vulnérables de la population. Au début des années 1990, ces orientations de politique économique ont été poursuivies, bien que les programmes de réformes — libéralisation du commerce, privatisations, restructurations des entreprises publiques, réduction de l'emploi public — se soient heurtés à quelques obstacles, compte tenu de l'incertitude de la situation économique — effet néfaste de la dévaluation sur les prix — et politique. A cet égard, le nouveau programme économique de 1995-96, approuvé par le Fonds monétaire international, s'inscrit dans le cadre des orientations précédentes, et marque probablement la relance du processus d'ajustement struturel au Cameroun.

C. *La Côte d'Ivoire*

La Côte d'Ivoire est l'un des pays d'Afrique du sud du Sahara où la transition économique est la plus avancée. Malgré la forte réduction de la croissance économique au cours des années 1980[27], le produit national brut

---

[21] Par ailleurs, la contraction des liquidités bancaires, due à la baisse des recettes d'exportation, combinée à une fuite des capitaux et au déficit budgétaire, a constitué un handicap supplémentaire au processus de croissance.

[22] Migration rurale-urbaine, stagnation de l'emploi industriel, progression de l'emploi dans les services.

[23] Inégale selon les régions et relativement inadaptée.

[24] Le PNB par habitant a baissé de 2,2 pour cent entre 1980 et 1993.

[25] Restructuration des finances publique ; restructuration des entreprises publiques et du système bancaire ; libéralisation des prix ; déréglementation du commerce intérieur et simplification de la législation sur le commerce extérieur ; révision des Codes de l'investissement et du travail.

[26] En 1993, le taux de chômage à Yaoundé est estimé à 24,6 pour cent. Roubaud [1993].

[27] Le PNB par tête a diminué de 4,6 pour cent entre 1980 et 1993. Banque mondiale [1995a].

par habitant s'est élevé à 630 dollars en 1993. Une structure de l'économie héritée du passé et la mise en œuvre de politiques de développement, où le rôle de l'Etat dans le système productif et l'ouverture vers l'extérieur constituent les composantes majeures, expliquent, en grande partie, l'évolution de l'économie ivoirienne au cours des trente dernières années.

Bien que plus de 50 pour cent des recettes externes proviennent de deux produits, le café et le cacao, la part de l'agriculture dans le PIB est passée de 43 pour cent en 1960 à 37 pour cent en 1993. Cette transformation structurelle est largement imputable à l'évolution des politiques industrielles menées en Côte d'Ivoire. Dans les années qui suivirent l'indépendance, la stratégie de substitution des importations, basée sur le marché interne à l'aide d'une forte protection, était considérée comme le moyen approprié pour asseoir le développement industriel. Mais, compte tenu de la fécondité limitée d'une telle approche[28], au début des années 1970, l'objectif de diversification de la production agricole fut lié à la volonté de promouvoir un développement industriel orienté vers l'exportation. Ainsi, la part du secteur industriel dans le PIB est passée de 14 pour cent en 1960 à 24 pour cent en 1993, tandis qu'au cours des années 1970, le PIB et la production industrielle progressaient, respectivement, à un taux annuel de 6,7 et 10,5 pour cent[29].

En réalité, cette nouvelle phase du développement industriel, visant en particulier à accroître la valeur ajoutée des produits agricoles destinés à l'exportation et à réduire les disparités régionales, n'a pu être réalisée qu'en ouvrant l'économie ivoirienne vers l'extérieur[30] et en renforçant l'intervention de l'Etat[31]. De plus, ce processus de transition économique a eu deux conséquences ayant une incidence particulière sur le fonctionnement du marché du travail. D'une part, le processus de développement retenu a impliqué un schéma particulier de croissance urbaine, puisque l'essentiel était de disposer d'une armature urbaine capable

[28] Etroitesse du marché interne, potentialités limitées des industries locales quant à leur capacité de pénétrer les marchés externes, et faible incitation à produire des biens intermédiaires.

[29] En fait, ce sont surtout les industries agro-alimentaires, textiles, de l'habillement et de la chaussure qui ont accrues leur production jusqu'en 1980.

[30] On peut souligner quelques conséquences de cette situation : (i) technologie, capitaux et compétences en matière de gestion provenant pour l'essentiel de l'extérieur ; (ii) dépendance financière et technique vis à vis de l'étranger, induisant l'adoption de processus productifs à base de capital ; (iii) investissement public financé de façon croissante par des prêts externes, dans la mesure où une partie des capacités de financement internes était dirigée vers l'extérieur.

[31] En effet, le secteur industriel est largement dominé par quelques grandes entreprises publiques, localisées à Abidjan ; en outre, l'investissement public a considérablement augmenté dans le secteur de la production.

de structurer la zone agricole et de canaliser vers Abidjan matières premières et facteurs de production[32]. D'autre part, le secteur de l'éducation a reçu une attention particulière, et, malgré leur déclin relatif dans les années 1980, les ressources qui lui sont consacrées sont parmi les plus élevées du monde[33].

En vérité, si les politiques de développement adoptées dans les années 1970-80 expliquent les transformations structurelles de l'appareil productif et la réallocation sectorielle de la main-d'œuvre qui lui est associée — tableau A1.1 en annexe — elles permettent également de comprendre, en partie, l'évolution récente de l'économie ivoirienne et l'aggravation des tensions sur le marché du travail. En effet, en Côte d'Ivoire, le PIB a diminué considérablement depuis le début des années 1980. De 6,8 pour cent en 1965-80, le taux de croissance annuel du PIB est tombé à 0,5 pour cent entre en 1980 et 1990. Pour faire face à cette récession imputable à des facteurs conjoncturels — baisse de recettes d'exportation et de la production énergétique — et structurels — manque de compétitivité des entreprises manufacturières, intégration insuffisante du tissu industriel, etc. — la Côte d'Ivoire s'est engagée dans une série de programmes de stabilisation économique et d'ajustement structurel — 1981, 1983, 1986, 1989-90, 1990, 1991 et 1994. Cet effort soutenu de régulation conjoncturelle et de normalisation structurelle a contribué à rétablir les équilibres macroéconomiques, et, malgré les effets de la dévaluation sur les prix, la hausse récente du cours des matières premières induit à une croissance économique à nouveau positive — 2 pour cent en 1994[34]. Toutefois, l'existence de facteurs conjoncturels favorables — y compris des apports externes substantiels liés à la dévaluation — ne doit pas conduire à sous-estimer l'ampleur des facteurs structurels — importance des arriérés extérieurs, faible dynamisme de l'investissement public, situation financière précaire — qui accentuent la gravité de la crise sociale. Ainsi, à Abidjan, à la fin des années 1980, près de 20 pour cent des ménages se situaient en-dessous de la ligne de pauvreté, tandis que le taux de chômage était supérieur à 20 pour cent de la population active.

---

[32] Ainsi, le fait qu'il n'était pas nécessaire de mettre en place des unités urbaines plus diversifiées susceptibles de dynamiser l'arrière pays, explique qu'en dehors d'Abidjan — plus de 80 pour cent de la valeur ajoutée du tertiaire, près de 70 pour cent de celle du secteur secondaire et près du cinquième de la population totale en 1993 — et de Bouaké, une dizaine de villes seulement dépassent 30.000 habitants.

[33] De ce fait, la part des dépenses de l'Etat dans le secteur de l'éducation est passé de 22 pour cent en 1960 à 45 pour cent en 1980. Le taux brut de scolarisation primaire est passé de 46 pour cent en 1960 à 78 pour cent en 1984

[34] En 1995, le taux de croissance économique devrait être de 6,5 pour cent.

D. La Guinée

La République de Guinée est probablement le pays d'Afrique de l'Ouest potentiellement le plus riche en ressources naturelles. Or, ce pays a connu un quart de siècle — de 1958 à 1984 — de détérioration persistante des principaux indicateurs économiques, en grande partie liée à une gestion fortement centralisée de l'économie. Le produit national brut par habitant atteignait 276 dollars en 1981, soit une diminution de 13 pour cent par rapport au maximum atteint en 1976[35]. Au début des années 1990, l'espérance de vie à la naissance est limitée à 44,5 ans, 55 pour cent seulement des individus ont accès à l'eau potable, 70 pour cent des adultes sont analphabètes et 42 pour cent des enfants fréquentent l'école primaire[36]. En fait, l'inertie des structures économiques et sociales, et la précarité du contexte macroéconomique qui prévalent aujourd'hui en Guinée sont, en grande partie, un legs de l'histoire : (i) tradition commerçante, héritée du développement du commerce continental à longue distance au 15ᵉ siècle ; (ii) importance du secteur minier et de l'agriculture de rente inhérente à la colonisation ; (iii) réminiscences du modèle socialiste qui handicapent le processus de libéralisation et le dynamisme de l'investissement privé interne.

Avec l'avènement de la deuxième République en 1984, le gouvernement guinéen a opté pour le libéralisme, fondé sur un ambitieux et vaste programme de réformes économiques, notamment la promotion du secteur privé, le désengagement de l'Etat du secteur productif, et la mise en place d'une administration de développement capable de proposer et d'encadrer un environnement institutionnel et réglementaire adéquat. Cette reforme, entreprise depuis 1986, a permis de réaliser des progrès significatifs au cours de la seconde partie des années 1980, notamment en ce qui concerne les objectifs de libéralisation de l'économie et de correction des déséquilibres macroéconomiques, ce qui explique que le PNB par habitant ait atteint 430 dollars en 1989[37]. Toutefois, au cours de la première moitié

---

[35] Entre 1965 et 1984, la progression du PNB par habitant a été estimée à 1,1 pour cent, tandis qu'en 1993, il s'élevait à 500 dollars. En outre, les banques d'Etat ont dû être toutes liquidées à la fin de 1985, après qu'il eut été constaté que les trois quarts du total des engagements du système bancaire étaient sans contrepartie ; de même, à partir de 1986, le démantèlement de la plupart des sociétés d'Etat était devenu inévitable.

[36] Banque mondiale [1995a] ; Pnud [1995].

[37] Par exemple, l'économie a connu, en termes réels, un taux de croissance annuel par habitant supérieur à 4 pour cent sur la période 1986-1991, malgré un taux de croissance de la population de l'ordre de 2,8 pour cent. Le taux d'inflation est passé de 72 pour cent à la fin de 1986 à moins de 30 pour cent depuis 1988, alors qu'il atteignait 136 pour cent au cours des sept premiers mois de 1986.

des années 1990, l'environnement macroéconomique demeure précaire. La dégradation des termes de l'échange, la croissance des déficits du budget et des paiements courants, le ralentissement de l'investissement — dû en partie aux hésitations du secteur privé interne et externe dans le secteur industriel[38] — la désorganisation de l'appareil d'Etat, le taux d'inflation élevé et la forte corruption, hypothèquent sérieusement le processus de développement en Guinée[39]. L'octroi d'une facilité d'ajustement renforcé en 1991 par le Fonds monétaire international s'inscrit dans ce contexte. En fait, depuis l'indépendance, les structures économiques et sociales se sont peu modifiées, et le développement humain a peu progressé en Guinée. Par ailleurs, sur le plan social, la situation est particulièrement préoccupante. En effet, la nouvelle philosophie politique et économique s'est traduite par la réduction des effectifs de la fonction publique à partir de la fin de 1985. Ainsi, sur un total de 104.000 fonctionnaires — y compris les militaires — recensés à la fin de 1985, il n'en restait plus que 71.000 à la fin de 1989[40]. En outre, au milieu des années 1990, le gouvernement s'est lancé dans une politique de réduction des effectifs de la fonction publique, prévoyant au moins 500 licenciements par an jusqu'en 1997. Or, le secteur privé, sur lequel repose l'espoir du gouvernement en termes d'absorption de l'emploi, est en gestation et a une capacité d'embauche très limitée. Dans ce contexte, il est facile de comprendre pourquoi les tensions sociales créées par la dégradation des indicateurs sociaux se font sentir avec beaucoup plus d'acuité à Conakry que partout ailleurs en Guinée. Conakry, capitale politique, économique, administrative, sociale et culturelle[41], concentre environ 44 pour cent des effectifs du secteur public et para-public et accueille, par ailleurs, plus de la moitié de la population urbaine du pays. De plus, on y trouve l'essentiel des entreprises privées — généralement de petite taille et du secteur commercial —, l'emploi informel, avec un taux de croissance supérieur à celui de l'emploi moderne, représentant les trois quarts de l'emploi total urbain. Ainsi, à Conakry en 1991-92, le ratio de

---

[38] La mauvaise qualité des infrastructures ne favorise pas l'arrivée d'investisseurs étrangers.

[39] La corruption et la désorganiation de l'administration sont des obstacles importants à la réforme du système fiscal.

[40] A cette fin, plusieurs mécanismes ont été utilisés : vaste campagne de pré-retraite, de départs volontaires, et de mise en disponibilité spéciale ; liquidation et restructuration des entreprises publiques et des banques dont les employés étaient également des fonctionnaires; suppression de l'embauche automatique ; blocage des recrutements des jeunes diplômés.

[41] Avec une densité moyenne de population exceptionnelle — 2306 habitants au km^2, contre 19 pour l'ensemble du pays en 1983 — Conakry est la seule ville du pays a avoir plus de 1.000.000 d'habitants

pauvreté des ménages est de 51,8 pour cent, tandis que le taux de chômage s'élève à 19,1 pour cent.

E. Le Mali

Le Mali est également l'un pays les plus pauvres d'Afrique subsaharienne, le produit national brut par habitant étant estimé à 270 dollars en 1993[42]. Alors que la contribution productive réelle du pays avait augmenté à un rythme annuel moyen de 6,4 pour cent entre 1973 et 1980, au cours de la période 1980-93, l'accroissement annuel du produit intérieur brut n'a été que de 1,9 pour cent. Etant donné le taux élevé de la croissance de la population[43], la progression du PNB par habitant a chuté de 1 pour cent par an en termes réels entre 1980 et 1993. Au cours des années récentes, cette évolution a induit une baisse de la consommation réelle par tête, alors que le niveau de l'investissement, soutenu par l'aide étrangère, octroyée pour moitié sous forme de prêts, accentuait les déséquilibres à l'égard de l'extérieur.

Plusieurs éléments majeurs semblent expliquer la précarité de la situation économique et sociale au Mali. Tout d'abord, l'Etat doit faire face à un environnement interne peu propice au développement : conditions géographiques et climatiques très défavorables, contraintes en termes d'infrastructures, marché potentiel limité rendant difficile tout processus d'industrialisation, faible niveau de capital humain[44], inadaptation du système bancaire[45]. Ensuite, le contexte international a joué un rôle de premier plan au Mali. L'élévation du prix des céréales et du pétrole, les récessions et l'inflation dans les pays industrialisés, l'augmentation des taux d'intérêt réels, la fluctuation des taux de change et la baisse des prix des matières premières — en particulier du coton — ont contribué à aggraver la situation économique et sociale et le déficit de la balance commerciale. Enfin, la responsabilité des politiques internes ne peut être niée dans le développement de la crise, bien qu'à l'indépendance le dualisme des structures productives de la période coloniale soit très prononcé : mauvais choix des investissements, inadaptation des politiques d'ensemble, absence de discipline financière et mauvaise gestion, amenuisant les potentialités du secteur public productif, élément stratégique de l'option socialiste ;

---

[42] Banque mondiale [1995a].

[43] Au moins 3,0 pour cent par an environ sur la période 1980-93, les perspectives pour les années 1990 étant de l'ordre de 3,1 pour cent.

[44] Taux brut de scolarisation — tous niveaux confondus — de 15 pour cent.

[45] Faiblesse de l'épargne et de l'intermédiation bancaire.

recrutement systématique des diplômés du système scolaire induisant une charge salariale absorbant la quasi-totalité des ressources budgétaires.

Le ralentissement du processus de transition économique explique la mise en œuvre au cours des années 1980 de programmes d'ajustement structurel avec l'appui du Fonds monétaire international et de la Banque mondiale. Ainsi, dès 1982, le gouvernement malien s'est engagé dans un programme de stabilisation destiné à réduire le déficit budgétaire, les pertes d'exploitation des entreprises publiques et les arriérés du secteur public productif. Cependant, le rythme des réformes s'étant ralenti au milieu des années 1980, vers la fin de 1987, le gouvernement malien s'est à nouveau engagé dans une série de réformes économiques[46] ayant eu plusieurs conséquences importantes : réduction de l'emploi public et para-public[47] ; restructuration du secteur public productif ; réformes dans le secteur cotonnier ; libéralisation du marché des céréales ; politique de vérité des prix des services publics ; suppression des monopoles d'exportation et de la plupart des monopoles d'importation. Au cours de la première moitié des années 1990, tout en essayant de contenir les effets négatifs de la dévaluation, les autorités maliennes ont réaffirmé leur volonté de poursuivre cette stratégie de développement dans le cadre d'accords conclus avec le Fonds monétaire international, notamment la poursuite du processus de privatisation des entreprises publiques. A cet égard, bien que le taux de chômage ne soit que de 16 pour cent environ à Bamako, l'incidence de la pauvreté dans les ménages est environ de 50 pour cent.

En définitive, les nouvelles réformes économiques, exacerbées par certains déséquilibres macroéconomiques[48] et mésoéconomiques[49] , sont susceptibles d'engendrer une nouvelle dynamique des systèmes sociaux, génératrice de conflits ouverts ou de résistances cachées. De ce fait, sur les marchés du travail, plusieurs ajustements, exprimant le coût social des changements de l'environnement économique, semblent prévaloir. Premièrement, le taux de chômage urbain déclaré a considérablement

[46] Libéralisation de la politique des prix et de la commercialisation ; restructuration des Opérations de développement rural ; réforme budgétaire ; restructuration, désengagement de l'Etat et nouvelle définition des relations entre ce dernier et les entreprises publiques; désengagement à l'égard du système bancaire.

[47] Blocage des salaires ; limitation du recrutement des fonctionnaires ; programme de départs volontaires.

[48] Déclin de la capacité d'absorption de la main-d'œuvre, déclin de la part de l'agriculture et développement excessif des services, accélération de la croissance démographique.

[49] En particulier, excédent de diplômés de l'enseignement supérieur, surplus de spécialités relativement saturées et déficits de compétences techniques.

augmenté — il a doublé entre 1975 et 1990, passant de 10 à 20 pour cent environ. Deuxièmement, sous l'impulsion du désengagement de l'Etat du secteur productif et de la rationalisation de la dépense publique, l'emploi dans le secteur moderne — public notamment — a stagné voire décliné[50]. Troisièmement, si la croissance de l'emploi du secteur moderne est demeurée positive, cela pourrait être dû, en partie, à la baisse des salaires réels. Par exemple, en Côte d'Ivoire, entre 1979 et 1989, à caractéristiques des entreprises et des individus identiques, les salaires réels du secteur moderne — hors fonction publique — ont chuté de 29,6 pour cent[51]. Quatrièmement, l'expansion de l'emploi dans le secteur informel, urbain et rural, a été un déterminant essentiel de l'absorption de l'excédent de la main-d'œuvre urbaine. Mais, cela a probablement eu pour conséquence une accentuation des disparités de revenus en milieu urbain et une expansion de l'emploi vulnérable. Par ailleurs, dans certains pays, l'émigration vers l'étranger a constitué une autre forme d'ajustement du marché du travail. Cinquièmement, le contexte institutionnel des relations de travail a été progressivement altéré au cours des années 1980 dans un sens plus libéral, aux niveaux du Code du travail, des lois qui régissent les entreprises publiques et du cadre des relations fixées par le statut de la fonction publique.

De tels ajustements ne sont pas étrangers à la persistance de la pauvreté et de l'inégalité croissante des revenus observées un peu partout en Afrique subsaharienne. En même temps, ils contribuent probablement à accentuer les barrières, déjà multiples, que les femmes doivent franchir pour accéder aux opportunités économiques et aux droits sociaux.

2. Exclusion sociale et genre

La situation des femmes est paradoxale. Alors qu'elles contribuent activement au processus de développement — directement ou indirectement — elles ont tendance à être davantage exclues que les hommes des bénéfices que ce dernier procure. En d'autres termes, les femmes constituent une ressource insuffisamment associée au développement économique et social.

A cet égard, plusieurs observations permettent d'expliciter davantage l'ambiguïté de cette situation, qui n'est pas spécifique à l'Afrique au sud

---

[50] Dans quatorze pays d'Afrique subsaharienne, le taux de croissance annuel de l'emploi salarié aurait été de 3 pour cent entre 1975 et 1980, mais seulement de 1 pour cent au cours de la première moitié des années 1980.

[51] Voir Lachaud [1994b] et le chapitre 6.

du Sahara[52]. Tout d'abord, les femmes constituent une force de travail active et importante. En Afrique subsaharienne, en 1994, le taux d'activité des femmes de 15 ans et plus était de 37 pour cent, et 52 pour cent d'entre elles exerçaient une activité économique[53]. Mais cette évaluation est probablement sous-estimée, compte tenu de la définition restrictive de l'activité économique et de la notion de valeur. Sans aucun doute, la prise en considération du travail non rémunéré rehausse la contribution des femmes au processus de développement[54]. Ensuite, on observe que plus la famille est pauvre, plus elle dépend de la contribution productive des femmes. Par conséquent, améliorer les opportunités économiques des femmes conduit à réduire l'incidence de la pauvreté dans les ménages. En effet, deux éléments renforcent cette stratégie. D'une part, les gains des femmes accroissent le revenu agrégé des ménages les moins aisés. D'autre part, dans certaines situations, les femmes contribuent proportionnellement plus que les hommes aux besoins de base du ménage. Enfin, les femmes bénéficient moins que les hommes des investissements en matière d'éducation, de santé et d'actifs productifs censés accroître les revenus du travail. Or, réduire les disparités selon le genre, non seulement diminue la dépendance des femmes et rehausse leur statut, mais également est susceptible d'engendrer maints bénéfices additionnels : (i) diminution de la fécondité et ralentissement de la croissance de la population ; (ii) amélioration de la survie et du développement des enfants ; (iii) accroissement de la proportion du revenu familial alloué à l'alimentation et à la santé des enfants ; (iv) élévation du revenu des ménages, no amment ceux qui sont situés en-dessous de la ligne de pauvreté ; (v) rehaussement de la productivité du travail et de la croissance des activités économiques clés.

Certes, les approches conceptuelles en matière de recherche quant au rôle des femmes dans le développement, notamment au niveau urbain, ont évolué[55]. Les études négligeant, explicitement ou implicitement, la dimension féminine sont beaucoup moins nombreuses qu'auparavant. Par ailleurs, aux approches consistant surtout à identifier les difficultés des

---

[52] Voir Banque mondiale [1991a] et Bennett [1992] pour l'Inde. La Conférence sur les femmes de Pékin en 1995 a largement exprimé les termes de cette ambiguïté.

[53] Pnud [1995].

[54] Une études réalisée au Kenya montre qu'en milieu urbain, la charge de travail des femmes est de 49,2 heures par semaine, contre 47,7 pour les hommes. Pnud [1995].

[55] Voir sur ce point Moser [1995]. Par ailleurs, sur les aspects théoriques, on peut consulter Humphries [1995].

femmes afin d'y apporter des solutions[56], s'ajoutent, plus récemment, des orientations analytiques mettant l'accent sur l'organisation dans le temps et dans l'espace des rapports entre les femmes et les hommes, de manière à mieux les équilibrer[57]. Toutefois, le préjugé masculin n'est pas absent de certaines recherches urbaines ou stratégies de développement. Par exemple, l'existence d'un coût social de l'ajustement a priori uniforme, quel que soit le sexe, appelle des vérifications supplémentaires. De même, les options de politique économique où les femmes demeurent dans leur rôle traditionnel ont, pour diverses raisons, la préférence des décideurs.

Dans ce contexte, le concept d'exclusion sociale constitue un cadre analytique adéquat pour mettre en lumière les inégalités selon le genre. En effet, l'approche en termes d'exclusion sociale se révèle fructueuse à maints égards[58]. La notion d'exclusion appréhende à la fois les privations en termes de droits sociaux et matériels, et prend en compte plusieurs dimensions de l'inégalité — économique, sociale, politique, culturelle — qui ne sont pas nécessairement associées. En outre, l'exclusion sociale a l'avantage de pouvoir décrire non seulement un état, mais également un processus. De ce fait, le concept d'exclusion est en mesure de saisir les situations de pauvreté et de privations, ainsi que les mécanismes qui leurs sont inhérents. Par ailleurs, il est possible d'identifier à des niveaux très variés — nations, régions, institutions, groupes sociaux, individus, etc. — les acteurs sociaux du développement et d'expliquer les logiques d'exclusion — ou d'inclusion.

Cette orientation analytique a conduit à identifier quatre dimensions de l'exclusion sociale et à expliciter les mécanismes sous-jacents. Premièrement, l'exclusion des biens et services, privés et publics, met l'accent sur la privation des bien matériels en termes de pauvreté, ainsi que sur l'inégalité d'accès aux biens collectifs, notamment l'éducation, la santé, le logement, etc. Deuxièmement, l'exclusion des moyens d'existence met en lumière les processus de non accès au marché du travail et à la terre. En milieu urbain, l'exclusion du marché du travail prend un relief particulier et constitue une source majeure d'inégalité selon le genre — chômage, exclusion des emplois protégés, de la protection sociale ou de la formation professionnelle. Troisièmement, l'exclusion des droits sociaux s'analyse en termes de sécurité — physique, moyens d'existence, santé —, de liberté d'organisation et d'expression, de dignité et d'identité. Quatrièmement, l'exclusion est inhérente à certaines stratégies de développement qui

[56] WID — Women in development.

[57] GAD — Gender and development.

[58] Rodgers, Gore, Figueiredo [1995].

Tableau 1.1 : Les dimensions de l'exclusion sociale selon le genre dans les pays d'Afrique au sud du Sahara du présent échantillon

Pays Paramètre	Burkina Faso	Cameroun	Côte d'Ivoire	Guinée	Mali
Exclusion des biens et services					
Disparités de gains et pauvreté					
Différentiel de revenus urbains hommes-femmes (%)[2]	-0,5	193,1	107,3	30,1	299,0
Différentiel de salaires urbains hommes-femmes (%)[3]	14,6	39,1	27,3	40,0	47,3
Part des revenus du travail — % des femmes[9]	38,5	26,2	27,8	-	11,8
Incidence relative de la pauvreté féminine urbaine[1]	1,5	1,9	0,4	0,8	1,2
Accès à l'éducation					
Alphabétisation adultes — ratio femmes-hommes 1992 (%)[4]	29	66	56	41	56
Taux scolarisation primaire — ratio femmes-hommes 1990 (%)[5]	63	87	71	53	59
Taux scolarisation secondaire — ratio femmes-hommes 1990 (%)[6]	56	76	58	36	54
Taux scolarisation supérieur — ratio femmes-hommes 1990 (%)[7]	46	56	36	25	34
Taux brut de scolarisation des femmes — tous niveaux 1992 (%)	14	44	31	13	11
Incidence urbaine relative femmes-hommes sans instruction[8]	1,3	2,5	1,9	1,9	1,6
Accès à la santé					
Espérance de vie à la naissance des femmes — années 1992	49,0	57,5	52,4	45,0	47,6
Disparités hommes-femmes espérance de vie 1992 — hommes = 100	107	106	105	102	107
Taux de mortalité maternelle 1980-92 — 100 000 naissances vivantes	810	430	-	800	2000
Indice synthétique de fécondité 1992	6,5	5,7	7,4	7,0	7,1
Exclusion du marché du travail					
Taux d'activité des femmes, ≥15 ans 1994 — % population totale	45	32	34	38	15
Taux d'activité des femmes, ≥15 ans 1994 — hommes = 100	81	46	54	61	17
Taux d'activité féminin capitales, ≥15 ans — % population totale[10]	45,0	36,9	59,5	35,9	21,0
Taux d'activité relatifs féminin-masculin, ≥15 ans (%)[11]	63,8	63,3	73,3	60,3	37,4
Taux de chômage déclaré féminin urbain, ≥15 ans — % capitales[12]	28,5	28,6	20,0	17,9	16,3
Taux de chômage relatif féminin urbain, ≥15 ans — capitales[13]	1,2	1,0	0,8	0,9	0,9
Taux de chômage marginal féminin urbain, ≥15 ans — % capitales[14]	16,1	16,9	6,1	29,4	31,5
Part du travail vulnérable féminin dans l'emploi total urbain (%)[15]	59,4	62,0	79,6	47,1	64,3
Ratio des emplois vulnérables urbains femmes-hommes[16] (%)	102,2	115,7	149,6	87,2	107,9
Ratio femmes-hommes administration et encadrement (%)	16	11	-	-	25
Ratio femmes-hommes professions libérales (%)	35	32	-	-	23
Ratio femmes-hommes emplois de bureau et vente (%)	168	59	-	-	130
Exclusion des droits humains et sociaux					
Sièges parlementaires, % de femmes 1994	5,6	12,2	4,6	-	2,3
Administrateurs et cadres, % de femmes 1992	13,5	10,1	0,0[17]	-	19,7
Professions libérales et scientifiques, % de femmes 1992	25,8	24,4	15,2	-	28,3
Proportion de postes ministériels occupés par des femmes 1994 (%)[18]	17	3	8	9	10
Proportion de sièges parlementaires occupés par des femmes 1994 (%)	6	12	5	-	2
Proportion de femmes maires 1994 (%)	18	18	3	3	0
Indices composites					
Indicateur de développement humain 1992 (IDH)	0,228	0,503	0,369	0,237	0,222
Indicateur sexospécifique de développement humain. 1992 (ISDH)	0,214	0,462	0,341	0,214	0,195
Indicateur de participation des femmes 1992 (IPF)	0,280	0,339	0,157	-	0,237
Indicateur sexospécifique d'exclusion du marché du travail (ISEMT)[19]	0,374	0,345	0,276	0,461	0,483

(1) Rapport des ratios de pauvreté des ménages gérés par une femme et un homme : Burkina Faso, Ouagadougou 1992 ; Cameroun, Yaoundé 1990-91 ; Côte d'Ivoire, Abidjan 1986-87 ; Guinée, Conakry 1991-92 ; Mali, Bamako 1991 ; (2) Voir note (1) pour les centres urbains. Calculé selon $[(Rw_h-R_f)/R_f]*100$, où R = le revenu - salaires et profits - et les indices h et f se réfèrent, respectivement, aux hommes et aux femmes ; (3) Sources et méthode, voir la note (2) ; (4) Ensemble du pays; (5) 6-11 ans ; (6) 12-17 ans ; (7) 18-23 ans ; (8) Rapport des pourcentages des sans instruction femmes/hommes - note 1 pour les centres urbains ; (9) Rapport hommes/femmes estimé à 75 pour cent pour les salaires non agricoles, Pnud [1995] ; (10) Voir la note 1 ; (11) Rapports des taux d'activité des femmes et des hommes pour les capitales - voir la note (1) ; (12) Voir note (1) pour les dates ; (13) Rapports des taux de chômage déclaré des femmes et des hommes pour les différentes capitales - voir également la note (1) ; (14) Voir note (1) pour les dates ; (15) Capitales, voir note (1) ; (16) Capitales, voir note (1); (17) Information issue de Pnud [1995] mais porbablement sous-estimée ; (18) Y compris les chefs d'Etat et les gouverneurs de banque centrale - milieu 1994 ; (19) 1990-92 sauf Côte d'Ivoire 1986-87, corrigé PPA ; voir le chapitre 4, tableau 16.4. Sources : Enquêtes emploi pilotes auprès des ménages : Burkina Faso (Ouagadougou, 1992), Cameroun (Yaoundé, 1990-91), Côte d'Ivoire (Abidjan, 1986-87), Guinée (Conakry, 1991-92), Mali (Bamako, 1991) ; Pnud [1995].

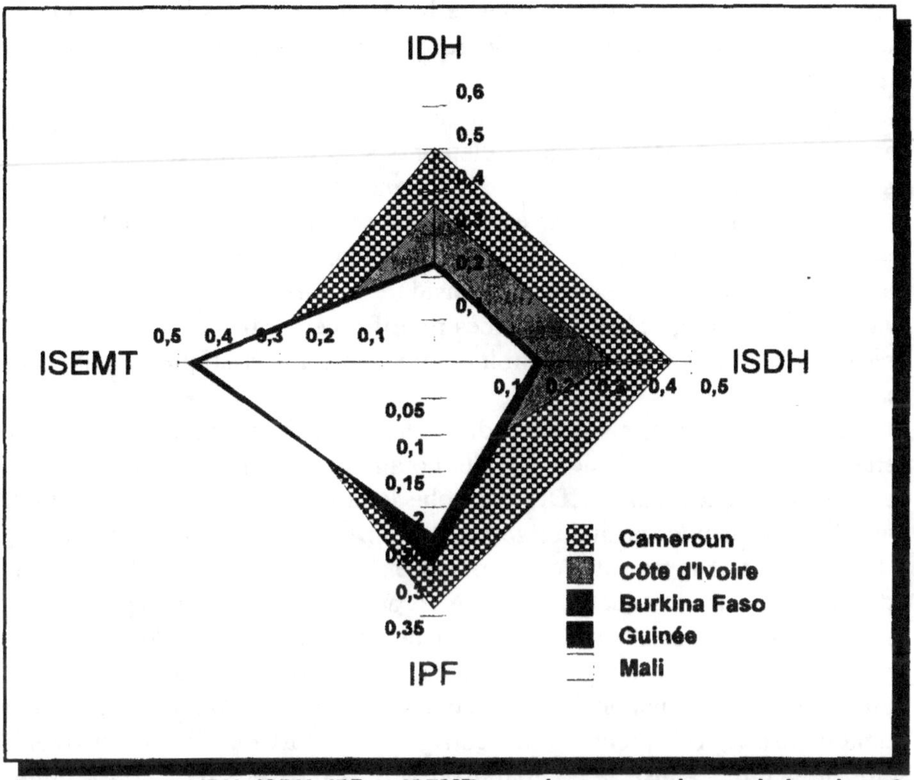

Figure 1.1 : IDH, ISDH, IPF et ISEMT pour les pays et les capitales du présent échantillon - début des années 1990

génèrent, compte tenu du contexte institutionnel sous-jacent, des modèles particuliers de répartition inégalitaire des revenus.

Les informations affichées au tableau 1.1 s'inscrivent dans cette perspective. Elles mettent en lumière les dimensions de l'exclusion sociale selon le genre dans les pays — ou les capitales — qui font l'objet de la présente étude. A cet égard, plusieurs commentaires peuvent être formulés. Tout d'abord, un observe des inégalités importantes entre les hommes et les femmes en termes d'accès aux biens et services privés et publics. Les femmes obtiennent des revenus beaucoup plus faibles que les hommes et, lorsqu'elles gèrent les ménages, l'incidence de la pauvreté dans ces derniers apparaît plus élevée que dans les familles ayant un homme à leur tête. Par ailleurs, malgré les progrès réalisés au cours des dernières années, les femmes demeurent encore très défavorisées en termes d'accès à l'instruction et à la santé[59]. Ensuite, les éléments relatifs aux droits sociaux,

[59] Bien que l'espérance de vie soit plus élevée pour les femmes que pour les hommes,

bien que partiels, mettent en évidence la prééminence des hommes. Quels que soient les pays pris en considération, les femmes participent peu à la vie politique — peu de femmes occupent des postes parlementaires ou municipaux — et les trois quarts au moins des cadres supérieurs ou moyens sont des hommes. Mais, d'autres éléments sont défavorables aux femmes dans la plupart des pays du présent échantillon. En particulier, il existe maintes discriminations à leur encontre en ce qui concerne la polygamie, les droits de succession, la garde des enfants, etc. Enfin, des inégalités majeures apparaissent lorsque l'on considère la participation au marché du travail. A cet égard, le moindre accès relatif à ce dernier et la plus grande précarité des statuts d'emploi semblent être une caractéristique majeure des femmes.

Dans ce contexte, plusieurs indicateurs composites tentent de résumer certains aspects de l'exclusion sociale, notamment féminine[60]. L'indicateur de développement humain (IDH) englobe le taux combiné de scolarisation dans l'enseignement primaire, secondaire et supérieur, l'espérance de vie à la naissance et le niveau de revenu. Il exprime l'écart qui subsiste pour atteindre les trois objectifs suivants : accès à l'éducation pour tous, espérance de vie de 85 ans et niveau de revenu adéquat. Pour un pays donné, plus l'IDH est proche de un, plus le niveau de développement humain relatif est important. L'indicateur sexospécifique de développement humain (ISDH) comprend l'IDH corrigé de la part du revenu du travail selon le genre[61]. Ainsi, la comparaison entre l'IDH et ISDH constitue un indicateur du degré d'équité dans la distribution des potentialités de base selon le genre. Par ailleurs, l'indicateur de participation des femmes (IPF) tente de mesurer la participation de ces dernières au système social, puisqu'il se concentre sur l'incidence féminine de trois éléments : revenu du travail ; emploi — professions libérales et techniques, fonctions administratives et d'encadrement ; participation politique — sièges parlementaires[62]. Enfin, nous proposons l'élaboration d'un indicateur sexospécifique d'exclusion du marché du travail (ISEMT) qui exprime, non seulement le niveau moyen d'accès au marché du travail des capitales, mais également l'inégalité selon le genre quant à la participation au marché du travail urbain. Fondé sur le même principe que l'ISDH, l'ISEMT synthétise

---

les taux de mortalité demeurent encore importants.

[60] Voir Pnud [1995] pour l'IDH, l'ISDH et l'IPH.

[61] L'ISDH prend en compte un cœfficent d'aversion pour l'inégalité entre les sexes ϵ dont la valeur est 2. L'IDH suppose que ϵ a une valeur égale à zéro. Pour le détail du calcul, voir la note technique 2 de Pnud [1995].

[62] Pour le détail du calcul, voir la note technique 2 de Pnud [1995].

cinq dimensions de l'exclusion du marché du travail : (i) chômage déclaré du moment ; (ii) chômage marginal ; (iii) inactivité ; (iv) vulnérabilité du travail ; (v) manque en termes de revenu. Contrairement aux autres indicateurs composites précédemment décrits, l'ISEMT est élaboré de telle manière que plus sa valeur est proche de un plus le degré d'exclusion du marché du travail est important[63].

La figure 1.1 résume les indices composites du tableau 1.1 et met en évidence, pour les pays considérés, une faiblesse du développement humain, des disparités substantielles d'opportunités économiques selon le genre et un large handicap féminin en termes de participation au marché du travail et, plus généralement, au système social.

De tels résultats suggèrent un approfondissement de l'analyse de l'exclusion sociale, en particulier des dimensions qui mettent en lumière les inégalités selon le genre en termes de moyens d'existence et qui contribuent à fragiliser le processus de développement. Dans cette optique, après avoir précisé les aspects conceptuels et méthodologiques, la présente recherche se propose d'explorer les inégalités entre les hommes et les femmes qui résultent des modes de participation au marché du travail.

2 Concepts et méthode

1. Les options analytiques

A. Vulnérabilité et statuts du travail[64]

Depuis plus de deux décennies, l'analyse de la structure et de la dynamique des marchés du travail urbains est largement appréhendée par rapport au schéma dualiste[65]. La dichotomisation sectorielle formel-informel est supposée saisir la complexité et l'évolution du travail au sein de l'économie urbaine africaine[66]. Cette distinction, articulée autour des notions de libre entrée et de système productif, est fondée sur l'idée que les écarts de revenus entre les deux segments ne sont que partiellement imputables au

[63] Voir le chapitre 4 pour la méthode de calcul et les résultats obtenus selon les diverses capitales.

[64] Cette section suit l'exposé de Lachaud [1994a].

[65] L'analyse de Hart — Hart [1973] — le modèle de Todaro — Todaro [1969] — et le rapport de l'Oit sur le Kenya — Oit [1972] — ont beaucoup contribué au développement du modèle dualiste.

[66] Cette dichotomisation est parallèle à la distinction primaire-secondaire des marchés du travail dans les pays industrialisés.

différentiel de capital humain des individus localisés dans les deux secteurs. De ce fait, des facteurs autres que les dotations des individus peuvent contribuer à maintenir les gains inhérents au secteur informel en-dessous de ceux du secteur moderne. Cette approche du marché du travail urbain en Afrique a été renforcée par l'informalisation croissante du travail, l'ampleur relative du secteur informel, et la possibilité de mettre en œuvre des politiques économiques assurant sa promotion. Par ailleurs, malgré les critiques formulées à l'égard de l'homogénéité supposée du secteur informel — en termes d'activités et de gains[67] — et de la dichotomisation des formes de travail, l'approche dualiste aurait la capacité de rendre compte de la diversité des modes d'emploi au sein de l'économie urbaine. Ainsi, il a été réaffirmé, qu'à côté du salariat public et privé des grandes entreprises du secteur formel, cœxistent quatre types de travail spécifiques au secteur informel : le travail occasionnel ; le travail salarié des petites entreprises du secteur informel ; les patrons de ces petites entreprises ; les travailleurs indépendants[68].

Dans le contexte de l'approche dualiste, la distribution du revenu et le bien-être dépendent essentiellement d'une réallocation du travail par l'intermédiaire du mécanisme des prix relatifs — le chômage impliquant un déséquilibre statique sur le marché du travail. En réalité, le type de segmentation du marché du travail supposé par l'analyse dualiste n'est probablement qu'un élément d'explication de la persistance des faibles revenus dans certains segments de l'économie urbaine. La baisse récente des salaires réels et l'accroissement parallèle du chômage et de la pauvreté suggèrent que de nouvelles formes d'organisation du travail se développent, en particulier des modes d'emploi vulnérables qui transcendent la dichotomie formel-informel et qui entretiennent des liens étroits avec des situations de pauvreté. Par conséquent, pour appréhender les mécanismes du marché du travail sous-jacents à la pauvreté urbaine, il importe de saisir son évolution complexe et multiforme, c'est-à-dire la manière dont il est stratifié, et éventuellement segmenté.

Certes, l'idée d'une segmentation du marché du travail urbain indépendante du clivage secteur informel-secteur moderne n'est pas nouvelle[69].

---

[67] Kannappan [1985].

[68] Mazumdar [1989].

[69] Au cours de la seconde moitié des années 1970, quelques auteurs, à la suite des analyses de Marx sur la surpopulation relative, ont tenté de mettre l'accent sur le caractère fonctionnel de certains segments du marché du travail par rapport au capitalisme périphérique. Ainsi, Gerry, à partir d'études de cas, a dressé un schéma théorique en vue d'expliciter ces relations et leurs implications. Il distingue les catégories de travail suivantes : (i) les salariés directs qui reproduisent leur force de travail à travers la vente relativement stable et continue

Mais, les schémas proposés — notamment ceux développés dans le cadre de la théorie de la valeur travail — se révélaient quelque peu inadaptés en termes de politiques économiques praticables visant à réduire la pauvreté, et, bien que s'appuyant sur des études de cas, demeuraient relativement théoriques. C'est pour cette raison qu'une autre voie de recherche fut tentée, plus pragmatique, articulant les segments du marché du travail autour des concepts de protection, de régularité et d'autonomie[70]. Dans cette optique, la première tentative semble due à Rodgers[71] qui a opéré la classification suivante des formes de travail — reprise par Lachaud[72] dans le cas de la Côte d'Ivoire[73] : (i) le travail salarié protégé par des contrats de travail, des contraintes légales et des barrières à l'entrée inhérentes au marché ; (ii) le travail salarié, régulier et concurrentiel exposé aux forces du marché, mais réalisé de manière continue et probablement avec des contrats de travail ; (iii) le travail salarié non protégé, relativement hétérogène — travail occasionnel, travail salarié dans le petit commerce etc. — caractérisé par l'insécurité et/ou l'irrégularité ; (iv) le travail à propre compte et le travail familial des petites unités de production ; (v) les activités «marginales», qui sont avant tout des activités faiblement productives de la rue ou des activités semi-légales ou illégales.

Cette approche conceptuelle a été systématiquement explorée dans le cadre d'une recherche, fondée sur des données récemment collectées dans plusieurs capitales d'Afrique francophone — Ouagadougou, Yaoundé, Abidjan, Conakry, Bamako[74]. Ainsi, dans ces dernières, une analyse en

---

de cette force de travail ; (ii) les salariés occasionnels, caractérisés par un manque de sécurité d'emploi et de revenu — vente occasionnelle de la force de travail, etc. — une faiblesse des rémunérations et l'absence de qualifications ; (iii) le salariat déguisé traduit un processus de transition de l'autonomie relative du travailleur indépendant vers une position plus subordonnée de quasi-salarié ; (iv) les petits producteurs marchands reproduisent leur force de travail largement par une production directe relativement autonome ; (v) le lumpenprolétariat englobe tous ceux qui n'ont pu vendre leur force de travail, les parasitaires auprès de leurs parents, de leurs propres classes ou autres groupes, et qui trouvent des voies diverses pour reproduire leur propre force de travail — travail intermittent, parasitisme familial, criminalité, etc. Gerry [1979].

[70] L'idée de mettre l'accent sur des segments vulnérables du marché du travail est également présente dans d'autres analyses. Weeks [1986] ; Aryee, Mhone [1986].

[71] Rodgers [1986].

[72] Lachaud [1988], p.67.

[73] Cette classification est aussi reprise dans toutes les études réalisées en Afrique avec l'appui de l'Institut international d'études sociales de l'Organisation internationale du travail à Genève. Voir ci-après.

[74] Lachaud [1994a]. Le cas de Madagascar n'est pas pris en compte dans la présente étude. Voir la section suivante pour la présentation des données utilisées.

classification de groupes[75] a permis de constituer cinq segments homogènes du marché du travail en termes de statuts d'emploi : (i) les travailleurs irréguliers ; (ii) les travailleurs indépendants marginaux ; (iii) les travailleurs indépendants avec capital ; (iv) les salariés protégés ; (v) les salariés non protégés[76]. On observera que cette stratification du marché du travail est indépendante du clivage dualiste. Ainsi, les travailleurs indépendants avec capital peuvent parfaitement appartenir au «secteur informel» ou au «secteur moderne» ; il en est de même du groupe des travailleurs irréguliers, ainsi que de celui des salariés non protégés.

Cette orientation méthodologique constituera le cadre conceptuel auquel il sera fait le plus fréquemment référence, non seulement pour analyser les modes de participation des femmes aux marchés du travail des différentes capitales considérées, mais également pour mettre en lumière les inégalités selon le genre que génère la recherche de moyens d'existence.

B. *Systèmes productifs informels et informalisation du travail*

Malgré la préférence pour une approche structuraliste du marché du travail urbain, l'option dualiste peut être utile dans certaines circonstances, notamment pour analyser les potentialités en termes d'emplois et de revenus des systèmes productifs informels. Toutefois, la fécondité d'une telle option analytique semble liée à deux exigences complémentaires. D'une part, l'étude du fonctionnement des micro-entreprises — ou du secteur informel — doit être un sous-produit de l'appréhension du marché du tra ail dans son ensemble ; cela signifie que les formes et les potentialités du travail

---

[75] Cette analyse, fondée sur l'algorithme inhérent au critère centroïde de Quick cluster de SPSS — ou Fastcluster de SAS — a été réalisée à l'aide de 36 variables dichotomiques issues de 16 paramètres : catégorie professionnelle des individus ; statut de l'entreprise — administration, entreprise publique ou privée ; sédentarité du travail ; irrégularité du travail ; type de contrat de travail ; proportion de salariés employés dans l'entreprise ; taille de l'entreprise ; assujéttissement à la fiscalité ; durée du travail — semaine, jour ; existence d'un syndicat dans l'entreprise ; type de rémunération — mois ; rémunérations annexes : primes, avantages en nature ; travailleurs indépendants : importance du capital utilisé, propriété du local ; sous-traitance ; travail sur commandes ; régularité des ventes.

[76] En fait, à la suite de la détermination statistique des segments du marché du travail et de leur identification logique, la constitution des groupes homogènes de travailleurs à été réalisée comme suit : (i) groupe des travailleurs irréguliers : tous les travailleurs irréguliers ; (ii) groupe des travailleurs protégés : travail salarié régulier ; contrat à durée indéterminée ; rémunération au mois ; au moins ouvrier qualifié ; (iii) groupe des travailleurs indépendants marginaux : travail indépendant régulier ; capital inférieur à un seuil déterminé; (iv) groupe des travailleurs indépendants avec capital : travail indépendant ; travailleur régulier ; capital supérieur ou égal à un seuil déterminé ; (v) groupe des travailleurs non protégés : travail salarié régulier ; contrat à durée au plus déterminée ; rémunération au mois ou variable ; au plus ouvrier semi-qualifié.

indépendant doivent être en mesure de mieux expliquer le bien-être des ménages. D'autre part, l'hétérogénéité de l'univers des micro-entreprises doit être spécifié, non pas en fonction de considérations a priori, mais selon la prise en compte d'éléments structurels qui, par leur nature et leur interaction, fondent leur mode de fonctionnement. La mise en évidence d'une différenciation cohérente des formes et des potentialités du travail indépendant urbain est susceptible de mieux expliquer certains aspects de l'informalisation du travail — en particulier selon le genre — et de générer des politiques économiques et sociales plus adaptées. Cette orientation conceptuelle est également adoptée — mais demeure marginale par rapport à l'approche structuraliste — dans le cadre de la présente recherche, afin d'appréhender certains aspects de l'inégalité selon le genre quant à la participation au marché du travail. Quelques considérations analytiques permettront de fixer les idées.

La perception d'un secteur informel urbain hétérogène est déjà ancienne. Sur un plan analytique, beaucoup d'études ont souligné que les modes d'insertion sur le marché du travail du secteur informel urbain étaient liés à la structure de ce système productif[77]. Par exemple, la recherche d'une meilleure efficacité économique et la volonté de résoudre le conflit entre la production et l'emploi dans les zones urbaines, a conduit la modélisation à dichotomiser le système productif informel en une partie intermédiaire — susceptible de permettre un accroissement de l'emploi et de la production — et une partie résiduelle — ayant surtout un rôle d'absorption du travail[78]. De même, au niveau empirique, cette option analytique n'est pas nouvelle. En Côte d'Ivoire, dès 1976, l'une des premières études sur le secteur informel à Abidjan suggérait la présence d'un secteur de stagnation à côté d'unités de production évolutives[79]. A cet égard, l'importance de ces dernières devait attirer l'attention de certains chercheurs, estimant que le processus d'accumulation privé du capital ivoirien, par l'intervention externe et l'évolution de la demande, induirait une croissance évolutive de certaines entreprises ; néanmoins, la plupart des individus obtiendraient leurs moyens d'existence en exerçant une activité dans le secteur de subsistance[80]. Une autre approche, fondée sur une analyse en composantes principales à l'aide d'une vingtaine de variables issues du recensement des activités urbaines de 1976, a tenté de diagnostiquer les critères discriminants permettant de classer les activités en différents

[77] Sur ces questions, on consultera avec profit Turnham, Salomé, Schwarz [1990].

[78] Steel, Takagi [1978].

[79] Lachaud [1976].

[80] De Miras [1980].

secteurs[81]. Dans d'autres pays africains, la volonté de caractériser empiriquement l'hétérogénéité du secteur informel est également présente. Par exemple, une enquête réalisée auprès des micro-entreprises à Nairobi en 1977 a permis d'identifier trois composantes du secteur informel en fonction du niveau du profit[82]. De la même manière, une enquête menée auprès d'établissements informels à Dakar en 1989 suggère une désagrégation de ce système productif en un secteur informel avancé — composé d'entreprises en appendice du secteur moderne et ayant un capital social important — un secteur informel progressif — où les activités artisanales et commerciales sont fortement représentées, mais où le salariat est pratiquement inexistant — et un secteur informel stagnant — qui englobe la majorité des activités et des aides familiaux[83].

En réalité, les quelques études — théoriques et empiriques — précédemment indiquées, opérant une désagrégation de l'univers des micro-entreprises en fonction de critères a priori, illustrent une méthode d'analyse largement utilisée. Or, la dichotomisation du secteur informel, soit en privilégiant un critère a priori — le revenu, le capital, etc. — soit en fonction d'une préconception du fonctionnement du système productif, ne conduit pas nécessairement à identifier des sous-groupes homogènes, tant du point de vue des caractéristiques et des potentialités des entreprises que des formes de travail. C'est pour éviter une telle incertitude qu'une stratification a posteriori du secteur informel urbain à l'aide d'une analyse en classification de groupes a été proposée[84].

Ainsi, à partir des informations fournies par l'enquête nationale sur le secteur informel de Côte d'Ivoire en 1985, cette approche statistique a permis de différencier trois systèmes productifs informels[85]. Le premier

---

[81] Le résultat de cette analyse est de proposer la classification suivante des activités urbaines : (i) grandes entreprises : comptabilité légale et au moins 50 salariés permanents ; (ii) petites et moyennes entreprises : comptabilité légale et moins de 50 salariés permanents ; (iii) artisanat de transition : pas de comptabilité légale, mais au moins un salarié ; (iv) informel localisé : pas de salariés permanents, local fixe ; (v) informel : activités non localisées. Baris [1980].

[82] Les catégories sont les suivantes : (i) le secteur informel intermédiaire — 31 pour cent — composé d'entreprises ayant un profit excédant le revenu national moyen du pays ; (ii) la communauté des pauvres — 42 pour cent — dont les gains sont inférieurs au salaire minimum; (iii) un groupe résiduel — 27 pour cent — ayant un niveau de profit supérieur au salaire minimum, mais inférieur au revenu national. Selon cette analyse, les entrepreneurs dynamiques seraient localisés dans le secteur intermédiaire. House [1984]. Le secteur informel est repéré par les entreprises n'ayant pas de local fixe.

[83] Zarour [1989].

[84] Lachaud [1995c]. Cette analyse est réalité issue de Lachaud [1989].

[85] Malheureusement, la qualité des données ne permettant de prendre en compte qu'un

groupe concerne 23,2 pour cent des entreprises. Ces dernières, la plupart du temps non commerciales, ont un capital inférieur à la moyenne, disposent d'une faible capacité de financement et utilisent peu de salariés[86]. Par ailleurs, ces unités de production sont gérées essentiellement par des hommes[87], ayant un faible niveau d'instruction[88] et disposant d'une formation professionnelle acquise dans le secteur informel. De telles entreprises, dont les trois cinquièmes sont gérées par des africains non ivoiriens, sont caractéristiques d'un secteur artisanal de production ou de services que l'on pourrait appeler *évolutif secondaire*. Par opposition, le deuxième groupe, constitué d'entreprises commerciales, de services[89] et artisanales[90], situées à la frange du secteur moderne, serait l'expression d'un secteur *évolutif primaire*, où la transition économique serait déjà bien avancée. Bien que ce groupe ne représente que 5,7 pour cent des entreprises, ces dernières disposent de solides potentialités économiques : capital en moyenne au moins deux fois plus élevé que pour le groupe précédent, et capacité d'investissement substantielle[91]. D'ailleurs, le dynamisme de ces entreprises s'observe également par le fait que les demandes d'apprentissage et d'emplois y sont plus fréquentes que dans les autres unités de production du secteur informel. En outre, il s'agit d'unités de production employant relativement plus de salariés, peu de main-

---

nombre limité d'informations, la présente approche doit être considérée comme une tentative. L'analyse en classification a été réalisée à l'aide de 10 variables dichotomiques issues de 5 paramètres : (i) pourcentage de salariés positif dans l'entreprise ; (ii) branche agro-alimentaire ou textile ; (iii) branche bois, mécanique ou bâtiment ; (iv) branche du commerce et des autres services ; (v) possession d'un compte bancaire ; (vi) local en dur ; (vii) local en matériaux provisoire ou de récupération ; (viii) chef d'entreprise sans formation ; (ix) formation du chef d'entreprise dans le secteur informel ; (x) formation du chef d'entreprise dans le secteur moderne. Les résultats obtenus montre que la différenciation en trois groupes d'entreprises est statistiquement la meilleure.

[86] En effet, la proportion de la main-d'œuvre salariée — non compris le chef d'entreprise — est en moyenne de 6,2 pour cent, alors que le nombre d'apprentis s'élève à environ 1,2 par entreprise. D'ailleurs, 28,8 pour cent de la main-d'œuvre — composée de 90 pour cent d'hommes — est membre de la famille du patron, tandis qu'une proportion de 22,6 pour cent est embauchée selon le critère familial.

[87] La proportion de femmes n'est que de 4,1 pour cent en moyenne.

[88] Près des deux tiers d'entre eux sont sans instruction.

[89] 54,4 pour cent.

[90] En particulier du bois et de la mécanique, 33,3 pour cent.

[91] 13,9 pour cent de leur chef, surtout des ivoiriens — 63,5 pour cent — disposent d'un moyen de déplacement, constitué dans plus de la moitié des cas par un véhicule, financé dans 95,5 pour cent des cas par le chef d'entreprise.

d'œuvre familiale[92], et où la proportion de femmes y ait plus importante que dans le secteur artisanal précédent[93]. Enfin, en ce qui concerne le capital humain, la plupart des chefs d'entreprise ont été formés dans le secteur moderne et moins du tiers d'entre eux n'ont pas accédé au niveau d'instruction du primaire. Le troisième groupe englobe la majorité — 71,1 pour cent — des activités informelles et pourrait être identifié à un secteur *involutif*. En effet, ce groupe possède des traits qui s'opposent presque systématiquement aux précédents : peu de salariés et d'apprentis, mais surtout une main-d'œuvre familiale[94], composée de femmes dans 25 pour cent des cas[95] ; capital en moyenne deux fois plus faible que dans le secteur évolutif secondaire et absence relative d'investissement en moyens de déplacement[96] ; absence relative de formation et faible niveau d'éducation des entrepreneurs[97] ; forte localisation dans le commerce et les autres services ; proportion relativement élevée de femmes à la tête des entreprises[98].

Cette stratification du secteur informel ivoirien permettra d'approfondir l'analyse du différentiel d'accès au travail indépendant selon le genre, et de spécifier les inégalités sous-jacentes en termes de moyens d'existence.

2. Les sources statistiques

La présente recherche s'appuie, pour l'essentiel, sur une information statistique spécifiquement adaptée à l'appréhension des statuts du travail en termes de vulnérabilité. Toutefois, afin d'explorer certains aspects particuliers du marché du travail selon le genre, il a été nécessaire de faire référence à des sources statistiques plus classiques, axées sur les systèmes productifs urbains.

---

[92] En effet, dans ce segment, l'incidence du travail familial n'est que de 16,4 pour cent. Par ailleurs, le critère d'embauche ne s'effectue sur la base du lien de parenté que dans 12,2 pour cent des cas.

[93] Entrepreneurs ou employées, près de 20 pour cent.

[94] 51,1 pour cent.

[95] 91,8 pour cent des femmes ayant une activité informelle sont localisées dans ce groupe.

[96] 5,7 pour cent des individus possèdent un moyen de déplacement. En outre, la proportion des entreprises ayant un local en dur est presque deux fois moins importante que dans les groupes précédents.

[97] 96,6 et 78 pour cent des chefs d'entreprise de ce groupe sont, respectivement, sans formation et sans instruction.

[98] 30,4 pour cent.

A. *Vulnérabilité, statuts du travail et informations statistiques*

Dans la plupart des pays d'Afrique subsaharienne, l'analyse du marché du travail se heurte à la faiblesse de l'information statistique disponible. Ce handicap, davantage accentué lorsqu'il s'agit d'appréhender les mécanismes du marché du travail sous-jacents à la pauvreté, s'observe à plusieurs niveaux. En premier lieu, l'information relative au marché du travail est fragmentaire. En second lieu, les insuffisances conceptuelles contribuent à renforcer la faiblesse quantitative de l'information statistique relative au marché du travail. En troisième lieu, la précarité des informations relatives au marché du travail est accentuée par l'incertitude méthodologique des études disponibles[99].

C'est pour combler ces lacunes qu'une série d'enquêtes pilotes sur emploi auprès de ménages ont été réalisées entre 1986-87 et 1992 dans plusieurs capitales africaines — Abidjan (Côte d'Ivoire), 1986-87 ; Antananarivo (Madagascar), 1989 ; Yaoundé (Cameroun), 1990-91 ; Conakry (Guinée), 1990-91 ; Bamako (Mali), 1991 ; Dakar (Sénégal), 1991; Ouagadougou (Burkina Faso), 1992. Ces différentes investigations ont été effectuées dans le cadre du Réseau d'analyse du marché du travail en Afrique (RAMTA), sur l'initiative de l'Institut international d'études sociales de l'Organisation internationale du travail à Genève[100]. L'objectif de ces enquêtes est d'explorer les liens entre la structure du marché du travail et la pauvreté urbaine. En d'autres termes, il s'agit d'examiner plusieurs éléments susceptibles de contribuer à mieux appréhender le fonctionnement du marché du travail : accès limité à l'emploi ; taux de chômage élevé ; vulnérabilité de certains groupes en termes de chômage et de pauvreté ; développement du travail précaire. En définitive, il s'agit de collecter de nouvelles informations sur le marché du travail afin d'examiner sa structure dans une optique qui s'écarte de l'approche dualiste[101]. Des groupes homogènes peuvent se retrouver à l'extérieur du clivage informel-moderne ; de ce fait, les agents des catégories inférieures des entreprises des secteurs privé et para-public ne sont pas nécessairement différents de

---

[99] Voir Lachaud [1994a] pour un développement de cette argumentation.

[100] Avec l'appui financier de l'Usaid et de la coopération technique de l'Oit. Par ailleurs, plusieurs institutions locales africaines ont collaboré à la réalisation de ces enquêtes : Onfp (Côte d'Ivoire); Osipd (Madagascar) ; Direction de la statistique et Ensut (Sénégal) ; Ministère du plan et de l'aménagement du territoire (Cameroun) ; Onmoe (Mali) ; Onemo (Guinée) ; Insd (Burkina Faso). Les enquêtes relatives à Madagascar et Dakar ne sont pas prises en compte dans la présente recherche.

[101] Quelques études préliminaires récentes de ce type montrent que tous les pauvres ne sont pas nécessairement dans le secteur informel, et que tous les non pauvres ne sont pas dans le secteur moderne. Harris, Kannan, Rodgers [1990] ; Lachaud [1988].

certains travailleurs du secteur informel.

En même temps, un autre objectif de la présente recherche est d'utiliser l'analyse comparative pour mettre en évidence les spécificités nationales, enrichir les conclusions analytiques et accroître la véridicité des résultats obtenus. A cet égard, les données collectées dans le cadre du programme précédemment indiqué contribuent à renforcer la solidité de l'analyse comparative. En effet, toutes les enquêtes sont relativement homogènes quant à l'échantillonnage, au support statistique, aux concepts utilisés, et aux procédures d'exploitation des données mises en œuvre. Ainsi, malgré la relative hétérogénéité des pays pris en compte — quatre économies à faible revenu et deux économies à revenu intermédiaire — la solidité de cette option analytique est renforcée par l'homogénéité des sources statistiques utilisées.

B. Systèmes productifs urbains et informations statistiques

En ce qui concerne les informations relatives aux systèmes productifs, deux sources statistiques seront utilisées.

Premièrement, les références au système productif informel seront fondées sur les données d'une enquête nationale sur le secteur informel urbain de Côte d'Ivoire, effectuée en 1985 par l'Office national de formation professionnelle[102]. Cette enquête, menée auprès des chefs d'entreprise, des patrons et des gérants, a porté sur les activités sédentaires et semi-sédentaires dans 50 agglomérations de plus de 10 000 habitants. L'échantillon a été élaboré à partir du recensement des activités du secteur informel de 1984 et le taux de sondage est de 10 pour cent, sauf pour les branches du textile, des services et du commerce — 5 pour cent. Compte tenu du champ d'investigation retenu, il apparaît qu'un certain nombre d'activités de services et de commerce ont été exclues. Par ailleurs, cette investigation statistique peut être qualifiée de «classique», puisque la base de l'échantillonnage du secteur informel ne résulte pas d'une enquête préalable auprès des ménages mais d'un recensement des entreprises. Malgré ces incertitudes, auxquelles il faut ajouter l'absence de clarification

---

[102] Cette enquête avait été initiée par les ministères de l'Economie et des finances, du travail et de l'ivoirisation des cadres, de l'industrie, et de l'éducation nationale et de la recherche scientifique. Elle avait en outre été appuyée par le projet Bit «Promotion de l'artisanat et du secteur informel». Les informations recueillies au cours de cette enquête sont assez limitées et d'inégale qualité. Elles portent principalement sur l'emploi, le revenu, la formation, la gestion, les caractéristiques de la main-d'œuvre employée — sauf les salaires —, le mode d'approvisionnement et les caractéristiques de la clientèle.

conceptuelle[103] et l'ancienneté des informations[104], cette enquête présente un double intérêt pour notre propos. Premièrement, il s'agit d'une investigation ayant une dimension nationale, ce qui peut contribuer à renforcer la véridicité des résultats obtenus. Deuxièmement, le contexte macro-économique de la Côte d'Ivoire du début des années 1980 a été marqué par une récession[105] — surtout en 1983 et 1984 — et la mise en œuvre de programmes d'ajustement structurel — 1981 et 1983. Cette situation a induit une diminution de l'emploi moderne, une réduction des salaires réels et une absorption de l'emploi dans le secteur informel plus rapide que dans le premier[106].

Deuxièmement, des informations relatives au système productif moderne seront partiellement utilisées. Dans le cadre de la présente recherche, cette source statistique fait référence aux recensements de la main-d'œuvre salariée du secteur moderne de Côte d'Ivoire. Ces recensements couvrent l'ensemble du territoire et sont effectués auprès d'établissements[107]. Parmi les investigations réalisées par l'Office national de formation professionnelle de Côte d'Ivoire, la présente recherche utilisera ponctuellement les données de 1979 et 1989, afin de procéder à une analyse dans le temps selon le genre en fonction de certains paramètres. En réalité, les développements ultérieurs montreront que l'utilisation de ce type de données handicape l'analyse à deux niveaux. D'une part, les enquêtes auprès des établissements sont moins riches en termes d'informations que les enquêtes auprès des ménages. D'autre part, la fonction publique est exclue du champ de collecte des données. Néanmoins, la possibilité d'effectuer des comparaisons dans le temps peut présenter un certain intérêt.

---

[103] Il semble que le mode de gestion soit le critère de distinction entre les secteurs moderne et informel. Cependant, l'analyse des résultats montre que quelques entreprises disposaient d'une comptabilité.

[104] Ajoutons que les principaux résultats de cette enquête ont déjà été publiés. Voir Lachaud [1989].

[105] Imputable à des facteurs conjoncturels — baisse des recettes d'exportation et des recettes énergétiques — et structurels — manque de compétitivité des entreprises manufacturières, intégration insuffisante du tissu industriel, etc.

[106] Lachaud [1994b]. La part du secteur informel urbain représentait 52,4 pour cent en 1978. Entre 1975 et 1985, la progression de l'emploi informel urbain a été évaluée à 5,3 pour cent par an, contre 4,9 pour cent dans le secteur moderne.

[107] Les établissements considérés sont ceux qui tiennent une comptabilité normalisée et qui ont un chiffre d'affaires annuel généralement supérieur à 12 millions de F.CFA.

Conclusion

L'environnement socio-économique de la plupart des pays d'Afrique subsaharienne francophones s'est dégradé depuis une quinzaine d'années et demeure précaire. Les réformes économiques engendrent une nouvelle dynamique des systèmes sociaux, en général, et des marchés du travail, en particulier. A cet égard, les ajustements qui prévalent ne sont pas étrangers à l'aggravation de la pauvreté et de l'inégalité observées un peu partout, et contribuent probablement à accentuer les handicaps que les femmes doivent vaincre pour accéder aux opportunités économiques.

Dans ce contexte, plusieurs indicateurs composites tendent à mettre en lumière de fortes inégalités selon le genre, expression d'un processus d'exclusion sociale. En effet, des inégalités importantes entre les hommes et les femmes en termes d'accès aux biens et services privés et publics demeurent. En outre, certains éléments relatifs aux droits sociaux, bien que partiels, mettent en évidence la prééminence des hommes. Enfin, des inégalités majeures apparaissent lorsque l'on considère la participation au marché du travail.

Afin d'approfondir la connaissance des déséquilibres et des inégalités entre les hommes et les femmes, ainsi que leur incidence sur le niveau de bien-être des ménages, la présente recherche propose l'utilisation d'un cadre conceptuel du marché du travail axé sur la vulnérabilité des statuts d'emploi. Une telle approche est fondée sur la disponibilité de nouvelles informations, spécifiquement collectée pour explorer la relation entre le fonctionnement des marchés du travail et la pauvreté dans les capitales africaines.

Après avoir présenté le profil des ménages urbains dans lesquels s'insèrent les femmes, ainsi que les caractéristiques de ces dernières — chapitre 2 — les spécificités de l'offre de travail féminin sont explorées — chapitre 3. Les modes de participation au marché du travail et l'incidence sur les niveaux de vie sont ensuite précisés — chapitre 4. Par ailleurs, l'importance de l'éducation féminine en termes d'opportunités économiques et d'évolution future de la population active, implique non seulement une analyse des déterminants de l'accès au système éducatif, mais également une appréhension de la relation entre ce dernier et la fécondité — chapitre 5. Enfin, les conséquences de la participation des femmes au marché du travail sont explorées par rapport aux écarts de gains — chapitre 6 —, tandis que l'examen de leur profil de carrière — chapitre 7 — est en mesure de mieux saisir les processus qui fondent leur accès au marché du travail et leur mobilité.

2. Les femmes et les ménages urbains

La participation des femmes au marché du travail urbain et le niveau de vie auquel elles ont accès s'expliquent à la fois par leur position au sein du groupe et leurs caractéristiques individuelles.

1. Le profil des ménages urbains

La contribution économique individuelle au groupe, le type et la dimension des ménages, ainsi que les taux de dépendance en fonction du sexe, du statut matrimonial et du niveau de vie, permettent d'expliciter le profil des ménages urbains dans lesquels s'insèrent les femmes.

1. Sexe, statut matrimonial et contribution économique

Bien que l'analyse microéconomique du marché du travail accorde une importance particulière au concept de chef de ménage[1], cette approche n'est pas toujours justifiée. Des études récentes ont montré que la correspondance en termes de contribution au revenu du groupe entre le statut de chef de ménage et celui de principal support économique[2] était souvent imparfaite[3]. Dans maints pays d'Afrique subsaharienne, l'incidence spécifique des institutions sociales accentue la dissociation entre la fonction économique et la fonction sociale du chef de ménage, et peut biaiser l'identification des relations entre la participation au marché du travail et le niveau de vie.

Cette orientation conceptuelle fonde l'appréhension des relations, selon le pays, entre le sexe, le statut matrimonial et la contribution économique au ménage. A cet égard, le tableau 1.2 appelle plusieurs observations. Premièrement, le statut de chef de ménage féminin est très minoritaire dans toutes les capitales du présent échantillon — 10 à 15 pour cent des chefs de ménage —, et a tendance à être d'autant moins répandu que l'incidence

---

[1] Celui qui s'est déclaré comme tel lors des enquêtes.

[2] C'est-à-dire celui qui génère le revenu le plus élevé au sein du ménage.

[3] Par exemple, une étude relative à six capitales d'Afrique subsaharienne a montré que si dans quatre d'entre elles — Ouagadougou, Yaoundé, Abidjan et Antananarivo — 80 pour cent des chefs de ménage sont en même temps les principaux supports économiques, dans les deux autres — Bamako et Conakry — la correspondance n'est, respectivement, que de 55 et 62 pour cent. Lachaud [1994a]. Voir également Rosenhouse [1989].

Tableau 1.2 : Répartition des individus selon le statut matrimonial, le type de soutien économique et la capitale

Statut dans le ménage / Capitale/paramètre	Chef de ménage masculin	Chef de ménage féminin	Homme secondaire	Femme mariée	Femme célibataire	Ensemble
Ouagadougou						
Principal support économique[1]	65,7	48,4	6,3	6,2	2,8	19,2
	72,4	6,2	9,9	8,6	2,9	100,0
Support économique secondaire[1]	6,3	6,5	14,4	19,0	8,5	12,6
	10,7	1,3	34,6	40,3	13,2	100,0
Inactif/chômeur	28,0	45,2	79,3	74,8	88,7	68,2
	8,7	1,6	35,1	29,2	25,4	100,0
Ensemble	21,2	2,5	30,2	26,6	19,5	100,0
(N)	(268)	(31)	(382)	(337)	(247)	(1265)
Yaoundé						
Principal support économique[1]	71,1	68,9	5,1	6,8	2,4	18,7
	68,4	11,7	9,8	7,1	3,0	100,0
Support économique secondaire[1]	7,4	2,2	11,1	28,6	6,2	12,4
	10,7	0,6	31,6	45,2	11,9	100,0
Inactif/chômeur	21,5	28,9	83,8	64,6	91,4	68,9
	5,6	1,3	43,1	18,4	31,6	100,0
Ensemble	18,0	3,2	35,4	19,6	23,8	100,0
(N)	(256)	(45)	(505)	(280)	(339)	(1425)
Abidjan						
Principal support économique[1]	75,5	80,6	8,0	9,6	4,7	27,0
	70,4	8,9	8,9	8,9	2,9	100,0
Support économique secondaire[1]	9,2	9,7	19,4	40,4	22,2	22,3
	10,4	1,3	26,4	45,5	16,5	100,0
Inactif/chômeur	15,3	9,7	72,6	50,0	73,1	50,7
	7,6	0,6	43,3	24,7	23,8	100,0
Ensemble	25,2	3,0	30,3	25,1	16,5	100,0
(N)	(261)	(31)	(314)	(260)	(171)	(1037)
Conakry						
Principal support économique[1]	55,9	60,0	6,3	8,2	1,8	13,0
	59,6	2,2	18,8	16,5	2,9	100,0
Support économique secondaire[1]	13,8	10,0	13,8	28,4	6,2	16,0
	11,9	0,3	33,1	46,6	8,1	100,0
Inactif/chômeur	30,3	30,0	79,9	63,4	92,0	71,0
	5,9	0,2	43,3	23,4	27,1	100,0
Ensemble (N)	13,9	0,5	38,5	26,2	20,9	100,0
	(290)	(10)	(806)	(549)	(438)	(2093)
Bamako						
Principal support économique[1]	57,5	29,6	9,3	4.1	3,0	12,5
	54,1	2,8	30,0	7,2	5,9	100,0
Support économique secondaire[1]	12,5	3,7	15,3	11,6	7,0	12,0
	12,2	0,4	51,8	21,2	14,4	100,0
Inactif/chômeur	30,0	66,7	75,4	84,3	90,1	75,6
	4,7	1,0	40,4	24,5	29,4	100,0
Ensemble	11,7	1,2	40,4	21,9	24,7	100,0
(N)	(273)	(27)	(940)	(510)	(574)	(2324)

(1) Le principal support économique est celui dont le revenu est le plus élevé dans le ménage ; le premier pourcentage se réfère aux colonnes, tandis que le second pourcentage est inhérent aux lignes.

Sources : Enquêtes emploi pilotes auprès des ménages : Burkina Faso (Ouagadougou, 1992), Cameroun (Yaoundé, 1990-91), Côte d'Ivoire (Abidjan, 1986-87), Guinée (Conakry, 1991-92), Mali (Bamako, 1991).

des structures traditionnelles et de la religion musulmane est forte — Mali, Guinée, Burkina Faso. De ce fait, la plupart des femmes — mariées ou célibataires — ont, au sein des ménages, un statut économique et social habituellement qualifié de secondaire.

Deuxièmement, quel que soit le sexe du chef de ménage, le statut de ce dernier ne recoupe que très imparfaitement la position de principal support économique, surtout dans les pays — Mali et Guinée — où domine la société traditionnelle. D'une manière générale, entre la moitié et les trois quarts des chefs de ménage sont en même temps les principaux soutiens économiques du groupe auquel ils appartiennent. Néanmoins, les ménages ayant à leur tête une femme présentent deux particularités. D'une part, la proportion de femmes gérant le ménage et apportant en même temps l'essentiel des revenus est plus faible que dans les ménages où le chef est un homme. Ainsi, au Mali et au Burkina Faso, dans les ménages gérés par une femme, cette dernière est en même temps le principal soutien économique dans, respectivement, 29,6 et 48,4 pour cent des cas ; or, pour ces deux pays, dans les groupes ayant à leur tête un homme, cette proportion s'élève, respectivement, à 57,5 et 65,7 pour cent. D'autre part, cette moindre contribution économique des femmes chefs de ménage ne semble a priori que partiellement compensée par un apport en termes de revenu des membres secondaires. En effet, c'est précisément dans les ménages gérés par une femme où le recoupement des statuts de chef de ménage et de principal soutien économique est le plus faible, que la proportion des femmes chefs de ménage inactives ou au chômage est la plus élevée. Par exemple, à Ouagadougou, Conakry et Bamako, la correspondance des statuts précédemment évoquée est la plus imparfaite dans les ménages ayant à leur tête une femme ; or, dans ces derniers, entre un tiers à deux tiers de leur chef — des femmes — sont des inactifs ou des chômeurs, contre 20 à 30 pour cent dans les ménages dont le chef est un homme. Bien que ce déficit en termes de contribution économique des chefs de ménage féminins puisse être compensé par la présence de membres secondaires actifs, cette situation suggère une plus grande vulnérabilité des ménages dont le chef est une femme.

Troisièmement, la prise en compte des membres secondaires célibataires met également en évidence une plus forte contribution économique des hommes que des femmes. En effet, alors que 5 à 10 pour cent des hommes secondaires sont en même temps des principaux soutiens économiques du ménage, la proportion est bien inférieure à 5 pour cent en ce qui concerne les jeunes femmes. Par ailleurs, on peut considérer que 20 à 25 pour cent des hommes secondaires apportent un revenu au groupe, contre 10 pour cent environ pour les femmes célibataires[4]. De ce fait, la proportion de ces dernières inactives ou au chômage est sensiblement plus élevée que pour les hommes célibataires.

2. Structure et dimension des ménages

La prise en considération de la structure et de la dimension des ménages urbains permet de mieux spécifier la configuration économique et sociale du groupe auquel les femmes appartiennent. A cette fin, trois types de ménages ont été distingués : monoparental, nucléaire et élargi[5]. La répartition de ces derniers en fonction de leur taille et du sexe du chef, présentée au tableau 2.2, met en évidence plusieurs éléments d'analyse. Tout d'abord, la famille élargie caractérise 50 à 70 pour cent des ménages urbains. Dans les capitales africaines, les ménages monoparentaux sont très minoritaires, notamment dans les pays où prédominent les structures traditionnelles — 2 pour cent à Bamako et à Conakry contre 8 à 10 pour cent dans les autres capitales — tandis que les ménages nucléaires ne représentent que 20 à 30 pour cent de l'ensemble des ménages[6].

Néanmoins, des différences sensibles apparaissent selon le sexe du chef de ménage. Quel que soit le pays, dans les groupes ayant une femme à leur tête, l'incidence des ménages monoparentaux est très élevée. Ainsi, dans quatre pays du présent échantillon — l'exception étant le Mali —, 30 à 40 pour cent des ménages gérés par des femmes ont une structure monoparentale, contre 5 pour cent environ des ménages ayant un homme à leur tête ; mais, même dans le cas du Mali, la part relative des ménages monoparentaux est dix fois plus élevée dans les ménages gérés par une femme que dans les ménages dirigés par un homme. Par ailleurs, on observe, fort logiquement, que les ménages monoparentaux englobent deux à trois fois moins de membres que les ménages élargis. En moyenne, les

---

[4] Sauf pour Abidjan où la contribution économique des jeunes femmes est équivalente à celle des hommes.

[5] Dans la présente étude, les ménages ont été classés comme suit : (i) monoparental : un seul parent — avec ou sans enfants — sans autres personnes apparentées au chef; (ii) nucléraire : chef de ménage et épouse — avec ou sans enfants — sans autres personnes apparentées au chef ; (3) élargi : chef de ménage. épouse — avec ou sans enfants — et autres personnes apparentées au chef. D'autres études, s'appuyant sur des échantillons plus importants, précisent davantage la structure des ménages. Par exemple, Roubaud [1993] identifie les cinq catégories suivantes dans le cas de Yaoundé : mononucléaire, nucléaire monoparental, nucléaire strict, élargi monoparental et élargi.

[6] La part des ménages nucléaires varie également selon les pays — 20 à 35 pour cent — mais relativement moins que celle des ménages monoparentaux.

Tableau 2.2 : Dimension des ménages et sexe des chefs de ménage selon le type de ménage et la capitale

Type de ménage Capitale/paramètre	Monoparental[1]	Nucléaire[2]	Elargi[3]	Ensemble
Ouagadougou				
N (%)	26 (8,7)	84 (28,1)	190 (63,2)	300 (100,0)
Taille moyenne (écart-type)	2,8 (2,9)	6,1 (3,4)	8,0 (5,0)	7,1 (4,7)
Chef de ménage masculin (%)	5,6	31,3	63,1	100,0
% colonne	57,7	100,0	89,4	89,6
Chef de ménage féminin (%)	35,5	0,0	64,5	100,0
% colonne	42,3	0,0	10,6	10,4
Yaoundé				
N (%)	29 (9,6)	57 (18,9)	215 (71,4)	301 (100,0)
Taille moyenne (écart-type)	3,3 (2,8)	7,1 (4,1)	8,6 (3,6)	7,8 (3,9)
Chef de ménage masculin (%)	3,9	22,3	73,8	100,0
% colonne	34,5	100,0	87,9	85,0
Chef de ménage féminin (%)	42,2	0,0	57,8	100,0
% colonne	65,5	0,0	12,1	15,0
Abidjan				
N (%)	34 (11,6)	103 (35,3)	155 (53,1)	292 (100,0)
Taille moyenne (écart-type)	2,3 (2,5)	5,1 (2,7)	5,7 (3,7)	5,8 (3,7
Chef de ménage masculin (%)	8,4	39,5	52,1	100,0
% colonne	64,7	99,0	88,3	89,4
Chef de ménage féminin (%)	38,7	3,2	58,1	100,0
% colonne	35,3	1,0	11,7	10,6
Conakry				
N (%)	6 (2,0)	60 (20,0)	234 (78,0)	300 (100,0)
Taille moyenne (écart-type)	2,5 (2,0)	7,4 (5,0)	12,2 (5,0)	11,1 (5,4)
Chef de ménage masculin (%)	1,0	20,3	78,6	100,0
% colonne	50,0	98,3	97,4	96,7
Chef de ménage féminin (%)	30,0	10,0	60,0	100,0
% colonne	50,0	1,7	2,6	3,3
Bamako				
N (%)	5 (1,7)	83 (27,7)	212 (70,7)	300 (100,0)
Taille moyenne (écart-type)	4,2 (2,6)	9,6 (4,0)	13,0 (4,9)	11,9 (5,0)
Chef de ménage masculin (%)	0,7	29,7	69,6	100,0
% colonne	40,0	97,6	89,6	91,0
Chef de ménage féminin (%)	11,1	7,4	81,5	100,0
% colonne	60,0	2,4	10,4	9,7

(1) Un seul parent — avec ou sans enfants — sans autres personnes apparentées au chef ; (2) Chef de ménage et épouse — avec ou sans enfants — sans autres personnes apparentées au chef ; (3) Chef de ménage, épouse — avec ou sans enfants — et autres personnes apparentées au chef.

Sources : Enquêtes emploi pilotes auprès des ménages : Burkina Faso (Ouagadougou, 1992), Cameroun (Yaoundé, 1990-91), Côte d'Ivoire (Abidjan, 1986-87), Guinée (Conakry, 1991-92), Mali (Bamako, 1991).

ménages monoparentaux rassemblent deux à trois personnes, contre huit à douze dans les groupes élargis[7].

Ces observations présentent une importance particulière en termes de

[7] Le tableau 2.2 montre également que la moitié environ des ménages monparentaux sont des ménages ayant une femme à leur tête.

contribution économique au sein des groupes et d'accès à un niveau de vie donné. Les ménages gérés par des femmes semblent a priori plus vulnérables, non seulement à cause de la moindre activité économique relative de leur chef, mais également parce que leur structure, fortement monoparentale et de dimension réduite, limite les apports économiques potentiels des membres secondaires. D'ailleurs, ces ménages sont souvent composés de femmes seules, célibataires, veuves ou divorcées. Or, dans les ménages dont le chef est un homme, la plupart du temps marié, la présence de l'épouse contribue à rehausser sensiblement le niveau de bien-être du groupe. Cependant, le statut de la femme dans la famille dépend à la fois des opportunités de gains et de la capacité de contrôler les ressources. Par conséquent, si les ménages gérés par une femme sont plus vulnérables économiquement, ces dernières ont un pouvoir plus élevé en termes de contrôle des ressources du groupe.

3. Structure des ménages, niveau de vie et dépendance

Les observations précédentes incitent à examiner la configuration des ménages selon le sexe du chef, le niveau de vie et le taux de dépendance. A cet égard, plusieurs observations peuvent être formulées.

En premier lieu, le tableau A1.2, présenté en annexe, tend à mettre en évidence une plus grande vulnérabilité en termes de pauvreté des ménages monoparentaux ayant à leur tête une femme. Ainsi, à Ouagadougou, Yaoundé et Abidjan, environ 10 pour cent de l'ensemble des ménages pauvres ont une structure monoparentale, alors que cette proportion s'élève à plus d'un tiers dans les ménages pauvres dont le chef est une femme ; bien que les proportions soient différentes, une observation similaire prévaut pour les deux autres capitales[8]. Par conséquent, le niveau de bien-être des ménages est en partie lié à la structure de ces derniers. En particulier, la structure monoparentale des ménages, fortement représentée au sein des groupes ayant à leur tête une femme, semble associée à une faible participation au marché du travail. En vérité, cette observation doit être relativisée par deux éléments. D'une part, il est probable que ce n'est pas la forme d'organisation sociale des individus qui limite leurs accès aux revenus, mais les conditions de sa constitution. Maintes femmes sont à la tête de ménages monoparentaux où les revenus sont faibles parce que la précarité de leur insertion sur le marché du travail limite les opportunités

---

[8] En Guiné et au Mali, alors que 1 à 2 pour cent de l'ensemble des ménages sont composés d'un seul parent, lorsque le chef est une femme, cette proportion est comprise entre 12 et 25 pour cent.

Tableau 3.2 : Dimension et taux de dépendance des ménages selon le niveau de vie, le sexe du chef de ménage et la capitale

Niveau de vie	Pauvres			Intermédiaires			Non pauvres			Ensemble		
Capitale/paramètre	E[2]	CH[2]	CF[2]	E[2]	CH[2]	CF[2]	E[2]	CH[2]	CF[2]	E[2]	CH[2]	CF[2]
Ouagadougou (N)	154	131	23	101	94	6	48	43	2	300	268	31
Taille moyenne	7,7	8,0	5,1	7,3	7,5	4,8	5,0	5,0	4,5	7,1	7,4	5,0
Adultes (> 14 ans)	4,4	4,6	3,2	4,5	4,6	2,5	3,1	3,1	4,0	4,2	4,3	3,1
Taux dépendance global[1]	3,2	**3,2**	**3,4**	2,6	**2,6**	**3,8**	2,0	**2,0**	**3,5**	2,8	**2,8**	**3,5**
Yaoundé (N)	81	60	21	129	116	13	91	80	11	301	256	45
Taille moyenne	8,3	8,6	7,3	8,2	8,5	5,3	6,8	7,1	4,4	7,8	8,1	6,0
Adultes (> 14 ans)	5,0	5,2	4,6	4,8	5,1	2,8	4,3	4,6	2,7	4,7	4,9	3,7
Taux de dépendance global[1]	7,0	**7,3**	**6,3**	3,8	3,8	**3,9**	2,4	**2,4**	**2,7**	3,9	**3,8**	**4,6**
Abidjan (N)	57	52	5	147	130	17	88	79	9	292	261	31
Taille moyenne	7,1	6,4	11,4	6,2	6,4	4,6	4,3	4,4	2,8	5,8	5,8	5,2
Adultes (> 14 ans)	4,0	3,8	6,0	3,7	3,7	3,5	3,1	3,2	2,3	3,6	3,5	3,6
Taux de dépendance global[1]	2,2	**3,2**	**2,6**	1,4	**2,1**	**1,7**	0,8	**1,0**	**0,8**	1,3	**1,9**	**1,7**
Conakry (N)	150	146	4	59	56	3	91	88	3	300	290	10
Taille moyenne	12,3	12,4	7,8	11,8	12,1	5,3	8,5	8,5	8,3	11,1	11,2	7,2
Adultes (> 14 ans)	7,8	7,9	4,8	7,3	7,4	4,7	5,4	5,4	6,7	7,0	7,0	5,3
Taux de dépendance global[1]	3,9	3,9	**9,3**	2,5	**2,5**	**3,0**	2,0	**2,1**	**1,5**	3,0	**3,0**	**3,2**
Bamako (N)	151	135	16	58	52	6	91	86	5	300	273	27
Taille moyenne	12,1	12,1	11,3	12,7	12,8	12,7	11,2	11,2	9,0	11,9	12,0	11,2
Adultes (> 14 ans)	7,9	7,9	8,2	8,1	8,1	8,3	7,3	7,4	5,4	7,8	7,8	7,7
Taux de dépendance global[1]	4,0	**5,1**	**4,7**	2,5	**3,2**	**3,0**	2,0	**2,6**	**3,1**	2,9	**3,7**	**3,9**

(1) Le taux de dépendance est le rapport entre les individus qui n'ont aucun revenu monétaire dans un ménage et ceux qui en ont un, y compris les apprentis. Il est à noter que le fait de considérer ces derniers comme des apporteurs de revenus entraîne vraisemblablement une sous-estimation des taux de dépendance. Dans le calcul du taux de dépendance global, les enfants sont pris en compte ; (2) E = ensemble ; CH = chef de ménage masculin ; CF = chef de ménage féminin.

Sources : Enquêtes emploi pilotes auprès des ménages : Burkina Faso (Ouagadougou, 1992), Cameroun (Yaoundé, 1990-91), Côte d'Ivoire (Abidjan, 1986-87), Guinée (Conakry, 1991-92), Mali (Bamako, 1991).

de gains individuels ou renforce la vulnérabilité d'un éventuel changement de statut matrimonial. D'autre part, il existe une corrélation inverse entre le statut de la femme dans la société[9] et le statut de la femme dans le ménage. Dans les ménages pauvres, malgré le faible niveau général des ressources, l'accès des femmes à ces dernières et à leur contrôle est plus égalitaire[10]. Toutefois, le statut du travail de la femme peut interférer dans ce processus et doit être pris en considération, notamment dans les ménages non pauvres. Par exemple, le pouvoir de négociation de la femme dans le ménage est vraisemblablement plus élevé lorsqu'elle est salariée.

---

[9] Ce statut dans la société est lié à la position économique des ménages gérés par les femmes, déterminée en partie par le statut du travail.

[10] Une idée similaire est avancée dans le cas de l'Inde par Banque mondiale [1991a] et Bennett [1992].

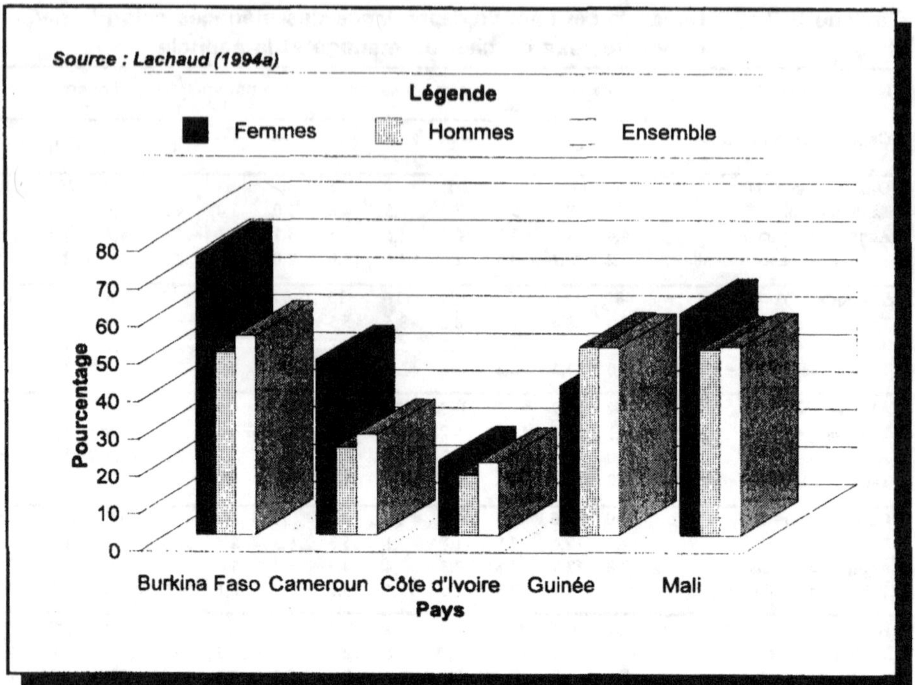

Figure 1.2 : **Incidence de la pauvreté — ratio de pauvreté — dans les ménages selon la capitale et le sexe du chef de ménage**

En second lieu, dans la majorité les capitales du présent échantillon, les taux de dépendance sont plus élevés dans les ménages ayant une femme à leur tête que dans ceux dont le chef est un homme (tableau 3.2). Ainsi, à Ouagadougou, Yaoundé, Conakry et Bamako, les taux de dépendance sont, respectivement, de 3,5, 4,6, 3,2 et 3,9 dans les premiers, contre respectivement, 2,8, 3,8, 3,0 et 3,7 dans les seconds[11]. Cette situation est en grande partie liée à la plus faible proportion d'adultes dans les ménages gérés par les femmes. Naturellement, les taux de dépendance décroissent avec l'élévation du niveau de vie, quel que soit le type de ménage. D'ailleurs, dans les ménages pauvres, gérés par un homme ou une femme, les taux de dépendance sont, en moyenne, relativement comparables selon les capitales. Par contre, ils ont tendance à diminuer plus rapidement avec l'élévation du niveau de vie dans les ménages dont le chef est un homme par rapport aux ménages ayant à leur tête une femme.

En troisième lieu, les observations précédemment formulées renforcent

[11] Dans le cas de la Côte d'Ivoire, les taux de dépendance sont plus faibles et relativement comparables selon le type de ménage.

l'idée que les individus localisés dans les ménages dont le chef est une femme ont de sérieux handicaps en termes de participation au marché du travail et d'accès au bien-être[12]. La figure 1.2 montre que, dans quatre capitales sur cinq, l'incidence de la pauvreté urbaine — ratio de pauvreté — est nettement plus accentuée dans les ménages gérés par une femme que dans les ménages ayant à leur tête un homme. Ainsi, à Ouagadougou, Yaoundé, Abidjan et Bamako, l'incidence de la pauvreté est, respectivement, de 74,2, 46,7, 19,9 et 59,3 pour cent dans les premiers, contre 48,7, 23,4, 16,1 et 49,5 pour cent dans les seconds[13]. Ce résultat semble prévaloir dans maints pays africains[14], bien que dans certains cas des résultats contradictoires puissent être obtenus[15]. Dans ces conditions, toute politique visant à réduire la pauvreté implique probablement un ciblage particulier sur le groupe des femmes.

2. Le profil des individus

Dans le cadre de la présente étude, plusieurs éléments méritent d'être mis en exergue.

1. Age, mariage et migration

Le tableau 4.2, affichant l'âge des individus et certains éléments relatifs au mariage, suggère plusieurs commentaires.

Premièrement, la comparaison de l'âge des individus selon le sexe et le statut dans le ménage révèle une certaine homogénéité. En effet, fort logiquement, parmi les membres des ménages, les chefs masculins ou féminins sont les plus âgés. Cependant, les informations affichées au tableau 4.2 mettent en évidence une structure par âge des ménages différenciée selon le niveau de développement. En effet, alors que les chefs de ménage ont en moyenne 40 ans à Yaoundé et à Abidjan, dans les capitales où les structures traditionnelles dominent — Ouagadougou,

---

[12] Mais la taille réduite des échantillons limite les possibilités analytiques additionnelles.

[13] Ces informations sont relatives aux individus employés, alors que les informations présentées au tableau 4.4 du chapitre 4 concernent l'ensemble des individus.

[14] Par exemple, le présent auteur, exploitant les informations de l'enquête prioritaire du Ghana en 1990 dans le cadre des cours de formation à l'analyse des données à Abidjan — supporté par le CDG de Munich de 1992 à 1995 — a estimé l'incidence de la pauvreté dans les ménages gérés par les femmes à 53,4 pour cent, contre 33,8 pour cent dans les ménages dont le chef est un homme.

[15] Voir par exemple les résultats d'une analyse récente des données relatives à une enquête budget consommation effectuée en 1986-87 au Bénin. Lachaud [1995a].

Tableau 4.2 : Age des individus, âge du mariage et migration selon le sexe et la capitale — individus de 15 ans et plus

Capitale	Ouagadougou		Yaoundé		Abidjan		Conakry		Bamako	
Paramètre	moy	N	moy	N	moy	N	moy	N	moy	N
Age moyen (écart-type)										
Chef de ménage masculin	42,4	268	41,5	256	37,9	261	50,1	290	52,1	273
	(11,3)		(11,4)		(9,9)		(11,4)		(12,2)	
Chef de ménage féminin	45,0	31	38,2	45	40,0	31	51,8	10	50,2	27
	(14,1)		(9,2)		(10,5)		(9,5)		(10,9)	
Homme secondaire	22,4	382	23,9	505	23,3	314	24,6	806	24,9	940
	(7,3)		(7,9)		(7,7)		(7,8)		(8,0)	
Autres femmes mariées	34,4	337	34,0	280	30,9	260	38,2	549	38,6	510
	(11,3)		(10,3)		(9,0)		(12,0)		(12,6)	
Femme second. célibataire	25,4	247	23,6	339	23,2	171	23,8	438	26,3	574
	(16,1)		(11,1)		(10,4)		(11,8)		(14,0)	
Age moyene du mariage (écart-type)										
Chef masculin	27,3	227	26,4	221	27,5	225	29,2	269	27,9	255
	(5,6)		(5,3)		(6,9)		(8,0)		(6,1)	
Chef féminin	21,3	21	20,1	20	19,5	17	22,0	1	19,0	17
	(4,2)		(3,9)		(3,8)		(-)		(5,4)	
Autres femmes mariées	19,6	205	19,1	205	19,3	259	19,0	252	19,2	215
	(5,1)		(3,8)		(4,8)		(6,2)		(5,0)	
Mariage avant migration dans la capitale (%)										
Chef de ménage masculin	25,1	227	33,9	221	22,2	225	21,9	269	32,9	255
Chef de ménage féminin	47,8	23	45,0	20	50,7	17	-	1	52,9	17
Autres femmes mariées	30,7	205	51,2	205	44,5	259	54,0	252	31,6	215

Sources : Enquêtes emploi pilotes auprès des ménages : Burkina Faso (Ouagadougou, 1992), Cameroun (Yaoundé, 1990-91), Côte d'Ivoire (Abidjan, 1986-87), Guinée (Conakry, 1991-92), Mali (Bamako, 1991) ; Lachaud (1994a).

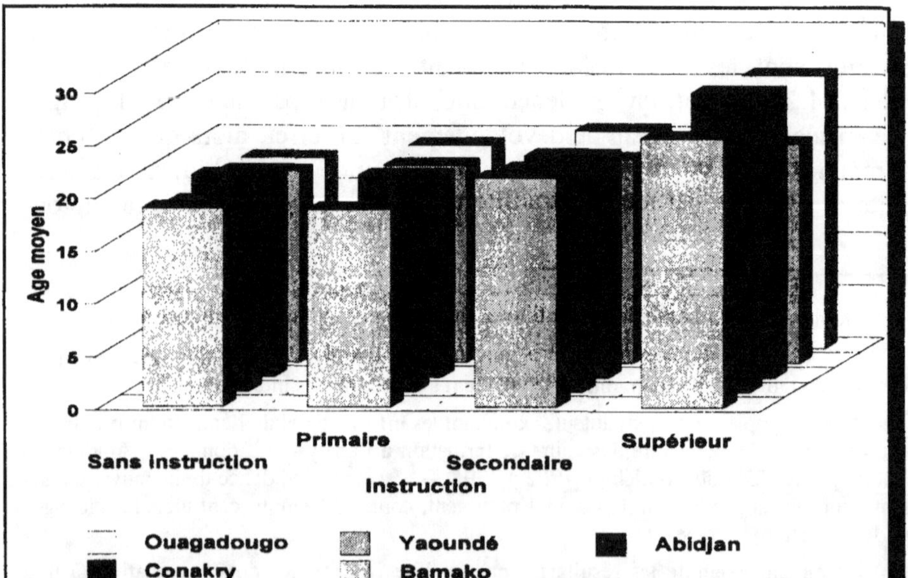

Figure 2.2 : Age moyen du mariage des femmes selon le niveau d'instruction

Conakry et Bamako — ces derniers ont la plupart du temps 50 ans. D'ailleurs, c'est dans deux de ces capitales que les autres femmes mariées ont l'âge moyen le plus élevé — 38 ans. De plus, il est à remarquer que dans trois capitales — Ouagadougou, Abidjan et Conakry — l'âge moyen des chefs de ménage féminins est légèrement plus élevé que celui des chefs de ménage masculins. Bien que ce résultat soit en partie imputable à la taille des échantillons, il se pourrait qu'il soit aussi le reflet d'une évolution tardive du statut matrimonial de certaines femmes.

Deuxièmement, cette dualité quant à la structure par âge des ménages selon les pays contraste avec l'homogénéité de l'âge du mariage. Ainsi, quel que soit le pays, l'âge du mariage est approximativement de 27, 20 et 19 ans, respectivement, pour les chefs de ménage masculins, les chefs de ménages féminins et les autres femmes[16]. Dans les capitales africaines, cette précocité de l'âge du mariage des femmes explique en partie les taux élevés de fécondité et, par conséquent, l'importance des taux de dépendance, notamment dans les ménages gérés par une femme. Dans ce contexte, il importe de souligner l'existence d'une relation inverse entre l'âge du mariage des femmes et leur niveau d'instruction. En effet, la figure 2.2 montre qu'il existe des écarts considérables — 5 à 7 ans[17] — quant à l'âge du mariage des femmes entre celles qui sont sans instruction et celles qui ont accédées à l'enseignement supérieur. Dans le premier cas, l'âge moyen du mariage est environ de 18 ans, alors qu'il s'élève approximativement à 25 ans dans le second cas. Ce résultat constitue un premier élément qui milite en faveur d'un renforcement de l'accès des filles à la scolarisation.

Troisièmement, l'âge précoce du mariage des femmes explique probablement qu'une plus forte proportion d'entre elles, comparativement aux hommes, aient migré après leur mariage. Le tableau 4.2 révèle que 45 à 50 pour cent des femmes ont migré dans les capitales africaines après leur mariage contre seulement 25 à 30 pour cent des hommes. Il est vrai que dans de nombreux cas, la migration porte en premier lieu sur des jeunes hommes — souvent pour poursuivre des études — qui, une fois insérés dans le milieu professionnel urbain, font venir leur famille, notamment du secteur rural. Ce processus défavorise probablement le mode de participation des femmes au marché du travail. Dans maintes situations, les jeunes femmes mariées, ayant souvent peu fréquenté l'école, demeurent en milieu rural — avec ou sans leur conjoint — jusqu'à un âge relativement avancé, en participant à des activités familiales ; par la suite, leur migration en milieu urbain restreint considérablement leur choix quant aux points

[16] Ces résultats concordent avec ceux de Hyde [1993].

[17] Sauf à Yaoundé où l'écart est de deux ans.

d'entrée sur le marché du travail, l'activité à propre compte ou le statut d'aide familiale demeurant, la plus part du temps, les seules opportunités professionnelles.

2. Sexe et accès à l'éducation

Les résultats précédents incitent à préciser les dotations des individus en termes de capital humain — instruction et formation — selon le sexe. A cet égard, deux approches sont proposées. D'une part, l'évaluation des taux nets de scolarisation[18] ; d'autre part, la répartition selon les niveaux d'instruction et de formation. Les tableaux 5.2 et 6.2 affichent ces deux types d'indicateurs pour les différentes capitales et mettent en évidence plusieurs éléments d'analyse.

En premier lieu, dans toutes les capitales africaines, les filles sont défavorisées en termes d'instruction par rapport aux garçons. Certes, ce phénomène est à présent bien connu[19], même si les écarts d'instruction selon le sexe se sont réduits au cours des deux dernières décennies[20]. Cependant, pour notre propos, quelques faits méritent d'être soulignés. Tout d'abord, quel que soit le niveau de vie des ménages et le niveau d'instruction pris en compte, les taux de scolarisation sont plus élevés pour les hommes que pour les femmes. Ainsi, dans les ménages pauvres, le ratio des taux de scolarisation des filles et des garçons est compris entre 60 et 80 pour cent et entre 30 et 50 pour cent, respectivement, pour le primaire — 6-11 ans — et le supérieur — 20-25 ans[21]. Néanmoins, dans les ménages non pauvres, les écarts ont tendance à se réduire, surtout en ce qui concerne l'accès au primaire[22]. A cet égard, la prise en considération des niveaux d'instruction renforce l'observation précédente. Dans les quatre cinquièmes des capitales, plus de la moitié des femmes de 15 ans et plus ayant terminé

---

[18] La définition des taux nets de scolaroisation est indiquée à la note 1 du tableau 5.2.

[19] Voir Hill, King [1993] ; on consultera également avec profit les statistiques de la Banque mondiale [1995a] et du Pnud [1995].

[20] Au cours de la période 1970-90, le taux d'alphabétisation et le taux combiné de scolarisation dans l'enseignement primaire et secondaire des femmes adultes ont augmenté deux fois plus vite que les taux des hommes dans l'ensemble des pays en développement. Pnud [1995]. Des tendances proches sont observées dans maints pays d'Afrique. Banque mondiale [1995a].

[21] Sauf pour le Cameroun en ce qui concerne le primaire. Les résultats avancés dans la présente étude sont proches de ceux de Hill, King [1993]. Ces deux auteurs indiquent que le nombre de pays pour lesquels le ratio des taux de scolarisation des filles et des hommes est compris entre 42 et 75 pour cent, est passé de 37 en 1965 à seulemnt 17 en 1985.

[22] Pour certaines capitales — Ouagadougou, Yaoundé, Abidjan — il en est de même pour l'enseignement supérieur.

Tableau 5.2 : Taux nets de scolarisation selon le sexe, le niveau de vie et la capitale (%)

Capitale	Ouagadougou		Yaoundé		Abidjan		Conakry		Bamako	
Paramètre	Pauvres	Non pauvres	Pauvres	Non pauvres	Pauvres	Non pauvres	Pauvres	Non pauvres	Pauvres	Non pauvres
Hommes										
Primaire	73,2	97,9	97,1	92,3	72,2	71,7	81,9	69,9	59,3	70,3
Secondaire 1c	67,5	80,0	100,0	93,1	65,4	100,0	86,3	90,1	66,6	77,3
Secondiare 2c	32,9	30,0	81,3	89,7	61,1	75,0	70,3	45,8	50,2	68,0
Supérieur	19,8	33,3	65,4	65,6	7,9	17,2	40,5	50,7	27,8	31,4
Femmes										
Primaire	55,7	80,0	98,5	97,1	46,1	80,0	60,5	58,0	47,6	55,2
Secondaire 1c	52,4	45,8	96,4	95,8	61,5	69,2	73,6	54,7	46,0	54,4
Secondaire 2c	32,1	38,5	78,8	84,8	13,9	30,8	49,4	50,0	36,5	41,7
Supérieur	6,4	35,2	52,0	52,9	0,0	16,0	20,5	28,5	19,0	21,9
Total										
Primaire	65,3	87,7	97,6	96,2	60,9	74,4	71,6	64,9	55,3	61,4
Secondaire 1c	60,8	53,3	97,7	93,3	64,3	85,2	80,1	68,6	55,8	64,1
Secondaire 2c	31,3	42,6	78,5	88,0	35,8	54,5	59,7	47,4	41,7	52,9
Supérieur	14,9	34,1	56,4	60,7	5,4	17,0	32,7	37,9	23,8	27,4

(1) Le taux de scolarisation net pour le primaire est obtenu en faisant le rapport entre le nombre d'enfants en âge de fréquenter le primaire (6-11 ans) et en cours de scolarisation, et le nombre d'enfants en âge de fréquenter le primaire. Pour le secondaire, la tranche d'âge considérée est 12-15 ans pour le premier cycle et 16-19 ans pour le second cycle, tandis que pour le supérieur l'intervalle est 20-25 ans

Sources : Enquêtes emploi pilotes auprès des ménages : Burkina Faso (Ouagadougou, 1992), Cameroun (Yaoundé, 1990-91), Côte d'Ivoire (Abidjan, 1986-87), Guinée (Conakry, 1991-92), Mali (Bamako, 1991); Lachaud (1995b).

leur cycle scolaire sont sans instruction et, dans l'ensemble des agglomérations considérées, la proportion de ces dernières est en moyenne deux fois plus importante que pour les hommes. Les écarts sont encore plus marqués en ce qui concerne l'accès à l'enseignement supérieur, puisque la proportion des femmes ayant ce type d'instruction est trois fois moins élevée que pour les hommes — approximativement 3 pour cent contre 10 pour cent. Finalement, la référence au nombre d'années de scolarisation confirme le désavantage des femmes en termes d'instruction. Dans la plupart des capitales, la durée de scolarisation est en moyenne deux fois moins élevée pour les femmes que pour les hommes. Ainsi, dans la majorité des capitales, les femmes de 15 ans et plus ayant terminé leur cycle scolaire ont fréquenté l'école pendant 3-4 ans, tandis que les hommes sont crédités de 5 à 7 années d'études[23].

En second lieu, les femmes sont encore plus défavorisées que les hommes en termes de formation professionnelle. Le tableau 6.2 montre que,

[23] Excepté la capitale camerounaise qui, pour des raisons historiques, a assuré une forte promotion de l'éducation.

Tableau 6.2 : Accès au système éducatif selon le sexe et facteurs d'exclusion selon la capitale — individus de 15 ans et plus sauf ceux en cours de scolarisation (%)

Capitale	Ouagadougou		Yaoundé		Abidjan		Conakry		Bamako	
Paramètre	Hommes	Femmes	Hommes	Femmes	Hommes	Femmes	Hommes	Femmes	Hommes	Femmes
Instruction										
Sans instruction	41,6	53,8	3,8	9,5	27,8	53,9	29,3	54,2	35,4	58,0
Primaire	26,1	23,7	27,1	33,7	27,8	27,9	21,4	17,5	22,3[1]	17,9[1]
Secondaire 1c	15,3	14,1	29,0	37,1	30,0	14,3	18,5	17,2	25,1	17,9
Secondaire 2c	6,8	4,8	20,9	12,7	12,0	3,2	17,6	8,0	9,1	5,2
Supérieur	10,3	3,6	19,2	7,1	2,4	0,7	13,2	3,2	9,0	1,0
Total	**100,0**	**100,0**	**100,0**	**100,0**	**100,0**	**100,0**	**100,0**	**100,0**	**100,0**	**100,0**
N	**517**	**524**	**473**	**410**	**493**	**434**	**789**	**825**	**921**	**900**
Années scolarisation	5,3	3,7	9,9	7,6	6,3	3,3	7,2	4,1	6,1	3,3
(écart-type)	(5,8)	(4,8)	(4,7)	(4,2)	(4,6)	(4,0)	(6,1)	(5,3)	(5,5)	(4,5)
Facteurs d'exclusion du système éducatif										
Impossibilité financière	26.9	25,4	45,3	38,1	54,6	53,2	8,1	2,6	11,3	8,3
Absence école village	6,8	11,9	1,5	2,0	5,7	7,6	5,4	7,8	5,7	10,2
Préférence app/travail	21,1	8,8	26,1	13,3	13,2	3,7	26,7	6,8	15,3	4,1
Abandon	16,4	16,3	14,0	16,0	-	-	30,7	20,6	38,5	24,3
Refus des parents	13.5	18,9	1,1	5,0	-	-	18,4	38,8	14,4	29,3
Grossesse	-	1,1	-	12,0	-	-	-	2,6	-	2,5
Trav agric/ménagers	4,1	10,9	0,2	4,5	-	-	3,9	17,1	3,8	13,3
Autres cas[2]	11.3	6,7	11,6	9,0	25,6	35,5	6,8	3,6	11,0	8,0
Total	**100,0**	**100,0**	**100,0**	**100,0**	**100,0**	**100,0**	**100,0**	**100,0**	**100,0**	**100,0**
N	**513**	**523**	**464**	**399**	**493**	**434**	**592**	**690**	**707**	**709**
Formation										
Sans formation	65,0	86,8	58,2	73,0	36,0	79,0	45,3	88,5	49,3	65,5
Apprentissage	18,6	4,4	17,4	11,7	39,0	9,9	35,7	5,7	18,3	2,3
Autre formation	16,4	8,8	24,4	15,3	25,0	11,1	19,0	5,8	32,4	31,8
Total	**100,0**	**100,0**	**100,0**	**100,0**	**100,0**	**100,0**	**100,0**	**100,0**	**100,0**	**100,0**
N	**517**	**524**	**476**	**418**	**492**	**433**	**790**	**827**	**940**	**938**
Années de formation	1,1	0,3	0,9	0,4	1,8	0,5	1,8	0,2	1,5	0,4
(écart-type)	(2,1)	(0,9)	(1,5)	(0,8)	(2,0)	(1,1)	(2,5)	(1,0)	(3,2)	(1,8)

(1) Fondamental 1; (2) Notamment le handicap physique.
Sources : Enquêtes emploi pilotes auprès des ménages : Burkina Faso (Ouagadougou, 1992), Cameroun (Yaoundé, 1990-91), Côte d'Ivoire (Abidjan, 1986-87), Guinée (Conakry, 1991-92), Mali (Bamako, 1991).

dans la plupart des capitales, plus des trois quarts[24] des femmes n'ont aucune formation professionnelle ; or, on constate qu'au moins la moitié des hommes ont pu accéder à une formation informelle ou formelle. Dans ce contexte, on notera la très faible durée de formation des femmes — moins de 6 mois[25]. Cette situation, ainsi que le faible niveau d'instruction, handicapent considérablement les femmes quant à leurs opportunités de

[24] L'exception est Bamako où la proportion est des deux tiers.

[25] 12 à 18 mois pour les hommes.

participation au marché du travail, et explique, en grande partie, à la fois la précarité des statuts du premier emploi et la faible mobilité.

En troisième lieu, les observations précédentes suggèrent un examen des facteurs influençant le statut des femmes en matière d'éducation. A cet égard, dans le contexte de l'Afrique subsaharienne, les études relatives à cette question tendent à identifier trois séries de facteurs susceptibles d'affecter la participation des femmes au système éducatif[26]. Tout d'abord, le contexte familial influence l'éducation des filles de maintes façons. Ainsi, le faible niveau de vie du ménage, la forte incidence des structures traditionnelles — notamment la religion musulmane —, le bas niveau d'éducation de la mère, le recours intensif au travail des enfants et la prédominance de processus de sélection des enfants à scolariser constituent des facteurs affectant défavorablement la scolarisation des filles. Ensuite, plusieurs facteurs inhérents au système social handicapent l'accès des jeunes filles à l'école : le faible niveau de développement[27], le milieu de résidence[28], l'âge précoce du mariage et la garde des enfants. Enfin, la pauvreté des institutions éducatives en termes de qualité des enseignements, de variété des cursus scolaires — surtout au niveau du secondaire — et de référence au modèle social véhiculé par les manuels scolaires — stéréotype de la femme épouse ou mère — affaiblit considérablement les chances pour les filles d'accéder ou de participer pleinement au système éducatif.

Les investigations empiriques sur lesquelles s'appuie la présente recherche tendent à la fois à confirmer, pour les zones urbaines, les éléments d'analyse précédemment avancés et à mettre en lumière quelques spécificités. A cet égard, le tableau 6.2 suggère que le niveau de développement d'un pays est le facteur dominant d'exclusion des filles du système éducatif. En effet, dans les pays où les structures sociales et économiques sont fortement dépendantes de la société traditionnelle, la non participation des filles au système éducatif est principalement affectée par la qualité des institutions scolaires, l'attitude des parents et l'incidence des activités agricoles. Ainsi, on observe que l'exclusion de l'école pour des raisons financières joue un rôle majeur dans les pays à revenu intermédiaire — Cameroun, Côte d'Ivoire — mais ne traduit aucune discrimination à l'encontre des filles. Par exemple, l'impossibilité financière des parents explique, quel que soit le sexe, 40 à 50 pour cent des cas d'exclusion de

[26] Pour une synthèse des recherches récentes sur ce sujet, voir Hyde [1993].

[27] Dans ce contexte, trois variables, caractérisant la société en général, semblent influencer la scolarisation des filles : le niveau général de scolarisation, la proportion de la population active travaillant dans l'agriculture et le pourcentage du PNB consacré à l'éducation.

[28] L'existence d'écoles dans les zones urbaines favorise l'accès à l'éducation.

l'école à Yaoundé et à Abidjan, mais seulement 10 à 20 pour cent dans les autres capitales. Par contre, dans ces dernières, l'absence d'école au village, le refus des parents et les travaux agricoles et/ou ménagers justifient 40 à 60 pour cent des situations d'exclusion des filles de l'école, contre 25 pour cent environ pour les garçons. D'ailleurs, dans les capitales des pays à faible revenu — Ouagadougou, Conakry, Bamako — chacun de ces facteurs discriminent à l'encontre des filles quant à l'accès au système éducatif. Ainsi, le refus des parents explique à lui seul 20 à 40 pour cent des cas d'exclusion des filles contre 10 à 20 pour cent pour les garçons ; de même, l'absence d'école au village et les travaux agricoles et/ou ménagers justifient, respectivement, 10 et 10-15 pour cent des cas d'exclusion des filles, mais seulement, respectivement, 5 et 4 pour cent pour les garçons. En fait, d'autres facteurs handicapent particulièrement la participation des filles au système éducatif quel que soit le niveau de développement. Par exemple, l'importance des abandons et des grossesses doit être reliée à la précocité de l'âge du mariage des filles dont il a été question ci-avant.

En définitive, la présente étude tendrait à montrer que dans le milieu urbain de l'Afrique subsaharienne, la nature des facteurs affectant la participation des filles au système éducatif évolue avec le niveau de développement. Dans les pays à faible revenu, malgré le rôle substantiel des facteurs économiques — notamment la disponibilité d'infrastructures scolaires — l'influence des éléments liés au contexte familial semble prédominer. Avec l'élévation du niveau de développement, ces facteurs paraissent s'estomper, ce qui réduit la discrimination à l'encontre des filles. Cependant, l'émergence de contraintes économiques nouvelles inhérentes à la crise, contrebalancent largement les facteurs liés au système social, tandis que l'évolution très lente des comportements — notamment en ce qui concerne l'âge du mariage — concourent à maintenir le handicap des filles en matière de participation au système éducatif.

Conclusion

Dans les capitales d'Afrique subsaharienne, la plupart des femmes ont un rôle économique et social secondaire dans les ménages. Le statut de chef de ménage féminin est très minoritaire et les ménages gérés par des femmes semblent a priori plus vulnérables. Il en est ainsi, non seulement à cause de la moindre activité économique relative de leur chef, mais également parce que leur structure, fortement monoparentale et de dimension réduite, limite les apports économiques potentiels des membres secondaires. De ce fait, dans les ménages ayant une femme à leur tête, les taux de dépendance sont plus élevés que dans ceux dont le chef est un homme et l'incidence de la pauvreté — ratio de pauvreté — y est beaucoup plus grande. Cette situation est en partie le reflet d'une moindre dotation des femmes en capital humain, phénomène lié à un ensemble de facteurs sociaux, économiques et techniques, plus ou moins contraignant selon le niveau de développement. Cependant, la crise économique africaine tend à substituer des contraintes économiques aux contraintes du système social quant à la participation des filles au système éducatif.

L'environnement familial des femmes et leurs dotations individuelles impliquent une analyse de l'offre de travail féminin. Tel est l'objet du prochain chapitre.

3. *L'offre de travail féminin*

L'appréhension des mécanismes du marché du travail urbain, en général, et de la participation des femmes à ce dernier, en particulier, exige une analyse de l'offre de travail. Dans cette optique, deux approches sont proposées. D'une part, une analyse descriptive mettra en évidence les spécificités de l'offre de travail féminin ; d'autre part, l'examen des déterminants de l'offre de travail tentera d'expliciter les stratégies mises en œuvre pour participer au marché du travail.

1. Les spécificités de l'offre de travail féminin

Les investigations empiriques qui appuient la présente recherche permettent de mettre en lumière plusieurs spécificités de l'offre de travail féminin.

1. Offre de travail et sexe

Pour un groupe donné, le taux d'offre de travail est obtenu en rapportant l'effectif des actifs — employés, sous-employés et chômeurs — à celui de la population totale du groupe[1]. La figure 1.3, présentant les taux d'offre selon le sexe, met en lumière deux phénomènes[2]. D'une part, les taux d'offre de travail en milieu urbain sont beaucoup plus faibles pour les femmes que pour les hommes. Dans trois capitales du présent échantillon — Ouagadougou, Bamako et Yaoundé — l'offre de travail des femmes ne concerne qu'un cinquième à un tiers d'entre elles et, dans les deux autres agglomérations, elle se situe entre 45 et 60 pour cent ; or, on observe que pour l'ensemble des capitales, les taux d'offre de travail masculin sont compris approximativement entre 60 et 80 pour cent. D'ailleurs, si l'on met à part le cas de la Côte d'Ivoire, les rapports entre les taux d'offre de travail féminin et masculin varient de 0,4 à 0,6. D'autre part, l'offre de travail des femmes a tendance à être la plus faible dans les pays où prédominent les structures traditionnelles. Ainsi, à Bamako et à Conakry, les taux d'offre de travail des femmes sont, respectivement, de 21 et 36

[1] Voir Lachaud [1994a] pour une discussion du concept d'offre de travail.

[2] Certains des éléments qui suivent sont déjà discutés dans Lachaud [1994a].

Sources : voir tableau 1.3

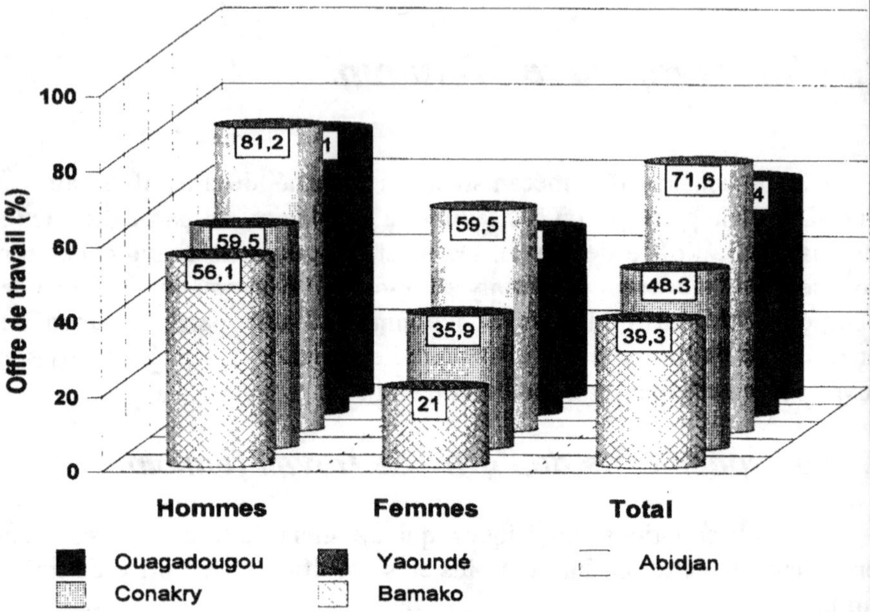

Figure 1.3 : Taux d'offre de travail selon le pays et le sexe — 15 ans et plus

pour cent. Ce résultat n'est pas une surprise. Par exemple, au Mali, où l'influence de la religion musulmane est forte, le code du commerce stipule que les femmes qui désirent s'engager dans une activité commerciale doivent avoir l'autorisation du mari. En l'absence d'une progression sensible de l'emploi, l'évolution probable des structures sociales et la permanence d'un taux de croissance élevé de la population[3], pourraient engendrer une tension accrue sur le marché du travail de ces capitales au cours des prochaines décennies. En effet, l'analyse ultérieure montrera que beaucoup de femmes actuellement inactives sont en réalité dans une situation de chômage marginal, c'est-à-dire qu'elles souhaiteraient participer au marché du travail si les conditions économiques et sociales inhérentes à ce dernier changeaient. D'ailleurs, dans certaines capitales d'Afrique subsaharienne, l'accroissement des taux d'activité des femmes induit un taux de croissance de la population active plus rapide que celui de la

---

[3] Pour l'ensemble du Mali, le taux de croissance annuel de la population a été de 3,0 pour cent au cours des années 1980-93 ; il est estimé à 3,1 pour cent sur la période 1993-2000. Banque mondiale [1995a].

Tableau 1.3 : Taux d'offre de travail selon la capitale, le statut matrimonial et l'âge (%)[1] — 15 ans et plus

Capitale / Paramètre		Ouagadougou	Yaoundé	Abidjan	Conakry	Bamako
Chef de ménage	15-29 ans	97,2	95,3	95,2	100,0	100,0
	30-39 ans	97,0	94,8	97,3	100,0	96,2
	≥ 40 ans	82,8	82,4	88,9	78,8	66,2
	Ensemble	88,3	89,0	93,5	83,0	72,0
	N	300	301	292	300	300
Hommes secondaires	15-29 ans	54,6	33,6	69,1	43,7	43,3
	30-39 ans	87,1	93,7	91,3	78,9	80,0
	≥ 40 ans	72,3	46,2	70,0	70,0	61,4
	Ensemble	57,7	41,4	70,7	50,9	50,4
	N	381	505	314	806	940
Femmes mariées	15-29 ans	44,4	41,4	59,5	35,3	18,7
	30-39 ans	57,7	61,5	58,1	52,1	28,0
	≥ 40 ans	36,7	44,9	44,4	40,7	15,9
	Ensemble	46,3	48,9	56,5	42,8	20,2
	N	337	280	260	549	510
Femmes secondaires	15-29 ans	36,9	17,0	58,6	24,3	18,0
	30-39 ans	80,0	56,0	90,0	59,5	50,0
	≥ 40 ans	50,0	32,0	22,2	11,1	19,2
	Ensemble	39,7	20,9	58,5	26,5	20,9
	N	247	339	171	438	574
Ensemble	15-29 ans	49,7	32,1	67,0	36,4	32,4
	30-39 ans	78,4	81,0	83,1	69,2	59,5
	≥ 40 ans	63,0	64,3	73,5	57,7	40,6
	Ensemble	58,4	48,1	71,6	48,3	39,3
	N	1265	1425	1037	2093	2324

(1) Le taux d'offre pour une strate donnée est obtenu en rapportant l'effectif des actifs — employés, sous-employés et chômeurs — à celui de la population totale du groupe.
Sources : Enquêtes pilotes sur l'emploi auprès des ménages : Burkina Faso (Ouagadougou, 1992), Cameroun (Yaoundé, 1990-91), Côte d'Ivoire (Abidjan, 1986-87), Guinée (Conakry, 1991-92), Mali (Bamako, 1991).

population totale[4].

En réalité, la variabilité de l'offre relative de travail féminin selon les capitales ne remet pas en cause la prééminence du modèle en termes de dichotomie «interne-externe»[5]. Ce qui est «interne» caractérise la participation culturelle et sociale de la femme, à savoir la maison, la cours

[4] Ainsi, à Bamako, le taux de croissance annuel de la population active a été de 3,9 pour cent entre 1976 et 1988, alors que celui de la population totale était de 3,6 pour cent. On notera qu'au cours de cette période, la population active masculine et féminine a augmenté, respectivement, de 3,3 et 6,8 pour cent par an. Sur ce point, voir Lachaud [1990]. Mais, ces évolutions ne concernent pas nécessairement l'ensemble du pays. Dans ce cas, il semble que la population active progresse moins vite que la population totale. Banque mondiale [1995a].

[5] Expression proposée par Bennett [1992].

et les activités ménagères ; par contre, les hommes sont associés à ce qui est «externe», notamment la recherche des moyens d'existence et la participation politique. Pour les femmes, l'accès au marché du travail implique une interaction avec l'extérieur où elles sont partiellement handicapées.

2. Offre de travail, statut matrimonial et âge

Les écarts d'offre de travail selon le sexe peuvent être précisés à l'aide des données du tableau 1.3. En effet, on observe une nette variation des taux d'offre de travail selon le statut matrimonial. Ces derniers sont les plus élevés pour les chefs de ménage — 80 à 90 pour cent[6] — et pour les hommes secondaires célibataires — 50 à 70 pour cent[7]. Or, la proportion de femmes mariées et célibataires participant au marché du travail n'est généralement que de, respectivement, 45-55 et 20-40 pour cent[8]. Compte tenu de la faible proportion de chefs de ménage féminins et de la moindre contribution relative de ces derniers aux ressources du groupe[9], il est évident que les membres secondaires féminins des ménages ont une plus faible propension à participer au marché du travail que leurs homologues masculins. En particulier, l'écart est très net entre les membres secondaires célibataires, puisque, dans la majorité des capitales, les taux d'offre de travail des hommes secondaires sont deux fois plus élevés que ceux des femmes secondaires célibataires. L'analyse ultérieure montrera qu'une telle différence s'explique, en partie, par l'importance du chômage marginal des jeunes femmes.

L'examen de l'offre de travail en fonction de l'âge met en évidence un résultat attendu, quels que soient le statut matrimonial et la capitale. Les taux d'offre évoluent selon une courbe en cloche ∩ en fonction de l'âge (figure 2.3). Les taux d'offre de travail sont de l'ordre de 35 pour cent dans la tranche d'âge 15-29 ans — sauf pour deux pays où ils sont relativement plus élevés — s'élèvent à 70-80 pour cent dans la classe d'âge 30-39 ans, puis s'établissent à environ 40-60 pour cent au-delà de 40 ans[10]. Naturellement, il existe de profondes divergences entre les hommes et les

---

[6] Sauf pour Bamako où le taux d'offre des chefs de ménage est de 72 pour cent.

[7] Pour Yaoundé, le taux d'offre des jeunes hommes est seulement de 41,4 pour cent.

[8] Les taux étant encore plus faibles à Bamako.

[9] Voir le chapitre 2.

[10] Seul, le Mali, pour des raisons déjà évoquées, s'écarte sensiblement de ce schéma, dans la mesure où l'offre de travail au-delà de 30 ans est beaucoup plus faible que dans les autres pays de l'échantillon.

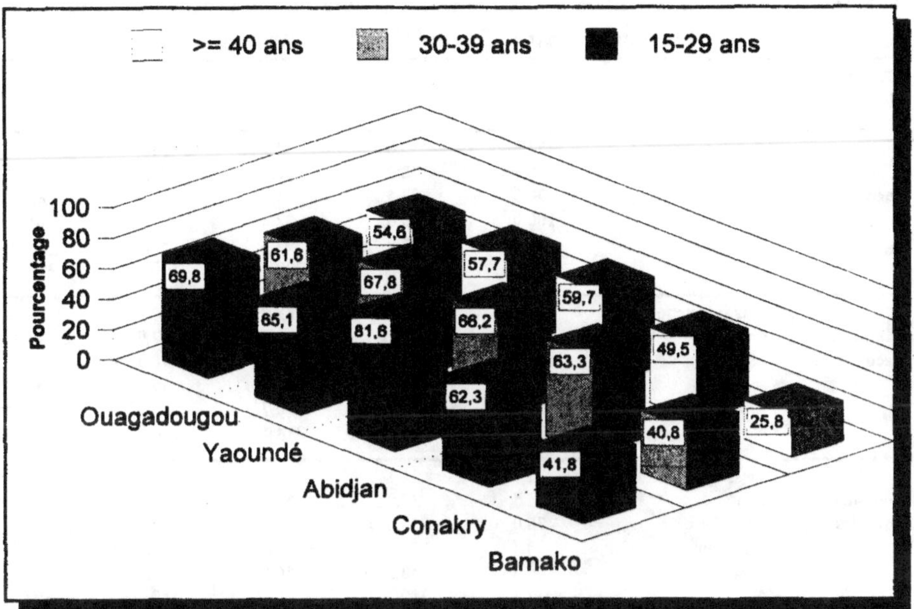

Figure 2.3 : **Taux d'offre de travail relatifs féminin selon l'âge et la capitale**

femmes dans leur ensemble. Dans la tranche d'âge 15-29 ans, les taux d'activité des femmes sont de l'ordre de 25-40 pour cent, alors que ceux des hommes se situent en moyenne entre 40 et 60 pour cent. Par contre, pour les femmes de 40 ans et plus, les taux d'activité ne dépassent guère 40-50 pour cent[11] ; or, ceux des hommes ayant le même âge sont beaucoup plus élevés : 70-85 pour cent[12]. Par conséquent, les taux d'activité relatifs des femmes ont tendance à décliner avec l'âge comme le montre la figure 2.3[13]. Cela signifie que les femmes ont, en moyenne, une carrière professionnelle plus courte que les hommes, en particulier à cause d'une cessation plus précoce de leur activité.

3. Offre de travail, statut matrimonial et instruction

La prise en compte du niveau d'instruction suggère deux observations additionnelles (tableau 2.3). Premièrement, pour l'ensemble des individus

[11] Le Mali demeure toujours un cas à part.

[12] De même, dans la tranche 30-39 ans, le taux d'activité des hommes est de l'ordre de 85-95 pour cent, tandis que celui des femmes se situe entre 60 et 65 pour cent — sauf à Bamako.

[13] Rapport entre le taux d'offre des femmes et le taux d'offre des hommes.

Tableau 2.3 : Taux d'offre de travail selon la capitale, le statut matrimonial et le niveau d'instruction (%)[1] — 15 ans et plus

Capitale / Paramètre		Ouagadougou	Yaoundé	Abidjan	Conakry	Bamako
	sans instruction	83,3	75,0	94,1	78,2	68,9
Chef de ménage	primaire	88,7	78,7	86,4	86,0	66,7[2]
	secondaire	90,0	93,5	94,2	83,5	81,1
	supérieur	100,0	95,6	92,3	91,7	81,3
	Ensemble	88,3	89,0	93,5	83,0	72,0
	N	299	301	292	300	300
	sans instruction	86,3	43,8	88,9	76,1	59,7
Hommes secondaires	primaire	71,7	69,7	82,4	57,9	48,2[2]
	secondaire	36,2	35,8	66,0	40,6	42,9
	supérieur	36,0	36,9	60,0	55,7	53,9
	Ensemble	57,9	41,4	70,7	50,9	50,4
	N	381	505	314	806	940
	sans instruction	33,5	24,1	49,1	36,3	11,0
Femmes mariées	primaire	45,5	38,9	68,4	33,3	22,2[2]
	secondaire	78,0	57,2	70,8	62,5	73,1
	supérieur	93,3	69,6	-	93,3	75,0
	Ensemble	46,3	48,9	56,5	42,8	20,2
	N	337	280	260	549	510
	sans instruction	45,8	27,3	52,2	16,5	13,5
Femmes secondaires	primaire	43,8	35,6	57,1	27,9	20,0[2]
	secondaire	33,0	18,1	60,9	28,2	38,3
	supérieur	37,5	16,7	100,0	47,6	33,3
	Ensemble	39,7	20,9	58,5	26,5	20,9
	N	247	339	171	438	574
	sans instruction	59,0	40,2	67,7	47,[illegible]	33,2
	primaire	62,4	57,0	75,0	48,3	37,8[2]
Ensemble	secondaire	50,1	43,6	73,2	44,6	51,3
	supérieur	77,1	56,4	84,2	68,0	59,7
	Ensemble	58,4	48,1	71,6	48,3	39,3
	N	1265	1425	1037	2093	2324

(1) Le taux d'offre pour une strate donnée est obtenu en rapportant l'effectif des actifs — employés, sous-employés et chômeurs — à celui de la population totale du groupe ; (2) fondamental 1 et 2.

Sources : Enquêtes pilotes sur l'emploi auprès des ménages : Burkina Faso (Ouagadougou, 1992), Cameroun (Yaoundé, 1990-91), Côte d'Ivoire (Abidjan, 1986-87), Guinée (Conakry, 1991-92), Mali (Bamako, 1991).

et des capitales, l'offre de travail croît avec le niveau d'instruction. Par exemple, pour ceux qui sont sans instruction, les taux d'offre de travail sont compris entre 40 et 60 pour cent, alors que 60 à 80 pour cent environ de ceux qui ont accédé à l'enseignement supérieur participent au marché du travail.

Deuxièmement, comme l'on pouvait s'y attendre, cette évolution masque une forte hétérogénéité indépendante de l'appartenance sexuelle. En effet, la corrélation positive entre l'offre de travail et le niveau d'instruction n'est observée que pour les membres des ménages dont la carrière professionnelle est déjà bien avancée, les chefs de ménage et les femmes mariées. Certes, fort logiquement, pour les premiers l'évolution est assez faible. Mais, les femmes mariées qui ont eu accès à l'enseignement supérieur ont, en moyenne, un taux d'offre de travail trois fois plus élevé que celles qui sont sans instruction. Par contre, pour les membres secondaires célibataires, le déclin de l'offre de travail est net à partir de l'enseignement secondaire. En réalité, ce schéma est beaucoup moins approprié pour les jeunes femmes[14] ; il en est ainsi parce que dans la classe d'âge 15-29 ans, la proportion relative des hommes inactifs est plus importante[15] dans la mesure où ils bénéficient d'un meilleur accès relatif au système éducatif. Dans ces conditions, on peut s'attendre à ce que la précarité des points d'entrée sur le marché du travail soit plus répandue pour les femmes que pour les hommes.

4. Offre de travail et statuts du marché du travail

Les éléments d'analyse précédents appellent un examen des composantes de l'offre de travail. A cet égard, le tableau 3.3 présente la répartition de l'ensemble de la population de 15 ans et plus selon les statuts du marché du travail[16], et met en évidence plusieurs spécificités de l'offre de travail féminin.

En premier lieu, dans les zones urbaines d'Afrique subsaharienne, la participation des femmes à l'emploi salarié est relativement faible en termes absolu et relatif. En effet, on peut considérer que la proportion de la population féminine *totale* salariée est de l'ordre de 10 à 15 pour cent, alors que pour les hommes ce pourcentage est compris entre 25 et 35 pour cent[17]. En moyenne, la proportion des hommes salariés est presque trois fois plus importante que celle des femmes salariées[18]. Naturellement, quel que soit le sexe, l'incidence du salariat est plus forte dans les pays à revenu intermédiaire que dans les pays à faible revenu — Guinée et Mali, en particulier ; néanmoins, il semble que l'incidence *relative* du salariat selon le sexe soit indépendante du niveau de développement. Dans ce contexte, la prise en compte du statut du travail montre qu'environ la moitié des femmes salariées sont non protégées. Sur ce point, la situation des femmes

[14] Dans trois capitales, l'inverse prévaut.

[15] Voir le tableau 3.3, par exemple.

[16] On se reportera au chapitre premier pour la présentation des fondements de la stratification du marché du travail urbain.

[17] Ces proportions excluent les travailleurs irréguliers, peu nombreux, dont certains sont des salariés.

[18] Toutefois, à Yaoundé, le rapport est seulement de 1,8 en faveur des hommes.

Tableau 3.3 : Répartition de la population de 15 ans et plus selon la capitale, le statut sur le marché du travail, l'âge et le sexe (%)

Capitale		Ouagadougou		Yaoundé		Abidjan		Conakry		Bamako	
Paramètre		hommes	femmes	hommes	femmes	hommes	femmes	hommes	femmes	hommes	femmes
Irrégulier	15-29 ans	47,0	66,7	33,3	15,8	37,6	50,0	20,7	66,6	33,1	45,8
	30-39 ans	41,2	5,6	46,7	57,9	50,0	50,0	13,8	33,3	29,5	20,8
	≥ 40 ans	11,8	27,8	20,0	26,3	12,5	0,0	65,5	0,0	36,4	33,4
	Ensemble	**2,8**	**2,9**	**3,9**	**2,9**	**2,8**	**0,4**	**2,6**	**0,3**	**3,6**	**2,2**
Indépendant marginal	15-29 ans	37,9	31,3	25,9	23,1	31,9	50,0	31,9	39,4	24,6	20,0
	30-39 ans	15,5	11,6	44,4	35,9	34,8	24,4	29,2	21,2	27,9	24,0
	≥ 40 ans	46,5	68,2	29,6	41,0	33,3	25,5	38,9	39,4	47,5	56,0
	Ensemble	**9,4**	**7,0**	**3,5**	**5,9**	**11,5**	**19,5**	**6,6**	**3,3**	**5,0**	**2,3**
Indépendant avec capital	15-29 ans	10,3	44,5	16,0	11,1	33,3	0,0	18,4	39,4	13,2	50,0
	30-39 ans	27,6	27,3	36,0	11,1	8,3	50,0	28,9	21,2	18,4	50,0
	≥ 40 ans	62,1	27,3	48,0	77,7	58,3	50,0	42,6	39,4	68,5	0,0
	Ensemble	**4,7**	**1,8**	**3,3**	**1,4**	**2,1**	**0,4**	**3,5**	**3,3**	**3,1**	**0,2**
Salarié protégé	15-29 ans	15,1	23,4	12,0	25,8	35,6	65,5	10,5	11,1	21,7	18,5
	30-39 ans	54,5	53,2	48,7	52,6	37,9	27,6	40,4	55,6	40,6	59,3
	≥ 40 ans	30,4	23,4	49,3	31,6	26,5	6,9	49,1	33,3	37,8	21,2
	Ensemble	**16,1**	**7,6**	**15,4**	**8,6**	**22,9**	**6,3**	**10,4**	**4,5**	**11,8**	**4,9**
Salarié non protégé	15-29 ans	31,1	41,7	51,4	42,0	47,6	69,2	25,0	36,7	48,7	57,7
	30-39 ans	32,0	33,3	27,1	42,0	34,1	30,8	39,0	57,1	25,3	30,8
	≥ 40 ans	36,9	25,0	21,5	16,0	28,3	0,0	35,1	7,1	25,9	11,5
	Ensemble	**16,7**	**3,9**	**14,1**	**7,5**	**14,3**	**5,6**	**7,0**	**1,4**	**13,4**	**4,7**
Chômeur	15-29 ans	85,0	79,7	65,6	84,3	78,2	89,1	46,1	59,3	67,2	84,2
	30-39 ans	5,6	16,5	23,7	12,9	10,9	7,3	23,4	35,9	25,0	13,2
	≥ 40 ans	9,3	3,8	10,7	2,9	10,9	3,6	30,5	4,7	7,8	2,6
	Ensemble	**17,4**	**1,5**	**17,2**	**10,5**	**20,7**	**11,9**	**11,7**	**6,4**	**9,6**	**3,4**
Chômeur marginal	15-29 ans	82,6	69,8	64,3	74,0	100,0	88,9	73,1	71,8	78,0	75,7
	30-39 ans	0,0	18,9	28,6	20,0	0,0	11,1	15,7	12,8	13,6	11,2
	≥ 40 ans	17,4	11,3	7,1	6,0	0,0	0,0	11,2	15,5	7,4	13,1
	Ensemble	**3,7**	**8,6**	**1,8**	**7,5**	**0,2**	**3,9**	**8,1**	**14,9**	**6,7**	**9,6**
Inactif	15-29 ans	81,8	59,3	90,2	72,9	82,2	61,5	82,2	53,9	78,1	61,7
	30-39 ans	3,0	13,0	1,3	10,3	3,7	18,3	4,5	15,3	4,9	15,8
	≥ 40 ans	15,1	27,7	8,5	16,8	13,1	20,1	13,3	30,8	17,0	32,5
	Ensemble	**26,8**	**46,3**	**40,3**	**55,6**	**18,6**	**36,6**	**32,4**	**49,1**	**37,4**	**69,4**
Apprenti/ aide-familial	15-29 ans	89,8	49,1	66,7	0,0	95,0	66,2	77,8	39,9	87,1	44,7
	30-39 ans	8,2	23,6	0,0	100,0	0,0	21,1	13,9	21,3	8,6	13,2
	≥ 40 ans	2,0	27,3	33,3	0,0	5,0	12,7	8,2	38,8	4,3	42,1
	Ensemble	**1,5**	**8,9**	**0,4**	**0,2**	**6,9**	**15,4**	**17,7**	**18,9**	**9,6**	**3,4**
Total (%)		**100,0**	**100,0**	**100,0**	**100,0**	**100,0**	**100,0**	**100,0**	**100,0**	**100,0**	**100,0**
N		650	615	761	664	575	462	1096	997	1213	1111

Sources : Enquêtes pilotes sur l'emploi auprès des ménages : Burkina Faso (Ouagadougou, 1992), Cameroun (Yaoundé, 1990-91), Côte d'Ivoire (Abidjan, 1986-87), Guinée (Conakry, 1991-92), Mali (Bamako, 1991).

et des hommes est comparable ; quel que soit le pays, le taux de salariés protégés est approximativement identique pour les hommes et les femmes[19].

[19] Rapport entre les pourcentages de salariés protégés et de salariés non protégés.

Par ailleurs, on notera que ce sont surtout les jeunes — hommes et femmes de 15-29 ans — qui sont des salariés non protégés, les femmes mariées occupant davantage des emplois protégés.

En deuxième lieu, les femmes semblent également plus défavorisées que les hommes en termes d'emploi indépendant. Dans trois capitales sur cinq, la proportion de la population féminine totale exerçant un emploi à propre compte est inférieure à celle des hommes. Mais, le plus important est le fait que le travail indépendant avec capital occupe peu de femmes comparativement aux hommes. Ainsi, alors que dans maintes situations la proportion de femmes exerçant un travail indépendant marginal est comparable aux hommes, ces derniers sont beaucoup plus souvent que les femmes à la tête de micro-entreprises disposant d'un capital substantiel. En moyenne, les hommes occupent deux fois plus souvent un travail indépendant marginal qu'un emploi inhérent à gestion d'une micro-entreprise avec capital ; or, pour les femmes, cette proportion est au moins quatre fois plus élevée. Par conséquent, dans les capitales africaines, l'emploi à propre compte féminin est nettement plus précaire que celui des hommes. Ce point sera davantage explicité ultérieurement. Dans ce contexte, il faut également souligner l'importance relative des filles aides-familiales — 10 à 20 pour cent dans trois pays —, dont le statut précaire constitue maintes fois le point d'entrée privilégié sur le marché du travail.

En troisième lieu, le chômage déclaré affecte deux fois moins la population *totale* féminine que la population *totale* masculine. En effet, la proportion de la première au chômage est de l'ordre de 5-10 pour cent, alors que pour la seconde la proportion est comprise entre 10 et 20 pour cent. Néanmoins, ce résultat doit être immédiatement relativisé par deux éléments d'analyse. D'une part, la faible proportion de la population féminine totale au chômage n'implique pas des taux de chômage féminin faibles. Au contraire, le prochain chapitre montrera que les taux de chômage féminin — y compris le chômage de longue durée — sont tout à fait comparables aux taux de chômage masculin. D'autre part, la faible proportion relative de la population totale féminine au chômage est largement compensée par l'ampleur du chômage marginal ; en moyenne, 8 à 10 pour cent de la population totale féminine est affectée par le chômage marginal, contre 3 à 6 pour cent pour les hommes. A cet égard, l'appréhension du chômage mettra en évidence des taux de chômage marginal féminin trois à quatre fois plus élevés que ceux des hommes. En outre, c'est précisément dans les capitales où l'ampleur du chômage déclaré est faible — et où prédominent les structures sociales traditionnelles — que la chômage marginal est élevé[20] — Ouagadougou, Conakry et Bamako[21] . Cette situation est révélatrice de stratégies d'offre différentes. Contrairement aux hommes, maintes femmes demeurent actuellement en retrait de la population active pour des raisons liées à la fois à l'incidence des structures sociales, à la crise économique et au moindre accès au système éducatif.

Ainsi, les femmes sont doublement défavorisées par rapport au marché du travail. Non seulement, les taux d'offre de travail féminin sont plus faibles[22], mais également les statuts du marché du travail auxquelles elles peuvent espérer avoir accès sont beaucoup plus précaires.

5. Offre de travail et niveau de vie

En milieu urbain, l'appréhension de l'offre de travail féminin selon le niveau de vie met en évidence deux éléments particuliers (tableau 4.3).

Premièrement, les différentes investigations montrent que l'offre de travail féminin — tout comme l'offre de travail globale[23] — varie sensiblement selon le niveau de vie. Dans les ménages pauvres, le taux d'offre de travail féminin est compris entre 15 et 45 pour cent, alors que dans les ménages non pauvres ce taux se situe entre 30 et 70 pour cent. Ainsi, il apparaît que le taux d'offre de travail féminin des ménages pauvres est approximativement égal aux deux tiers de celui qui prévaut dans les ménages non pauvres[24]. Ce résultat est en partie imputable à la structure démographique des ménages, en particulier l'évolution des taux de dépendance inversement reliés au niveau de vie des ménages. Par conséquent, l'élévation du bien-être des ménages est associée à de plus grandes opportunités des femmes en termes de participation au marché du travail. D'ailleurs, le tableau 4.3 montre que les taux d'emploi féminin sont systématiquement croissants avec l'élévation du revenu ajusté. A cet égard,

---

[20] Par rapport à la population totale féminine.

[21] Dans ces capitales, 9 à 15 pour cent de la population féminine est en situation de chômage marginal, contre 4 à 7 pour cent dans les autres centres urbains.

[22] Pour l'ensemble des pays du monde, entre 1970 et 1990, les taux d'activité des femmes n'ont augmenté que de 4 pour cent (36 à 40 pour cent). Pnud [1995].

[23] On rappelle que les taux d'offre de travail pour l'ensemble des indivius varient selon le pays (entre 40 pour cent — Mali — et 70 pour cent — Côte d'Ivoire) et le niveau de vie. Dans deux pays de l'échantillon — Cameroun et Mali — le taux d'offre de travail des ménages non pauvres est supérieur de 40 à 60 pour cent à celui des ménages pauvres ; dans les trois autres pays — Burkina Faso, Côte d'Ivoire, Guinée — la proportion se situe environ entre 20 et 35 pour cent.

[24] On note cependant quelques variations de ce ratio : Ouagadougou : 79 pour cent ; Bamako : 55 pour cent.

Tableau 4.3 : Taux d'emploi et d'offre de travail des adultes — 15 ans et plus — selon la capitale, le statut matrimonial et le niveau de vie (%)[1]

Paramètre	Pauvres		Intermédiaires		Non pauvres		Ensemble	
Statut/capitale	Emploi	Offre	Emploi	Offre	Emploi	Offre	Emploi	Offre
Ouagadougou (N)	676	676	449	449	140	140	1265	1265
Chef de ménage	72,1	80,5	93,1	96,1	97,8	97,8	83,0	88,3
Hommes secondaires	35,7	63,9	31,9	50,4	23,3	46,7	33,3	57,8
Femmes mariées	30,6	37,8	42,4	49,2	53,9	76,9	37,4	46,3
Femmes célibataires	26,2	50,8	15,8	28,4	11,5	26,9	20,7	39,7
Ensemble	40,8	58,3	45,0	55,7	53,6	67,9	43,7	58,4
Ensemble femmes	31,1	45,0	32,4	41,6	37,3	56,7	32,2	45,0
Yaoundé (N)	407	407	624	624	394	394	1425	1425
Chef de ménage	49,9	71,6	89,9	93,0	96,7	98,9	81,1	89,0
Hommes secondaires	13,3	34,7	19,8	43,9	26,6	44,8	19,8	41,4
Femmes mariées	25,4	36,5	31,9	43,7	57,3	67,1	37,9	48,9
Femmes célibataires	7,1	23,9	12,2	18,2	10,3	21,8	10,0	20,5
Ensemble	20,6	39,3	35,1	47,9	45,9	57,4	34,0	48,1
Ensemble femmes	18,8	33,0	24,9	32,8	38,6	48,5	26,4	36,9
Abidjan (N)	227	227	537	537	273	273	1037	1037
Chef de ménage	56,1	86,0	93,2	95,9	93,2	94,3	86,0	93,5
Hommes secondaires	33,8	77,0	33,1	64,9	56,2	75,3	39,8	70,7
Femmes mariées	37,9	41,4	49,7	56,6	67,8	71,2	51,2	56,5
Femmes célibataires	28,9	52,6	33,4	59,4	40,5	62,2	34,5	59,5
Ensemble	39,6	66,1	54,2	70,2	68,5	78,8	54,8	71,6
Ensemble femmes	37,6	48,5	46,9	60,2	59,1	68,6	47,6	59,5
Conakry (N)	1179	1179	428	428	492	492	2093	2093
Chef de ménage	52,0	75,3	45,6	91,5	51,4	90,1	39,1	83,0
Hommes secondaires	34,2	46,1	49,0	59,5	47,3	56,5	39,8	50,9
Femmes mariées	31,2	35,3	40,9	44,9	52,3	58,3	39,8	42,8
Femmes célibataires	14,7	23,5	20,6	33,0	21,1	27,8	38,4	26,5
Ensemble	31,5	42,3	45,6	53,5	51,4	57,9	17,4	48,3
Ensemble femmes	24,0	30,2	32,6	40,1	40,0	45,9	29,5	35,9
Bamako (N)	1191	1191	470	470	663	663	2324	2324
Chef de ménage	57,0	59,6	77,6	82,8	84,6	85,7	69,3	72,0
Hommes secondaires	31,0	45,9	42,3	52,0	50,6	57,3	38,9	50,4
Femmes mariées	10,4	10,8	22,5	24,5	30,4	32,3	19,0	20,2
Femmes célibataires	12,8	18,2	21,1	27,2	16,3	21,8	15,3	20,9
Ensemble	25,2	33,5	37,2	43,8	42,8	47,4	32,7	39,3
Ensemble femmes	12,3	15,4	22,1	26,1	24,2	27,8	17,6	21,0

(1) Le taux d'emploi pour une strate donnée est obtenu en rapportant l'effectif des employés (employés et sous-employés — y compris les apprentis) à celui de la population totale du groupe ; le taux d'offre pour une strate donnée est obtenu en rapportant l'effectif des actifs (employés, sous-employés et chômeurs — y compris les apprentis) à celui de la population totale du groupe.

Sources : Enquêtes pilotes sur l'emploi auprès des ménages : Burkina Faso (Ouagadougou, 1992), Cameroun (Yaoundé, 1990-91), Côte d'Ivoire (Abidjan, 1986-87), Guinée (Conakry, 1991-92), Mali (Bamako, 1991).

dans la mesure où le statut de la femme dépend, en grande partie, des opportunités de gains, une meilleure participation au marché du travail est susceptible de consolider le rôle des femmes dans le système social. Néanmoins, il est intéressant de remarquer que le taux d'offre de travail relatif des hommes situés dans les ménages pauvres est beaucoup plus élevé que celui des femmes[25].

Deuxièmement, en réalité, l'évolution n'est pas homogène selon le statut matrimonial des femmes. En effet, quelle que soit la capitale, la participation des femmes — chefs de ménage ou mariées — au marché du travail est positivement corrélée à l'élévation du niveau de vie des ménages. Par ailleurs, le rapport des taux de participation des chefs de ménage — pour la plupart des hommes — et des femmes mariées décroît avec l'augmentation du niveau de vie[26]. Par contre, en ce qui concerne les femmes célibataires, l'évolution précédente est beaucoup moins nette. Dans deux capitales, on observe une diminution du taux d'offre de travail avec l'élévation du niveau de vie du ménage, et, dans ceux où l'évolution est conforme au mouvement général, la progression est fréquemment faible. Ce résultat est d'autant plus intéressant que, quel que soit le pays, le chômage marginal féminin est deux fois moins important dans les ménages aisés que dans les ménages pauvres[27]. Cependant, alors que dans toutes les capitales le chômage marginal des femmes mariées diminue nettement avec l'élévation du niveau de vie, en ce qui concerne les femmes célibataires, cette forme de retrait de la population active croît précisément dans les pays où leur taux d'offre de travail diminue, et se stabilise ou décline légèrement dans les autres capitales. Par conséquent, bien que d'une manière générale l'offre de travail féminin soit croissante avec l'augmentation du niveau de vie, le chômage marginal peut, pour certaines femmes — notamment les jeunes femmes célibataires — représenter une forme d'ajustement en termes de participation au marché du travail, indépendamment des ressources disponibles dans le ménage.

2. Les déterminants de l'offre de travail féminin

L'estimation économétrique de fonctions d'offre de travail permet d'appréhender certains déterminants de la participation au marché du travail. Néanmoins, la fécondité d'une telle approche étant en grande partie liée au type de modèle utilisé, la présente étude se propose d'examiner cette question dans le cadre de deux options méthodologiques. D'une part, un

---

[25] Pour l'ensemble des individus, les taux d'offre de travail relatifs dans les ménages pauvres sont de l'ordre de 75 pour cent. Dans chaque pays, ils sont systématiquement plus élevés par rapport à ceux des femmes.

[26] Sauf au Mali, il passe de 2 environ pour les ménages pauvres à 1,2-1,5 pour les ménages non pauvres.

[27] Voir le chapitre 4.

modèle binaire probit standard explorera les décisions de participation ou de non participation des femmes au marché du travail ; d'autre part, un modèle tri-sectoriel multinomial tentera de prendre en compte les décisions simultanées de participation et de choix des modes d'emploi.

1. Le modèle dichotomique d'offre de travail

A. Concepts et méthode

L'analyse des déterminants de l'offre de travail implique une estimation de modèles à choix qualitatif. Compte tenu des données observées, ces derniers ont pour objectif de calculer la probabilité qu'un individu choisira une option particulière parmi un ensemble de possibilités qui lui sont offertes. Dans ce contexte, le rappel de quelques éléments de base inhérents à ces modèles[28] peut faciliter la présentation du modèle dichotomique d'offre de travail utilisé dans la présente étude.

Supposons qu'un individu n ait la possibilité de choisir entre un ensemble d'options disponibles J_n, ces dernières ayant des caractéristiques différentes, observables et non observables par le chercheur. Le choix de l'individu n va s'opérer en fonction de deux éléments. D'une part, les caractéristiques observées de l'option i — par exemple, le vecteur z_{in} pour tout $i \subset J_n$; d'autre part, la valorisation de ces caractéristiques par l'individu, qui dépend elle-même des caractéristiques observables — s_n — et non observables de ce dernier. Dans ces conditions, la probabilité P_{in} que n choisisse i parmi les options J_n dépend des caractéristiques z_{in} comparées aux autres caractéristiques z_{jn} — $j \subset J_n$ et $j \neq i$ — et des s_n . Elle peut être exprimée par la forme paramétrique fonctionnelle suivante, où f est la fonction liant les données observées aux probabilités de choix, et α un vecteur quelconque de paramètres[29].

$$P_{in} = f(z_{in}, z_{jn}, j \subset J_n \text{ et } j \neq i, s_n, \alpha) \qquad [1]$$

En fait, la fécondité des différents modèles à choix qualitatif — probit et logit par exemple —, obtenus à partir d'une spécification de f, réside dans leur connexion avec la théorie de l'utilité, celle-ci permettant d'opérer une distinction précise entre le comportement du décideur et l'analyse du chercheur. Considérons d'abord l'individu n et supposons qu'il obtienne une utilité U_{in} de l'option i, celle-ci étant fonction de toutes les

[28] Voir en particulier Train [1993], Maddala [1983], Agresti [1990].

[29] Estimé ou déterminé a priori.

caractéristiques observables — x_{in} — de cette dernière, et de toutes les caractéristiques de n — r_n —, soit : $U_{in} = U(x_{in}, r_n)$, pour tout $i \subset J_n$. Dans ce contexte, l'individu n choisira l'option qui procure l'utilité la plus élevée, par exemple i si $U_{in} > U_{jn}$, c'est-à-dire $U(x_{in}, r_n) > U(x_{jn}, r_n)$, avec $j \subset J_n$ et $j \neq i$. Cependant, l'observateur ne peut pas parfaitement prédire la décision de l'individu car il ne maîtrise pas tous les facteurs inhérents à la fonction d'utilité. Dans ces conditions, il importe de scinder la fonction d'utilité en deux parties : une utilité observable $H(z_{in}, s_n, \alpha)$ — z_{in} et s_n étant les caractéristiques observables, respectivement, de i et de n — et une utilité inconnue e_{in}, soit :

$$U_{in} = U(x_{in}, r_n) = H(z_{in}, s_n, \alpha) + e_{in} \qquad [2]$$

Ainsi, la probabilité P_{in} que i soit choisie par rapport à une autre option est : $P_{in} = Prob(U_{in} > U_{jn}, j \subset J_n$ et $j \neq i)$, soit :

$$P_{in} = Prob(e_{jn} - e_{in} < H_{in} - H_{jn}, j \subset J_n \text{ et } j \neq i)^{30} \qquad [3]$$

La connaissance de la distribution des termes aléatoires e permet de déterminer la distribution de leur différence ($e_{jn} - e_{in}$, $j \subset J_n$ et $j \neq i$)[31], tandis que l'équation [3] conduit à l'évaluation de la probabilité que l'individu n choisira i en tant que fonction de $H_{ij} - H_{jn}$ — fonction f de [1]. La détermination des modèles à choix qualitatif exige une spécification de la distribution de la composante non observable de l'utilité et une précision quant à la forme fonctionnelle des probabilités de choix.

La spécification des modèles d'offre de travail s'inscrit dans ce contexte analytique. Considérons le modèle dichotomique inhérent à la théorie néo-classique de l'offre de travail où les individus — les femmes dans le cas présent — ont le choix entre participer et ne pas participer au marché du travail. Les préférences des individus sont définies par une fonction d'utilité dont les arguments sont un composite de biens, le loisir et un vecteur de variables exogènes affectant les décisions de participation au marché du travail[32]. La maximisation de la fonction d'utilité sous les

---

[30] Puisque $P_{in} = Prob(H_{in} + e_{in} > H_{jn} + e_{jn}, j \subset J_n$ et $j \neq i)$.

[31] Puisque e_{jn} et e_{in} sont des variables aléatoires, leur différence ($e_{jn} - e_{in}$) est aussi alétoire. De ce fait, le membre droit de [3] étant une distribution cumulative jointe, la probabilité que chaque variable aléatoire ($e_{jn} - e_{in}$) est inférieure à ($H_{ij} - H_{jn}$), $j \subset J_n$ et $j \neq i$.

[32] Ce modèle suppose que les décisions de participation sont prises individuellement dans le ménage. En d'autres termes, les décisions d'offre de travail ne sont pas conjointes.

contraintes de temps et financières est à l'origine de décisions rationnelles de participation au marché du travail, exprimées par la fonction d'offre. En particulier, le taux marginal de substitution entre la consommation et le loisir détermine un revenu souhaité $R^S{}_n$, évalué en fonction de caractéristiques individuelles observables c_n et non observables u_n, soit $R^s_n = h(c_n, u_n)$. Cependant, ce n'est pas R^S_n qui est observé, mais R_n le salaire du marché, qui est aussi fonction de caractéristiques observables b_n et non observables e_n, soit $R_n = g(b_n, e_n)$. Dans ces conditions, la participation au marché du travail est effective si, et seulement si, $D_n = R^s{}_n - R_n < 0$. Or, la non observation de $R^S{}_n$ implique que la participation au marché du travail soit repérée par une variable dichotomique, Y_n par exemple, qui prend la valeur 1 si l'individu n a une offre de travail et 0 dans le cas contraire. Supposons que D_n soit défini par la relation $D_n = \gamma' t_n + \theta_n$, où θ_n représente le terme aléatoire. La probabilité de participer au marché du travail s'exprime par [4] :

$$\textbf{Prob}(Y_n = 1) = \textbf{Prob}(D_n < 0) = \textbf{Prob}(\theta_n < -\gamma' t_n) = 1 - F(-\gamma' t_n) \qquad [4]$$

où F est la fonction de distribution cumulative de θ_n. Mais, la forme fonctionnelle de F dépend de l'hypothèse qui est faite sur θ_n. Dans le cas présent, on supposera que θ_n est normalement distribué, ce qui implique le modèle probit habituel[33].

Par conséquent, l'estimation du modèle dichotomique nécessite la détermination des paramètres d'une équation de gains [$R_n = g(b_n, e_n)$] et d'une équation structurelle de participation [$Y_n = I(c_n, R_n, u_n)$], les vecteurs des caractéristiques non observables e_n et u_n étant, respectivement inclus dans les termes aléatoires.

En réalité, deux difficultés doivent être prises en compte. Tout d'abord, le problème du biais de sélection. L'échantillon des actifs peut être «auto-déterminé», et par conséquent non aléatoire, le choix premier portant sur la décision ou non de participer au marché du travail. De ce fait, la règle de sélection issue de l'équation de participation peut être potentiellement reliée au terme aléatoire de l'équation des salaires, alors que l'hypothèse d'une covariance nulle des erreurs ne peut pas être décidée a priori. En d'autres termes, les cœfficients de la fonction de gains peuvent être biaisés, car ils reflètent non seulement les effets des variables explicatives sur les revenus, mais également la probabilité d'être employé.

---

[33] Soit $N(0, \sigma^2)$. Si la distribution de θ_n est logistique, il s'agit du modèle logit.

A la suite d'Heckman[34], la correction de ce biais implique l'estimation du rapport inverse de Mills λ à partir de l'estimation probit de l'équation de participation, et son inclusion dans l'équation de gains. Dans ce cas, le cœfficient λ capture la probabilité d'être inclut dans l'échantillon en tant qu'actif. Ensuite, le revenu inhérent aux équations de gains et d'offre structurelle de travail n'est pas véritablement exogène, puisqu'il est déterminé par l'offre et la demande de travail. S'il est utilisé directement dans l'équation structurelle de participation, il peut en résulter un biais. Il importe par conséquent d'utiliser la valeur prédite du revenu inhérente à l'équation de gains dans l'équation structurelle de participation.

Compte tenu de ces deux difficultés, l'analyse de la participation des femmes au marché du travail appelle l'estimation du modèle suivant :

$$Yr_n = v(c_n, \epsilon_n) \quad [5]$$

$$R_n = j(b_n, \lambda_n, \xi_n) \quad [6]$$

$$Ys_n = k(q_n, Ri_n, \rho_n) \quad [7]$$

Les équations [5], [6] et [7] représentent, respectivement, l'équation réduite d'offre de travail, l'équation de gains et l'équation structurelle d'offre de travail. Les paramètres RI_n et λ_n indiquent, respectivement, le revenu imputé et le rapport inverse de Mills, tandis que ϵ_n, ξ_n et ρ_n se réfèrent les termes aléatoires. Ainsi, l'estimation de [5] à l'aide du modèle probit permet de déterminer le rapport inverse de Mills. Ce dernier est utilisé dans l'équation [6] — estimée par les moindres carrés — qui conduit à la détermination du revenu escompté — RI_n. Enfin, l'estimation de [7] à partir du maximum de vraisemblance permet de déterminer les paramètres de l'équation structurelle d'offre de travail des femmes.

B. Fonctions de gains et estimations probit

Dans le cadre de la présente recherche, les équations de participation des femmes au marché du travail ont pris en compte deux catégories de facteurs. D'une part, un ensemble de caractéristiques individuelles : instruction, formation, âge, statut matrimonial, nationalité[35], position dans le ménage et lieu de naissance. D'autre part, plusieurs éléments inhérents au ménage : transferts nets, revenu des membres secondaires masculins,

[34] Heckman [1976].

[35] Pour la Côte d'Ivoire uniquement.

Tableau 5.3 : Cœfficients des équations de gains — avec biais de sélection — des femmes — 15 ans et plus et non en cours de scolarisation — selon la capitale

Capitale	Ouagadougou		Yaoundé		Abidjan		Conakry		Bamako	
Paramètre	*β*	t[1]	*β*	t[1]	*β*	t[1]	*β*	t[1]	*β*	t[1]
Constante	1,03631	1,3260	1,23293	2,4141*	10,70671	8,7312*	2,71885	6,6023*	2,31030	3,6469*
Primaire[2]	0,33213	0,8663	0,79754	2,4258*	0,08796	0,4499	-0,30210	-2,1019*	0,12805	0,5019
Secondaire 1c[2]	1,23490	2,4703*	1,67386	4,5691*	0,23709	0,7882	-0,13767	-0,6822	0,40318[8]	1,2305
Secondaire 2c[2]	1,49655	2,4525*	2,09507	5,3760*	0,59680	1,4875	-0,31002	-1,3188	-	-
Supérieur[2]	1,86021	2,8547*	2,60598	6,3271*	0,94977	2,0195*	-0,01625	-0,0497	0,88233	1,8469**
Form. informelle[3]	-1,03825	-2,7263*	-0,20857	-1,2045	0,27680	1,8305**	-0,01866	-0,1154	-0,32405	-1,2024
Form. moderne[3]	-0,02740	-0,0953	-0,09261	-0,5040	0,59628	2,0981*	-0,05957	-0,3580	-0,56105	-2,0711*
Exp. générale[4]	-0,00162	-0,0558	-0,01137	-0,4394	0,61583	2,2017*	-0,00911	-0,6426	0,05084	2,6013*
(Exp. gén.)²/100	-0,02856	-0,7714	0,05588	1,0304	-0,01819	-0,3715	0,01779	0,7514	-0,07081	-2,1647*
Exp. emploi[5]	0,10394	2,6972*	0,06861	2,7019*	0,01478	0,2655	0,08407	4,4465*	-0,05678	-2,8142*
(Exp. emp.)²/100	-0,18644	-1,6411**	-0,13805	-1,5729	0,06893	0,5864	-0,23622	-2,6741*	0,18594	3,2225*
Naissance capitale	-0,23485	-1,0556	-0,21380	-1,4746	-0,46562	-0,6854	-0,11692	-1,3099	-0,11086	-0,8572
Nationalité[7]	-	-	-	-	-0,32823	-1,7686**	-	-	-	-
Lambda	-0,54084	-1,4181	-0,66404	-2,5333*	-0,74097	-2,5623*	-0,39884	-2,6436*	-0,70249	-2,7421*
R^2 ajusté		0,5657		0,4832		0,3320		0,2876		0,2333
F (sig F)	15,0050	(0,0000)	13,3906	(0,0000)	8,7220	(0,0000)	9,1431	(0,0000)	5,0129	(0,0000)
N		130		160		203		243		146

(1) Probabilité «two-tailed» que le cœfficient soit égal à zéro ; le t est le rapport entre β et l'erreur-type ; (2) base = sans instruction ; (3) base = sans formation ; (4) age - 6 - instruction - formation ; (5) emploi actuel ; (6) base = <3 personnes (y compris apprentis et aides familiaux) ; niveau 1 = ≥3 et ≤10, sauf Côte d'Ivoire : ≤3 et ≤5 ; (7) >10, sauf Côte d'Ivoire : >5 ; (7) ivoirien ; (8) ensemble du secondaire.

Note : * = significatif à 5 pour cent au moins ; ** = significatif entre 5 et 10 pour cent.

Sources : Enquêtes pilotes sur l'emploi auprès des ménages : Burkina Faso (Ouagadougou, 1992), Cameroun (Yaoundé, 1990-91), Côte d'Ivoire (Abidjan, 1986-87), Guinée (Conakry, 1991-92), Mali (Bamako, 1991).

statut de salarié protégé du chef de ménage masculin, nombre de femmes de 15 ans et plus dans le ménage, nombre d'enfants de 7 ans et moins dans le ménage et statut du travail des parents[36] — salarié protégé, salarié non protégé et indépendant. Par ailleurs, l'équation structurelle de participation englobe, outre les éléments précédents, le revenu imputé[37]. Les fonctions de gains prennent en considération l'instruction, la formation, l'expérience générale, l'expérience spécifique — emploi actuel — le lieu de naissance, la nationalité et le cœfficient de Mills, ce dernier étant déterminé à l'aide des équations réduites de participation.

Les tableaux 5.3 et 6.3 affichent les cœfficients régression des estimations des fonctions de gains et des équations structurelles de participation relatives aux femmes[38], et appellent plusieurs commentaires. Premièrement, si l'on excepte le cas de Bamako, les fonctions de gains

---

[36] Père et/ou mère.

[37] Le revenu imputé est déterminé à l'aide des fonctions de gains.

[38] Les tests de Chow et du rapport de vraisemblance justifient une analyse selon le sexe.

Tableau 6.3 : Cœfficients de régression des estimations probit selon la caîtale: modèle binaire standard de participation au marché du travail des femmes — 15 ans et plus et non en cours de scolarisation

Capitale	Ouagadougou		Yaoundé		Abidjan		Conakry		Bamako	
Paramètre	β	t[1]	β	t[1]	β	t[1]	β	t[1]	β	t[1]
Constante	-1,57242	-3,0183*	-2,65933	-3,4268*	-32,80585	-4,5038*	-9,66847	9,6962*	-3,91983	-7,7059*
Instruction (années)	-0,00670	-0,2190	-0,19976	-4,3698*	-0,14643	-2,3368*	-0,02059	-1,0589	0,27417	11,0573*
Form. informelle[4]	1,76488	5,5679*	0,60478	2,8521*	-1,85735	-4,3249*	-0,30479	-1,1182	0,51434	1,7588**
Form. moderne[4]	0,34272	0,9808	0,37919	1,3761	-2,34433	-3,7164*	0,25644	0,7394	1,19838	4,4694*
Age (années)	0,01225	0,4215	0,07156	1,5462	-0,05002	-1,1275	-0,03518	-0,7392	0,38839	8,8568*
$(Age)^2/100$	0,00871	0,2445	-0,14155	-2,2895*	0,04060	0,7601	0,01292	0,1964	-0,44707	-8,7326*
Chef de ménage	0,31625	0,9152	0,35114	1,1406	-0,43444	-0,9830	-0,52571	-0,8138	0,99194	2,6156*
Mariée	-0,34455	-1,9030**	-0,05265	-0,2963	0,26717	0,8487	-0,17729	-0,9145	-0,55894	-3,6981*
Transferts nets	-0,04953	-0,4634	0,00055	0,0699	-0,00001	-0,8341	-0,00344	-0,3375	0,07039	1,1792
Revenu mbs hom.	0,00226	1,0976	0,00084	0,7632	-0,00001	-0,4528	0,00099	0,5634	0,00019	1,3081
Chef masc.sal.prot.	-0,14778	-0,9104	-0,14823	-0,8361	-0,07478	-0,4526	-0,04510	-0,2449	0,15013	0,9185
Nationalité	-	-	-	-	-0,79534	-3,5129*	-	-	-	-
Naissance : capitale	0,16854	1,1951	0,44635	2,4264*	1,13315	3,4561*	0,82273	4,5125*	0,08833	0,6636
Femmes ≥ 15 ans	-0,02075	-0,5936	-0,02107	-0,5556	0,01458	0,2806	-0.00393	-0,1300	0,02948	1,1434
Enfants ≤ 7 ans	0,00204	0,0550	0,06334	1,3277	0,03375	0,7292	-0,01554	-0,3947	-0,15362	-4,3151*
Parents sal. prot.	0,14511	0,4832	-0,05996	-0,2826	-0,31368	-0,9879	-0,00150	-0,0069	0,39614	2,0516*
Parents sal. non.p.	0,27292	1,0626	-0,17276	-0,8605	0,03672	0,1027	0,36224	1,1323	0,55861	2,9578*
Parents indép.	0,27989	1,2357	-0,02569	-0,1487	-0,30079	-1,0283	-0,04450	-0,2388	0,20885	1,5668
Revenu imputé	0,94823	6,0696*	1,29624	7,3401*	3,49318	4,3085*	4.98300	10,0675*	-3,01220	-8,7907*
Log vraisemblance	-235,6708		-202,9318		-237,6846		-207,2909		-274,0984	
Chi^2 (sig)[2]	240,229 (0,0000)		175,6436 (0,0000)		111,2774 (0,0000)		423.8806 (0,0000)		373,2501 (0,0000)	
Cas bien clas. (%)	79,7		77,4		69,0		91,2		89,1	
R^2[3]	0,3376		0,3002		0,1911		0,5055		0,4050	
N	521		421		420		824		933	

(1) Probabilité «two-tailed» que le cœfficient soit égal à zéro ; le t est le rapport entre β et l'erreur-type; (2) Il s'agit du test du rapport de vraisemblance calculé selon : $LR=2(L_1-L_0)$, si L_1 est le log de vraisemblance du modèle sans contrainte et L_0 le log de vraisemblance du modèle contraint (tous les cœfficients sont égaux à 0, sauf la constante). Il suit une loi du Chi^2 avec des degrés de liberté égaux au nombre de contraintes - (2n-1) et (n-1), respectivement, pour le modèle multinomial et le modèle binaire (n=nombre de paramètres) ; (3) Il s'agit d'un pseudo-R^2 égal à : $1 -(L_1/L_0)$; (4) base = sans formation ; (5) ivoirien.

Note : * = significatif à 5 pour cent au moins ; ** = significatif entre 5 et 10 pour cent.

Sources : Enquêtes pilotes sur l'emploi auprès des ménages : Burkina Faso (Ouagadougou, 1992), Cameroun (Yaoundé, 1990-91), Côte d'Ivoire (Abidjan, 1986-87), Guinée (Conakry, 1991-92), Mali (Bamako, 1991).

expliquent entre 30 et 60 pour cent de la variabilité des revenus des femmes. Dans la plupart des pays, l'instruction est positivement corrélée au logarithme des revenus. Le fait pour les femmes d'avoir eu accès à l'enseignement supérieur accroît leurs gains, comparativement au niveau des sans instruction, de 150 à 500 pour cent, toutes choses égales par ailleurs[39]. De même, on observe que l'expérience dans l'emploi actuel est positivement corrélée aux gains. Une année supplémentaire d'ancienneté induit, toutes choses égales par ailleurs, un revenu additionnel compris entre 6 et 10 pour cent. Enfin, le cœfficient λ est négatif dans toutes les capitales

[39] Cette variation est encore plus importante dans le cas de Yaoundé.

et significatif dans quatre d'entre elles, ce qui suggère l'existence d'un biais d'auto-sélection pour le type de données utilisées. On rappellera que ce cœfficient représente la covariance entre les erreurs de l'équation réduite et les erreurs de l'équation de gains. Un cœfficient négatif indique que des caractéristiques non observables qui accroissent la propension à obtenir des gains élevés, contribuent aussi à réduire la probabilité qu'une personne participe au marché du travail. Normalement, puisque les individus cherchent à maximiser leurs gains escomptés, le cœfficient devrait être positif. Un cœfficient négatif pourrait impliquer l'existence de barrières à l'entrée ou que le processus de sélection du marché du travail est biaisé. En particulier, il se pourrait que les femmes très qualifiées, ayant la possibilité d'obtenir des gains substantiels, aient en même temps un salaire souhaité élevé et préfèrent ne pas participer au marché du travail. De même, un λ négatif pourrait s'expliquer par un taux de chômage marginal élevé[40].

Deuxièmement, le modèle binaire standard tend à mettre en évidence la prédominance de plusieurs facteurs communs quant à la participation des femmes aux marchés du travail urbains. Tout d'abord, dans trois villes — Ouagadougou, Yaoundé, Bamako — la formation informelle accroît sensiblement la probabilité de participation des femmes au marché du travail, alors que, dans la plupart des capitales, les années d'instruction ont tendance à jouer un rôle inverse. Ce résultat pourrait conforter les observations qui ont été précédemment formulées quant au cœfficient λ. Ensuite, le fait d'être né dans la capitale rehausse sensiblement la propension à participer au marché du travail ; les cœfficients relatifs à cette variable sont positifs et significatifs dans trois cas sur cinq. A cet égard, il se pourrait que l'accès à l'emploi soit plus aisé pour les femmes originaires des capitales, mieux intégrées dans les réseaux fondés sur des relations familiales ou ethniques. Ces dernières auraient un avantage comparatif en termes d'accès à l'emploi par rapport à celles qui, très souvent, ont migré après leur mariage[41]. Enfin, on observe que le cœfficient du revenu imputé est significatif dans toutes les capitales, et positif dans 80 pour cent d'entre elles. Ce résultat paraît logique puisqu'il signifie que l'offre de travail des femmes est une fonction croissante du revenu, et que l'effet de substitution l'emporte sur l'effet de revenu.

Troisièmement, au-delà des facteurs communs précédemment indiqués, l'offre de travail féminin semble devoir être appréhendée en fonction de deux éléments additionnels. D'une part, l'existence de résultats contrastés

---

[40] Un résultat analogue est observé au Chili — Gill [1992] — et au Panama — Arends [1992].

[41] Voir sur ce point le chapitre 2.

selon les capitales suggère une interférence des spécificités locales. Par exemple, à Ouagadougou et à Bamako, le statut de femme mariée réduit la propension à participer au marché du travail, tandis que dans la capitale malienne, le niveau d'instruction est corrélé positivement à cette dernière, toutes choses égales par ailleurs. De même, à Abidjan, l'accès au marché du travail semble moins important pour les non ivoiriennes que pour les ivoiriennes, surtout lorsqu'elles ont acquis une formation, formelle ou informelle. D'autre part, lorsque l'analyse est ménée selon le type de membre secondaire féminin[42], des résultats spécifiques émergent. Par exemple, en ce qui concerne les femmes mariées, on constate que la formation, l'instruction et l'âge accroissent la propension à participer au marché du travail dans toutes les capitales[43]. Par ailleurs, d'autres éléments relatifs au contexte démographique du ménage jouent un rôle. Ainsi, dans la moitié des capitales de l'échantillon, la probabilité de participation au marché du travail décroît avec le nombre de femmes dans le ménage ; par contre, les hypothèses de la théorie traditionnelle quant à l'influence du nombre d'enfants ne semble pas se vérifier. Enfin, la participation au marché du travail des femmes mariées est influencée par le statut du chef de ménage, et est d'autant plus importante que ce dernier a une activité rémunérée[44].

2. Le modèle polytomique d'offre de travail

A. Concepts et méthode

Le modèle d'offre de travail précédemment utilisé ne prenait pas en compte les différents segments du marché du travail. De ce fait, la maximisation de la fonction d'utilité sous-jacente générait des décisions individuelles en fonction d'un revenu souhaité moyen et d'une désutilité moyenne du travail. Or, il est plus probable que les individus comparent les

---

[42] Cette analyse s'appuie sur certains éléments de la théorie traditionnelle. Celle-ci enseigne en particulier que, pour les femmes mariées, la décision de participer au marché du travail, de préférence au loisir ou au travail ménager, est positivement liée à l'âge et à l'instruction, et négativement liée au revenu des autres membres si le loisir est un bien normal ayant une élasticité revenu positive. De même, le nombre de femmes adultes et le nombre d'enfants dans le ménage sont susceptibles d'affecter la propension à participer au marché du travail.

[43] Voir Lachaud [1994a] sur ce point. En plus des capitales de la présente recherche, Madagascar était pris en compte.

[44] De ce fait, l'offre de travail des femmes mariées est vraisemblablement influencée par la nature des externalités générées, directement ou indirectement, par le mode d'emploi du chef de ménage.

coûts et les bénéfices monétaires et non monétaires des différents statuts du travail, et choisissent celui qui produit le gain le plus élevé. Dans ces conditions, la fonction d'utilité doit incorporer les caractéristiques de l'emploi, notamment celles qui influencent directement les décisions individuelles[45], et la modélisation du comportement des individus nécessite une classification des statuts du travail. Les caractéristiques de l'emploi, appréhendées par la présente étude, sont fondées sur concept de vulnérabilité et sont articulées autour des trois groupes précédemment définis : salariés protégés, salariés non protégés et travail indépendant[46]. Par conséquent, il est admis que le revenu souhaité et la désutilité du travail varient selon ces statuts du travail, ce qui suggère qu'un individu peut décider d'occuper un type d'emploi même si ce dernier procure un revenu inférieur à celui qui pourrait être obtenu dans un autre segment[47]. Par ailleurs, le processus de décision de participation étant vraisemblablement antérieur au choix du segment du marché du travail, la décision de participation n'est pas donnée et la correction du biais de sélection ne doit pas être réalisée uniquement en référence aux segments du marché du travail[48]. Dans ces conditions, le modèle tri-sectoriel d'offre de travail peut être formalisé comme suit.

Supposons que l'individu n ait à choisir entre les quatre alternatives J_n ($i = 1$ à 4) suivantes : (i) non participation au marché du travail ; (ii) travailleur indépendant ; (iii) salarié non protégé, et ; (iv) salarié protégé. Soit U_{in} l'utilité maximale obtenue par l'individu n qui choisit le statut $i \subset J$. A cet égard, la fonction d'utilité indirecte peut être décomposée en deux éléments : l'un non aléatoire — fonction des caractéristiques individuelles observées — H_{in}, l'autre aléatoire e_{in} — fonction des caractéristiques non observées[49]. Soit $U_{in} = H_{in} + e_{in}$. La probabilité que l'option i soit choisie

[45] En effet, il est habituel d'opérer la distinction entre les caractéristiques de l'emploi spécifiques aux individus — sécutité sociale, pension, etc — et les caractéristiques de l'emploi spécifiques aux branches — nature du système productif, opportunité du code du travail, etc. Les premières reflètent une préférence des individus et génèrent des bénéfices non monétaires, tandis que les secondes peuvent être considérées comme une approximation des préférences des employeurs. Voir par exemple Khandker [1992].

[46] Compte tenu de la taille de l'échantillon, le travail indépendant regroupe le travail indépendant marginal et le travail indépendant avec capital.

[47] Cette hypothèse paraît plus réaliste que celle qui consiste à supposer que les individus réagissent en fonction du revenu le plus élevé sur le marché du travail.

[48] Une approche de ce type est contenue dans Appleton, Collier, Horsnell [1990]. Par contre, l'endogénéité des choix sectoriels, fondée uniquement sur les caractéristiques des travailleurs des autres segments du marché du travail est illustrée par Gindling [1991] et Khandker [1992].

[49] McFadden [1974].

par rapport à l'option j est donnée par la relation [3] pour i,j = 1, 2, 3, 4. En outre, si e_{in} est distribué indépendamment et de manière identique selon la valeur extrême de la distribution[50], la composante non observée de l'utilité a une distribution logistique. Dans ce cas, le modèle d'offre de travail est de type logistique multinomial, et la probabilité que P_{in} que i soit choisie plutôt que j est exprimée par [8][51].

$$\mathbf{P_{in} = e^{Hin} / \Sigma j \subset J_n \, e^{Hin} \quad avec \; i \subset J_n} \qquad [8]$$

Néanmoins, comme précédemment, l'estimation séparée des équations de participation et de gains pour chaque statut du marché du travail peut produire un biais de sélection — sauf si l'on suppose que la covariance entre les termes aléatoires des équations de participation et de gains est nulle, ce qui n'est pas acquis a priori. De ce fait, la procédure de correction pour l'endogénéité des choix sectoriels de Heckman[52] peut être étendue afin d'inclure le choix des segments du marché du travail dans la structure logistique multinomiale[53]. Ainsi, dans la présente recherche, l'estimation du modèle tri-sectoriel d'offre de travail est fondée sur le même principe que celui décrit par les équations [5] à [7]. L'estimation de l'équation [8] permet de générer un cœfficient λ utilisé dans chaque équation sectorielle de gains[54] ; ces dernières conduisent à une estimation du revenu escompté pour chaque statut du travail. Finalement, la prise en compte du revenu imputé du segment protégé permet une nouvelle estimation de [8] qui

---

[50] Distribution de Weibull.

[51] Plusieurs propriétés intéressantes doivent être soulignées. Premièrement, chaque probabilité de choix est comprise entre zéro et un. Deuxièmement, la somme des probabilités est égale à un. Troisièmement, la relation entre la probabilité de choix d'une option i et l'utilité représentative de cette option, toutes choses égales par ailleurs, suit une courbe en S. Quatrièmement, les probabilités de choix sont influencées par les différences d'utilité représentative et non les niveaux absolus. Par contre, dans certains contextes, la propriété de l'indépendance des options non pertinentes (ou IIA) est moins désirable. Ajoutons qu'il est possible de calculer les variations et les élasticités. La variation de la probabilité de choix de l'option i compte tenu de la variation observée d'un facteur y_{in} concourant à l'utilité représentative de i — les utilités des autres options étant constantes — est, avec les notations habituelles : $\delta P_{in}/\delta y_{in} = (\delta H_{in}/\delta y_{in}) P_{in}(1-P_{in})$. En outre, l'élasticité directe $E_{iyi} = \beta_y y_{in}(1-P_{in})$, tandis que l'élasticité croisée $E_{iyj} = -\beta_y y_{in} P_{in}$. Finalement, on notera que l'identité de Roy permet de dériver l'équation des heures de travail.

[52] Appliquée aux choix binaires.

[53] Voir Maddala [1983]..

[54] Comme précédemment, des restrictions sont imposées sur les variables pour spécifier l'influence respective des variables sur les salaires et l'offre de travail.

caractérise l'équation structurelle d'offre de travail[55].

B. Fonctions de gains et estimations logistiques multinomiales

La prise en compte d'un modèle tri-sectoriel est susceptible d'enrichir considérablement l'analyse. Néanmoins, dans le présente étude, la taille restreinte des échantillons n'a pas permis d'estimer les différentes équations pour chaque sexe. De ce fait, l'offre de travail féminin ne peut être appréhendée que par rapport à une variable binaire[56]. Par ailleurs, il est à remarquer que si les fonctions de gains et d'offre de travail du modèle tri-sectoriel englobent les mêmes variables que celles du modèle binaire, deux changements ont été opérés. D'une part, les premières ont été estimées en tenant compte de la dimension des entreprises, afin d'homogénéiser les facteurs inhérents aux différents segments du marché du travail. D'autre part, les secondes incorporent le salaire imputé du segment protégé pour tenir compte des processus de participation au marché du travail[57]. Les cœfficients des fonctions de gains et des équations structurelles de travail[58], affichés aux tableaux 7.3 et 8.3, suggèrent plusieurs commentaires.

En premier lieu, malgré les spécificités géographiques, les fonctions de gains mettent en évidence plusieurs éléments communs (tableau 7.3). Premièrement, le test de Chow indique que les différentes équations de gains sont statistiquement différentes selon les segments du marché du travail[59]. Cela signifie qu'il n'existe pas d'équation unique expliquant la formation des salaires sur le marché du travail des capitales africaines, et que ce dernier pourrait être segmenté[60].

Deuxièmement, lorsque la variable relative au sexe est significative, elle est systématiquement positive, ce qui implique, toutes choses égales par

---

[55] Il importe de remarquer que l'équation de sélection prend en compte simultanément deux élements : d'une part, la décision des individus de rechercher un emploi dans un segment particulier ; d'autre part, la décision des employeurs d'embaucher les individus appartenant à une file d'attente — demande sectorielle de travail.

[56] Cette approche comporte une limitation bien connue : les fonctions inhérentes aux deux groupes diffèrent uniquement par rapport au terme constant.

[57] La prise en compte des différentiels de salaires n'était pas significative. Par ailleurs, les niveaux et les différentiels des gains peuvent être corrélés. Voir Appleton, Collier, Horsnell [1990] pour une discussion de ce point.

[58] Comme précédemment, les équations de sélection réduites ne sont pas présentées.

[59] On observe aussi que la variabilité des revenus est beaucoup mieux explicitée pour les salariés que pour les travailleurs indépendants. Ce résultat est désormais classique dans les capitales africaines.

[60] Gindling [1991].

Tableau 7.3 : Cœfficients des équations de gains selon les caractéristiques de l'emploi et la capitale : modèle tri-sectoriel — 15 ans et plus et non en cours de scolarisation

Capitale	Ouagadougou		Yaoundé		Abidjan		Conakry		Bamako	
Paramètre	β	t[1]	β	t[1]	β	t[1]	β	t[1]	β	t[1]
Indépendants (ind)										
Constante	1,13199	0,8337	0,61466	0,5994	10,86000	9,4901*	2,01976	1,9836*	2,09220	1,8199**
Primaire[2]	0,36848	0,9970	0,13377	0,2744	-0,06272	-0,2813	-0,01690	-0,0732	0,38436	1,1606
Secondaire 1c[2]	0,42855	0,6646	1,04411	1,8852**	0,05916	0,1434	-0,18970	-0,5965	1,36394[8]	2,0475*
Secondaire 2c[2]	-1,90468	-0,7192	1,32580	2,1536*	0,29724	0,4282	0,07174	0,1747	-	-
Supérieur[2]	0,37616	0,2174	1,66774	1,2681	0,99378	1,1091	1,35017	1,8920**	1,74742	1,5374
Form. informelle[3]	-0,38675	-1,1615	-0,05418	-0,1896	-0,05967	-0,2221	-0,37917	-1,0908	0,11280	0,4070
Form. moderne[3]	2,76523	1,1993	-0,51142	-1,4360	1,01017	2,4115*	-0,38954	-0,9840	-0,29984	-0,5433
Exp. générale[4]	-0,02116	-0,3601	0,06034	1,0306	-0,06315	-1,2037	-0,00764	-0,1924	-0,00392	-0,0877
(Exp. gén.)²/100	0,01339	0,1623	-0,06378	-0,6024	0,09222	1,3859	0,02693	0,4531	0,01955	0,3088
Exp. emploi[5]	0,11555	2,6758*	0,00587	0,1622	-0,06650	-0,5938	0,02176	0,8777	-0,03835	-1,2317
(Exp. emp.)²/100	-0,18436	-1,7499**	0,02826	0,2662	1,05845	1,8344**	-0,02493	-0,4192	0,07361	1,0388
Naissance : capitale	-0,23238	-0,8086	0,18798	0,7414	-0,73546	-2,4084*	-0,10625	-0,5379	-0,46460	-1,7816**
Sexe : homme	0,08547	0,2410	0,62961	2,5883*	0,50843	1,9367**	-0,18610	-0,6800	0,96476	2,6210*
Taille entreprise 1[6]	1,54500	3,3296*	1,10557	3,1288*	0,51041	1,7171**	0,53149	2,5749*	0,42966	1,3541
Taille entreprise 2[7]	2,92835	2,8941*	2,00203	3,1690*	1,13522	2,0000*	0,61069	1,5664	1,60341	1,8592**
Nationalité[7]	-	-	-	-	0,66672	3,4741*	-	-	-	-
Lambda	-0,07999	-1,3494	-0,03816	-0,6001	-0,11054	-2,6589*	0,01306	0,3052	-0,01440	-0,2525
R² ajusté		0,3915		0,2644		0,3492		0,0609		0,1349
F (sig F) - N	6,7912 (0,0000) - 1364,1877 (0,0000) - 1346,8684 (0,0000) - 176 1,7746 (0,0200) - 180 2,8826 (0,0000) - 170									
Salariés non protégés (snp)										
Constante	0,70861	0,9997	1,88426	3,5257*	12,57430	13,0106*	1,89239	3,3146*	1,23726	2,6007*
Primaire[2]	0,15134	0,8324	0,46943	1,6662**	-0,20679	-1,2752	-0,01964	-0,1014	0,11070	0,8902
Secondaire 1c[2]	0,96437	3,1908*	0,62743	2,0431*	0,03367	0,1742	0,18512	0,8800	0,52102[8]	2,5508*
Secondaire 2c[2]	1,19992	3,2472*	0,82904	2,5191*	-0,59688	-2,0098*	0,44559	1,9735*	-	-
Supérieur[2]	1,47615	3,3935*	1,59397	4,2149*	0,82623	2,4675*	0,78565	2,4224*	0,31326	0,9415
Form. informelle[3]	0,19060	1,0920	-0,09647	-0,5059	-0,14471	-0,9488	-0,00928	-0,0546	0,02323	0,1681
Form. moderne[3]	0,33185	1,5226	0,12066	0,5993	0,15974	0,8934	0,10764	0,7697	0,08315	0,5683
Exp. générale[4]	0,02684	0,8838	-0,01264	-0,4972	-0,08527	-2,1836*	0,02697	1,1963	0,00800	0,4799
(Exp. gén.)²/100	-0,01971	-0,3834	0,03486	0,7423	0,05841	1,2202	-0,03362	-0,9335	-0,01372	-0,5702
Expérience emploi[5]	0,03269	1,2773	0,08508	2,7038*	0,07626	1,0081	-0,00684	-0,0369	0,04287	2,2598*
(Exp. emploi)²/100	-0,08364	-1,0417	-0,24807	-1,8765**	-0,11425	-0,3702	0,03668	0,6176	-0,08639	-1,3596
Naissance : capitale	0,10630	0,7608	-0,21757	-1,3573	0,04975	0,2675	0,22187	1,9396**	-0,00398	-0,0388
Sexe : homme	0,26640	1,3101	0,17876	1,2174	0,18926	1,2207	0,08609	0,5648	0,26960	1,9229**
Taille entreprise 1[6]	-0,02638	-0,1292	0,52866	2,4452*	0,15512	0,8254	0,00386	0,0298	-0,07499	-0,6416
Taille entreprise 2[7]	0,44872	2,8337*	0,32847	2,2246*	-0,08404	-0,5181	-0,24320	-1,8773**	0,15467	1,1777
Nationalité[7]	-	-	-	-	0,32044	2,0979*	-	-	-	-
Lambda	-0,03546	-1,0336	-0,06492	-2,3353*	-0,04029	-1,3919	0,00691	0,2597	-0,00823	-0,3287
R² ajusté		0,4502		0,3689		0,4700		0,1408		0,1176
F (sig F) - N	7,4964 (0,0000) - 1206,1049 (0,0000) - 1327,4854 (0,0000)- 118 2,0382 (0,0000) - 96 2,9044 (0,0000) - 201									
Salariés protégés (sp)										
Constante	2,30666	4,6005*	3,72963	8,6918*	12,61730	15,2882*	2,66261	7,7246*	2,53720	6,1168*
Primaire[2]	0,57430	1,7886**	-1,26749	-3,5280*	-0,02611	-0,1794	0,09852	0,4748	0,19172	1,0110
Secondaire 1c[2]	0,69816	1,9160**	-0,97377	-2,9133*	0,18530	1,2332	0,15579	0,8369	0,10837[8]	0,5679
Secondaire 2c[2]	1,01049	2,6476*	-0,71483	-2,1401*	0,12919	0,8336	0,20362	1,0446	-	-
Supérieur[2]	1,32643	3,4195*	-0,17939	-0,5302	0,54143	3,9660*	0,39061	1,8334**	0,59561	2,7377*
Form. informelle[3]	-0,32096	-1,5713	0,16617	1,3321	-0,04104	-0,2481	-0,09888	-0,6496	0,02577	0,1190
Form. moderne[3]	-0,00553	-0,0605	-0,04834	-0,5490	0,26492	2,0285*	0,02128	0,2377	-0,09636	-0,8534
Exp. générale[4]	-0,02122	-0,8998	0,03419	1,6584**	-0,03185	-0,9157	0,01097	0,7006	-0,03573	-2,7287*
(Exp. générale)²/100	0,06437	1,0848	-0,05413	-1,1708	0,86852	0,1740	0,01148	0,3357	0,06189	2,3677*
Exp emploi[5]	0,03113	1,3348	0,03171	1,9335**	-0,04484	-0,4022	-0,02488	-1,3203	0,03867	2,0496*
(Exp. emploi)²/100	-0,04861	-0,6175	-0,05785	-1,1394	0,11907	0,1957	0,04843	0,6794	-0,09288	-1,5841
Naissance : capitale	0,06805	0,6142	0,04162	0,4923	0,03429	0,2410	-0,07140	-0,8988	0,02912	0,3109
Sexe : homme	0,19587	1,5049	0,09512	1,0299	-0,12031	-0,9533	0,14916	1,5349	-0,05925	-0,3836
Taille entreprise 1[6]	-0,14997	-0,4275	-0,14663	-0,8384	0,14151	0,5074	0,08474	0,7420	0,08958	0,4742
Taille entreprise 2[7]	-0,38654	-1,8529**	0,04199	0,5665	-0,12435	-1,1686	0,07427	0,9186	0,32221	2,8317*
Nationalité[7]	-	-	-	-	0,21870	1,7843**	-	-	-	-
Lambda	-0,01551	-0,4843	-0,03002	-1,1652	-0,04801	-2,2676*	-0,03829	-1,8461**	-0,06782	-2,4509*
R² ajusté		0,3476		0,3863		0,4200		0,2614		0,2136
F (sig F) - N	5,6894 (0,0000) - 1338,1771 (0,0000) - 1728,2422 (0,0000) - 161 4,7284 (0,0000) - 159 4,8028 (0,0000) - 197									
Chow ind/snp (sig)		2,3681 (0,0026)		1,8885 (0,0215)		2,3829 (0,0019)		1,6272 (0,0624)		5,3315 (0,0000)
Chow ind/sp (sig)		2,4006 (0,0022)		3,5435 (0,0001)		3,1411 (0,0000)		2,4244 (0,0018)		2,8130 (0,0004)
Chow snp/sp (sig)		2,2082 (0,0055)		4,5374 (0,0000)		2,1559 (0,0059)		2,1274 (0,0082)		1,5553 (0,0838)

(1) Probabilité «two-tailed» que le cœfficient soit égal à zéro ; le t est le rapport entre β et l'erreur-type ; (2) base = sans instruction ; (3) base = sans formation ; (4) age - 6 - instruction - formation ; (5) emploi actuel ; (6) base = <3 personnes (y compris apprentis et aides familiaux) ; niveau 1 = ≥3 et ≤10, sauf Côte d'Ivoire : ≤3 et ≤5 ; (7) >10, sauf Côte d'Ivoire : >5 ; (7) ivoirien ; (8) ensemble du secondaire.

Note : * = significatif à 5 pour cent au moins ; ** = significatif entre 5 et 10 pour cent.

Sources : Enquêtes pilotes sur l'emploi auprès des ménages : Burkina Faso (Ouagadougou, 1992), Cameroun (Yaoundé, 1990-91), Côte d'Ivoire (Abidjan, 1986-87), Guinée (Conakry, 1991-92), Mali (Bamako, 1991).

ailleurs, un désavantage en termes de revenus pour les femmes. C'est précisément le cas dans le segment des travailleurs indépendants de trois capitales africaines — Yaoundé, Abidjan, Bamako. Lorsque l'on contrôle par les autres facteurs, le revenu des indépendants masculins de ces capitales est supérieur de 80 à 150 pour cent par rapport à ceux des femmes[61].

Troisièmement, dans le segment du travail indépendant de la plupart des capitales, la dimension des entreprises influence positivement les gains, alors que pour les segments relatifs au salariat — notamment les salariés non protégés — c'est le niveau d'instruction qui a un rôle prédominant.

Quatrièmement, on observe que le biais de sélection est significatif et négatif pour la plupart des capitales, surtout en ce qui concerne les salariés protégés. Ce résultat est cohérent avec ce qui avait déjà été indiqué pour les femmes dans le cadre du modèle binaire ; des individus très qualifiés, surtout des femmes, ayant la possibilité d'obtenir des gains substantiels, ont en même temps un salaire souhaité élevé et préfèrent ne pas participer au marché du travail[62]. Par ailleurs, dans la mesure où les cœfficients des équations réduites de choix ne sont pas nuls[63], le choix des segments du marché du travail, fondé sur un processus non aléatoire, affecte dans une certaine mesure les gains. Dans ces conditions, l'allocation sectorielle du travail résulte du choix des individus compte tenu de leurs avantages comparatifs et des revenus, et non des employeurs. Néanmoins, dans la mesure où ce processus semble beaucoup moins net pour les segments vulnérables du marché du travail — indépendant et salarié non protégé —, dans ces derniers, la probabilité d'une segmentation inhérente à l'attitude des employeurs est plus probable[64].

---

[61] Ce résultat est cohérent avec ce qui a été indiqué quant à la structure de l'offre de travail des femmes.

[62] Dans ce contexte, le rôle du chômage marginal est à prendre en compte.

[63] Test du Chi² — rapport de vraisemblance. Ces équations ne sont pas reproduites dans la présente étude..

[64] En effet, la segmentation du marché du travail est parfois interprêtée comme l'impossibilité de mobilité — liée à des raisons institutionnelles — d'un segment inférieur vers un segment supérieur, alors que ce dernier englobe des individus ayant des caractéristiques identiques à ceux du premier segment. Si l'allocation des travailleurs n'est pas aléatoire — cœfficients de l'équation de choix significatifs — et si elle n'affecte pas leurs salaires, la localisation des travailleurs implique un choix des employeurs, et est caractéristique d'un processus de segmentation. Par contre, si l'allocation non aléatoire des travailleurs a une influence sur leurs gains, il existe un biais de sélection. Dans ce cas, il n'y a pas de segmentation puisque le choix des segments du marché du travail est fondé sur les avantages comparatifs des individus et les salaires.

Tableau 8.3 : Cœfficients des équations de régression des estimations logistiques multinomiales selon la capitale : modèle tri-sectoriel – 15 ans et plus et non en cours de scolarisation

Capitale	Ouagadougou		Yaoundé		Abidjan		Conakry		Bamako	
Paramètre	β	t[1]	β	t[1]	β	t[1]	β	t[1]	β	t[1]
Indépendants/non particpation										
Constante	-16,78850	-9,6239*	-10,15730	-6,8719*	47,25619	6,5299*	20,2100	9,3962*	-15,11310	-13,3721*
Instruction (années)	-0,43447	-7,3230*	-0,09645	-3,1364*	0,25396	5,2109*	0,18036	6,4591*	-0,30721	-8,7595*
Formation informelle[4]	2,75621	7,6201*	1,48170	5,5238*	0,94249	3,0265*	1,54695	5,7999*	-0,30981	-1,1301
Formation moderne[4]	0,09992	0,1440	0,46101	1,2812	1,56665	2,9624*	1,97518	4,3739*	-0,32111	-0,8481
Age (années)	0,18729	4,0816*	0,34346	4,5087*	0,60720	7,5071*	1,32678	13,7632*	0,07136	1,6193**
$(Age)^2/100$	-0,36408	-6,2924*	-0,43449	-4,7592*	-0,64603	-6,9014*	-1,17440	-12,9561*	-0,12100	-2,4982*
Transferts nets	-0,07005	-0,7190	-0,02114	-1,4997	0,00001	2,9498*	-0,11117	-6,8585*	-0,05982	-1,4186
Naissance : capitale	-0,94021	-3,7657*	0,35621	1,2828	-0,04084	-0,1215	-1,84964	-6,4692*	-0,06519	-0,2871
Sexe : homme	-1,48050	-4,5318*	0,03135	0,1128	-0,70956	-2,2114*	5,80525	12,2692*	-0,41384	-1,4976
Chef de ménage	1,79173	4,9573*	1,39335	4,3614*	3,90300	9,2303*	2,60642	6,0294*	0,28727	0,7960
Marié	0,19537	0,7111	0,59097	2,1885*	-0,69780	-2,5131*	1,01243	2,9719*	0,23505	0,9146
Nationalité	-	-	-	-	-0,16474	-0,6111	-	-	-	-
Femmes ≥15 ans	0,11384	2,0693*	-0,02539	-0,3864	0,04297	0,5277	0,15131	3,1981*	0,05208	1,2047
Enfants ≤ 7 ans	0,06953	1,2084	-0,03764	-0,5241	-0,17056	-2,4243*	-0,07480	-1,2264	0;09564	2,4375*
Parents indépendants	0,40299	1,1537	0,15917	0,5815	1,65983	3,7899*	-0,33503	-1,1524	0,16836	0,7894
Parents sal. protégés	-0,18538	-0,3435	-0,05517	-0,1560	0,67130	1,2208	0,66324	1,6978**	-0,08920	-0,2494
Parents sal. non. prot.	0,73027	1,9359**	-0,07005	-0,2203	0,13249	0,2075	-0,53617	-1,1985	-0,35614	-1,0661
Sal. protégé imputé	5,41529	8,3327*	0,75676	2,6486*	-5,71333	-7,2740*	-20,85220	14,0471*	7,11189	11,8572*
Salariés non protégés/non participation										
Constante	-6,38830	-3,4112*	-7,24043	-6,0175*	66,91240	8,2264*	6,89171	2,6530*	-14,04300	-13,6286*
Instruction (années)	0,12965	2,4622*	-0,03648	-1,4424	0,40221	6,9929*	0,25515	8,0726*	-0,29480	-9,1521*
Formation informelle[4]	-0,19570	-0,5334	0,85947	3,3023*	0,57327	1,6402**	1,75973	5,6396*	-0,81249	-3,0619*
Formation moderne[4]	0,21459	0,4913	0,77994	2,5999*	2,95428	5,8226*	2,43546	6,0341*	0,68736	2,6945*
Age (années)	0,29505	4,8774*	0,17803	2,5863*	0,92448	7,9598*	1,23539	10,7601*	0,00919	0,2087
$(Age)^2/100$	-0,33433	-4,2610*	-0,29236	-3,3356*	-1,07631	-7,0092*	-1,18875	-10,0856*	-0,07856	-1,5091
Transferts nets	-0,24344	-2,3669*	-0,01140	-1,0619	0,00001	2,8724*	-0,12714	-5,0138*	-0,00394	-0,0954
Naissance : capitale	0,45099	1,8088**	-0,21482	-0,8648	0,02923	0,07832	-1,11262	-3,5672*	-0,43921	-2,1004*
Sexe : homme	1,80654	5,1442*	0,77511	3,3226*	1,25654	3,6547*	5,14004	9,3441*	-0,07982	-0,3295
Chef de ménage	1,61368	4,4404*	1,02260	3,4644*	4,26884	9,4605*	2,09843	4,2396*	-0,71682	-1,9046**
Marié	-0,30498	-0,9501	0,25382	1,0520	-0,57201	-1,7114**	0,68284	1,7518**	-0,11885	-0,4784
Nationalité	-	-	-	-	0,91052	2,6767*	-	-	-	-
Femmes ≥15 *ans*	-0,15806	-2,4435*	0,07865	1,5109	0,16536	1,7292**	0,10333	1,8405**	-0,00709	-0,1776
Enfants ≤ 7 ans	0,04085	0,5531	-0,10231	-1,5903	-0,30981	-3,3170*	-0,00130	-0,0187	-0,03750	-0,8086
Parents indépendants	-0,02357	-0,0744	0,35283	1,4849	0,33054	0,7809	-0,12898	-0,4128	-0,16351	-0,8160
Parents sal. protégés	0,00355	0,0081	0,42080	1,5005	0,61023	1,1662	0,63206	1,5576	-0,01662	-0,0580
Parents sal. non. prot.	0,12599	0,3083	0,00624	0,0219	0,63162	1,1318	-0,57627	-1,1311	0,02396	0,0882
Sal. protégé imputé	-0,82762	-1,2654	0,91817	3,3952*	-8,15396	-9,2685*	-15,08870	-9,4197*	7,95124	14,3171*
Salariés protégés/non participation										
Constante	-12,71880	-3,7320*	-20,74530	-9,2087*	56,95560	7,4301*	5,18880	1,7482**	-22,5913	-13,2163*
Instruction (années)	0,45837	6,8807*	0,16714	5,0986*	0,58301	8,9726*	0,44876	12,6770*	-0,12745	3,8417*
Formation informelle[4]	-0,59532	-1,0564	0,74523	2,1981*	2,28126	5,8085*	1,03234	2,6429*	-1,08328	-2,8613*
Formation moderne[4]	1,25956	3,0244*	1,35624	4,0376*	4,84176	9,8064*	2,90999	7,6907*	1,02118	3,9399*
Age (années)	0,69908	4,9099*	0,45584	3,9906*	0,82288	7,9229*	1,70644	11,9728*	0,33493	4,2129*
$(Age)^2/100$	-0,81049	-4,2708*	-0,55553	-3,9854*	-0,82796	-6,6208*	-1,69869	-10,8422*	-0,43867	-4,6030*
Transferts nets	-0,12895	-1,9228**	0,00664	0,6353	0,00001	2,4225*	-0,15253	-6,4143*	-0,03303	-0,7498
Naissance : capitale	0,19359	0,5356	0,68976	2,3277*	0,16322	0,4099	-1,72514	-5,5230*	-0,37155	-1,5625
Sexe : homme	1,66658	3,4649*	-0,54251	-1,7282**	0,72385	2,0495*	5,19421	9,5027*	-0,61764	-2,2093*
Chef de ménage	1,89085	3,9035*	1,50755	4,4173*	3,14724	7,0626*	2,89520	5,9944*	-0,21818	-0,5744
Marié	0,28730	0,6673	0,79726	2,6707*	-0,16235	-0,4751	0,87984	2,2713*	0,25644	0,9194
Nationalité[5]	-	-	-	-	1,29991	3,6409*	-	-	-	-
Femmes ≥15 ans	-0,01353	-0,1621	-0,04703	-0,5826	0,06276	0,6522	0,11814	2,0819*	0,01217	0,2681
Enfants ≤ 7 ans	0,03763	0,3946	0,03202	0,3928	-0,31046	-2,9707*	-0,06200	-0,7909	0,04578	0,8189
Parents indépendants	-0,28314	-0,6319	0,27467	0,9099	0,91199	2,0803*	-0,11696	-0,3624	-0,28423	-1,1576
Parents sal. protégés	0,66412	1,3202	0,12547	0,3616	0,98358	1,8568**	1,04912	2,8609*	0,08394	0,2677
Parents sal. non. prot.	0,57475	1,1070	-0,09058	-0,2510	1,01147	1,8115**	-1,01961	-1,8761**	-0,23783	-0,7368
Sal. protégé imputé	-2,62926	-2,9735*	2,35647	6,5161*	-7,41320	-8,9224*	-18,51210	-11,8188*	8,05216	13,6695*
Log de vraisemblance		-727,509		-848,797		-744,432		-785,224		-1138,030
Chi^2 (sig)[2]		841,827 (0,0000)		573,684 (0,0000)		623,854 (0,0000)		869,718 (0,0000)		896,088 (0,0000)
R^2[3]		0,3968		0,2668		0,3459		0,4424		0,3622
N		1047		916		927		1620		1891

(1) Probabilité «two-tailed» que le cœfficient soit égal à zéro ; le t est le rapport entre β et l'erreur-type; (2) Il s'agit du test du rapport de vraisemblance calculé selon : $LR=2(L_1-L_0)$, si L_1 est le log de vraisemblance du modèle sans contrainte et L_0 le log de vraisemblance du modèle contraint (tous les cœfficients sont égaux à 0, sauf la constante). Il suit une loi du Chi^2 avec des degrés de liberté égaux au nombre de contraintes - (2n-1) et (n-1), respectivement, pour le modèle multinomial et le modèle binaire (n=nombre de paramètres) ; (3) Il s'agit d'un pseudo-R^2 égal à : 1 -(L_1/L_0); (4) base = sans formation ; (5) ivoirien.

Note : * = significatif à 5 pour cent au moins ; ** = significatif entre 5 et 10 pour cent.

Source : Enquêtes pilotes sur l'emploi auprès des ménages : Burkina Faso (Ouagadougou, 1992), Cameroun (Yaoundé, 1990-91), Côte d'Ivoire (Abidjan, 1986-87), Guinée (Conakry, 1991-92), Mali (Bamako, 1991).

En second lieu, les cœfficients des fonctions d'offre de travail inhérentes au modèle tri-sectoriel, affichés au tableau 8.3, mettent en évidence plusieurs éléments[65]. Tout d'abord, malgré l'incertitude de la méthode utilisée, on remarque que les femmes semblent beaucoup plus désavantagées que les hommes quant à leur participation au marché du travail. En effet, l'examen des cœfficents relatifs au sexe montre qu'ils sont la plupart du temps positifs et significatifs pour les segments des salariés — non protégés et protégés. Ainsi, en ce qui concerne les salariés non protégés, les cœfficents sont significatifs et positifs dans toutes les capitales, sauf Bamako ; de même, pour le segment du travail protégé, ils sont réellement significatifs dans quatre capitales, et positifs dans trois d'entre elles — Ouagadougou, Abidjan, Conakry. Par contre, le segment des travailleurs indépendants n'exhibe des cœfficients significatifs que dans trois capitales, et, pour deux d'entre elles, ils sont négatifs. Par conséquent, le modèle tri-sectoriel montre que, toutes choses égales par ailleurs, la probabilité de participation des femmes au salariat plutôt que de ne pas participer au marché du travail est beaucoup plus faible que pour les hommes. Au contraire, la propension à accéder au segment indépendant plutôt que de ne pas participer au marché du travail est plus élevée pour les femmes que pour les hommes, toutes choses égales par ailleurs..

Ensuite, le rôle des femmes dans le groupe quant à l'accès au marché du travail semble plus fréquent lorsque les individus sont localisés dans les segments les plus vulnérables. En effet, l'influence du nombre de femmes de 15 ans et plus quant à la probabilité de participation dans les segments des indépendants et des salariés non protégés, plutôt que de ne pas offrir du travail, semble un peu plus importante que pour le segment protégé. Ce résultat pourrait conforter le fait que l'offre de travail des femmes est moins élevée dans les ménages pauvres que dans les ménages aisés, ainsi que la relation inverse entre le chômage marginal féminin et le niveau de vie.

Enfin, l'estimation du modèle tri-sectoriel fait apparaître plusieurs déterminants de l'offre globale de travail. Bien que cette question soit un peu en marge de la préoccupation centrale de la présente recherche, quelques brèves observations peuvent être formulées. Ainsi, le tableau 8.3 montre que, dans la majorité des capitales, la probabilité d'accès à l'emploi, comparativement à la non participation au marché du travail, est positivement liée à l'âge, la formation et le statut de chef de ménage — la plupart du temps de sexe masculin —, toutes choses égales par ailleurs. Néanmoins, quelques divergences selon les segments du marché du travail

---

[65] Outre le fait que tous les tests du rapport de vraisemblance — Chi² — sont significatifs.

doivent être notées. L'instruction est surtout corrélée positivement à l'offre de travail salarié. Dans trois capitales, l'instruction influence négativement l'offre de travail indépendant. De même, cette dernière est positivement liée à l'existence d'une formation informelle, alors que la participation aux segments du travail salarié dépend beaucoup plus d'une formation formelle. Ajoutons également que si le salaire imputé est un déterminant de l'offre de travail, l'effet de substitution semble plus important pour les travailleurs indépendants que pour les salariés

Conclusion

Dans les pays d'Afrique subsaharienne, l'offre de travail féminin en milieu urbain présente deux spécifités majeures. D'une part, les taux d'offre de travail féminin sont beaucoup plus faibles que ceux des hommes, et ne s'élèvent qu'à 40-60 pour cent de ces derniers. En outre, bien que l'offre de travail évolue selon une courbe en cloche en fonction de l'âge indépendamment du sexe, les taux d'activité relatifs des femmes ont tendance à décliner avec l'âge. D'autre part, l'offre de travail féminin exhibe une triple vulnérabilité. Premièrement, la participation des femmes à l'emploi salarié est relativement faible en termes absolu et relatif. Deuxièmement, les femmes semblent également plus défavorisées que les hommes en termes d'emploi indépendant. Troisièmement, la faible proportion relative de la population totale féminine au chômage est largement compensée par l'ampleur du chômage marginal féminin. Ces spécificités expliquent, en partie, le fait que l'élévation du niveau de vie des ménages soit associée à de meilleures opportunités des femmes quant à leur participation au marché du travail.

Dans la plupart des capitales, l'appréhension des déterminants de l'offre de travail féminin à l'aide d'un modèle binaire standard, met en évidence l'influence de la formation informelle, le statut de non migrant et le revenu imputé ; mais, dans certaines villes, le niveau d'instruction, le statut matrimonial et la nationalité jouent également un rôle. Par ailleurs, les modèles incorparant les divers segments du marché du travail quant au choix de participation suggèrent que, toutes choses égales par ailleurs, la propension des femmes à participer au salariat, plutôt que d'être inactives, est beaucoup plus faible que pour les hommes. L'inverse prévaut en ce qui concerne l'accès au segment du travail indépendant. De plus, il semblerait que des femmes très qualifiées, ayant la possibilité d'obtenir des gains importants, sont susceptibles d'avoir en même temps un salaire souhaité élevé et préfèrent ne pas participer au marché du travail.

La spécificité de l'offre de travail féminin et la nature des déterminants sous-jacents appellent une analyse des modes de participation des femmes au marché du travail urbain. Le chapitre 4 est consacré à cette question.

4. *Emploi féminin, chômage et pauvreté*

L'analyse de l'offre de travail a permis d'esquisser une relative vulnérabilité des femmes en termes d'accès et de mode de participation au marché du travail. Ce résultat exige une analyse en profondeur de la structure de la population active féminine et des relations qui prévalent entre la participation des femmes au marché du travail et le niveau de vie des ménages.

1. Emploi féminin, vulnérabilité et pauvreté

Dans la plupart des capitales africaines, les investigations empiriques semblent mettre en évidence une plus grande vulnérabilité de l'emploi féminin.

1. Statut du travail féminin et vulnérabilité

L'incidence relative des statuts du travail et le niveau des revenus obtenus permettent d'appréhender le degré de vulnérabilité du travail féminin.

A. Genre et statut du travail

La répartition du statut du travail selon le sexe, le statut matrimonial et la capitale, pour les individus de 15 ans et plus, affichée au tableau 1.4, suggère plusieurs commentaires[1]. En premier lieu, les femmes occupent beaucoup plus souvent que les hommes un emploi vulnérable. En effet, entre 60 et 80 pour cent des femmes exercent un travail irrégulier, indépendant marginal ou salarié non protégé[2], contre 50 à 60 pour cent environ pour les hommes. Ainsi, dans la majorité des capitales africaines du présent échantillon, comparativement aux hommes, les femmes sont davantage localisées dans des activités vulnérables en termes de protection, de contrôle de travail et de régularité des revenus. De ce fait, les chefs de

---

[1] A la différence du tableau 3.3 concernant l'ensemble des individus, la répartition présentée au tableau 1.4 ne se rapporte qu'aux personnes employées.

[2] Sauf à Conakry où le travail vulnérable ne concerne que 47,1 pour cent des femmes.

Tableau 1.4 : Statut du travail selon le sexe, le statut matrimonial — 15 ans et plus — et la capitale (%)

Capitale Paramètre			Ouaga-dougou	Yaoundé	Abidjan	Conakry	Bamako
Sexe	Hommes	Travail irrégulier	5,6	9,8	5,2	8,8	9,8
		Indép. marginal	19,0	8,8	21,4	21,8	13,6
		Indép. avec capital	9,5	8,2	3,9	11,5	8,5
		Salarié protégé	32,4	38,2	42,9	34,5	31,9
		Salarié non protégé	33,7	35,0	26,6	23,3	36,2
		Total	**100,0**	**100,0**	**100,0**	**100,0**	**100,0**
		N	**306**	**306**	**308**	**330**	**448**
	Femmes	Travail irrégulier	12,6	10,9	2,6	2,8	15,3
		Indép. marginal	30,1	22,4	59,9	31,1	15,9
		Indép. avec capital	7,7	5,2	1,3	10,4	1,3
		Salarié protégé	32,9	32,8	19,1	42,5	34,4
		Salarié non protégé	16,9	28,7	17,1	13,2	33,1
		Total	**100,0**	**100,0**	**100,0**	**100,0**	**100,0**
		N	**143**	**174**	**152**	**106**	**157**
Position dans le ménage/ statut matrimonial	Chef de ménage	Travail irrégulier	4,0	6,2	4,9	9,9	8,9
		Indép. marginal	17,4	12,0	26,6	17,8	17,8
		Indép. avec capital	11,3	10,3	3,7	15,2	17,9
		Salarié protégé	37,7	47,9	41,4	41,4	36,1
		Salarié non protégé	29,6	23,6	23,4	15,7	22,3
		Total	**100,0**	**100,0**	**100,0**	**100,0**	**100,0**
		N	**247**	**242**	**244**	**191**	**202**
	Hommes secondaires célibataires	Travail irrégulier	11,4	17,2	4,6	6,9	10,6
		Indép. marginal	29,1	6,1	17,2	27,6	10,6
		Indép. avec capital	1,3	1,0	4,6	7,6	3,5
		Salarié protégé	13,9	17,2	40,2	25,5	28,2
		Salarié non protégé	44,3	58,6	33,3	32,4	47,1
		Total	**100,0**	**100,0**	**100,0**	**100,0**	**100,0**
		N	**79**	**99**	**87**	**145**	**255**
	Femmes mariées	Travail irrégulier	9,8	11,4	1,2	1,4	15,7
		Indép. marginal	28,3	22,9	69,9	32,9	19,3
		Indép. avec capital	10,9	6,7	0,0	11,0	0,0
		Salarié protégé	39,1	34,3	21,7	43,8	39,8
		Salarié non protégé	12,0	24,8	7,2	11,0	25,3
		Total	**100,0**	**100,0**	**100,0**	**100,0**	**100,0**
		N	**92**	**105**	**83**	**73**	**83**
	Femmes secondaires célibataires	Travail irrégulier	22,6	14,7	6,5	7,4	15,4
		Indép. marginal	29,0	20,6	41,3	25,9	10,8
		Indép. avec capital	3,2	2,9	2,2	3,7	1,5
		Salarié protégé	19,4	14,7	15,2	40,7	29,2
		Salarié non protégé	25,8	47,1	34,8	22,2	43,1
		Total	**100,0**	**100,0**	**100,0**	**100,0**	**100,0**
		N	**31**	**34**	**46**	**27**	**65**
Total		Travail irrégulier	7,8	10,2	4,3	7,3	11,2
		Indép. marginal	22,5	13,8	34,1	24,1	14,2
		Indép. avec capital	8,9	7,1	3,0	11,2	6,6
		Salarié protégé	32,5	36,3	35,0	36,5	32,6
		Salarié non protégé	28,3	32,7	23,5	20,9	35,4
		Total	**100,0**	**100,0**	**100,0**	**100,0**	**100,0**
		N	**449**	**480**	**460**	**436**	**605**

Sources : Enquêtes emploi pilotes auprès des ménages : Burkina Faso (Ouagadougou, 1992), Cameroun (Yaoundé, 1990-91), Côte d'Ivoire (Abidjan, 1986-87), Guinée (Conakry, 1991-92), Mali (Bamako, 1991).

ménage apportent l'essentiel des ressources du groupe.

En deuxième lieu, la plus grande vulnérabilité des femmes en termes de statut du travail s'explique par plusieurs éléments. Tout d'abord, alors que le salariat protégé englobe une proportion à peu près équivalente d'hommes et de femmes — environ 35 pour cent —, l'inverse prévaut en ce qui concerne le salariat non protégé. En effet, dans trois capitales — Ouagadougou, Abidjan et Conakry — la part relative des femmes salariées non protégées est comprise entre 0,50 et 0,65[3], tandis que dans les deux autres agglomérations, cette proportion est de l'ordre de 0,8-0,9. Cette situation reflète largement, d'une part, la dualité des modes de participation des femmes au marché du travail selon leur statut matrimonial au sein des ménages, en particulier la plus grande proportion de femmes mariées exerçant un emploi salarié protégé et, d'autre part, l'incidence relativement faible du salariat non protégé parmi les jeunes femmes célibataires, comparativement aux jeunes hommes. Ensuite, l'emploi indépendant constitue un mode privilégié de participation des femmes au marché du travail, puisque environ 20 à 40 pour cent d'entre elles ont ce statut[4], contre approximativement un quart pour les hommes. En réalité, c'est la structure du travail à propre compte féminin qui explique sa plus grande précarité. En effet, dans quatre capitales sur cinq, plus de la moitié des hommes ayant une activité indépendante sont à la tête d'une micro-entreprise fonctionnant avec un capital substantiel ; or, pour les femmes, cette proportion n'est que d'un quart environ dans trois capitales, et est bien inférieure à 10 pour cent dans les deux autres villes. Ce résultat est confirmé par une autre étude relative au secteur informel urbain de Côte d'Ivoire, réalisée dans un contexte méthodologique différent. Une analyse statistique en classification de groupes, indépendante de critères a priori quant au fonctionnement des micro-entreprises urbaines, a mis en évidence une différentiation des formes et des potentialités du travail indépendant axée autour de trois sous-groupes. A côté d'un secteur évolutif primaire, constitué de quelques entreprises dynamiques — en termes de profits et d'accumulation du capital — à la frange du secteur moderne, cœxistent un secteur artisanal de production et de services, un peu plus étendu, mais beaucoup moins avancé que le précédent, et un secteur involutif, absorbant plus des deux tiers des individus, exerçant surtout des activités commerciales et de services à petite échelle et générant des profils âge-profits assez plats. Or, 91,8 pour cent des femmes ayant une activité informelle sont localisées dans ce dernier

[3] Rapport entre le pourcentage de femmes salariées non protégées et le pourcentage d'hommes ayant le même statut.

[4] Plus de 60 pour cent à Abidjan.

segment[5]. Le faible niveau d'instruction des femmes et leur forte dépendance vis à vis du ménage quant à l'accès au capital lors du démarrage de l'entreprise[6], constituent probablement les deux facteurs majeurs de leur plus grande fragilité, comparativement aux hommes, en termes de statut du travail indépendant. Enfin, le tableau 1.4 suggère que, dans certains cas — Ouagadougou, Yaoundé, Bamako —, l'incidence du travail irrégulier est plus élevée pour les femmes que pour les hommes. Toutefois, la moindre importance relative de ce statut dans les capitales africaines explique les faibles écarts selon le sexe.

En troisième lieu, la prise en compte du statut matrimonial révèle la dualité des modes d'emploi selon le genre au sein des ménages. Tout d'abord, non seulement les femmes mariées exercent plus souvent un emploi indépendant ou irrégulier que le chef de ménage[7] — un homme la plupart du temps — mais, en moyenne, elles occupent assez peu d'emploi indépendant avec capital ; or, pour les chefs de ménage à propre compte, ce dernier prévaut une fois sur deux. Par ailleurs, dans maintes capitales, l'incidence du salariat non protégé est beaucoup moins répandue parmi les femmes mariées que parmi les chefs de ménage. Ensuite, la comparaison des membres secondaires célibataires montre que les jeunes filles sont davantage localisées dans des activités indépendantes marginales et irrégulières, comparativement aux jeunes hommes. Pour ces derniers, le salariat — notamment non protégé — demeure le mode dominant de participation au marché du travail, puisque 60 à 75 pour cent d'entre eux ont le statut de salarié, contre 50 à 60 pour cent pour les femmes célibataires.

B. Genre et revenus du travail

La plus grande précarité relative du statut du travail des femmes peut être appréhendée également par rapport aux revenus d'activité. Le tableau 2.4, indiquant les paramètres statistiques de la distribution des revenus de l'ensemble des activités, selon le statut sur le marché du travail de l'activité principale, le statut matrimonial et le sexe, met en évidence la seconde dimension de la vulnérabilité du travail féminin. En effet, dans la plupart des capitales, les revenus totaux d'activité générés par les femmes — quel que soit le statut matrimonial — sont en moyenne deux fois moins

---

[5] Lachaud [1995c].

[6] Voir le chapitre 6.

[7] La proportiton est la même que précédemment, lors de la comparaison des hommes et des femmes.

Tableau 2.4 : Paramètres statistiques de la distribution des revenus de l'ensemble des activités selon le statut du travail de l'activité principale, le statut matrimonial, le sexe et la capitale[1]

Statut/sexe	Chefs de ménage masculin		Chef de ménage féminin		Ensemble des hommes		Ensemble des femmes	
Capitale/statut	Moy (σ)	N	Moy (σ)	N	Moy (σ)	N	Moy (σ)	N
Ouagadougou	23,4 (40,0)	226	10,3 (13,5)	20	19,5 (35.5)	306	19,6 (116,5)	143
Irrégulier	9,8 (12,5)	8	2,4 (0,1)	2	7,6 (9,1)	17	3,6 (4,5)	18
Indép. marginal	6,4 (8,8)	35	2,5 (2,9)	8	4,2 (7,2)	58	1,8 (2,1)	43
Indép. avec cap.	57,1 (93,0)	28	-	-	55,1 (91,9)	29	134,3 (418,2)	11
Salarié protégé	26,9 (20,3)	88	27,7 (14,3)	5	26,8 (20,0)	99	18,9 (13,1)	47
Salarié non prot.	15,9 (23,7)	67	15,5 (18,1)	5	12,9 (20,0)	103	12,2 (16,2)	24
Yaoundé	96,3 (611,9)	207	28,6 (27,2)	35	72,4 (504,5)	306	24,7 (36,6)	174
Irrégulier	26,5 (28,5	13	2,4 (0,9)	2	17,6 (21,0)	30	9,4 (11,9)	19
Indép. marginal	19,2 (21,1)	21	7,6 (5,6)	8	36,0 (66,5)	27	10,7 (11,6)	39
Indép. avec cap.	480,1 (1779,5)	24	4,8 (-)	1	463,2 (1744,1)	25	59,4 (127,0)	9
Salarié protégé	61,0 (42,9)	100	51,4 (23,8)	16	57,8 (40,9)	117	43,6 (25,9)	57
Salarié non prot.	32,1 (16,0)	49	13,6 (16.0)	8	21,5 (24,7)	107	13,7 (12,9)	50
Abidjan	135,2 (157,3)	221	81,3 (76,0)	23	122,9 (150,8)	308	59,3 (78,0)	152
Irrégulier	103,5 (187,6)	12	-	-	87,5 (163,5)	16	8,9 (8,3)	4
Indép. marginal	104,0 (159,3)	51	45,1 (23,4)	14	105,0 (148,3)	66	39,8 (58,8)	91
Indép. avec cap.	324,3 (370,6)	8	161,4 (-)	1	308,8 (408,6)	12	104,0 (81,1)	2
Salarié protégé	151,4 (112,4)	97	199,3 (105,4)	4	139,3 (104,5)	132	143,5 (106,9)	29
Salarié non prot.	113,3 (152,9)	53	70,3 (43,5)	4	90,8 (127,3)	82	38,3 (25,1)	26
Conakry	25,6 (36,3)	185	17,7 (10,4)	6	20,3 (28,4)	330	15,6 (10,8)	105
Irrégulier	11,9 (6,3)	19	-	-	9,9 (6,5)	29	10,0 (8,6)	3
Indép, marginal	9,6 (8,3)	32	7,0 (2,7)	2	8,2 (6,9)	72	13,1 (13,5)	32
Indép. avec cap.	53,6 (78,3)	27	21,2 (12,5)	2	45,7 (67,4)	38	24,9 (17,8)	11
Salarié protégé	28,8 (22,8)	77	25,0 (4,2)	2	25,6 (19,6)	114	15,8 (5,4)	45
Salarié non prot.	18,0 (13,8)	30	-	-	16,4 (10,0)	77	14,4 (7,3)	14
Bamako	38,6 (121,9)	191	31,2 (58,1)	9	41,9 (225,9)	422	10,5 (16,7)	146
Irrégulier	20,9 (22,1)	17	20,0 (-)	1	167,5 (660,3)	40	7,9 (8,1)	19
Indép. marginal	14,1 (14,2)	34	11,5 (12,0)	2	16,4 (17,6)	61	11,2 (11,7)	25
Indép. avec cap.	158,3 (283,4)	28	184,8 (-)	1	162,7 (280,1)	37	100,9 (118,6)	2
Salarié protégé	22,9 (47,3)	71	6,5 (2,1)	2	17,8 (34,7)	143	11,1 (8,1)	54
Salarié non prot.	11,5 (13,0)	41	13,3 (10,1)	3	10,0 (13,9)	141	6,6 (5,3)	46

(1) Y compris les activités secondaires, transferts exclus. Milliers de F.G./semaine pour la Guinée ; milliers de F.CFA/semaine pour les autres pays.

Sources : Enquêtes emploi pilotes auprès des ménages : Burkina Faso (Ouagadougou, 1992), Cameroun (Yaoundé, 1990-91), Côte d'Ivoire (Abidjan, 1986-87), Guinée (Conakry, 1991-92), Mali (Bamako, 1991).

importants que ceux des hommes[8]. Certes, il existe des spécificités locales, et, dans certains cas, l'écart des revenus selon le genre est moins élevé que la tendance générale précédemment indiquée. Par exemple, pour l'ensemble des femmes à Ouagadougou, les revenus d'activité sont comparables à ceux des hommes ; mais, dans le premier cas, l'écart-type considérablement plus

[8] Etant donné le faible nombre d'observations, la comparaison selon les chefs de ménage pour Bamako et Conakry ne doit pas être prise en compte.

élevé suggère une distribution très étendue.

En réalité, ce différentiel de revenus d'activité n'est pas uniquement imputable à la plus grande incidence relative des statuts précaires féminins. L'observation de la structure des revenus selon les statuts montre que les écarts en faveur des hommes concernent surtout les statuts précaires. En effet, les salaires issus du travail protégé féminin sont, dans l'ensemble, comparables à ceux de leurs homologues masculins - bien qu'un faible écart subsiste en faveur des derniers. Par contre, lorsque les femmes sont des salariées non protégées ou exercent un travail indépendant marginal ou irrégulier, les revenus générés sont systématiquement inférieurs à ceux des hommes localisés dans les mêmes occupations. Ainsi, dans toutes les capitales, les salariées non protégées obtiennent des gains plus faibles que leurs homologues masculins, et dans trois d'entre elles — Yaoundé, Abidjan, Conakry — les salaires féminins ne sont que de 40 à 65 pour cent ceux des hommes. Mais, les écarts de gains d'activité selon le genre sont encore plus marqués lorsque l'on considère le travail indépendant marginal. Dans trois agglomérations — Ouagadougou, Yaoundé, Abidjan — les revenus du travail indépendant marginal générés par les femmes n'atteignent que 30 à 40 pour cent ceux des hommes ayant le même statut, et, dans une autre capitale — Bamako —, la proportion est des deux tiers[9]. Ce différentiel de gains du travail indépendant selon le sexe, est confirmé par l'enquête de Côte d'Ivoire de 1985 relative au secteur informel[10].

En fait, cette double vulnérabilité des femmes à l'égard du travail — plus grande incidence des statuts précaires, faiblesse relative des revenus inhérents à ces derniers — est l'expression d'une intégration sociale spécifique. Lorsqu'elles exercent une activité indépendante, les femmes sont davantage localisées dans le petit commerce, et, en tant que salariées, elles occupent la plupart du temps des emplois de services. En outre, dans maintes situations, ces deux activités faiblement productives caractérisent un revenu d'appoint au sein du ménage.

C. Genre et structure des revenus des ménages

Dans ce contexte, il est opportun d'examiner la contribution relative des différents membres du ménage au bien-être de ce dernier (tableau 3.4). Tout d'abord, considérons l'ensemble des ménages, c'est-à-dire ceux qui

---

[9] L'exception est Conakry où les femmes appartenant à certaines ethnies sont relativement dynamiques lorsqu'elles exercent un travail indépendant.

[10] En 1985, dans le secteur informel urbain de Côte d'Ivoire, le profit moyen féminin s'élevait mensuellement à 16 000 F. CFA, contre 34 480 F.CFA pour les hommes. Lachaud [1995c]. Voir le chapitre 6 pour l'analyse du différentiel de revenus selon le genre.

Tableau 3.4 : Contribution relative des individus au revenu du travail du ménage selon le niveau de vie, le statut matrimonial, le sexe — 15 ans et plus — et la capitale (%)[1]

Capitale Paramètre	Ouaga- dougou	Yaoundé	Abidjan	Conakry	Bamako
Ensemble des ménages					
Contribution du chef de ménage	**62,7**	**78,1**	**66,6**	**52,1**	**39,7**
Pauvres	56,4	44,0	58,8	38,7	48,3
Non pauvres	57,6	81,7	65,3	59,9	38,3
Contribution des hommes	**67,9**	**82,9**	**79,1**	**73,1**	**91,6**
Pauvres	82,2	55,8	62,9	63,3	82,2
Non pauvres	60,3	85,4	82,1	77,8	93,6
Contribution des femmes	**32,1**	**16,4**	**21,7**	**26,7**	**8,0**
Pauvres	20,2	44,3	32,3	35,9	19,5
Non pauvres	39,7	14,1	19,4	22,1	5,9
% des revenus de transferts	**0,3**	**2,6**	**3,5**	**6,4**	**3,1**
Pauvres	5,1	18,5	-0,5	11,5	11,6
Non pauvres	-0,6	2,1	5,2	5,9	2,1
Ménages gérés par un homme					
Contribution du chef de ménage	**62,5**	**78,0**	**66,5**	**52,5**	**39,4**
Pauvres	56,9	43,2	56,9	38,0	51,6
Non pauvres	58,3	81,5	65,4	61,7	37,7
Contribution des autres hommes	**6,6**	**8,2**	**16,4**	**21,2**	**53,6**
Pauvres	27,1	19,8	17,1	26,1	32,3
Non pauvres	1,7	6,5	18,5	16,6	57,2
Contribution des femmes	**30,6**	**12,7**	**17,6**	**26,1**	**6,5**
Pauvres	16,0	37,0	20,3	35,1	18,0
Non pauvres	40,0	11,5	17,1	21,6	4,7
% des revenus de transferts	**0,0**	**2,2**	**3,6**	**6,2**	**2,9**
Pauvres	1,0	17,6	-0,4	11,5	11,8
Non pauvres	-0,6	1,8	5,2	5,3	2,1
Ménages gérés par une femme					
Contribution du chef de ménage	**66,3**	**81,0**	**67,4**	**38,9**	**46,7**
Pauvres	49,2	46,6	69,2	100,0	18,7
Non pauvres	23,1	86,6	61,2	21,6	65,2
Contribution des autres femmes	**5,0**	**4,2**	**14,2**	**7,7**	**5,9**
Pauvres	26,9	22,7	30,8	-	14,0
Non pauvres	0,0	0,0	21,1	9,9	-
Contribution des hommes	**28,6**	**14,3**	**22,7**	**53,2**	**47,5**
Pauvres	23,9	31,2	0,0	-	67,3
Non pauvres	76,9	13,4	31,5	68,5	34,8
% des revenus de transferts	**8,3**	**10,1**	**0,9**	**12,3**	**8,0**
Pauvres	38,3	21,6	-0,8	13,0	9,2
Non pauvres	0,0	9,5	6,8	6,8	1,7

(1) Pour chaque catégorie de revenu, il s'agit du rapport entre les revenus du travail générés par un (chef de ménage) ou plusieurs individus (membres secondaires) et la somme des revenus du ménage imputables à cette catégorie.
Sources : Enquêtes emploi pilotes auprès des ménages : Burkina Faso (Ouagadougou, 1992), Cameroun (Yaoundé, 1990-91), Côte d'Ivoire (Abidjan, 1986-87), Guinée (Conakry, 1991-92), Mali (Bamako, 1991).

sont gérés par un homme ou une femme. Dans la plupart des capitales africaines, on observe que le chef de ménage procure l'essentiel des gains du groupe — entre la moitié et les trois quarts. En outre, la distinction selon le sexe montre que les femmes contribuent à environ 20 pour cent des ressources du ménage[11]. En réalité, le rôle des femmes quant au bien-être matériel du groupe est beaucoup plus important dans les ménages pauvres que dans les ménages aisés, puisque dans les premiers elles apportent entre 20 et 40 pour cent des gains. Cette situation est en partie imputable au rôle des activités secondaires dans les stratégies de survie des ménages. A cet égard, nous avons déjà montré dans une étude antérieure que la proportion des ménages ayant des activités secondaires tend à être inversement reliée au niveau de vie, et que la contribution des activités secondaires au revenu du ménage est environ trois fois plus importante dans les ménages pauvres que dans les ménages aisés. Par ailleurs, lorsque le poids des activités secondaires en termes de revenus est important, la contribution des membres secondaires est essentielle[12]. Par conséquent, cela signifie que, dans les ménages pauvres, il existe des stratégies de survie impliquant intensivement les membres secondaires des ménages, notamment les femmes[13]. Dans ces conditions, malgré le faible niveau des revenus, il se pourrait que les ménages pauvres soient relativement plus égalitaires que les ménages non pauvres. En effet, la plus forte contribution économique relative des femmes leur assure, toutes choses égales par ailleurs, une plus grande capacité de contrôle des ressources de la famille.

La distinction des ménages selon le sexe du chef fait apparaître quelques éléments complémentaires d'analyse. Dans les ménages ayant à la tête un homme, le poids économique des femmes est assez proche de ce qui a été précédemment indiqué, bien que dans certains cas il soit un peu moins important. Néanmoins, dans les ménages pauvres, la contribution des femmes au revenu du groupe demeure essentielle. Par contre, dans les ménages gérés par une femme, le niveau de bien-être du ménage est davantage fonction de l'accès à l'emploi des membres secondaire, en particulier les hommes. Par exemple, à Bamako et à Conakry, les hommes secondaires contribuent à la moitié des richesses du ménage. D'une manière générale, leur contribution relative tend à être plus élevée que celle des femmes localisées dans les ménages gérés par un homme. Ce résultat est non seulement lié à la plus grande précarité du statut du travail des femmes, mais également à la faiblesse de leur taux de participation[14]. Dans ces conditions, il n'est pas surprenant de constater que l'incidence des revenus

[11] Un tiers dans le cas de Ouagadougou.

[12] En Guinée, le rôle des femmes mariées est prépondérant en matière de revenus annexes — 60 pour cent — et ces derniers contribuent à 14,5 pour cent du revenu du ménage.

[13] Lachaud [1994a].

[14] Cette observation confirme ce qui avait été indiqué quant à la contribution économique des femmes au ménage. Voir le chapitre 2.

de transferts soit beaucoup plus élevée dans les ménages gérés par une femme que dans ceux dont le chef est un homme. Le tableau 3.4 exprime bien cette tendance. Dans les ménages ayant une femme à leur tête, les revenus de transferts constituent 8 à 10 pour cent des gains du ménage[15], alors que dans les groupes gérés par un homme la proportion est de l'ordre de 2 à 6 pour cent. Cela signifie qu'en l'absence de sécurité sociale informelle, les ménages dont le chef est une femme auraient, en moyenne, des ressources amputées de 10 pour cent. Cette dernière observation implique une analyse de la relation entre la participation des femmes au marché du travail et le niveau de vie.

2. Statut du travail, genre et niveau de vie

La plus grande vulnérabilité du statut du travail féminin doit être appréhendée en termes de niveau de vie du ménage. A cet égard, deux orientations méthodologiques sont proposées dans la présente étude.

A. Statut du travail, genre et pauvreté

La pauvreté des ménages est appréhendée à l'aide des mesures habituelles inhérentes à l'incidence — P0 — la profondeur — P1 — et l'intensité — P2. Ces dernières sont présentées au tableau 4.4, tandis que la figure 1.4 affiche le test de dominance de premier ordre pour Yaoundé[16]. Dans ce contexte, malgré la taille réduite des échantillons relatifs aux femmes chefs de ménage, deux commentaires peuvent être formulés[17].

Premièrement, dans 80 pour cent des capitales, on constate que l'incidence, la profondeur et l'intensité de la pauvreté sont plus élevées dans les ménages gérés par une femme que dans ceux ayant un homme à leur tête. Ce résultat a été, en partie, précédemment souligné[18]. Par ailleurs, bien que le revenu des pauvres en termes de la ligne de pauvreté soit assez comparable, quel que soit le sexe du chef de ménage[19], on observe que,

---

[15] Sauf Abidjan où le montant est de 0,9 pour cent.

[16] Sur ces questions, voir Ravallion [1992]. Pour les différentes capitales, on observe une relative robustesse de la ligne de pauvreté. Le cas de Yaoundé est illustré à la figure 1.4.

[17] Pour une analyse de l'incidence du travail vulnérable sur la pauvreté, indépendamment du sexe du chef de ménage, on se reportera à Lachaud [1994a].

[18] La figure 1.2 du chapitre 2 représente le ratio de pauvreté selon le sexe et le pays.

[19] Notons que $I = P1/P0$ traduit l'écart entre la ligne de pauvreté Z et le revenu moyen des pauvres R, en pourcentage de Z. Par ailleurs, puisque $(R_i/Z) = 1 - (R_i - Z)/Z$, $(1 - I)$ indique le revenu moyen des pauvres en pourcentage de la ligne de pauvreté. Dans le cas présent, $(1 - I)$ est compris entre 0,35 et 0,55 selon les capitales, quel que soit le sexe du chef de ménage.

Tableau 4.4 : Incidence, profondeur et inégalité de la pauvreté dans les ménages selon la participation au marché du travail, le sexe et la capitale — chef de ménage

Statut du chef de ménage	Hommes							Femmes						
Paramètre	P0		P1		P2		N	P0		P1		P2		N
	Valeur	C_i (%)	Valeur	C_i (%)	Valeur	C_i (%)		Valeur	C_i (%)	Valeur	C_i (%)	Valeur	C_i (%)	
Ouagadougou	0,486	1,000	0,317	1,000	0,259	1,000	265	0,714	1,000	0,477	1,000	0,398	1,000	28
Irrégulier	0,714	0,039	0,243	0,020	0,094	0,010	7	1,000	0,100	0,807	0,121	0,652	0,117	2
Indépendant marg.	0,857	0,233	0,618	0,257	0,506	0,257	35	1,000	0,400	0,593	0,354	0,431	0,309	8
Indép. avec capital	0,357	0,078	0,155	0,052	0,097	0,039	28	-	-	-	-	-	-	-
Salarié protégé	0,182	0,124	0,110	0,115	0,098	0,126	88	0,200	0,050	0,223	0,083	0,248	0,111	5
Salarié non protégé	0,507	0,264	0,283	0,225	0,216	0,210	67	0,400	0,100	0,299	0,112	0,249	0,111	5
Chômeur	0,786	0,085	0,679	0,113	0,614	0,125	14	1,000	0.100	0,535	0,080	0,502	0,090	2
Inactif	0,885	0,178	0,701	0,217	0,619	0,234	26	0,833	0,250	0,558	0,250	0,486	0,262	6
Yaoundé	0,235	1,000	0,142	1,000	0,112	1,000	251	0,442	1,000	0,238	1,000	0,194	1,000	43
Irrégulier	0,333	0,051	0,168	0,042	0,091	0,029	9	1,000	0,105	0,098	0,019	0,013	0,003	2
Indépendant marg.	0,500	0,153	0,182	0,091	0,087	0,055	18	0,875	0,368	0,576	0,449	0,503	0,483	8
Indép. avec capital	0,042	0,017	0,025	0,017	0,015	0,013	24	0,000	0,000	0,000	0,000	0,000	0,000	1
Salarié protégé	0,030	0,051	0,015	0,042	0,015	0,052	99	0,000	0,000	0,000	0,000	0,000	0,000	16
Salarié non protégé	0,133	0,102	0,099	0,124	0,093	0,148	45	0,500	0,211	0,398	0,310	0,349	0,335	8
Chômeur	0,727	0,271	0,530	0,325	0,460	0,357	22	1,000	0,105	0,566	0,110	0,509	0,122	2
Inactif	0,618	0,156	0,377	0,358	0,287	0,345	34	0,667	0,211	0,390	0,111	0,089	0,057	6
Abidjan	0,193	1,000	0,116	1,000	0,088	1,000	259	0,077	1,000	0,039	1,000	0,029	1,000	26
Irrégulier	0,000	0,000	0,000	0,000	0,000	0,000	4	-	-	-	-	-	-	-
Indépendant marg.	0,261	0,024	0,140	0,214	0,089	0,179	46	0,154	1.000	0,078	100,0	0,059	100,0	13
Indép. avec capital	0,125	0,020	0,078	0,021	0,049	0,017	8	0,000	0,000	0,000	0,000	0,000	0,000	1
Salarié protégé	0,041	0,080	0,009	0,029	0,003	0,011	97	0,000	0,000	0,000	0,000	0,000	0,000	4
Salarié non protégé	0,078	0,080	0,021	0,036	0,008	0,017	51	0,000	0,000	0,000	0,000	0,000	0,000	4
Chômeur	0,773	0,340	0,633	0,463	0,570	0,547	22	-	-	-	-	-	-	-
Inactif	0,387	0,240	0,230	0,237	0,169	0,229	31	0,000	0.000	0,000	0,000	0,000	0,000	4
Conakry	0,494	1,000	0,223	1,000	0,134	1,000	277	0,375	1,000	0,185	1,000	0,095	1,000	8
Irrégulier	0,556	0,073	0,215	0,063	0,112	0,054	18	-	-	-	-	-	-	-
Indépendant marg.	0,655	0,139	0,347	0,163	0,226	0,176	29	1,000	0,337	0,536	0,724	0,299	0,782	2
Indép.avec capital	0,292	0,051	0,113	0,044	0,062	0,040	24	0,500	0,333	0,204	0,276	0,083	0,218	2
Salarié protégé	0,208	0,117	0,045	0,056	0,014	0,028	77	0,000	0,000	0,000	0,000	0,000	0,000	2
Salarié non protégé	0,367	0,080	0,122	0,059	0,061	0,049	30	-	-	-	-	-	-	-
Chômeur	0,897	0,255	0,476	0,301	0,314	0,325	39	-	-	-	-	-	-	-
Inactif	0,650	0,285	0,325	0,315	0,200	0,323	60	0,000	0,000	0,000	0,000	0,000	0,000	2
Bamako	0,482	1,000	0,231	1,000	0,142	1,000	263	0,576	1,000	0,315	1,000	0,220	1,000	26
Irrégulier	0,412	0,055	0,221	0,062	0,130	0,059	17	0,000	0,000	0,000	0,000	0,000	0,000	1
Indépendant marg.	0,529	0,142	0,212	0,119	0,128	0,116	34	0,500	0,067	0,236	0,057	0,111	0,039	2
Indép. avec capital	0,103	0,024	0,032	0,015	0,013	0,010	29	0,000	0,000	0,000	0,000	0,000	0,000	1
Salarié protégé	0,352	0,197	0,131	0,153	0,060	0,114	71	1,000	0,133	0,299	0,073	0,093	0,032	2
Salarié non protégé	0,561	0,181	0,253	0,171	0,153	0,168	41	0,333	0,067	0,020	0,007	0,001	0,001	3
Chômeur	0,500	0,031	0,313	0,041	0,215	0,046	8	-	-	-	-	-	-	-
Inactif	0,746	0,370	0,424	0,439	0,289	0,487	63	0,647	0,733	0,416	0,862	0,313	0,928	17

Sources : Enquêtes emploi pilotes auprès des ménages : Burkina Faso (Ouagadougou, 1992), Cameroun (Yaoundé, 1990-91), Côte d'Ivoire (Abidjan, 1986-87), Guinée (Conakry, 1991-92), Mali (Bamako, 1991).

sous des conditions de parfait ciblage des politiques économiques, le montant du revenu par personne ajustée qui doit être transféré aux pauvres de manière à éradiquer la pauvreté des ménages, est, dans trois capitales —

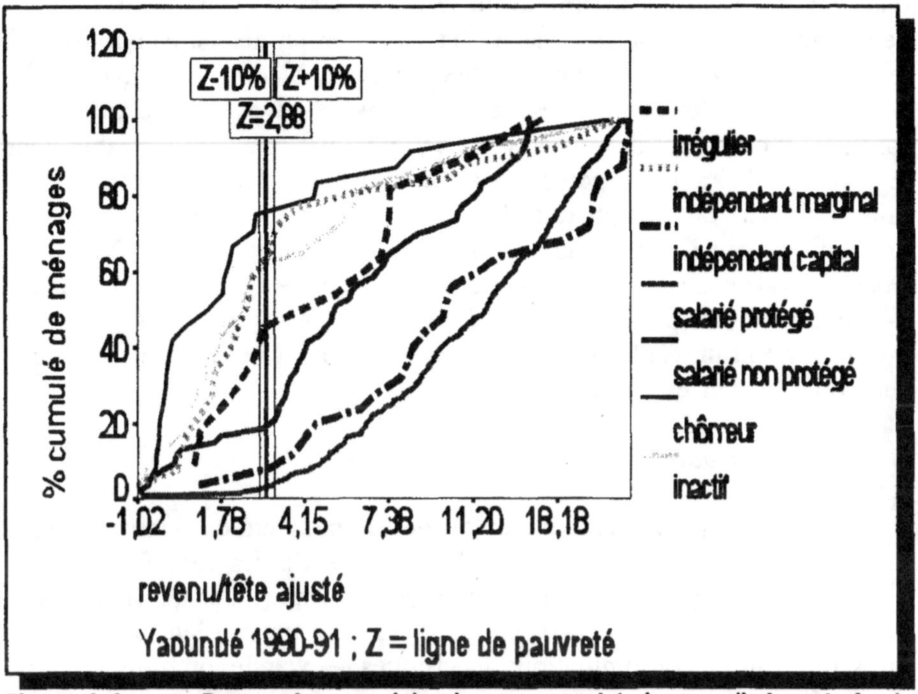

Figure 1.4 : **Pauvreté et participation au marché du travail des chefs de ménage à Yaoundé : test de dominance de premier ordre**

Ouagadougou, Yaoundé, Bamako — plus élevé de 50 pour cent environ dans les ménages gérés par une femme que dans ceux dont le chef est un homme. Il en est ainsi parce que dans ces trois capitales, la profondeur de la pauvreté est plus forte pour les premiers que pour les seconds[20].

Deuxièmement, la prise en compte du statut du travail met en évidence des différences importantes selon le sexe du chef de ménage. En effet, lorsque les chefs de ménage féminins occupent des emplois vulnérables, il apparaît que les indicateurs de pauvreté des ménages ont tendance à être plus défavorables que ceux des groupes où leurs homologues masculins ont le même statut. Ce résultat, cohérent avec ce qui a été précédemment indiqué quant aux revenus d'activité, est particulièrement prononcé dans le cas du travail indépendant marginal. Ainsi, dans la plupart des capitales africaines du présent échantillon, le ratio de pauvreté des ménages dont le chef féminin exerce un emploi à propre compte marginal, est environ 1,5 à 2 fois plus élevé, comparativement aux

[20] Néanmoins, dans la mesure où la taille des ménages est moins élevée lorsqu'une femme est à leur tête, l'écart par ménage selon le sexe du chef de ménage, quant au montant des transferts nécessaires pour émiminer la pauvreté, est inférieur à 50 pour cent.

ménages gérés par un homme ayant le même statut. Or, lorsque les chefs de ménage sont des salariés protégés, les écarts en termes de pauvreté selon le sexe du chef de ménage sont mineurs. En outre, bien qu'aucune tendance nette quant à l'évolution des contributions relatives à la pauvreté en fonction du cœfficient d'aversion pour cette dernière ne soit décelable pour le travail vulnérable, le poids des statuts précaires dans l'explication des faibles niveaux de vie apparaît plus important dans les ménages gérés par une femme. Ainsi, dans trois agglomérations — Ouagadougou, Yaoundé, Conakry — la contribution relative à la pauvreté — en termes d'incidence — du travail indépendant marginal est de 35 à 40 pour cent pour les ménages ayant un chef féminin, contre seulement 15 à 20 pour cent pour ceux dont le chef est un homme.

B. *Genre et accès aux besoins de base*

La plus grande vulnérabilité en termes de pauvreté des ménages gérés par une femme suggère une appréhension de l'accès relatif à certains besoins de base. A cet égard, les investigations empiriques qui appuient la présente recherche ont permis de collecter des informations sur la fréquence ou le montant de consommations spécifiques — viande, produits vivriers, textile, énergie, service bancaire, moyen de transport — et l'équipement des ménages — électricité, installation individuelle d'eau, surface habitable, cuisine séparée[21]. Dans ce contexte, l'analyse des processus d'accès différentiel aux besoins essentiels selon le sexe du chef de ménage a mis en œuvre trois options méthodologiques.

Premièrement, l'incidence des consommations spécifiques et des indicateurs d'équipement précédents peut être examinée séparément. Ainsi, à partir du tableau 5.4, on constate que dans quatre capitales — Abidjan étant l'exception — l'accès aux biens de base est moins aisé pour les ménages ayant à leur tête une femme que dans ceux dont le chef est de sexe masculin. Dans ces quatre centres urbains, au moins six des dix indicateurs proposés sont défavorables aux femmes. D'une part, dans tous ces pays, les ménages gérés par une femme sont pénalisés en termes de consommation de produits vivriers et du nombre de pièces d'habitation par équivalent adulte ; d'autre part, dans les trois quarts de ces agglomérations, les ménages ayant un chef féminin ont un handicap en termes d'installation électrique, de cuisine séparée, d'utilisation de l'énergie et d'accès aux services bancaires.

---

[21] Toutefois, les enquêtes n'ont pas collecté de données sur les dépenses de consommation.

Tableau 5.4 : Non accès des ménages à certains biens de base selon la capitale et le sexe du chef de ménage (pourcentage)

Capitale	Ouagadougou		Yaoundé		Abidjan		Conakry		Bamako	
Paramètre	chef masc.	chef fém.	chef masc.	chef fém.	chef masc.	chef fém.	chef masc.	chef fém.	chef masc.	chef fém.
Consommation viande < 1 fois /semaine	7,1[1]	9,7[1]	16,2[3]	20,0[3]	78,2[5]	64,5[5]	51,0[3]	50,0[3]	8,8[3]	0,0[3]
Consommation de produits vivriers < 1 fois /semaine	8,2[2]	12,9[2]	21,9[4]	22,2[4]	77,8[6]	71,0[6]	57,2[4]	90,0[4]	4,4[7]	7,4[7]
Absence élctricité dans l'habitation	57,4	58,1	3,9	11,1	26,0	16,7	23,1	10,0	61,9	40,7
Cuisson des aliments au bois ou charbon	84,3	80,7	17,3	17,8	76,7	63,9	98,0	100,0	99,6	100,0
Fréquence achat de tissu Wax 6 derniers mois (< 3)	91,0	96,8	94,1	95,6	83,9	90,3	85,5	70,0	85,3	74,1
Ménages avec moins d'une piece/ pers. ajustée	68,3	77,4	75,8	91,1	44,6	30,0	27,1	33,3	54,5	61,5
Absence de cuisine séparée	35,4	38,7	52,3	42,2	-	-	53,1	70,0	61,8	63,3
Absence d'installation d'eau individuelle	59,3	51.6	34,4	37,8	64,4	63,3	52,4	40,0	54,4	55,6
Absence de compte en banque	46,3	58,1	41,0	48,9	63,3	52,7	83,4	90,0	72,9	69,2
Absence de moyen de transport[8]	90,3	64,5	64,4	84,4	85,4	90,3	77,2	80,0	65,6	51,9
Indice général[9]	**4,9**	**5,1**	**6,6**	**6,8**	**4,3**	**4,4**	**4,0**	**3,8**	**4,1**	**5,0**

(1) Viande/poisson ; (2) riz ; (3) viande d'élevage ; (4) igname et/ou plantain ; (5) mouton ; (6) poulet ; (7) mil/sorgho ; (8) vélo, mobylette, moto ou automobile ; (9) moyenne arithmétique des indices partiels codés 1 ou 0 — chiffre sans dimension.

Sourcse : Enquêtes emploi pilotes auprès des ménages: Burkina Faso (Ouagadougou, 1992), Cameroun (Yaoundé, 1990-91), Côte d'Ivoire (Abidjan, 1986-87), Guinée (Conakry, 1991-92), Mali (Bamako, 1991).

Deuxièmement, un indice général regroupant les divers indicateurs partiels précédents peut être calculé. Il est obtenu en faisant la moyenne arithmétique des indices partiels codés un ou zéro, selon que ces derniers se situent au-dessus ou au-dessous d'un seuil donné[22]. Les résultats, affichés au tableau 5.4, montrent que, dans 80 pour cent des capitales, l'indice général est défavorable aux ménages gérés par une femme[23]. Naturellement, ce résultat est fonction des pondérations utilisées dans la construction de l'indice général ; la prise en compte de pondérations différentes modifie l'ampleur des écarts relatifs quant à l'accès aux besoins de base selon le genre, mais n'altère pas la conclusion précédente[24].

---

[22] Ce seuil est surtout déterminé pour les cosommations spécifiques. En ce qui concerne l'équipement des logements, la valeur 1 est attribuée à l'indice si l'infrastructure existe, et zéro dans le cas contraire.

[23] Plus la valeur de l'indice est élevée, plus les manques sont importants.

[24] Par exemple, certaines évaluations ont été réalisées en attribuant un poids plus

Tableau 6.4 : Sexe du chef de ménage et accès aux besoins de base : analyse log-linéaire généralisée, modèle logit multinomial

Paramètre Capitale	Log des chances	Chances
Ouagadougou	-2,624	0,072
Yaoundé	-0,891	0,410
Abidjan	-1,245	0,287
Conakry	1,267	3,550
Bamako	-2,007	0,134

Source : Enquêtes emploi pilotes auprès des ménages: Burkina Faso (Ouagadougou, 1992), Cameroun (Yaoundé, 1990-91), Côte d'Ivoire (Abidjan, 1986-87), Guinée (Conakry, 1991-92), Mali (Bamako, 1991).

Troisièmement, on peut utiliser un modèle log-linéaire pour examiner dans quelle mesure le sexe du chef de ménage affecte le niveau de vie de ce dernier en termes d'accès aux besoins de base. Dans le cas présent, un modèle logit multinomial a été estimé[25]. La variable dépendante est l'indice général précédent, tandis que les variables indépendantes sont le revenu par tête ajusté et le sexe[26]. Ainsi, pour un niveau de vie donné en termes de revenu ajusté, on évalue le logarithme des chances d'être pauvre en termes d'accès aux besoins de base, lorsque le chef de ménage est un homme plutôt qu'une femme. Les résultats, présentés au tableau 6.4, mettent en évidence, dans la plupart des capitales, le plus faible niveau de bien-être en termes d'accès aux besoins de base des ménages ayant à leur tête une femme, comparativement à ceux dont le chef est un homme. Par exemple, à Ouagadougou, le logarithme des chances d'être pauvre plutôt que riche, en termes d'accès aux besoins essentiels, est 2,624 fois moins élevé lorsque le chef de famille est un homme que lorsqu'il est de sexe féminin. En d'autres termes, dans cette capitale, les individus localisés dans les ménages gérés par une femme ont, toutes choses égales par ailleurs, 0,072 fois plus de chance d'être pauvres que ceux qui appartiennent à des ménages dont le chef est un homme[27].

important aux consommations alimentaires et aux indicateurs d'électricté, de surface habitable par personne et d'installation individuelle d'eau courante.

[25] Avec un modèle logit multinomial, le logarithme des chances — plutôt que les observations de chaque cellule — de la variable dépendante — polytomique — est exprimé en tant que combinaison linéaire de paramètres. En outre, les comptages inhérents à chaque combinaison des catégories des variables explicatives sont supposés avoir une distribution multinomiale. Voir Agresti [1990] pour un exposé de ces modèles.

[26] La variable dépendante et le revenu par tête ajusté sont transformées en variables discrètes ayant chacune trois modalités — 1 = pauvres ; 2 = intermédiaires ; 3 = non pauvres.

[27] On observera la cohérences des résultats de l'analyse multinomiale et de l'évaluation de l'indice général. Dans les deux cas, la situation des ménages gérés par une femme à

2. Chômage féminin, exclusion et pauvreté

L'exclusion des femmes du marché du travail urbain ne se manifeste pas uniquement en termes d'emplois vulnérables. Le chômage représente un autre aspect de l'exclusion des femmes des moyens d'existence, dont la pluralité des dimensions, la plupart du temps non transitoires, exercent de puissants effets tant sur leur vie privée que sur le bien-être des ménages auxquelles elles appartiennent.

1. Les dimensions de l'exclusion du marché du travail

Les investigations empiriques disponibles tendent à montrer que dans les capitales francophones des pays d'Afrique subsaharienne, les femmes sont particulièrement vulnérables en termes de chômage déclaré, marginal et de longue durée. En outre, cette situation génère des profils de carrière ayant un impact considérable sur le niveau de vie.

A. Genre, chômage déclaré et niveau de vie

Le chômage déclaré représente la forme d'exclusion du marché du travail la plus répandue dans les agglomérations africaines[28]. Le tableau 7.4 montre que, dans ces dernières, environ 20 à 25 pour cent des femmes sont au chômage, et que ces proportions sont tout à fait comparables à la situation qui prévaut pour les hommes. En effet, les taux de chômage déclaré féminin sont de 28,5, 28,6, 20,0, 17,9 et 16,3 pour cent, respectivement, à Ouagadougou, Yaoundé, Abidjan, Conakry et Bamako ; en ce qui concerne les hommes, ces proportions sont, pour les mêmes capitales, respectivement, de 23,2, 29,8, 25,5, 19,6 et 17,1 pour cent.

Evidemment, les résultats sont contrastés selon le statut matrimonial des femmes. Les taux de chômage déclarés sont considérablement plus élevés pour les femmes secondaires — jeunes pour la plupart — que pour les femmes mariées. Dans les différentes capitales, on constate qu'entre un tiers et la moitié des premières sont sans emploi, alors que pour les secondes, l'inactivité involontaire ne concerne environ que 10 à 20 pour cent d'entre elles. En outre, il est à remarquer que dans trois capitales sur cinq, le taux de chômage déclaré des femmes secondaires célibataires est

---

Conakry n'est pas la plus défavorable, comparativement aux ménages gérés par un homme.

[28] Certains de ces résultats sont déjà contenus dans Lachaud [1994a]. Il s'agit du chômage du moment — période de référence des 7 derniers jours.

Tableau 7.4 : Taux de chômage urbain selon le statut matrimonial, le sexe, le niveau de vie et la capitale — 15 ans et plus (% de la population active)

Capitale Paramètre		Ouaga- dougou	Yaoundé	Abidjan	Conakry	Bamako
Ensemble hommes	Chômage	23,2	29,8	25,5	19,6	17,1
	Sous-occupation	1,9	5,2	6,2	4,9	1,8
	Chômage marginal	4,7	3,1	0,2	12,0	10,6
Ensemble femmes	Chômage	28,5	28,6	20,0	17,9	16,3
	Sous-occupation	0,7	0,4	2,9	0,6	0,4
	Chômage marginal	16,1	16,9	6,1	29,4	31,5
Chef de ménage	Chômage	6,0	9,0	8,1	15,7	3,7
	Sous-occupation	0,8	4,5	5,9	8,0	0,5
	Chômage marginal	1,9	1,8	0,0	3,5	2,3
Hommes secondaires	Chômage	42,3	52,2	43,4	21,7	22,8
	Sous-occupation	3,2	5,3	6,7	2,9	2,3
	Chômage marginal	8,3	5,0	0,9	16,5	13,8
Femmes mariées	Chômage	19,2	22,6	9,0	10,2	5,8
	Sous-occupation	1,3	0,0	1,9	0,9	1,0
	Chômage marginal	15,2	13,8	5,2	16,9	18,9
Femmes secondaires	Chômage	47,9	51,1	36,6	34,5	26,7
	Sous-occupation	0,0	1,4	4,1	0,0	0,0
	Chômage marginal	19,0	26,8	10,6	46,3	40,9
Membres secondaires - chômage		35,8	42,4	30,8	24,3	20,7
Ensemble - chômage		25,0	29,3	22,8	19,0	16,9
Chef de ménage[1]	Pauvres	10,5	31,0	43,6	31,0	4,4
	Non pauvres	0,0	4,4	1,2	2,4	1,3
Membres secondaires[1]	Pauvres	38,9	56,9	41,1	23,8	29,4
	Non pauvres	39,2	31,6	20,3	14,8	12,3
Ensemble hommes[1]	Pauvres	29,3	50,5	48,5	27,9	24,7
	Non pauvres	12,3	19,6	12,6	10,3	8,3
Ensemble femmes[1]	Pauvres	31,1	43,1	22,4	20,5	20,2
	Non pauvres	34,2	20,5	13,9	12,9	12,8
Ensemble[1]	Pauvres	31,9	47,5	40,0	25,4	23,7
	Non pauvres	22,1	19,9	13,0	11,2	9,6

Note : Les divers taux de chômage ont été calculés de la manière suivante : taux de chômage = [(chômeurs)/(employés + sous-occupés + chômeurs)]; taux de sous-occupation = [(sous-occupés)/(employés + sous-occupés + chômeurs)]; taux de chômage marginal = [(chômeurs marginaux)/(employés + sous-occupés + chômeurs + chômeurs marginaux)].
(1) Chômage.
Sources : Enquêtes emploi pilotes auprès des ménages : Burkina Faso (Ouagadougou, 1992), Cameroun (Yaoundé, 1990-91), Côte d'Ivoire (Abidjan, 1986-87), Guinée (Conakry, 1991-92), Mali (Bamako, 1991) ; Lachaud (1994a).

supérieur à celui des hommes secondaires[29]. Ce résultat apparaît d'ailleurs plus nettement au tableau A1.4 en annexe. Les taux de chômage des jeunes

[29] Néanmoins, il faut noter que le taux de sous-occupation est plus faible pour les femmes que pour les hommes, quel que soit le statut matrimonial pris en compte.

femmes de 15-29 ans sont compris entre 27 et 56 pour cent, et sont sensiblement plus élevés que ceux de leurs homologues masculins dans quatre capitales[30]. Pour cette raison, les taux de chômage déclaré de l'ensemble des membres secondaires — quel que soit le sexe — sont compris entre 20 et 40 pour cent selon les capitales. Dans le contexte actuel de crise économique, d'ajustement structurel, de croissance démographique élevée et d'inadaptation du système éducatif, l'ampleur de tels taux de chômage n'est pas réellement une surprise. Mais, même en Afrique où l'incidence de la sécurité sociale informelle est plus qu'ailleurs élevée, une société urbaine qui n'est pas en mesure de fournir du travail à plus de 50 pour cent à ses jeunes, en particulier les femmes, demeure fragile socialement et politiquement.

Si la relation inverse entre le taux de chômage déclaré et le niveau de vie est à présent bien établie — et prévaut quel que soit le sexe — le tableau 7.4 montre que la vulnérabilité relative des femmes en termes de chômage est plus élevée dans les ménages non pauvres que dans les ménages pauvres. En effet, alors que les taux de chômage féminin sont un peu plus faibles que ceux des hommes dans les ménages pauvres, l'inverse a tendance à prévaloir en ce qui concerne les ménages les plus aisés[31]. Par ailleurs, les écarts de taux de chômage selon le niveau de vie des ménages sont beaucoup plus faibles pour les femmes que pour les hommes. Pour ces derniers, les taux de chômage sont trois fois moins importants lorsqu'ils sont localisés dans des ménages aisés que lorsqu'ils appartiennent à des ménages pauvres ; or, pour les femmes, la réduction des taux de chômage avec l'élévation du niveau de vie n'est que de 50 pour cent environ. Ainsi, la réduction de l'inactivité involontaire féminine est beaucoup moins rapide que pour les hommes lorsque le niveau de vie du ménage augmente. Cette observation est à rapprocher de ce qui a été précédemment indiqué quant à l'offre de travail féminin — croissante avant le niveau de vie — et suggère l'existence de barrières spécifiques — capital humain, position sociale dans le groupe, attitudes des employeurs, situation du marché du travail, etc. — qui handicapent la participation des femmes au marché du travail.

Il est à remarquer que les spécificités du chômage déclaré selon l'âge et l'éducation en fonction du sexe sont mineures. Outre la remarque précédente concernant la plus forte incidence relative du chômage des jeunes filles âgées de 15 à 29 ans, il apparaît que, quel que soit le sexe, les

---

[30] L'écart est de 6,9, 16,4, 28.7 et 25,3 pour cent, respectivement, à Ouagadougou, Yaoundé, Conakry et Bamako.

[31] Bien que les écarts soient mineurs.

taux de chômage décroissent avec l'âge et croissent avec le niveau d'instruction, surtout à partir du secondaire[32]. Cette question a déjà été discutée dans une étude antérieure[33].

B. Genre, chômage marginal et niveau de vie

Le chômage déclaré auquel il est fait habituellement référence n'est qu'un aspect de l'exclusion du marché du travail. A cet égard, les investigations empiriques auprès des ménages mettent en évidence un chômage marginal féminin[34], dont l'ampleur est considérable dans certaines agglomérations (tableau 8.4).

En effet, on observe que le taux de chômage marginal féminin est proche de 17 pour cent à Ouagadougou et Yaoundé, et de l'ordre de 30 pour cent à Conakry et Bamako. Or, dans ces capitales, les taux de chômage marginal masculin sont trois à quatre fois moins élevés que les précédents[35]. Dans ce contexte, il importe également de souligner que c'est précisément dans les capitales — Conakry et Bamako — où le taux de chômage déclaré féminin et l'offre de travail sont les plus faibles, que l'incidence du chômage marginal féminin est la plus élevée. Par conséquent, pour maintes femmes, le chômage marginal représente une forme d'auto-exclusion du marché du travail, inhérente à des contraintes économiques et sociales. En réalité, ce type d'ajustement est beaucoup plus répandu parmi les jeunes femmes célibataires que pour celles qui sont mariées et/ou chefs de ménage. En moyenne, l'incidence du chômage marginal est deux fois plus forte pour les premières, comparativement aux secondes.

De plus, il importe de souligner qu'il existe une relation inverse entre le taux de chômage marginal féminin et le niveau de vie des ménages. Ainsi, le rapport entre le taux de chômage marginal féminin des ménages pauvres et celui des ménages non pauvres s'élève à environ 4 à Ouagadougou et Abidjan, et est proche de 2 à Conakry et Bamako. Il faut

---

[32] La courbe en ∩ s'observe pour deux capitales, quel que soit le sexe.

[33] Lachaud [1994a].

[34] On rappelle que le chômage marginal concerne des individus qui se considèrent comme des inactifs, mais qui souhaiteraient participer au marché du travail si les conditions de ce dernier se modifiaient. Au cours des enquêtes, les principaux éléments suivants ont été avançés : difficulté de trouver un travail sans qualification ; absence d'emploi ; absence de connaissance des méthodes pour rechercher un emploi ; en attente de réponse à une demande d'emploi ; intention de faire du commerce lorsque le capital sera disponible

[35] A Abidjan, le taux de chômage marginal féminin est faible — 6,1 pour cent — mais il est beaucoup plus élevé que le taux de chômage marginal masculin — 0,2 pour cent.

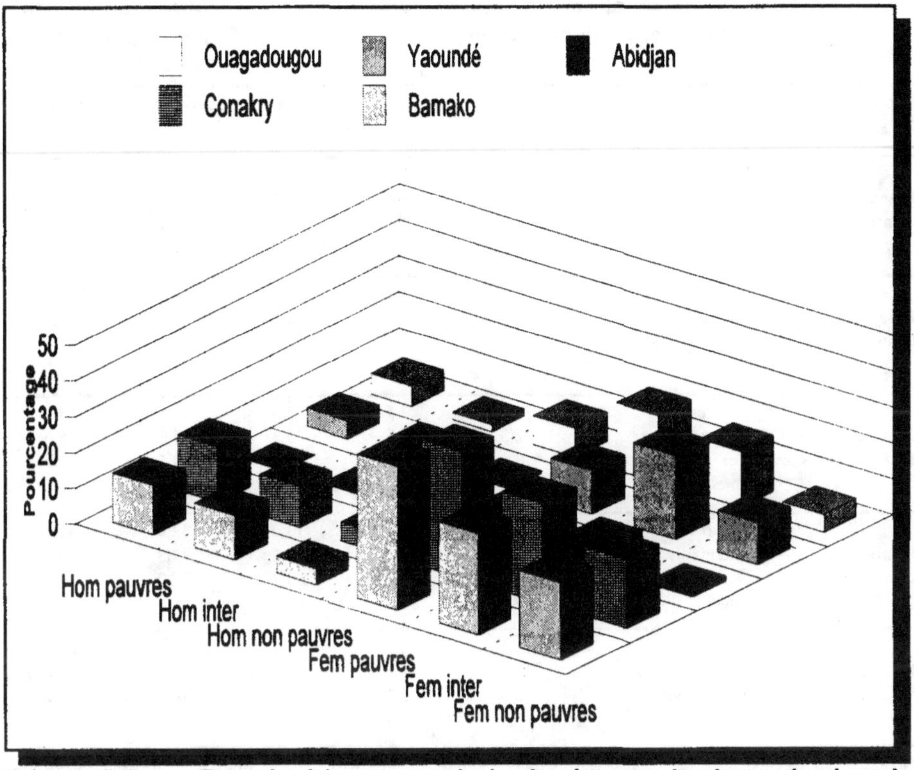

Tableau 2.4 : Taux de chômage marginal selon le sexe, le niveau de vie et la capitale

cependant remarquer que le déclin de l'incidence du chômage marginal féminin avec l'élévation du niveau de vie a tendance à être moins marqué pour les femmes secondaires célibataires que pour celles qui sont mariées. Quoi qu'il en soit, il est probable que le bas niveau de vie de certains ménages s'explique par la faiblesse de l'offre de travail de certaines femmes, contraintes de se retirer momentanément ou durablement de la population active. La figure 2.4, affichant les taux de chômage marginal selon le sexe, le niveau de vie et la capitale, permet de fixer rapidement les idées[36].

En réalité, les transformations des structures sociales sont susceptibles de modifier ces comportements, et d'induire, en l'absence d'une dynamisation de l'emploi, des tensions sur les marchés du travail. Dans ces conditions, cette situation appelle une vigilance particulière des gouvernements et requiert la mise en œuvre de politiques économiques

[36] Bien que certains éléments soient également indiqués au tableau 8.4.

Tableau 8.4 : Taux de chômage urbain marginal selon le statut matrimonial, le sexe, le niveau de vie et la capitale — 15 ans et plus (% de des actifs)

Capitale Paramètre		Ouaga-dougou	Yaoundé	Abidjan	Conakry	Bamako
	Pauvres	5,7	5,0	0,0	15,6	13,9
Ensemble hommes	Intermédiaires	1,9	3,8	0,4	11,5	12,4
	Non pauvres	8,0	0,7	0,0	5,2	4,6
	Total	4,7	3,1	0,2	12,0	10,6
	Pauvres	18,7	12,2	9,3	35,2	40,3
Ensemble femmes	Intermédiaires	15,7	23,6	7,2	27,8	28,4
	Non pauvres	5,0	11,7	1,4	19,2	21,8
	Total	16,1	16,9	6,1	29,4	31,5
	Pauvres	20,0	9,5	6,5	18,9	28,9
Femmes mariées/ chefs de ménage	Intermédiaires	12,3	18,6	5,8	21,3	15,6
	Non pauvres	0,0	5,7	0,0	9,5	10,0
	Total	14,4	12,1	4,4	16,8	17,5
	Pauvres	16,9	15,6	13,0	52,4	45,2
Femmes secondaires	Intermédiaires	22,9	34,1	9,5	37,3	36,7
	Non pauvres	22,2	29,2	4,2	39,0	36,0
	Total	19,0	26,8	9,1	46,3	40,9
	Pauvres	11,1	8,0	3,2	23,3	21,7
Ensemble	Intermédiaires	7,4	11,3	3,3	18,8	17,6
	Non pauvres	6,9	5,0	0,5	10,7	10,0
	Total	9,3	8,6	2,5	19,3	17,1

Note : Le taux de chômage marginal a été calculs de la manière suivante : [(chômeurs marginaux)/(employés + sous-occupés + chômeurs + chômeurs marginaux)].

Sources : Enquêtes emploi pilotes auprès des ménages : Burkina Faso (Ouagadougou, 1992), Cameroun (Yaoundé, 1990-91), Côte d'Ivoire (Abidjan, 1986-87), Guinée (Conakry, 1991-92), Mali (Bamako, 1991) ; Lachaud (1994).

visant à accroître la participation des femmes au marché du travail et à réduire la pauvreté.

C. Genre, chômage de longue durée et carrière professionnelle

L'exclusion des femmes du marché du travail n'est pas un phénomène transitoire. Les informations disponibles tendent à montrer le caractère permanent du phénomène.

En premier lieu, on observe que les taux de chômage féminin de longue durée — supérieur ou égal à 24 mois — sont relativement élevés. Ils varient selon les capitales de 10 à 20 pour cent, et sont tout à fait comparables à ceux des hommes. Cela signifie que, pour maintes femmes, la privation de moyens d'existence tend à être chronique, et que l'absence de considération sociale et privée inhérente à la situation de chômage s'inscrit dans le moyen ou le long terme. Dans ce contexte, deux éléments d'analyse présentent une importance particulière. D'une part, on observe

Tableau 9.4 : Taux de chômage déclaré de longue durée – supérieur ou égal à 24 mois – selon la situation dans le ménage, le sexe, le niveau de vie et la capitale – 15 ans et plus (% des actifs)

Capitale Paramètre		Ouaga- dougou	Yaoundé	Abidjan	Conakry	Bamako
	Pauvres	14,2	34,7	26,7	16,7	9,2
Hommes	Non-pauvres	8,8	11,9	7,7	5,4	4,4
	Total	12,1	20,7	15,2	11,5	7,9
	Pauvres	18,2	38,5	14,3	12,7	7,9
Femmes	Non-pauvres	18,4	9,6	8,4	8,9	8,1
	Total	17,7	20,4	14,2	10,6	9,0
	Pauvres	4,8	22,4	26,5	20,4	2,2
Chef de ménage	Non-pauvres	0,0	1,1	0,0	2,4	1,3
	Total	3,4	6,0	5,9	10,4	2,8
	Pauvres	20,7	44,1	20,8	13,8	10,9
Membres	Non-pauvres	23,5	17,6	13,6	8,4	6,8
secondaires	Total	20,2	30,0	19,0	11,4	9,9
	Pauvres	15,7	36,2	22,7	15,3	8,9
Ensemble	Non-pauvres	12,6	11,1	8,4	6,7	5,4
	Total	14,2	20,6	14,2	11,2	8,2
Rapport chômage	Ensemble	0,57	0,70	0,62	0,59	0,49
longue durée/ chô-	Hommes	0,52	0,69	0,60	0,59	0,46
mage du moment[1]	Femmes	0,62	0,71	0,71	0,59	0,55

Note: Le taux de chômage de longue durée : [(chômeurs ≥ 24 mois)/(employés + chômeurs ≥ 24 mois + chômeurs ≤ 24 mois)]. Le taux de chômage total peut être inférieur aux autres taux de chômage compte tenu du niveau du chômage du groupe intermédiaire qui n'est pas affiché.

(1) Rapport entre le taux de chômage de longue durée et le taux de chômage global..

Sourcse: Enquêtes emploi pilotes auprès des ménages: Burkina Faso (Ouagadougou, 1992), Cameroun (Yaoundé, 1990-91), Côte d'Ivoire (Abidjan, 1986-87), Guinée (Conakry, 1991-92), Mali (Bamako, 1991).

que le rapport entre le taux de chômage de longue durée et le taux de chômage du moment est compris entre 0,6 et 0,7 selon les capitales. L'ampleur de ces proportions pourrait constituer un indicateur de la faible capacité d'absorption du marché du travail en milieu africain. D'autre part, ces rapports sont systématiquement plus élevés pour les femmes que pour les hommes. Par conséquent, il est probable que, toutes choses égales par ailleurs, la sortie du chômage soit beaucoup difficile pour les femmes que pour les hommes. D'ailleurs, le tableau A2.4 en annexe montre que la durée du chômage tend à être un peu plus importante pour les femmes que pour les hommes, surtout pour celles qui s'insèrent sur le marché du travail pour la première fois. En moyenne, ces dernières sont au chômage depuis plus de deux années dans trois capitales, et depuis près de trois années et demi dans les deux autres agglomérations ; or, pour les hommes sans expérience professionnelle, dans la plupart des capitales, la durée du chômage est d'environ deux années. C'est probablement pour cette raison qu'au moins les deux tiers de celles qui recherchent un emploi pour la première fois avouent être disposées à réviser à la baisse leurs anticipations de salaires si la chômage se prolongeait[37]. Il est vrai que c'est surtout pour accéder au premier emploi que les femmes semblent avoir le plus de difficultés. A cet égard, les informations affichées au tableau 10.4 pourraient confirmer cette hypothèse. En effet, alors que pour l'ensemble des individus, 60 à 80 pour cent du chômage des capitales africaines s'explique par la recherche d'un premier emploi, pour les femmes, cette proportion est relativement homogène et se situe entre 80 et 90 pour cent. Dans ces conditions, l'ampleur du chômage féminin de longue durée est en grande partie explicable par les barrières inhérentes à une première insertion sur le marché du travail. Ainsi, le fait que les femmes soient relativement plus handicapées que les hommes pour accéder au premier emploi, appelle une analyse spécifique de leurs points d'entrée sur le marché du travail[38].

Il apparaît également que le taux de chômage féminin de longue durée — tout comme celui des hommes — varie inversement avec au niveau de vie. En réalité, la comparaison des tableaux 8.4 et 9.4 montre que dans trois capitales — Ouagadougou, Yaoundé, Abidjan — le ratio chômage longue durée féminin/chômage féminin du moment est plus élevé dans les ménages pauvres que dans les ménages aisés. Cela peut signifier qu'un meilleur accès des femmes au marché du travail influence positivement le niveau de vie des ménages ; mais, il se peut aussi que la localisation dans un ménage pauvre handicape la valorisation des compétences.

Enfin, on observe que les taux de chômage de longue durée sont sensiblement plus élevés pour les membres secondaires des ménages que pour les individus qui sont à la tête de ces derniers. Ce résultat est cohérent avec les observations qui ont été faites en ce qui concerne le chômage du moment. Dans trois capitales, les taux de chômage de longue durée des membres secondaires des ménages sont compris entre 20 et 30 pour cent, et s'élèvent à environ 10 pour cent dans les deux autres agglomérations. De plus, ils demeurent substantiels même dans les groupes non pauvres. Dans ces conditions, la vulnérabilité des jeunes — hommes et femmes — en termes de chômage est non seulement quantitativement importante, mais s'inscrit également dans la durée.

---

[37] Pour les femmes ayant une expérience professionnelle, le pourcentage de celles qui sont disposées à réviser à la baisse leurs anticipations de salaire est plus variable, mais demeure élevé dans trois capitales. En ce qui concerne les hommes, d'une manière générale, la proportion de ceux qui souhaitent réviser à la baisse les anticipations de salaires tend à être plus importante que pour les femmes.

[38] On remarquera aussi que leur volonté de mobilité est moins marquée que pour les hommes. Ces deux aspects seront abordés au dernier chapitre.

Tableau 10.4 : Répartition des chômeurs selon les motifs de la recherche d'emploi, le sexe et la capitale (%)

Capitale Paramètre	Ouaga- dougou	Yaoundé	Abidjan	Conakry	Bamako
Ensemble					
Chômage (N)	197	224	217	226	176
Perte d'emploi	14,7	27,2	28,6	41,6	18,2
Nouvelle insertion	85,3	72,8	71,4	58,4	81,8
Total	100,0	100,0	100,0	100,0	100,0
Autres motifs (N)	67	31	65	44	25
Changement d'emploi[1]	22,0	11,4	17,4	7,0	4,5
Travail supplémentaire[1]	3,4	0,8	8,9	9,3	7,9
Hommes					
Chômage (N)	116	154	148	160	128
Perte d'emploi	18,1	34,4	34,5	50,6	21,9
Nouvelle insertion	81,9	65,6	65,5	49,4	78,1
Total	100,0	100,0	100,0	100,0	100,0
Autres motifs (N)	51	23	62	34	23
Changement d'emploi[1]	26,3	12,4	20,0	8,2	5,3
Travail supplémentaire[1]	4,2	0,6	9,5	9,3	9,9
Femmes					
Chômage (N)	81	70	63	66	39
Perte d'emploi	9,9	11,4	15,9	19,7	10,3
Nouvelle insertion	90,1	88,6	84,1	80,3	89,7
Total	100,0	100,0	100,0	100,0	100,0
Autres motifs (N)	16	8	15	10	0
Changement d'emploi[1]	14,4	9,0	11,5	3,9	0,0
Travail supplémentaire[1]	2,1	1,3	7,7	9,2	0,0

(1) pour cent par rapport à l'ensemble de motifs de recherche d'emploi.
Sources : Enquêtes emploi pilotes auprès des ménages : Burkina Faso (Ouagadougou, 1992), Cameroun (Yaoundé, 1990-91), Côte d'Ivoire (Abidjan, 1986-87), Guinée (Conakry, 1991-92), Mali (Bamako, 1991).

En second lieu, l'examen du chômage au cours de la carrière professionnelle renforce l'idée précédente, à savoir le caractère beaucoup moins transitoire du chômage féminin que le chômage masculin.

Tout d'abord, on observe que la fréquence du chômage à court terme — 12 derniers mois — ou à long terme — avant les 12 derniers mois — est sensiblement plus élevée pour les hommes que pour les femmes[39]. Par exemple, dans certaines capitales — Ouagadougou, Yaoundé et Bamako dans une moindre mesure — les hommes ont été deux fois plus souvent au chômage que les femmes au cours des 12 derniers mois. Une tendance similaire prévaut à long terme. Le diagramme 3.4 affiche la fréquence totale du chômage, et montre bien, qu'au cours de l'ensemble de

[39] Les données fiables ne sont disponibles que pour quatre capitales.

Tableau 11.4 : Fréquence du chômage au cours de la carrière professionnelle selon le sexe, le statut matrimonial et la capitale

Fréquence	Court terme				Long terme			
Paramètre	Ouaga-dougou	Yaoundé	Abidjan	Bamako	Ouaga-dougou	Yaoundé	Abidjan	Bamako
Sexe[1]								
Hommes	0,60	0,32	0,13	0,80	1,18	0,57	0,71	4,41
Femmes	0,33	0,14	0,13	0,58	1,09	0,47	0,40	2,33
Memb. ménage[1]								
Chef de ménage	0,17	0,17	0,10	0,81	1,22	0,48	0,86	2,80
Hommes célib.	0,62	0,50	0,15	0,79	1,12	0,66	0,49	5,10
Femmes mariées	0,35	0,14	0,07	0,00	1,09	0,44	0,33	-
Femmes célib.	0,36	0,22	0,24	0,95	1,00	0,65	0,50	2,33
N	248	548	742	158	249	529	742	20

(1) Ensemble des actifs.

Sources : Enquêtes emploi pilotes auprès des ménages : Burkina Faso (Ouagadougou, 1992), Cameroun (Yaoundé, 1990-91), Côte d'Ivoire (Abidjan, 1986-87), Guinée (Conakry, 1991-92), Mali (Bamako, 1991).

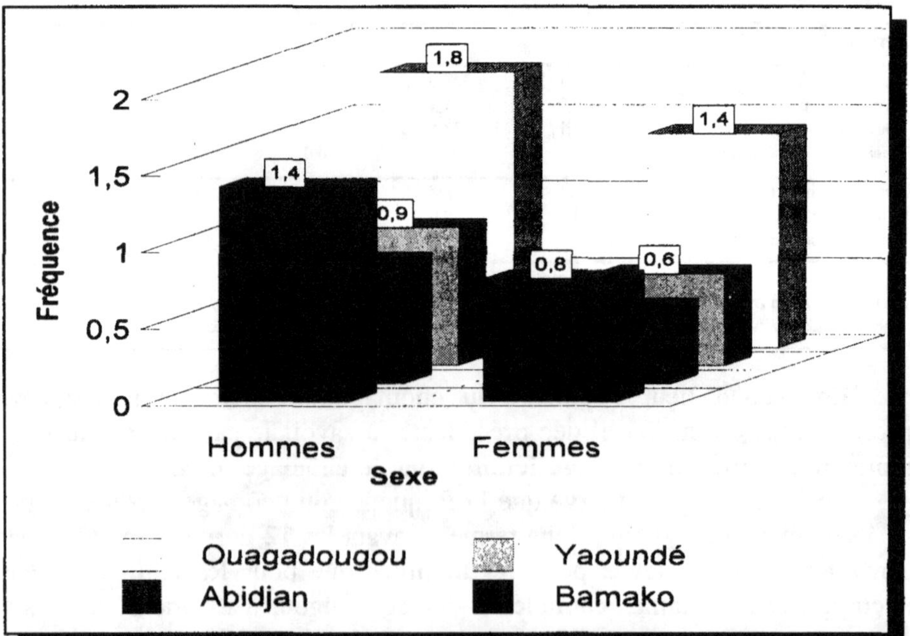

Figure 3.4 : Fréquence totale — court et long terme — du chômage déclaré selon le sexe et la capitale

la carrière professionnelle, les hommes ont été les plus vulnérables en termes de fréquence du chômage. D'ailleurs, la prise en compte du statut matrimonial révèle, qu'en moyenne, dans la plupart des capitales, les femmes mariées ou célibataire ont fait plus souvent l'expérience du chômage que les hommes — chefs de ménage ou célibataires.

En réalité, la plus faible fréquence du chômage féminin est compensée par une plus grande durée de l'inactivité involontaire, et, comme cela sera montré ultérieurement[40], par la moindre mobilité des femmes sur le marché du travail. En effet, le tableau 12.4 indique que la durée du chômage de court terme est de l'ordre de 9 à 11 mois mois pour les femmes, et de 8 à 9 mois pour les hommes. De même, dans la majorité des agglomérations, la durée du chômage de long terme apparaît sensiblement plus élevée pour les femmes que pour les hommes. Certes, dans certains cas, les écarts sont peu importants — deux mois environ à Abidjan et Bamako. Par contre, dans d'autres villes — Ouagadougou, par exemple — on observe que la durée du chômage féminin de long terme est supérieure de 50 pour cent à celle des hommes. L'analyse selon la position des individus dans le ménage corrobore les tendances précédentes, les femmes mariées et célibataires ayant les durées d'inactivité involontaire à court terme et/ou à long terme les plus élevées du ménage.

La figure 4.4 affiche la durée totale du chômage au cours de la carrière professionnelle des individus selon le sexe et le pays. On constate que dans trois capitales sur quatre les femmes ont eu une durée de chômage plus longue que les hommes. En outre, dans deux d'entre elles — Ouagadougou, Bamako — le différentiel de durée de chômage sur l'ensemble de la carrière professionnelle est de 50 pour cent environ[41].

Ainsi, dans les capitales d'Afrique subsaharienne, l'incidence du chômage déclaré féminin du moment apparaît très élevée, bien qu'une situation similaire soit observable pour les hommes. En réalité, cette apparente égalité de situation selon le sexe masque une plus grande vulnérabilité des femmes en termes de chômage marginal, de chômage de longue durée et de capacité de sortie du chômage. Cette situation est d'autant plus inquiétante que la plupart des femmes au chômage s'insèrent pour la première fois sur le marché du travail urbain.

L'analyse du profil professionnel des femmes permettra de mieux comprendre leur plus grande précarité en termes de particapation au marché du travail. Cependant, il paraît opportun pour l'instant d'approfondir le lien entre le chômage et la pauvreté.

---

[40] Voir le dernier chapitre.

[41] La durée totale du chômage féminin est de 31,2 et 66 mois, respectivement, à Bamako et Ouagadougou. En ce qui concerne les hommes, la durée du chômage au cours de leur carrière professionnelle est, respectivement, de 24 et 46,1 mois pour les mêmes capitales du présent échantillon..

Tableau 12.4 : Durée du chômage au cours de la carrière professionnelle selon le sexe, le statut matrimonial et la capitale

Fréquence	Court terme (mois)				Long terme (mois)			
Paramètre	Ouaga-dougou	Yaoundé	Abidjan	Bamako	Ouaga-dougou	Yaoundé	Abidjan	Bamako
Sexe[1]								
Hommes	8,5	9,3	8,7	7,9	44,5	22,9	23,3	19,9
Femmes	11,1	10,1	9,6	8,7	62,5	20,4	25,5	21,2
Memb, ménage[1]								
Chef de ménage	9,2	9,3	10,1	6,5	43,2	18,9	23,1	33,8
Hommes célib.	8,1	9,0	7,7	7,2	45,3	26,2	24,3	11,8
Femmes mariées	11,3	10,4	9,8	-	65.1	20,5	22,9	-
Femmes célib.	11,1	9,2	9,4	7,0	70.3	24,0	26,7	9,0
N	74	128	88	31	234	245	346	23

(1) Ensemble des actifs ayant fait l'expérience du chômage (durée du chômage positive) ;
Sources : Enquêtes emploi pilotes auprès des ménages : Burkina Faso (Ouagadougou, 1992), Cameroun (Yaoundé, 1990-91), Côte d'Ivoire (Abidjan, 1986-87), Guinée (Conakry, 1991-92), Mali (Bamako, 1991).

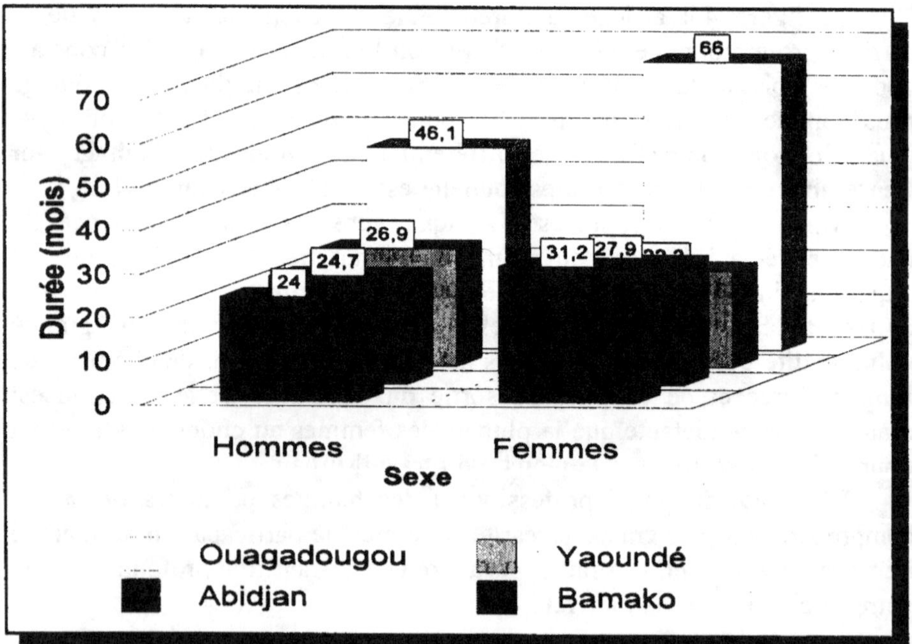

Figure 4.4 : Durée totale — court et long terme — du chômage déclaré selon le sexe et la capitale

2. Chômage, pauvreté et stratégies de survie

A. Chômage féminin et pauvreté

La relation entre la pauvreté et le chômage féminin urbain peut être spécifiée à l'aide d'un modèle économétrique fondé sur une relation entre, d'une part, le niveau de vie du ménage et, d'autre part, certains paramètres inhérents au ménage ou au chef de ce dernier.

Le modèle utilisé appréhende l'influence du chômage et du travail vulnérable sur la pauvreté à partir d'un modèle logistique[42]. La variable dépendante est le niveau de vie des ménages, codé un si le ménage est pauvre et zéro dans le cas contraire[43]. Les variables indépendantes sont relatives au chef de ménage — sexe, instruction, formation, expérience générale sur le marché du travail, chômage[44] et statut du travail vulnérable[45] — et au ménage — taux de chômage et dimension du ménage. De ce fait, le modèle prend en compte à la fois des éléments relatifs aux chefs de ménage et aux ménages. Néanmoins, il est à remarquer que le sexe du chef du ménage n'a pu être pris en compte que par l'intermédiaire d'une variable binaire[46].

Les résultats de l'estimation sont présentés au tableau 13.4 et appellent plusieurs observations. En premier lieu, la qualité de l'estimation du modèle est relativement bonne. Le modèle du Chi^2 qui teste l'hypothèse nulle que tous les paramètres estimés du modèle — sauf la constante — sont nuls est significativement différent de zéro pour toutes les capitales[47]. En outre, le pourcentage de cas bien classés est compris entre 60 et 85 pour cent.

En second lieu, le modèle estimé met en évidence l'influence du sexe du chef de ménage sur le niveau de vie du ménage dans deux capitales — Ouagadougou, Yaoundé. Ainsi, toutes choses égales par ailleurs, le fait que le chef de ménage soit un homme réduit le log des chances de la pauvreté du ménage de 1,3 environ dans ces deux capitales, soit une variation de P_i de 0,3 si P_i est égal à 0,5. Les figures 5.4 et 6.4 affichent, pour ces deux

---

[42] Dans la présente recherche, le modèle estimé est dérivé de celui qui figure dans Lachaud [1994a]. On rappelle que dans le modèle logistique la variable dépendante représente le log des chances de choix, et non la probabilité actuelle.

[43] Ménages intermédiaires et non pauvres

[44] Y compris sous-employé et chômeur marginal.

[45] Irrégulier, indépendant marginal ou salarié non protégé.

[46] Il en est ainsi à cause de la taille réduite des échantillons. Cette procédure comporte des limites évidentes.

[47] Différence entre -2LL lorsque le modèle prend en compte seulement la constante et -2LL pour le modèle complet.

Tableau 13.4 : Cœfficients de régression de l'estimation logistique des déterminants de la pauvreté selon le chômage, le statut sur le marché du travail et la capitale[1]

Capitale	Ougadougou		Yaoundé		Abidjan		Conakry		Bamako	
Var. indépendantes	β	t^2	β	t^2	β	t^2	β	t^2	β	t^2
Hommes	-1,3179	5,921*	-1,2607	9,297*	0,2586	0,168	0,9352	1,332	-0,2938	0,454
Exp. générale (années)	-0,0172	0,141	-0,0111	0,053	-0,0131	0,059	0,1033	4,673*	0,0423	1,341
$(Exp. g.)^2/100$ (années)	0,0427	0,481	0,0418	0,321	0,0321	0,163	-0,1139	3,926*	-0,0373	0,749
Instruction (années)	-0,1256	10,657*	-0,0969	4,513*	-0,0312	0,261	-0,0472	1,672	-0,0141	0,254
Formation informelle[5]	-0,0772	0,046	-1,0106	6,762*	0,2081	0,227	0,2458	0,440	-0,4262	1,644
Formation moderne[5]	-0,4395	1,060	-0,6073	2,599**	-0,7519	1,890	-0,4907	1,765	-0,0827	0,061
Chômage chef ménage[3]	1,2715	3,810**	1,6734	14,329*	1,9289	17,407*	1,3386	11,311*	0,2558	0,167
Statut chef ménage vulnérable[4]	0,6332	3,882*	1,2042	10,732*	-0,0615	0,029	0,0827	0,062	0,1777	0,408
Taux chômage ménage	1,3239	5,944*	1,2022	4,965*	1,6007	6,804*	1,6780	7,117*	1,7194	9,277*
Taille ménage	-0,0014	0,002	0,0389	0,806	0,1299	6,993*	0,0552	3,925*	0,0058	0,051
Naissance dans capitale	0,3454	1,026	0,3255	0,684	0,6248	1,141	0,2611	0,647	-0,2290	0,688
Constante	1,4060	1,760	0,2715	0,066	-2,8871	5,000*	-3,8059	7,999*	-0,8130	0,776
-2 log vraisemblance		312,636		261,459		229,534		333,771		391,898
CHI^2		100,595		89,125		58,777		82,117		23,977
Sig CHI^2		0,0000		0,0000		0,0000		0,0000		0,0128
Cas bien classés		73,9%		80,4%		84,6%		70,3%		58,7%
N		299		301		292		300		300

Note : (1) La variable dépendante est le niveau de vie (1 = pauvres; 0 = intermédiaires et non pauvres); (2) statistique de Wald avec logit; (3) y compris la sous-occupation et le chômage marginal; (4) Statut vulnérable = travail irrégulier, indépendant marginal et salarié non protégé ; (5) base = sans formation.
* = significatif à moins de 5% ; ** = significatif à ≥5% et ≤10%.
Sources : Enquêtes emploi pilotes auprès des ménages : Burkina Faso (Ouagadougou, 1992), Cameroun (Yaoundé, 1990-91), Côte d'Ivoire (Abidjan, 1986-87), Guinée (Conakry, 1991-92), Mali (Bamako, 1991).

agglomérations, la probabilité de pauvreté du ménage selon le taux de chômage de ce dernier et le sexe du chef de ménage, lorsque les autres variables prennent la valeur moyenne de l'échantillon[48]. On observe nettement la plus grande vulnérabilité en termes de pauvreté des ménages gérés par une femme. Le tableau 14.4 présente les résultats d'une simulation et montre que, toutes choses égales par ailleurs, la probabilité moyenne de pauvreté des ménages ayant à leur tête une femme est apparoximativement deux fois plus élevée, comparativement aux ménages gérés par des hommes. Dans ce contexte, il importe de souligner que cette simulation n'est pas effectuée en fonction de la valeur moyenne des variables de l'échantillon. Il en est ainsi parce que les probabilités de choix,

[48] Sous les réserves du commentaire fait ci-après.

Tableau 14.4 : Simulation : probabilité de pauvreté selon le sexe, le chômage et le statut du travail[1]

Capitale Paramètre	Ouaga- dougou	Yaoundé	Abidjan	Conakry	Bamako
Chef de ménage					
Homme	0,488	0,234	ns	ns	ns
Femme	0,742	0,466	ns	ns	ns
Chômeur	0,826	0,634	0,552	0,779	ns
Non chômeur	0,489	0,211	0,141	0,418	ns
Travail vulnérable	0,656	0,356	ns	ns	ns
Travail non vulnérable	0,413	0,225	ns	ns	ns
Ménage					
Taux de chômage = 0-24,9%	0,457	0,197	0,128	0,434	0,458
Taux de chômage = 25-49,9%	0,519	0,303	0,256	0,613	0,606
Taux de chômage = ≥50%	0,789	0,518	0,483	0,786	0,776

Note : ns = non significatif.
(1) Les probabilités ne sont pas évaluées selon la moyenne des autres variables. Dans chaque cas, la moyenne des probabilités a été effectuée.
Source : A partir du tableau 13.4.

les dérivées et les élasticités sont des fonctions non linéaires des données observées, et que la valeur moyenne d'une fonction non linéaire pour un ensemble de données n'est pas égale à la valeur évaluée selon la moyenne des informations[49]. De ce fait, les simulations sont effectuées en estimant la probabilité de pauvreté de chaque individu en fonction des paramètres pris en compte, et en faisant la moyenne de ces probabilités.

En troisième lieu, le chômage influence le niveau de vie du ménage. D'une part, on constate que la probabilité pour un ménage d'être pauvre est directement reliée au statut de chômeur du chef de ménage Par exemple, pour le chef de ménage, toutes choses égales par ailleurs, le fait qu'il soit chômeur accroît le log des chances de la pauvreté du ménage de 1,2 à 1,9 dans quatre capitales. D'autre part, on observe qu'une variation de 1 pour cent du taux de chômage des ménages induit, pour l'ensemble des agglomérations, une élévation du log des chances de la pauvreté du ménage comprise entre 1,3 et 1,7. Les simulations présentées au tableau 14.4 indiquent une doublement de la probabilité de pauvreté lorsque le chef de ménage devient chômeur. La même tendance est observable si le taux de chômage du ménage passe de 0-25 pour cent à 50 pour cent et plus.

En dernier lieu, dans certaines capitales — Ouagadougou, Yaoundé —, toutes choses égales par ailleurs, la vulnérabilité du travail du chef de ménage est un facteur de la pauvreté, tandis que l'instruction et la

[49] En général, la probabilité évaluée selon la moyenne sous-estime la probabilité moyenne lorsque les probabilités de choix des individus sont faibles, et inversement. Train [1993].

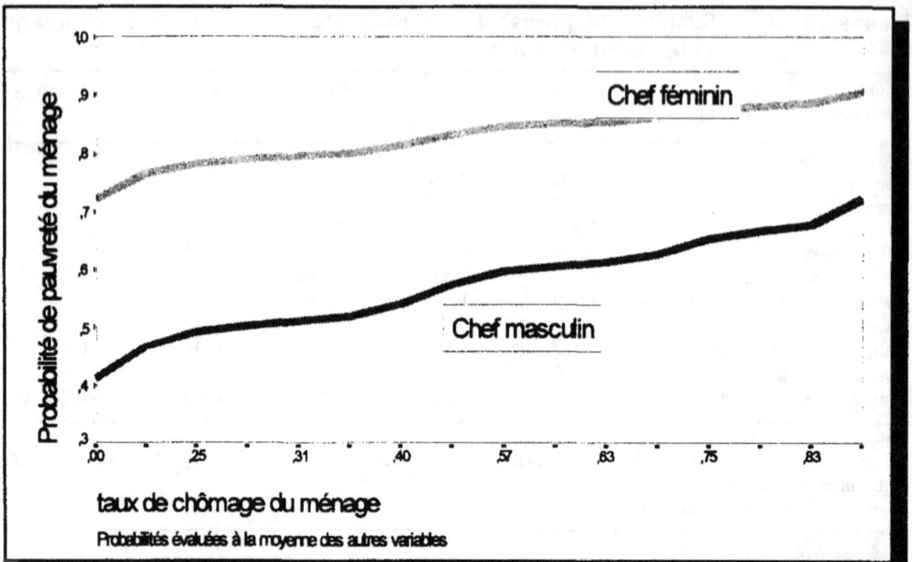

Figure 5.4 : **Probabilité de pauvreté des ménages selon le taux de chômage du ménage et le sexe du chef de ménage — Ouagadougou**

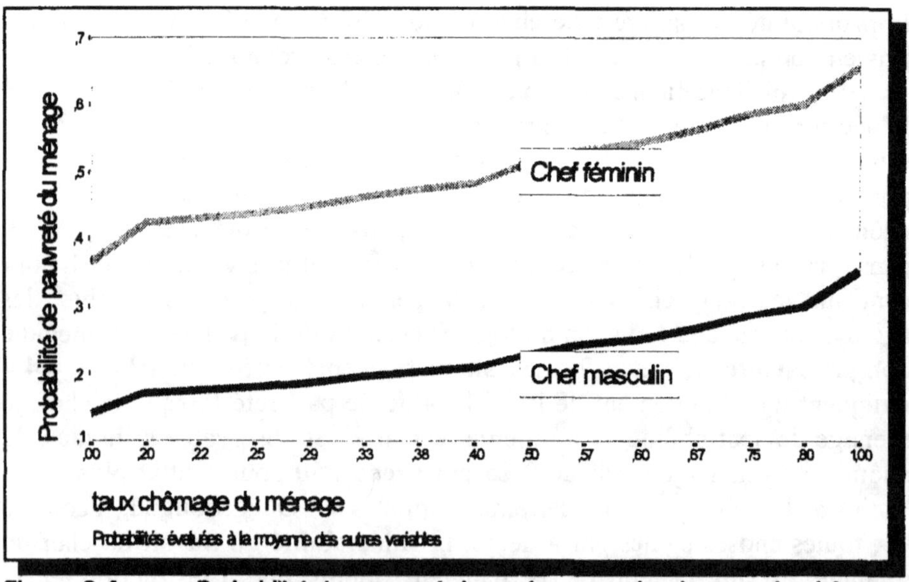

Figure 6.4 : **Probabilité de pauvreté des ménages selon le taux de chômage du ménage et le sexe du chef de ménage — Yaoundé**

formation exercent un effet positif sur le bien-être des ménages. Par ailleurs, l'influence négative de la taille du ménage sur le revenu du groupe apparaît dans d'autres capitales — Abidjan, Conakry.

B. Chômage féminin et stratégies de survie

La précarité des revenus des ménages, inhérente aux situations de chômage, implique souvent la mise en œuvre de stratégies de survie. Bien que ces dernières puissent être multiples — emplois précaires, révisions à la baisse des anticipations de salaires, etc. —, les données disponibles tendent à mettre en évidence deux types d'actions particulièrement utilisées par les ménages gérés par une femme.

Premièrement, il existe une forte redistribution interne des revenus. Le diagramme 7.4 montre que, quelle que soit la capitale, les moyens de subsistance des chômeurs féminins et masculins proviennent pour l'essentiel de la famille. Dans la majorité des milieux urbains, plus de 80 pour cent des femmes au chômage bénéficient d'un soutien familial ; cette proportion est légèrement moins élevée pour les hommes. De ce fait, en période de chômage, les petits métiers et l'épargne sont des moyens de subsistance plus répandus pour les hommes que pour les femmes. Un tel résultat a deux conséquences. D'une part, la sécurité sociale informelle constitue un moyen essentiel d'ajustement social. D'autre part, contrairement à certaines idées souvent avancées, le concept de chômage demeure valable dans les zones urbaines d'Afrique ; en période de chômage, l'exercice de petits métiers semble moins répandu que ce qui est parfois avancé.

Deuxièmement, les stratégies de survie sont également fondées sur des transferts externes. A cet égard, le tableau 15.4 apporte quelques éléments d'information. Tout d'abord, dans les ménages qui englobent uniquement des chômeurs et des inactifs — non apporteurs de revenu — les revenus proviennent uniquement de transferts externes. Cette situation prévaut dans toutes les capitales, quel que soit le sexe du chef de ménage. Ensuite, les ménages composés de chômeurs et d'apporteurs de revenu bénéficient également de revenus externes, mais la proportion de ces derniers en termes du gain total du ménage n'est que de l'ordre de 10 à 30 pour cent. En fait, il existe de fortes variations selon les villes prises en compte et surtout selon le sexe du chef du ménage. En effet, dans trois capitales sur cinq, les transferts externes sont d'autant plus élevés que le ménage est géré par une femme. Ainsi, les groupes ayant à leur tête une femme reçoivent 37,1, 27,7 et 15,3 pour cent de leurs gains de l'extérieur, respectivement, à Ouagadougou, Yaoundé et Conakry ; or, dans les ménages dont le chef est un homme des mêmes capitales, ces proportions sont, respectivement, de 19,8, 5,3 et 12,3 pour cent. Ce résultat doit être rapproché des informations présentées au tableau 4.4, indiquant dans ces capitales une plus forte incidence de la pauvreté dans les ménages gérés par une femme,

Tableau 15.4 : La vulnérabilité des ménages à l'égard du chômage et la redistribution externe des revenus selon le sexe du chef de ménage et la capitale

Capitale Paramètre	Ouaga- dougou	Yaoundé	Abidjan	Conakry	Bamako
% total de ménages avec chômeurs[1]					
Chef de ménage masculin	36,2	44,9	34,1	36,2	30,4
Chef de ménage féminin	32,3	28,9	45,2	70,0	25,9
Ecart absolu moyen apporteurs de revenu-chômeurs[2] (ménages avec chômeurs)					
Chef de ménage masculin	0,70	0,61	0,76	1,55	1,67
Chef de ménage féminin	0,10	0,15	1,57	0,33	0,71
% de ménages avec chômeurs[1] et sans apporteur de revenu (ménages avec chômeurs)					
Chef de ménage masculin	16,5	13,0	11,2	14,3	9,6
Chef de ménage féminin	30,0	30,8	0,0	28,6	14,3
% transferts nets :					
1. ménages avec chômeurs et *sans* apporteur de revenu[1]					
Chef de ménage masculin	100,0	82,9	100,0	100,0	100,0
Chef de ménage féminin	100,0	100,0	-	100,0	100,0
2. ménages avec chômeurs et *avec* apporteur de revenu[1]					
Chef de ménage masculin	19,8	5,3	31,6	12,3	8,9
Chef de ménage féminin	37,1	27,7	-64,6	15,3	0,0

(1) Avec au moins un chômeur ; (2) Si C_i = nombre de chômeurs, A_i = nombre d'apporteurs de revenus, l'écart absolu pour le ménage i est (A_i-C_i).

Sources : Enquêtes emploi pilotes auprès des ménages : Burkina Faso (Ouagadougou, 199?), Cameroun (Yaoundé, 1990-91), Côte d'Ivoire (Abidjan, 1986-87), Guinée (Conakry, 1991-92), Mali (Bamako, 1991).

comparativement à ceux ayant un homme à leur tête. D'ailleurs, le modèle logistique précédent a également montré que, toutes choses égales par ailleurs, la probabilité de pauvreté dans les ménages gérés par une femme, par rapport à ceux dont le chef est un homme, était la plus élevée à Ouagadougou et Yaoundé. Ainsi, la redistribution externe est d'autant plus nécessaire que l'insertion précaire des femmes sur le marché du travail génère une situation de pauvreté.

Dans ce contexte, il faut aussi remarquer que si la proportion de ménages ayant des chômeurs est relativement indépendante du sexe de chef, ceux qui englobent des chômeurs présentent deux caractéristiques (tableau 15.4). D'une part, l'écart absolu moyen entre le nombre d'apporteurs de revenu et le nombre de chômeurs est plus faible dans les ménages ayant à leur tête une femme. D'autre part, il apparaît que, dans quatre capitales sur cinq, le pourcentage de ménages avec chômeurs et sans apporteur de revenu est environ deux fois plus élevé dans les familles gérées par une femme, par rapport à celles dont le chef est un homme. Ces deux aspects ont une incidence spécifique dans les villes où l'ampleur de la redistribution externe

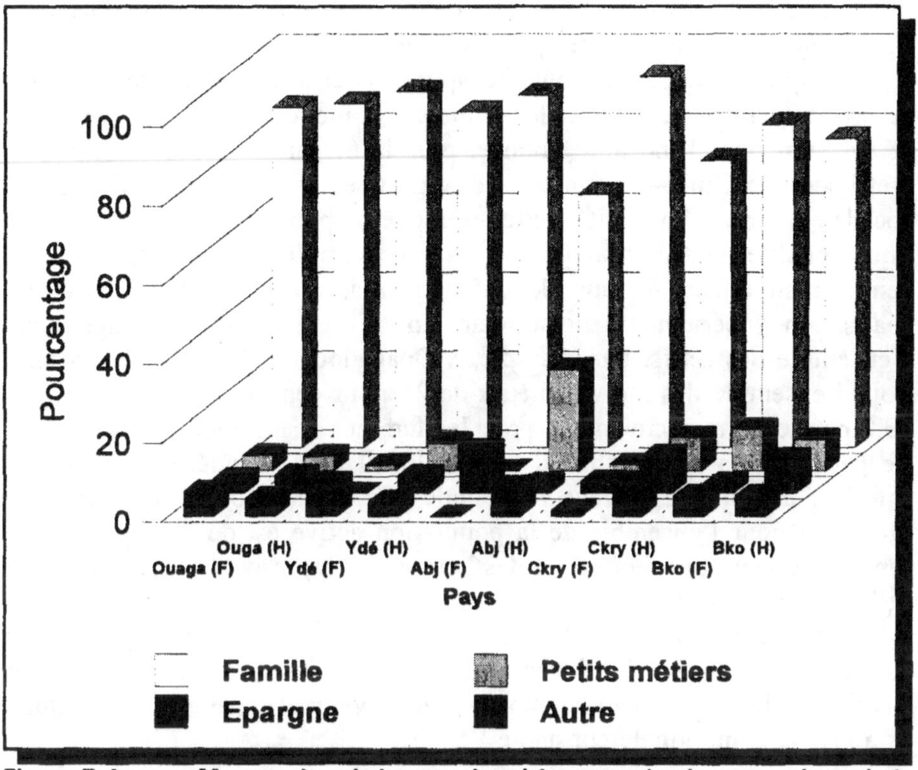

Figure 7.4 : Moyens de subsistance des chômeurs selon le sexe et la capitale

relative est la plus importante Ainsi, les ménages gérés par une femme, relativement plus fragiles économiquement et socialement, appellent une assistance externe sans laquelle il leur serait impossible d'atteindre un niveau de bien-être minimum.

3. Exclusion et marché du travail urbain : un indicateur sexospécifique

Les analyses précédentes ont montré que l'exclusion des femmes du marché du travail revêtait plusieurs dimensions. A cet égard, nous proposons de mieux exprimer ce phénomène à l'aide d'un indicateur composite, permettant en même temps d'appréhender l'inégalité selon le genre inhérente à la participation au marché du travail.

1. Concepts et méthode

L'approche qui est proposée est fondée sur la méthode d'élaboration de l'indicateur sexospécifique de développement humain (ISDH) du Programme des nations unies pour le développement (Pnud)[50].

Supposons que l'on souhaite appréhender l'inégalité relative entre deux groupes, les femmes et les hommes. A moyenne générale constante et aversion pour l'inégalité donnée, plus la disparité — par exemple, le cœfficient de Gini — entre ces deux groupes est forte, plus l'inégalité sociale est élevée. En réalité, cette approche ne permet pas d'arbitrer entre une inégalité relative plus grande — par exemple, un taux de chômage féminin supérieur au taux de chômage masculin — et un niveau de réalisation supérieur — notamment un faible taux de chômage pour l'ensemble des actifs. Par exemple, à Ouagadougou, le taux de chômage pour l'ensemble des individus était de 25 pour cent en 1992, soit 28,5 et 23,2 pour cent, respectivement, pour les femmes et les hommes. Ce niveau de participation au marché du travail doit-il être considéré supérieur ou inférieur à celui qui prévaut à Yaoundé à la même époque, où le taux de chômage pour l'ensemble de la population active est de 29,3 pour cent, tandis que ceux des femmes et des hommes sont, respectivement, de 28,6 et 29,8 pour cent ?

Afin de pouvoir arbitrer entre ces deux situations, on peut, en utilisant la mesure d'inégalité d'Atkinson, définir la fonction de valeur sociale du niveau de développement suivante — additivement séparable, symétrique et à élasticité marginale constante[51] :

$$V(X) = \begin{cases} (1/(1-\epsilon))^* X^{1-\epsilon} & \text{avec } \epsilon >= 0,\ \epsilon \neq 1, \\ \text{Log } X & \text{avec } \epsilon = 1 \end{cases} \quad [1]$$

Ainsi, pour tout élément de développement féminin X_f et masculin X_h, on définit un «niveau de développement équivalent également réparti» X_{eer}. Ce dernier représente un niveau de développement qui, s'il était obtenu à la fois par les femmes et les hommes, serait considéré comme ayant une valeur sociale identique aux niveaux observés des éléments X_f et X_h. A cet égard, on démontre que, selon [1] et une valeur donnée de ϵ, X_{eer} peut être exprimé par [2] :

$$X_{eer} = (p_f X_f^{1-\epsilon} + p_h X_h^{1-\epsilon})^{1/1-\epsilon} \quad [2]$$

où p_f et p_h représentent les proportions des individus dans la population totale et ϵ exprime un cœfficient d'aversion pour l'inégalité entre les sexes.

---

[50] Pnud [1995].

[51] Pnud [1995] note technique 1.

Ce cœfficient est fonction de la situation de départ, des réalisations passées, des déficits par rapport aux valeurs maximales possibles et des objectifs du système social exprimés par les décideurs politiques. En d'autres termes, le cœfficient ϵ représente la pondération relative que les responsables de la politique économique souhaitent attribuer à leur préférence à l'égard de l'égalité des sexes. Par conséquent, X_{eer} n'est pas obtenu en effectuant la moyenne arithmétique — $\bar{S}$ — de X_f et X_h, mais en prenant leur moyenne $(1-\epsilon)$. En effet, la moyenne arithmétique $\bar{S}$ de X_f et X_h serait obtenue lorsque $\epsilon = 0$, tandis que la moyenne géométrique serait issue d'une valeur de $\epsilon = 1$. Il est à remarquer que X_{eer} génère un indicateur sexospécifique, c'est-à-dire un indicateur du niveau de réalisation global tenant compte de l'inégalité entre les sexes. Cependant, compte tenu des pondérations qui lui sont inhérentes, il incorpore implicitement un indicateur d'égalité — ou d'inégalité — relative[52].

Cette approche peut être utilisée pour élaborer un indicateur sexospécifique d'exclusion du marché du travail (ISEMT). Un tel indicateur composite traduit non seulement le niveau moyen d'accès au marché du travail des capitales, mais également l'inégalité selon le genre quant à la participation au marché du travail urbain. En d'autres termes, l'ISEMT d'une capitale diminue, d'une part, lorsque le niveau moyen d'accès au marché du travail pour les hommes et les femmes considérés ensemble baisse et, d'autre part, lorsque le différentiel d'accès au marché du travail entre les deux sexes augmente. Ainsi, compte tenu de l'aversion pour l'inégalité entre les sexes, à niveau moyen donné d'accès au marché du travail, plus les écarts entre les hommes et les femmes se creuse en termes d'accès au marché du travail, plus l'ISEMT diminue. De ce fait, il est possible d'arbitrer entre une augmentation de la participation au marché du travail et une réduction de l'inégalité d'accès à ce dernier.

Dans ce contexte, l'élaboration de l'ISEMT implique plusieurs choix. Premièrement, la valeur de ϵ. A cet égard, dans le souci de préserver une certaine possibilité de comparaison avec les indicateurs de développement humain du Pnud, l'approche de la moyenne harmonique — $\epsilon = 2$ — est adoptée. Cela correspond à une position moyenne entre l'absence d'aversion pour l'inégalité — $\epsilon = 0$ — et une préférence sociale pour l'égalité — $\epsilon > 0$[53]. Ainsi, si $\epsilon = 2$ et si le ratio de participation au marché du travail des hommes et des femmes est de deux, le niveau

[52] L'indicateur d'égalité relative se définit par $E = X_{eer} / \bar{S}$. Pnud [1995].

[53] Si $\epsilon = \infty$, la préférence pour l'égalité est infinie, c'est-à-dire que le niveau de participation au marché du travail est mesuré exclusivement par la participation du groupe des femmes.

marginal de participation des femmes au marché du travail se voit affecter d'un cœfficient quatre fois supérieur à celui des hommes[54].

Deuxièmement, les indicateurs partiels entrant dans la composition de l'ISEMT. Compte tenu des options analytiques inhérentes à la présente recherche, il est proposé de caractériser l'exclusion du marché du travail à l'aide de cinq indicateurs partiels : (i) taux d'inactivité ; (ii) taux de chômage marginal ; (iii) taux de chômage déclaré ; (iv) taux d'emplois vulnérables ; (v) manque en termes de revenu. En effet, l'accès au marché du travail peut-être exprimé par le taux d'inactivité, qui est le complément de l'offre de travail. Mais, l'absence d'offre de travail n'est pas toujours la conséquence d'un libre choix, et résulte parfois d'un retrait imposé de la population active. Cette situation d'exclusion peut être caractérisée par le chômage marginal. En ce qui concerne le taux de chômage déclaré, il constitue l'indicateur habituel du degré d'inactivité de la population active. Par ailleurs, il importe de prendre en considérations le degré de protection, d'autonomie et de régularité de l'emploi. Le taux d'emplois vulnérables — indépendant marginal, travailleur irrégulier, salarié non protégé — permet de saisir l'importance relative des segments vulnérables du marché du travail. Enfin, le niveau de revenu issu du travail représente non seulement le rendement d'un facteur de production, mais également un aspect du bien-être résultant de la participation au marché du travail.

Troisièmement, les pondérations. L'indicateur composite est obtenu en effectuant la moyenne arithmétique des indicateurs partiels, ce qui implique une pondération relative de 0,2. En réalité, l'élaboration régulière d'un tel indicateur synthétique, même en milieu urbain, se heurtera probablement à une absence d'informations disponibles. Dans ces conditions, il peut être opportun de simplifier la structure de l'ISEMT, en ne retenant pas exemple que le taux d'inactivité, le taux de chômage et le manque en termes de revenus[55]. Il est également possible d'effectuer des projections lorsque des informations partielles sont connues.

Tous les indicateurs retenus expriment des niveaux partiels d'exclusion. De ce fait, la valeur de chaque indicateur croît avec l'élévation du niveau moyen d'exclusion du marché du travail des individus considérés ensemble et/ou l'accroissement du différentiel d'accès au marché du travail entre les deux sexes. A cet égard, les taux d'inactivité, de chômage

---

[54] On démontre que $(\delta X_{eer}/\delta X_f)/(\delta X_{eer}/\delta X_h) = (X_h/X_f)^{\epsilon}$. De fait si $\epsilon = 2$ et $X_h/X_f = 2$, $(X_h/X_f)^{\epsilon} = 4$. Dans ce cas, une augmentation d'une unité du niveau de participation féminin au marché du travail induit une augmentation de X_{eer} quatre fois supérieure à celle qui résulterait d'une augmentation d'une unité du niveau masculin.

[55] On pourrait cependant approximer l'emploi vulnérable par la l'emploi informel.

marginal, de chômage déclaré et de vulnérabilité sont indexés de 0 — minimum — à 100 — maximum — pour cent. Par contre, le calcul de l'indicateur du revenu implique une approche différente qui peut être résumée comme suit[56]. En premier lieu, il s'agit d'exprimer les parts des revenus — salaires et profits — féminins et masculins dans le revenu moyen, compte tenu des taux d'emploi[57] et du ratio des revenus féminins et masculins. En deuxième lieu, ces rapports sont pondérés par les taux d'emploi pour obtenir les parts du travail, ces dernières permettant de calculer les parts proportionnelles féminine et masculine compte tenu de la répartition de la population totale. En troisième lieu, l'indicateur de revenu également réparti est estimé en admettant que le cœfficient d'aversion pour l'inégalité entre les sexes a une valeur de 2. Le résultat obtenu est multiplié par le revenu urbain moyen par habitant ajusté[58], afin d'obtenir une mesure du revenu moyen urbain par habitant corrigé de l'inégalité entre les sexes. En dernier lieu, cette valeur corrigée est indexée par rapport à une valeur maximale — moyenne du revenu du travail par tête du décile le plus élevé — et une valeur minimale — moyenne du revenu du travail par tête du décile le plus bas[59] —, et, afin de prendre en compte le manque en termes de revenu, le résultat est soustrait de un. Il est à remarquer que la présente approche n'est pas réalisée dans une optique de comparaison internationale. L'objectif est de permettre une évaluation nationale d'un indicateur d'exclusion du marché du travail, et d'examiner son évolution dans le temps. Cependant, à titre d'illustration, un indicateur comparable selon les capitales a été élaboré[60]. On trouvera en annexe le détail du calcul de l'ISEMT pour un pays, le Burkina Faso.

2. Exclusion du marché du travail et indicateur sexospécifique

Le tableau 16.4 affiche les composantes de l'ISEMT, la valeur de ce

---

[56] L'approche utilisée dans la présente étude s'inspire de celle du Pnud [1995].

[57] Le Pnud suppose que les taux d'emploi sont proportionnels aux taux d'activité.

[58] Une estimation a aussi été faite en prenant un revenu réel urbain corrigé — PPA — en considérant que, pour une capitale donnée à chaque époque, le rapport du PNB par habitant au PIB réel corrigé par habitant du pays est le même que pour les centres urbains considérés.

[59] Lorsqu'une estimation a été effectuée en considérant un revenu réel urbain corrigé, les valeurs maximales et minimales sont, respectivement, 5 000 et 100 dollars. La valeur de 5 000 dollars correspond approximativement à la moyenne du PIB mondial réel au début des années 1990. La valeur de 100 dollars correspond à la valeur minimale observée pour les femmes dans les différents pays. Cette valeur était de 200 dollars dans les précédents rapport du Pnud. En fait, ce changement a des conséquences mineures.

[60] Voir les notes 58 et 59 précédentes.

Tableau 16.4 : Indicateur sexospécifique d'exclusion du marché du travail et incidence de la pauvreté selon les capitales

Capitale Paramètre	Ouaga-dougou	Yaoundé	Abidjan	Conakry	Bamako
Niveau de chômage déclaré également réparti	0,255	0,292	0,226	0,255	0,292
Niveau de chômage marginal également réparti	0,071	0,054	0,004	0,071	0,054
Niveau de vulnérabilité du travail également réparti	0,587	0,577	0,627	0,587	0,577
Niveau d'inactivité également réparti - non corrigé PPA	0,374	0,510	0,249	0,374	0,510
Manque en termes de revenu également réparti	0,835	0,903	0,799	0,835	0,903
ISEMT — non corrigé PPA	0,423	0,468	0,384	0,426	0,494
ISEMT — corrigé PPA	0,374	0,345	0,276	0,461	0,483
Incidence de la pauvreté — ratio	0,517	0,258	0,181	0,495	0,495
Indice d'inégalité relative du marché du travail (IIMT)[1]	0,028	0,000	0,029	0,016	0,006

(1) IIMT = 1 - (ISEMT/IEMT). IEMT — corrigé PPA — représente l'indice d'exclusion du marché du travail non pondéré. Voir l'annexe pour le détail du calcul.
Source : voir annexe.

dernier et l'incidence de la pauvreté. A cet égard, plusieurs observations peuvent être formulées.

Premièrement, il apparaît que les ISEMT sont relativement élevés, puisqu'ils sont compris, dans la plupart des cas, entre 0,4 et 0,5. A cet égard, on rappelle que, contrairement aux indicateurs du Pnud, plus l'ISEMT est élevé, plus le niveau moyen d'accès au marché du travail des hommes et des femmes considérés ensemble baisse et/ou plus le différentiel d'accès au marché du travail entre les deux sexes augmente. Par ailleurs, on observe que les ISEMT — notamment ceux qui sont corrigés des PPA — ont tendance à être les plus élevés dans les capitales où l'incidence des structures traditionnelles est forte — Ouagadougou, Conakry, Bamako. Toutefois, lorsque le revenu n'est pas corrigé des PPA, l'indicateur d'exclusion de Yaoundé demeure élevé et comparable aux précédents. Un tel résultat s'explique, en grande partie, par le différentiel de contribution des indicateurs relatifs au chômage marginal et à l'inactivité. Par exemple, la valeur de l'indicateur de chômage marginal également réparti est de 0,167 et 0,158, respectivement, à Conakry et Bamako, mais seulement de 0,054 et 0,004, respectivement, à Yaoundé et Abidjan.

Deuxièmement, sachant que le rapport entre l'ISEMT et l'IEMT — qui ne prend pas en compte l'inégalité entre les sexes — représente le degré d'inégalité entre les hommes et les femmes inhérent à la participation au marché du travail, les investigations empiriques tendent à montrer que ce dernier n'est pas très élevé dans les capitales africaines. En effet, l'écart entre l'IEMT et l'ISEMT est de 3 pour cent environ dans deux capitales — Ouagadougou, Abidjan — 1,6 pour cent à Conakry, 0,6 pour cent à

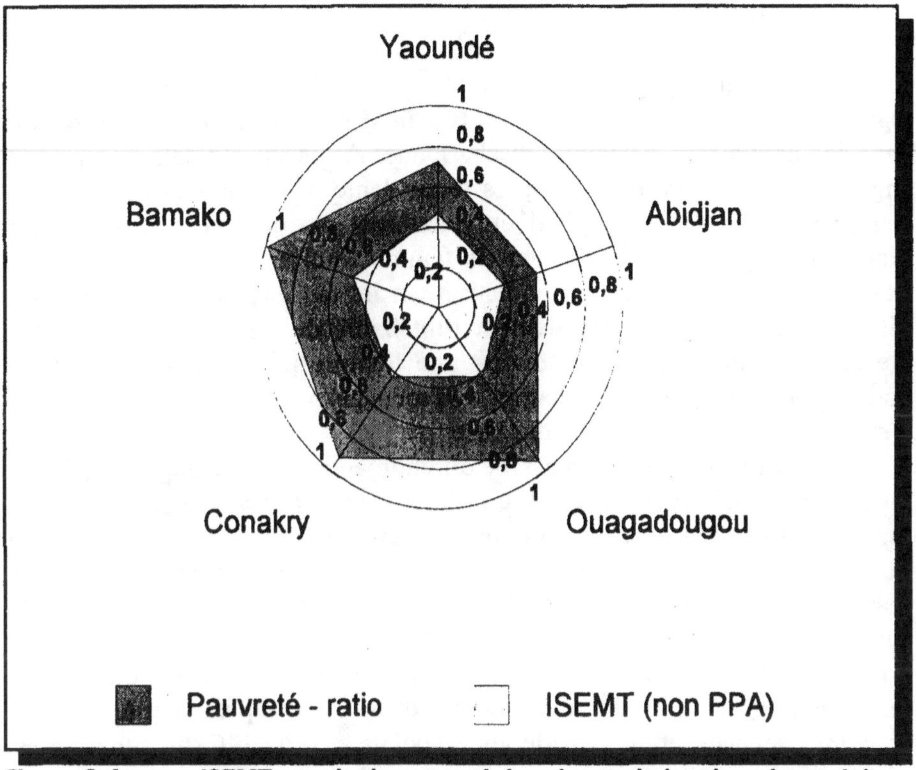

Figure 8.4 : ISEMT et ratio de pauvreté dans les capitales du présent échantillon

Bamako et négligeable à Yaoundé. Bien qu'il soit impossible de procéder à d'autres comparaisons internationales, un tel résultat pourrait être cohérent avec l'existence de faibles écarts entre l'IDH et l'ISDH — moins de 10 pour cent — dans la plupart des pays d'Afrique subsaharienne. Mais, cette faible inégalité sociologique entre les hommes et les femmes — également moins marquée que dans les autres continents[61] — ne signifie pas que le niveau des réalisations en termes d'accès au marché du travail urbain soit satisfaisant, si l'on en juge par l'ampleur des ISEMT.

Troisièmement, le tableau 16.4 montre également que le niveau d'exclusion du marché du travail urbain est corrélé avec le ratio de pauvreté. Un tel résultat, affiché par la figure 8.4, renforce les commentaires précédents quant aux mécanismes du marché du travail sous-jacents à la pauvreté[62].

---

[61] Pnud [1995].

[62] Sur le graphique, les coordonnées de chaque indicateur sont ajoutées.

Conclusion

La plus grande précarité du statut du travail féminin en termes de régularité des revenus, de contrôle du travail et de protection est une réalité dans les capitales d'Afrique subsaharienne. Alors que le salariat protégé englobe une proportion à peu près équivalente d'hommes et de femmes, l'emploi indépendant marginal et le salariat non protégé constituent un mode privilégié de participation des femmes au marché du travail. Cette situation explique leur faible productivité et le fait que, dans la plupart des villes, l'incidence, la profondeur et l'intensité de la pauvreté soient plus élevées dans les ménages gérés par une femme que dans ceux ayant un homme à leur tête. En même temps, ces ménages ont une probabilité moins élevée d'accéder aux besoins de base.

En outre, l'incidence massive du chômage altère le fragile équilibre du système social urbain. Bien que les niveaux du chômage féminin et masculin soient comparables et inversement reliés au niveau de vie, on observe une plus grande vulnérabilité des femmes en termes de chômage marginal, de chômage de longue durée et de capacité de sortie du chômage. En particulier, l'ampleur des taux de chômage marginal féminin suggère que, pour maintes femmes, cette auto-exclusion du marché du travail, inhérente à des contraintes économiques et sociales, représente un manque en termes de gains, et de considération sociale et privée. Cette situation est d'autant plus préoccupante que la plupart des femm s au chômage s'insèrent pour la première fois sur le marché du travail urbain.

L'élaboration d'un indicateur composite d'exclusion au marché du travail, incorporant l'aversion pour l'inégalité entre les sexes, est en mesure d'exprimer non seulement la faible participation de ces dernières au marché du travail, mais également l'inégalité relative selon le genre.

Mais, le processus d'ajustement s'est effectué sans choc majeur, les structures sociales et les habitudes africaines ayant amorti l'impact social de la crise. A cet égard, pour faire face à cette situation, les femmes — et les hommes dans une moindre mesure — semblent développer des stratégies de survie spécifiques. En effet, malgré la diversité de ces dernières, il semble que dans les ménages ayant une femme à leur tête, les transferts internes et externes jouent un rôle de premier plan.

Cette plus grande fragilité des femmes sur le marché du travail étant en grande partie le résultat de leur moindre accès à l'instruction, une analyse des déterminants de cette dernière paraît opportune. En même temps, il s'agira d'explorer les conséquences de cette situation sur le bien-être des ménages, en examinant la relation entre l'éducation et la fécondité. Tel est l'objet du chapitre suivant.

5. Accès à l'éducation et fécondité

L'analyse précédente a montré que l'offre de travail et les gains des femmes étaient influencés, en grande partie, par le niveau d'instruction et de formation[1]. Ce résultat appelle un examen des facteurs susceptibles d'influencer l'accès à l'instruction. Par ailleurs, la dimension de la famille étant inversement corrélée au niveau de vie, il apparaît opportun d'explorer la relation entre la fécondité des femmes et leur niveau d'instruction.

1. Accès à l'instruction et genre

1. Le modèle logistique

La présente recherche se propose d'examiner les déterminants de l'accès au deuxième cycle du système éducatif secondaire. Le choix de cette approche est motivé par trois éléments. Premièrement, les écarts des taux de scolarisation en faveur des hommes croissent avec le niveau d'instruction. Par exemple, dans les ménages pauvres, le ratio des taux de scolarisation des filles et des garçons varie, selon les capitales, de 60 à 80 pour cent pour le primaire, et seulement de 30 à 50 pour cent en ce qui concerne le cycle supérieur. De même, la proportion de femmes ayant accédé à l'enseignement supérieur est trois fois moins importante que pour les hommes, alors que la proportion de ces derniers sans instruction est seulement deux fois moins élevée que pour les femmes[2]. Certes, les différentiels d'instruction selon le genre semblent diminuer dans le temps. Ainsi, en Afrique subsaharienne, au cours de la période 1970-88, les taux de scolarisation du supérieur ont triplé pour les hommes et ont été multipliés par sept pour les femmes[3]. Quoi qu'il en soit, les écarts d'instruction selon le sexe sont encore importants, notamment dans le secondaire et le supérieur, et justifient une focalisation de l'analyse sur les niveaux d'instruction les plus élevés. Deuxièmement, bien que de nombreux facteurs socio-économiques et culturels handicapent l'accès des femmes à l'enseignement supérieur, certaines recherches tendent à mettre en évidence

---

[1] Sur ce point, on se reportera aux développements qui ont été effectués au chapitre 3.

[2] Les tranches d'âge sont de 6-11 et 20-25 ans, respectivement, pour le primaire et le supérieur. Dans les ménages non pauvres, les écarts tendent à se réduire. Voir le chapitre 2.

[3] Subbaco, Raney, Dundar, Haworth [1994].

le rôle de trois d'entre eux : le faible niveau des taux de scolarisation féminins du secondaire, la proportion élevée de filles abandonnant le système éducatif et la structure de l'économie, en particulier la dimension restreinte du secteur moderne manufacturier et des services[4]. Néanmoins, le premier facteur semble avoir l'impact le plus important sur le ratio femmes/hommes des inscrits dans l'enseignement supérieur[5]. Troisièmement, l'estimation des fonctions de gains montre que les taux de rendement marginaux de l'instruction des femmes croissent avec l'élévation des niveaux d'instruction[6].

Afin de prendre en considération le caractère séquentiel du système éducatif, les individus âgés d'au plus 45 ans et ayant terminé le premier cycle du secondaire constituent la population de référence. La limite d'âge de 45 ans est plutôt haute, et s'explique à la fois par l'âge moyen élevé des individus inscrits dans le secondaire et la dimension réduite des échantillons[7]. A cet égard, il est possible que cette approche réduise la portée des résultats obtenus, dans la mesure où les individus d'environ 40 ans et ayant terminé leur second cycle du secondaire contribuent probablement au revenu du ménage. De ce fait, l'impact du revenu de la famille sur la probabilité d'accès au système éducatif est incertain — même si ceux qui ont accédé au secondaire obtiennent des gains plus élevés que les autres, alors que les individus en cours de scolarisation n'ont aucun gain[8]. Il faut également ajouter que le succès à l'examen de fin du premier cycle — généralement le BEPC[9] — n'a pas été une condition de la constitution de la population de référence. Par conséquent, bien que le modèle reflète prioritairement les facteurs inhérents à la demande d'éducation, il se peut qu'il traduise également une combinaison des choix individuels et du rationnement de l'éducation.

La modélisation des comportements est effectuée à l'aide d'un modèle

---

[4] Cette situation peut décourager les parents d'envoyer les filles à l'université. Subbaco, Raney, Dundar, Haworth [1994].

[5] Ce résultat est issu d'une analyse quantitative portant sur 49 pays en développement. Subbaco, Raney, Dundar, Haworth [1994].

[6] Un tel résultat, désormais classique dans le contexte de l'Afrique au sud du Sahara — Appleton, Collier, Horsnell [1990] —, a été mis en évidence dans la présente recherche — chapitre 3.

[7] La prise en considération d'une limite d'âge de 30 ou 35 ans réduit la taille des échantillons et conduit à des résultats non significatifs. Cependant, on observe que, d'une manière générale, dans les différents échantillons ainsi constitués, 15 pour cent seulement des individus ont plus de 35 ans.

[8] Un commentaire similaire est fait par Appleton, Collier, Horsnell [1990].

[9] Brevet de fin d'études du premier cycle.

logistique binaire, la variable dépendante prenant la valeur un si l'individu a accédé au second cycle du secondaire, et la valeur zéro autrement. En fait, dans ce dernier cas, il s'agit des individus qui ont terminé le premier cycle du secondaire et qui n'ont pas accédé au second cycle du secondaire. Le choix des variables indépendantes appelle plusieurs commentaires. Dans un modèle où l'éducation est un investissement en capital humain, les bénéfices et les coûts escomptés de la scolarisation constituent les déterminants de la demande d'éducation[10]. En réalité, les facteurs pris en compte dans les modèles — y compris le modèle sous-jacent à la présente étude — visant à appréhender les déterminants de l'accès à l'éducation, ne sont que des approximations des coûts et des rendements de l'éducation. Il en est ainsi parce que ces derniers sont soit inobservés[11], soit inadaptés[12]. Dans ce contexte, le modèle logistique utilisé englobe les variables indépendantes suivantes. Tout d'abord, étant donné l'imperfection du marché du capital et les contraintes budgétaires de la famille, le revenu par tête ajusté du ménage constitue un facteur clé de la demande d'éducation[13]. Mais, outre la relativisation précédente inhérente à l'âge des individus, le revenu du ménage en tant que facteur explicatif de la demande d'éducation présente une autre incertitude ; les données utilisées se réfèrent au moment de l'enquête, et non à l'époque où le choix des individus en matière d'éducation a été fait. Cela revient à admettre que les valeurs courantes des variables explicatives sont une approximation de leurs vraies valeurs, ces dernières ayant été à l'origine des choix antérieurs en matière d'éducation. Ensuite, on peut supposer que l'éducation des parents affecte de maintes façons le niveau du capital humain des enfants acquis dans le système éducatif. Ce phénomène est bien connu. Plus l'environnement familial est riche en termes de capital humain, plus le niveau de ce dernier est élevé pour les enfants. Pour cette raison, les niveaux d'instruction du père et de la mère figurent dans le modèle logistique sous forme de variables binaires. De la même manière, il est probable que le statut du travail des parents a une incidence sur l'accès au système éducatif. Dans, les ménages où les

[10] Becker [1975].

[11] Par exemple, les bénéfices escomptés de l'éducation ne sont pas observés ; il en est de même des coûts de ceux qui ne sont pas scolarisés, ainsi que des coûts d'opportunité de l'éducation.

[12] Les bénéfices issus des fonctions de gains sont déterminés en partie par l'expérience professionnelle et la scolarisation.

[13] Malheureusement, les données inhérentes aux différentes enquêtes n'ont pas permis de comparer le pouvoir explicatif du revenu avec celui de la consommation. Par ailleurs, pour tenir compte des effets de non linéarité du revenu, ce dernier est entré dans les équations sous forme quadratique

parents sont des salariés protégés, la propension à la scolarisation des enfants — notamment au niveau des cycles supérieurs — est plus forte que dans ceux où la principale activité est constituée par le travail indépendant marginal. Ainsi, le modèle logistique incorpore trois variables binaires relatives au statut du travail : salarié protégé, salarié non protégé et travailleur indépendant. Enfin, d'autres facteurs explicatifs ont été pris en compte : l'âge, le lieu de naissance dans la capitale et la nationalité[14].

2. Les déterminants de l'accès à l'instruction

Dans la présente recherche, deux approches contribuent à appréhender les déterminants de l'accès à l'instruction selon le sexe. Dans un premier temps, une variable binaire relative au sexe a été incorporée dans le modèle logistique ; dans un second temps — sous certaines conditions —, le modèle logistique a été estimé séparément pour les hommes et les femmes. Les enseignements des différentes estimations économétriques tendent à mettre en évidence le handicap des femmes en termes d'accès au second cycle du système éducatif.

En premier lieu, considérons le modèle estimé pour l'ensemble des individus (tableau 1.5). La qualité de l'estimation du modèle est acceptable. Le modèle du Chi^2 qui teste l'hypothèse nulle que tous les paramètres estimés du modèle — sauf la constante — sont nuls est significativement différent de zéro pour toutes les capitales. De plus, le pourcentage de cas bien classés est compris entre 60 et 70 pour cent. Par contre, les pseudo-R^2 sont assez faibles.

Dans toutes les capitales, le cœfficient relatif aux hommes est positif et statistiquement significatif. Il varie selon les pays de 0,73 à 1,08, ce qui signifie que, toutes choses égales par ailleurs, le fait d'être un homme — plutôt qu'un femme — accroît le logarithme des chances d'accès au deuxième cycle du secondaire d'un montant compris entre 0,73 et 1,08, soit une variation de probabilité de 0,18 à 0,27 si $P_i = 0,5$. Par ailleurs, la probabilité d'accès au second cycle des femmes équivaut en moyenne, selon les capitales, 60 à 80 pour cent celle de hommes (tableau 2.5)[15].

On observe aussi que le revenu du ménage influence l'accès au système éducatif. Dans quatre capitales — l'exception étant Bamako — le cœfficient du revenu est positif et significatif, tout en étant assez faible ; de plus, le signe négatif du cœfficient du revenu au carré indique que l'effet de ce dernier est décroissant au-delà d'un certain seuil.

---

[14] La nationalité est prise en compte uniquement pour la Côte d'Ivoire.

[15] Ce résultat prévaut quel que soit le mode d'estimation.

Tableau 1.5 : Cœfficients de régression des estimations logistiques selon la capitale : modèle binaire standard des déterminants de l'accès au système éducatif secondaire second cycle — ensemble[4]

Capitale	Ouagadougou		Yaoundé		Abidjan		Conakry		Bamako	
Paramètre	*β*	t[1]	*β*	t[1]	*β*	t[1]	*β*	t[1]	*β*	t[1]
Age (années)	0,2671	3,6991**	-0,2288	6,6632*	0,0379	0,0818	0,2297	6,1126*	0,1004	2,5435
(Age)²/100	-0,3902	2,8941**	0,0026	3,0009**	-0,0011	0,2276	-0,0037	5,5422*	-0,0015	1,7879
Revenu/tête ajusté	0,0616	6,0808*	0,0352	12,7884*	1,78E-05	12,6858*	2,33E-05	5,9957*	0,0102	0,7880
(Revenu/tête ajusté)²	-0,0397	5,6521*	-0,0034	13,0813*	-3,2E-09	5,2163*	1,3E-08	3,8581*	-0,0019	1,0326
Père > primaire	-0,5168	0,9638	0,2498	0,6423	1,3094	2,7432**	-0,7177	3,9306*	-0,5828	3,3112**
Mère > primaire	0,3688	0,2574	0,0618	0,0185	-0,9261	0,3567	1,2079	5,9110*	0,0620	0,0218
Père/mère sal. protégé	0,2596	0,4596	-0,0290	0,0151	0,3058	0,5116	0,1744	0,4039	0,8184	8,5036*
Père/mère sal. n. prot.	-0,3285	0,5582	-0,1306	0,3228	-0,7486	1,6645	0,4852	1,6802	0,3811	2,5695**
Père/mère indépendants	-0,1923	0,3699	-0,4630	6,4871*	0,1206	0,1093	-0,1977	0,9369	-0,3551	3,9062*
Naissance capitale	-0,8467	9,6493*	-0,0190	0,0104	0,3032	0,8137	-0,5656	8,9690*	-0,7393	22,5019*
Hommes	0,7319	8,7377*	0,8341	25,6879*	0,9189	9,0373*	1,0854	41,0172*	0,7814	27,5576*
Nationalité[5]	-	-	-	-	-0,0477	0,0142	-	-	-	-
Constante	-4,3961	4,8797*	4,4335	11,7540*	-2,2407	1,3372	-3,3958	6,2040*	-2,3842	6,9897*
-2 Log de vrais.		408,314		901,620		404,238		864,141		1219,297
Chi² (sig)²	44,047	(0.0000)	102,022	(0,0000)	31,704	(0,0000)	76,195	(0,0000)	77,276	(0,0000)
Cas bien clas. (%)		63.8		71,9		63,8		67,5		70,1
R^2[3]		0,097		0,102		0,073		0,081		0,059
N		329		797		329		725		1038

(1) Statistique de Wald ; probabilité «two-tailed» que le cœfficient soit égal à zéro ; le t est le rapport entre β et l'erreur-type ; (2) Il s'agit du test du rapport de vraisemblance calculé selon : $LR=2(L_1-L_0)$, si L_1 est le log de vraisemblance du modèle sans contrainte et L_0 le log de vraisemblance du modèle contraint (tous les cœfficients sont égaux à 0, sauf la constante). Il suit une loi du Chi² avec des degrés de liberté égaux au nombre de contraintes — (2n-1) et (n-1), respectivement, pour le modèle multinomial et le modèle binaire (n=nombre de paramètres) ; (3) Il s'agit d'un pseudo-R^2 égal à : $1 - (L_1/L_0)$; (4) individus de 45 ans au plus ; (5) ivoirien.

Note : * = significatif à 5 pour cent au moins ; ** = significatif entre 5 et 10 pour cent.

Sources : Enquêtes pilotes sur l'emploi auprès des ménages : Burkina Faso (Ouagadougou, 1992), Cameroun (Yaoundé, 1990-91), Côte d'Ivoire (Abidjan, 1986-87), Guinée (Conakry, 1991-92), Mali (Bamako, 1991).

Tableau 2.5 : Probabilités d'accès au système éducatif du secondaire second cycle et élasticités-revenu — ensemble des individus et résultats selon le sexe et la capitale

Capitale Paramètre	Ouagadougou	Yaoundé	Abidjan	Conakry	Bamako
Ensemble des échantillons - Probabilités[1]					
Femmes	0,456	0,603	0,244	0,491	0,208
Hommes	0.618	0,764	0,428	0,730	0,356
Echantillons selon le sexe - Probabilités[1]					
Femmes	0,450	0,588	0,288	0,500	0,229
Hommes	0,621	0,743	0,410	0,737	0,376
Echantillons selon le sexe - Elasticités-revenu[1]					
Femmes	0,126	0,371	0,966	0,232	0,511
Hommes	0,216	0,095	0.450	0,084	n.s.

(1) Compte tenu des non linéarités, les estimations ne sont pas effectuées selon la moyenne des variables.

Sources : Enquêtes emploi pilotes auprès des ménages: Burkina Faso (Ouagadougou, 1992), Cameroun (Yaoundé, 1990-91), Côte d'Ivoire (Abidjan, 1986-87), Guinée (Conakry, 1991-92), Mali (Bamako, 1991) ; tableaux 1.5, 3.5 et 4.5.

Tableau 3.5 : Cœfficients de régression des estimations logistiques selon la capitale : modèle binaire standard des déterminants de l'accès au système éducatif secondaire second cycle — hommes[4]

Capitale	Ouagadougou		Yaoundé		Abidjan		Conakry		Bamako	
Paramètre	β	t[1]	β	t[1]	β	t[1]	β	t[1]	β	t[1]
Age (années)	0,4244	5,3902*	-0,1407	1,3430	0,0347	0,0555	0,1012	0,6041	0,0843	1,0687
(Age)²/100	-0,6100	4,1663*	0,0012	0,3640	-0,0012	0,2314	-0,0012	0,2889	-0,0011	0,6557
Revenu/tête ajusté	0,0737	4,1677*	0,0213	3,4533**	1,7E-05	9,0035*	2,07E-05	2,1599	-0,0040	0,0720
(Revenu/tête ajusté)²	-0,0501	4,5295*	-0,0020	3,3865**	-3,1E-09	3,8132**	-1,2E-08	0,8701	0,0004	0,0270
Père > primaire	-0,8658	1,0845	0,9536	3,1594**	0,3545	0,1148	-0,6705	1,5849	-0,8180	3,4054**
Mère > primaire	-0,3707	0,1312	0,0200	0,0011	-5,3610	0,1575	1,0367	2,4062	-0,2396	0,1467
Père/mère sal. protégé	0,3568	0,4105	0,1389	0,1711	-0,2174	0,1615	-0,0248	0,0035	0,9089	5,6070*
Père/mère sal. n. prot.	-1,0276	2,4341	-0,2986	0,9265	-1,1816	3,0994**	0,8161	2,0773	0,7917	6,2529*
Père/mère indépendants	-0,1133	0,0657	-0,2383	0,8840	0,1198	0,0780	-0,4460	2,4115	-0,4202	3,1477**
Naissance capitale	-0,6210	2,6170**	-0,3149	1,5586	0,1160	0,0774	-1,0383	13,7883*	-0,9757	23,4109*
Nationalité[5]	-	-	-	-	0,1415	0,0939	-	-	-	-
Constante	-6,2774	8,8020*	3,9692	4,8607*	-1,1538	0,2876	-0,3435	0,0331	-1,2098	1,0651
-2 log de vrais.		233,908		480,094		309,316		489,847		770,529
Chi² (sig)[2]		28,825 (0,0013)		34,743 (0,0001)		20,962 (0,0338)		31,878 (0,0004)		49,375 (0,0000)
Cas bien classés (%)		69,7		75,4		61,9		74,4		64,5
R^2[3]		0,110		0,066		0,064		0,061		0,059
N		198		452		244		453		619

(1) Statistique de Wald ; probabilité «two-tailed» que le cœfficient soit égal à zéro ; le t est le rapport entre β et l'erreur-type ; (2) Il s'agit du test du rapport de vraisemblance calculé selon : $LR=2(L_1-L_0)$, si L_1 est le log de vraisemblance du modèle sans contrainte et L_0 le log de vraisemblance du modèle contraint (tous les cœfficients sont égaux à 0, sauf la constante). Il suit une loi du Chi² avec des degrés de liberté égaux au nombre de contraintes — (2n-1) et (n-1), respectivement, pour le modèle multinomial et le modèle binaire (n=nombre de paramètres) ; (3) Il s'agit d'un pseudo-R^2 égal à : $1 - (L_1/L_0)$; (4) individus de 45 ans au plus ; (5) ivoirien.

Note : * = significatif à 5 pour cent au moins ; ** = significatif entre 5 et 10 pour cent.

Sources : Enquêtes pilotes sur l'emploi auprès des ménages : Burkina Faso (Ouagadougou, 1992), Cameroun (Yaoundé, 1990-91), Côte d'Ivoire (Abidjan, 1986-87), Guinée (Conakry, 1991-92), Mali (Bamako, 1991).

Bien que variables selon les capitales, d'autres facteurs paraissent influencer la probabilité d'accès au deuxième cycle du secondaire (tableau 1.5). Tout d'abord, le cœfficient de l'âge a un signe positif pour Ouagadougou et Conakry, et négatif pour Yaoundé. Ensuite, dans certaines capitales, on note l'influence du milieu professionnel familial quant à l'accès à l'instruction. Par exemple, dans le cas de Yaoundé et de Bamako, on observe que le statut de travailleur indépendant du père ou de la mère réduit la probabilité d'accéder au deuxième cycle du secondaire. Par contre, pour cette dernière capitale, un effet inverse prévaut lorsque les parents sont des salariés — protégés ou non protégés. Un tel résultat était attendu, dans la mesure où les individus salariés ont, en général, un niveau d'instruction supérieur à ceux qui exercent une activité à propre compte. Enfin, il apparaît que le fait d'être né dans la capitale réduit la probabilité d'accéder au deuxième cycle du système éducatif secondaire. En vérité, ce phénomène, observé dans les trois capitales où les structures sociales sont assez proches — Ouagadougou, Bamako, Conakry —, semble difficile à expliquer.

En second lieu, afin d'examiner l'influence des différents facteurs pris

Tableau 4.5 : Cœfficients de régression des estimations logistiques selon la capitale : modèle binaire standard des déterminants de l'accès au système éducatif secondaire second cycle — femmes[4]

Capitale	Ouagadougou		Yaoundé		Abidjan		Conakry		Bamako	
Paramètre	β	t^1	β	t^1	β	t^1	β	t^1	β	t^1
Age (années)	0,0752	0,0970	-0,3014	5,0306*	0,3710	0,5848	0,4696	8,5613*	0,1825	3,0519**
(Age)²/100	-0,1153	0,0807	0,0015	2,4306	-0,0072	0,6573	-0,0082	8,9118*	-0,0029	2,4581
Revenu/tête ajusté	0,0481	1,7953	0,0607	13,1616*	3,1E-05	3,9669*	2,5E-05	3,3064**	0,1235	7,7566*
(Revenu/tête ajusté)²	-0,0221	0,6441	-0,0062	8,3195*	-9,0E-09	2,5796**	-1,4E-08	2,4677	-0,1755	3,8616*
Père > primaire	-0,1612	0,0423	-0,3218	0,5665	1,1675	0,4106	-0,6166	1,4234	-0,5566	1,2733
Mère > primaire	0,4670	0,1765	0,1183	0,0302	11,5009	0,0361	1,2870	3,1978**	0,1784	0,0833
Père/mère sal. protégé	0,2367	0,1695	-0,2614	0,5687	1,7084	4,0078*	0,2733	0,5376	0,7667	3,1642**
Père/mère sal. n. prot.	0,1339	0,0507	0,0091	0,0007	9,6948	0,0780	0,1718	0,1009	-0,3491	0,6461
Père/mère indépendants	-0,3140	0,4094	-0,7206	6,9649*	-0,0867	0,0097	-0,0872	0,0805	-0,2999	1,0651
Naissance capitale	-1,0253	5,3940*	0,2951	1,1290	0,2832	0,1718	-0,0898	0,1091	-0,2981	1,2767
Nationalité[5]	-	-	-		0,8908	0,4016	-	-	-	-
Constante	-1,2547	0,1367	5,5167	8,1234*	-8,4884	1,5117	-6,7063	8,5884*	-4,0331	7,1353*
-2 log de vrais.		165,939		404,883		75,416		358,222		430,110
Chi² (sig)[2]	14,373	(0,1567)	62,546	(0,0000)	25,761	(0,0070)	18,850	(0,0422)	20,908	(0,0217)
Cas bien classés (%)		63,4		69,0		85,9		60,3		78,3
R²[3]		0,078		0,135		0,257		0,050		0,046
N		131		345		85		272		419
Chi² sexe (sig)[6]	17,341	(0,1000)	43,450	(0,0000)	31,188	(0,0000)	66,718	(0,0000)	51.048	(0,0000)

(1) Statistique de Wald ; probabilité «two-tailed» que le cœfficient soit égal à zéro ; le t est le rapport entre β et l'erreur-type ; (2) Il s'agit du test du rapport de vraisemblance calculé selon : $LR=2(L_1-L_0)$, si L_1 est le log de vraisemblance du modèle sans contrainte et L_0 le log de vraisemblance du modèle contraint (tous les cœfficients sont égaux à 0, sauf la constante). Il suit une loi du Chi² avec des degrés de liberté égaux au nombre de contraintes — (2n-1) et (n-1), respectivement, pour le modèle multinomial et le modèle binaire (n=nombre de paramètres) ; (3) Il s'agit d'un pseudo-R² égal à : 1 - (L_1/L_0) ; (4) individus de 45 ans au plus ; (5) ivoirien ; (6) Il s'agit du rapport de vraisemblance -2LL-[(-2LL1)+(-2LL2)] avec k degrés de liberté permettant de tester que toutes les variables explicatives pour les hommes comme pour les femmes ont les mêmes cœfficients.

Note : * = significatif à 5 pour cent au moins ; ** = significatif entre 5 et 10 pour cent.

Sources : Enquêtes pilotes sur l'emploi auprès des ménages : Burkina Faso (Ouagadougou, 1992), Cameroun (Yaoundé, 1990-91), Côte d'Ivoire (Abidjan, 1986-87), Guinée (Conakry, 1991-92), Mali (Bamako, 1991).

en compte selon le genre, le modèle logistique a été estimé séparément pour les hommes et les femmes (tableaux 3.5 et 4.5). Il est à remarquer que cette procédure est économétriquement justifiée, puisque tous les tests du rapport de vraisemblence sont significatifs (tableau 4.5)[16]. Par conséquent, les cœfficients des variables relatives aux deux échantillons — hommes et femmes — ne sont pas identiques. Par ailleurs, on notera que la qualité des estimations du modèle est relativement moyenne. Le modèle du Chi² est significativement différent de zéro pour toutes les capitales, sauf pour les femmes à Ouagadougou où le seuil de signification est de 15 pour cent. De plus, le pourcentage de cas bien classés est compris entre 60 et 85 pour cent, tandis que les pseudo-R² sont faibles.

Dans toutes les capitales, il apparaît que le revenu du ménage exerce

[16] Cependant, à Ouagadougou, le seuil de signification n'est que de 10 pour cent.

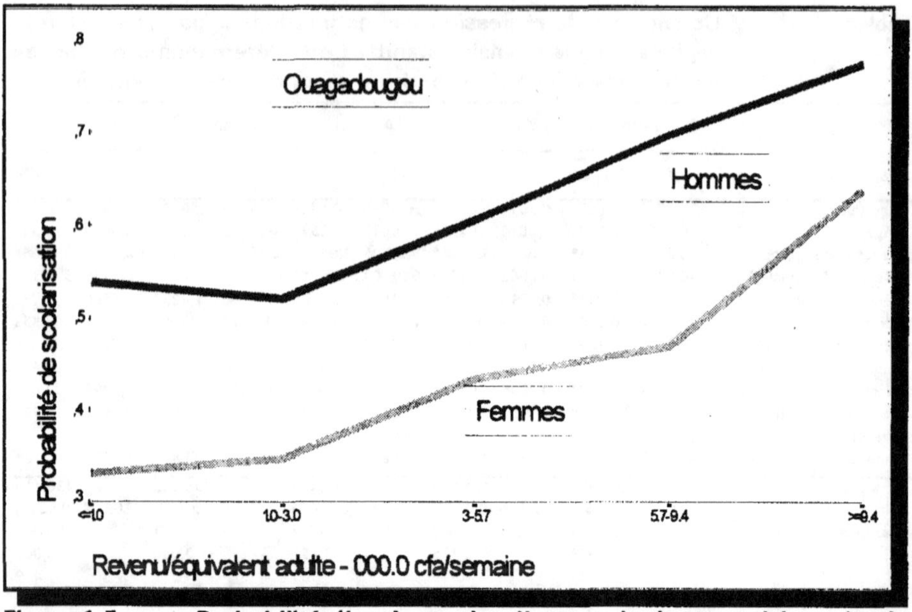

Figure 1.5 : **Probabilité d'accès au deuxième cycle du secondaire selon le sexe et le revenu ajusté du ménage — Ouagadougou**

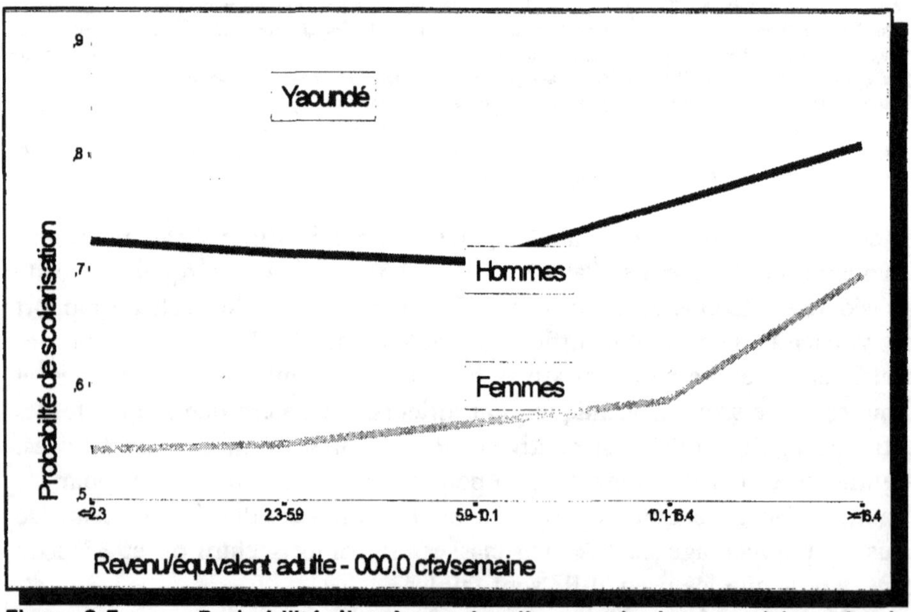

Figure 2.5 : **Probabilité d'accès au deuxième cycle du secondaire selon le sexe et le revenu ajusté du ménage — Yaoundé**

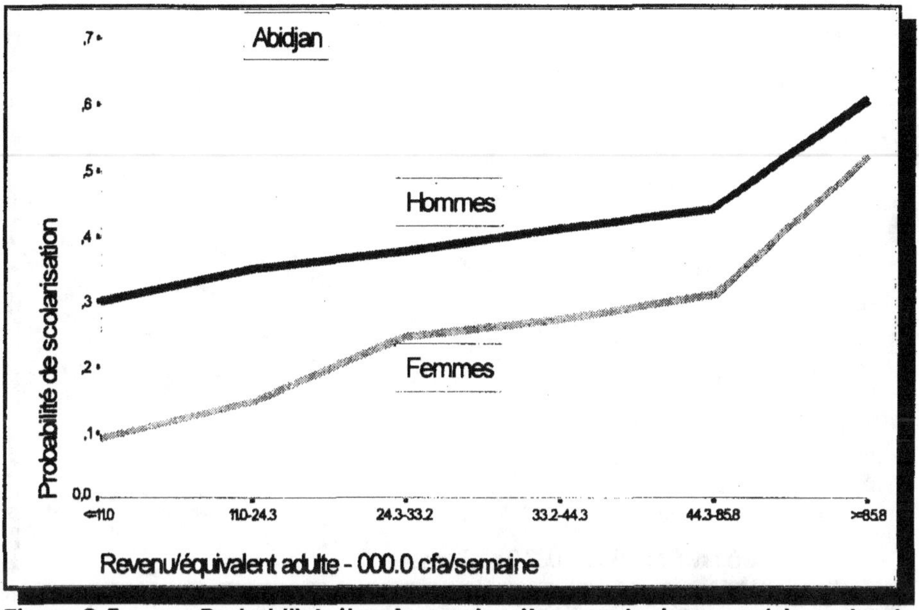

Figure 3.5 : **Probabilité d'accès au deuxième cycle du secondaire selon le sexe et le revenu ajusté du ménage — Abidjan**

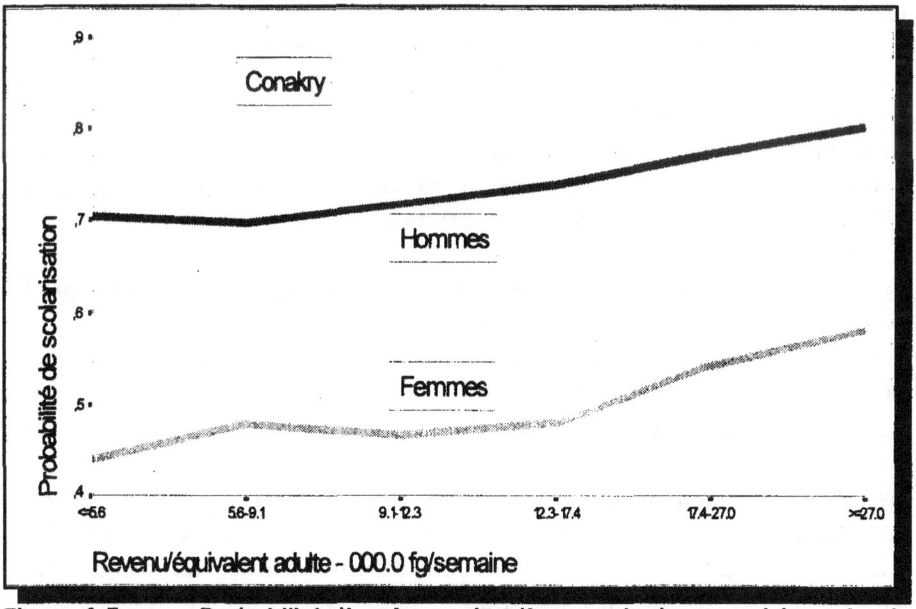

Figure 4.5 : **Probabilité d'accès au deuxième cycle du secondaire selon le sexe et le revenu ajusté du ménage — Conakry**

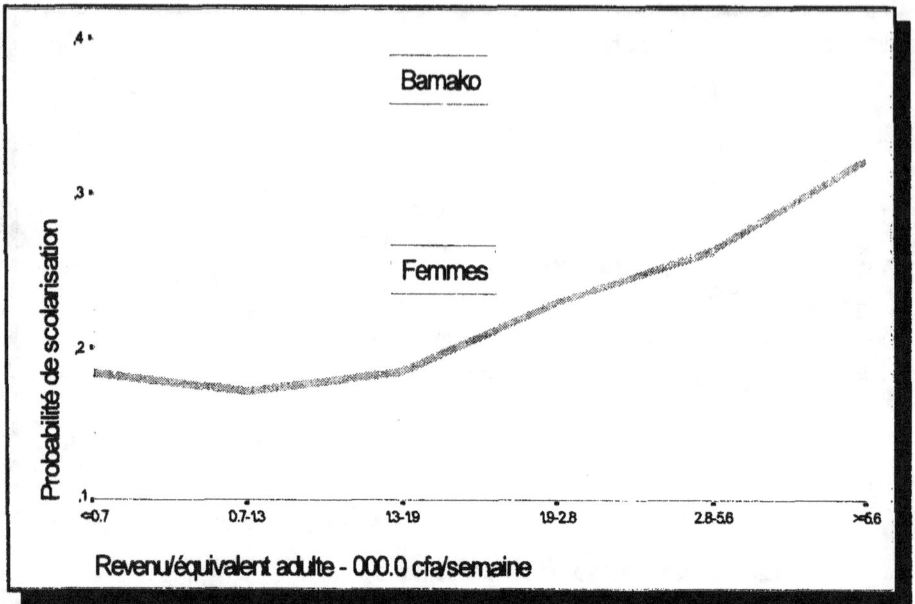

Figure 5.5 : Probabilité d'accès au deuxième cycle du secondaire des femmes selon le revenu ajusté du ménage — Bamako

une influence positive sur le probabilité des femmes d'accéder au deuxième cycle du secondaire. Tous les cœfficients sont positifs et significatifs, bien que dans certains cas ils soient assez faibles. Ainsi, toutes choses égales par ailleurs, les femmes ont d'autant plus de chance de pouvoir accéder au deuxième cycle du secondaire que le revenu par tête ajusté du ménage auquel elles appartiennent est élevé. Une relation similaire prévaut en ce qui concerne les hommes dans quatre capitales sur cinq — l'exception étant Ouagadougou.

Dans ce contexte, il est possible d'examiner l'influence différentielle selon le genre du revenu du ménage sur la probabilité d'accès au système éducatif. Tout d'abord, les élasticités des probabilités de choix par rapport au revenu du ménage sont inférieures à un et varient sensiblement selon les agglomérations. En effet, les élasticités sont comprises entre 0,5 et 1 dans deux capitales — Abidjan, Bamako — et inférieures à 0,4 dans les autres cas. En outre, dans quatre capitales sur cinq, elles sont plus élevées pour les femmes que pour les hommes (tableau 2.5). Ensuite, les figures 1.5 à 5.5 exhibent pour les femmes une probabilité d'accès au second cycle croissante avec le revenu ajusté du ménage ; mais, cette dernière demeure à des niveaux beaucoup moins élevés que pour les hommes[17]. D'ailleurs,

[17] Pour Bamako, la variation de la probabilité d'accès à l'éducation des hommes en

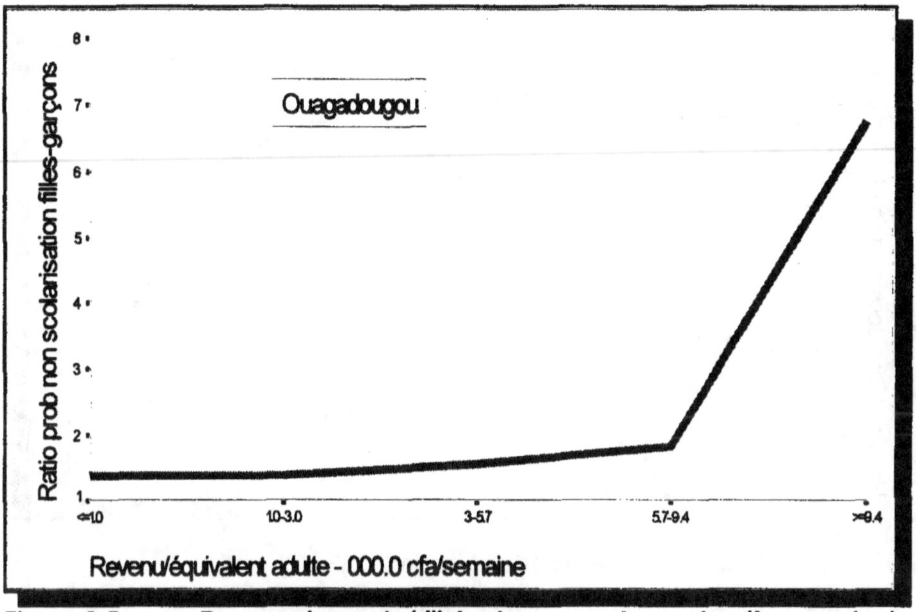

Figure 6.5 : Rapport des probabilités de non accès au deuxième cycle du secondaire des femmes et des hommes — Ouagadougou

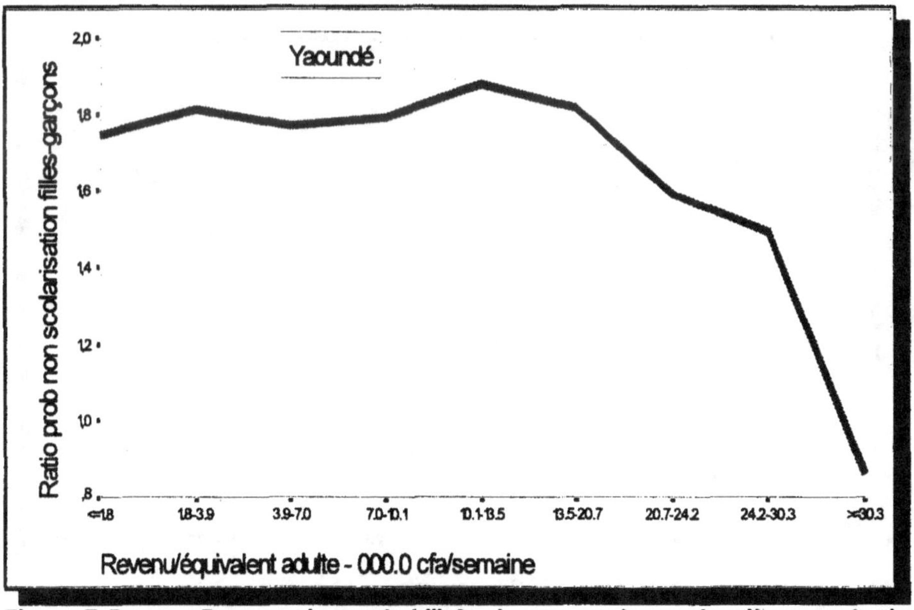

Figure 7.5 : Rapport des probabilités de non accès au deuxième cycle du secondaire des femmes et des hommes — Yaoundé

---

fonction du revenu ne figure pas sur le graphique, ce dernier facteur n'étant pas significatif.

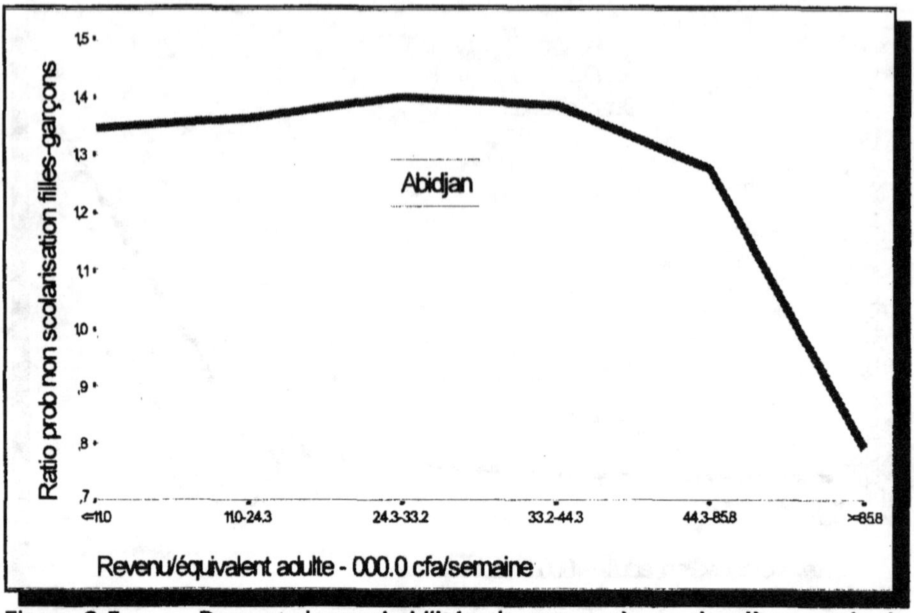

Figure 8.5 : **Rapport des probabilités de non accès au deuxième cycle du secondaire des femmes et des hommes — Côte d'Ivoire**

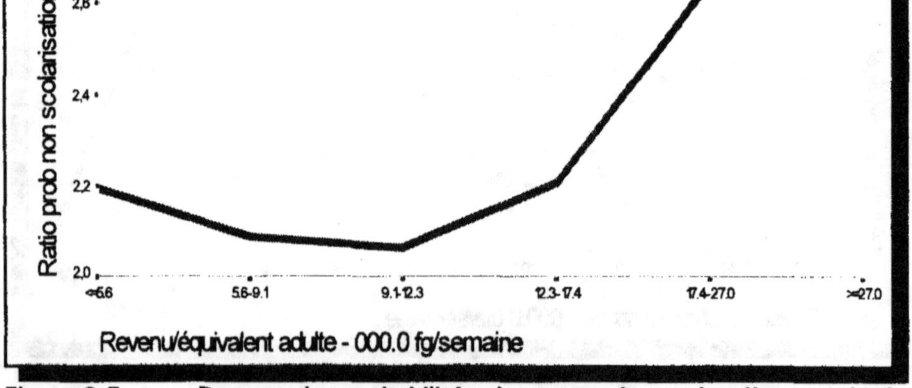

Figure 9.5 : **Rapport des probabilités de non accès au deuxième cycle du secondaire des femmes et des hommes — Conakry**

les probabilités moyennes d'accès au second cycle, dérivées du modèle logistique estimé séparemment pour les deux populations, sont sensiblement plus élevées pour les hommes que pour les femmes. Le ratio des probabilités d'accès au second cycle du secondaire des hommes et des femmes varie selon les capitales de 1,3 à 1,6 (tableau 2.5). Enfin, l'écart relatif d'accès à l'éducation peut être mis en évidence en effectuant le rapport entre les probabilités de non accès au deuxième cycle du secondaire des femmes et des hommes. Les figures 6.5 à 9.5 montrent que dans deux capitales des pays à faible revenu — Ouagadougou, Conakry —, ce rapport est croissant avec le revenu par tête ajusté du ménage. Pour ces deux pays, cela signifie qu'il serait vain d'escompter un meilleur accès des filles au secondaire avec une augmentation du niveau de vie. Ainsi, dans maintes capitales africaines, il est probable qu'en l'absence de politiques scolaires favorisant très fortement l'accès de filles au système éducatif primaire et secondaire, le groupe des exclus de ce dernier sera constitué majoritairement par des filles.

Mais, la probabilité d'accès des femmes au deuxième cycle du secondaire est influencée par d'autres facteurs. Tout d'abord, dans deux capitales — Abidjan, Bamako — on note l'influence positive du statut du travail salarié protégé des parents sur la propension des femmes à accéder au système éducatif. En ce qui concerne les hommes, cette relation ne prévaut que pour une capitale — Bamako. Par contre, le statut du travail vulnérable du père ou de la mère tend à réduire la participation des femmes au système éducatif. Tel est le cas de Yaoundé. Dans cette capitale, le fait pour les parents d'être des travailleurs indépendants réduit le log des chances d'accès au deuxième cycle du secondaire des enfants de sexe féminin de 0.7. Un résultat analogue est observable pour les hommes à Bamako ; par ailleurs, pour ces derniers, la situation de salarié non protégé des parents joue dans le même sens, notamment dans les capitales — Abidjan par exemple — où la distribution des salaires est étendue. Ensuite, l'âge a un effet positif dans les villes — Conakry, Bamako — où les taux de scolarisation sont faibles[18], mais un effet négatif lorsque ces derniers sont très élevés — Yaoundé. Enfin, on notera que, contrairement aux hommes, le fait pour les filles d'être nées dans la capitale influence peu leur propension d'accès au deuxième cycle du secondaire[19].

---

[18] Une telle relation est observable pour les hommes à Ouagadougou.

[19] Ce résultat pourrait être cohérent avec le fait que la migration porte en premier lieu sur de jeunes hommes, ces derniers venant dans la capitale pour poursuivre des études. Voir le chapitre 2 sur ce point.

2. Instruction féminine, fécondité et bien-être

1. Instruction féminine, dimension des ménages et bien-être

L'analyse de la structure démographique des ménages urbains a montré que la taille des familles et les taux de dépendance étaient inversement corrélés au niveau de vie. En outre, les taux de dépendance sont plus élevés dans les ménages gérés par une femme que dans ceux dont le chef est un homme. Cette situation semble liée, en partie, au niveau d'instruction des femmes. En effet, on observe que la dimension des ménages urbains est d'autant plus importante que le niveau d'instruction des femmes mariées — chefs de ménage ou non — est faible. La figure 10.5 met en évidence ce phénomène. Le fait pour les femmes mariées d'avoir au moins le niveau d'instruction du secondaire plutôt que d'être sans instruction réduit la dimension des ménages de 20 à 25 pour cent dans trois capitales — Ouagadougou, Yaoundé, Conakry — et de 10 à 15 pour cent dans les deux autres agglomérations — Abidjan, Bamako. Bien que l'ampleur de ces variations soit sensible à la nature des investigations statistiques, les données disponibles semblent indiquer une nette corrélation inverse entre la dimension des ménages et le niveau d'instruction des femmes.

Dans ce contexte, il est à remarquer que le niveau de vie des ménages n'est pas indépendant de leur structure démographique, bien que les facteurs économiques jouent un rôle déterminant. En effet, à partir d'une analyse de variance multidimensionnelle, on peut examiner dans quelle mesure le revenu par tête du ménage est influencé par : (i) le nombre d'adultes dans le ménage ; (ii) la proportion des adultes employés, et ; (iii) la contribution de chaque individu employé au revenu du ménage[20]. Le tableau 5.5 présente les résultats de l'analyse en classification multiple[21]. L'absence d'effets d'interaction significatifs entre les variables permet

---

[20] En effet, soient : R = revenu total du ménage issu de l'emploi — principal et secondaire — des individus qui le composent ; Q = nombre d'équivalents adulte dans le ménage ; A = nombre d'adultes dans le ménage ; E = nombre d'individus employés à titre principal et/ou secondaire dans le ménage. Le revenu par tête ajusté du ménage R/Q peut être décomposé selon la relation : $R/Q = (A/Q)*(E/A)*(R/E)$. Le rapport A/Q mesure l'importance numérique des adultes dans le ménage et est largement tributaire de la structure par âge de ce dernier. Le rapport E/A mesure la proportion des adultes employés et est en partie déterminé par les facteurs socio-culturels et économiques. Quant au rapport R/E, il mesure, en termes absolus, la contribution moyenne de chaque individu employé au revenu du ménage. De ce fait, il est influencé par les caractéristiques personnelles des individus — éducation — et par certains facteurs institutionnels — catégorie socio-professionnelle et statut d'emploi.

[21] Cette analyse est empruntée à Lachaud [1994a].

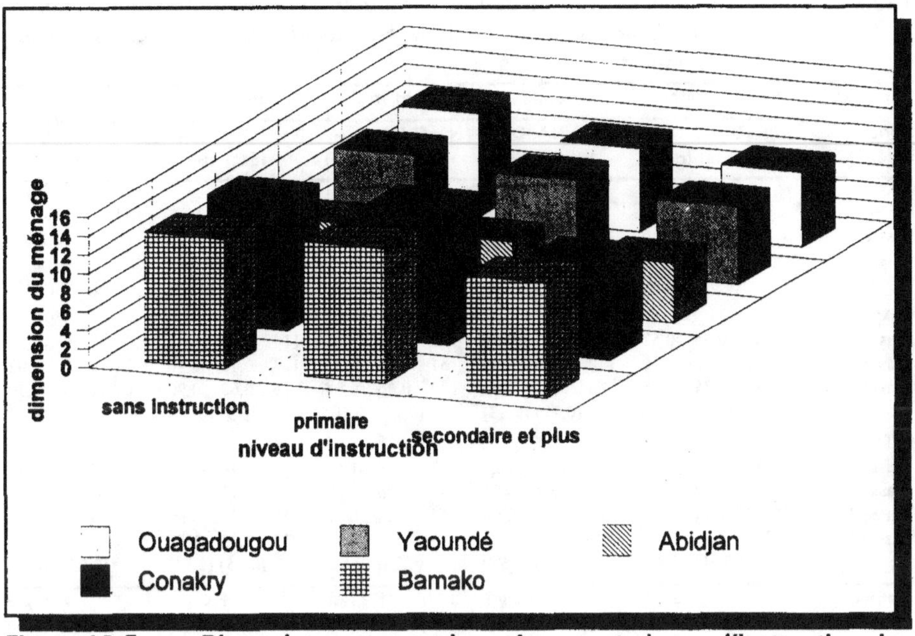

Figure 10.5 : Dimension moyenne des ménages et niveau d'instruction des femmes — mariées et chefs de ménage

d'isoler l'influence des facteurs individuels, ces derniers étant significatifs. Les résultats selon les différentes capitales sont assez comparables. A cet égard, on note une influence de la structure par âge des membres du ménage sur le revenu par tête ajusté, bien que le cœfficient Beta soit relativement peu élevé[22]. Ainsi, lorsque la proportion des adultes dans les ménages en termes d'équivalents adulte est inférieure à environ 60 pour cent, le niveau de vie des familles diminue, selon les capitales, de 17 à 35 pour cent par rapport à la moyenne principale, toutes choses égales par ailleurs. Certes, comme cela a été par ailleurs souligné, les différences entre les revenus individuels exercent une influence plus forte que la structure démographique des ménages pour expliquer leur niveau de vie[23]. Cependant, la structure démographique des ménages, en partie liée au

[22] On rappelle que le carré du cœfficient Eta indique la proportion de variance expliquée par un facteur donné, tandis que les Beta — correspondant aux cœfficients de régression standardisés — donnent une idée de l'importance d'un facteur particulier dans l'explication du log des gains, si les autres variables sont constantes.

[23] Lachaud (1994a). Lorsque l'on contrôle par la proportion des adultes et des employés dans le ménage, le niveau de vie de ce dernier croît entre 87 et 158 pour cent par rapport à la moyenne principale si le revenu par personne employée se situe dans la dernière classe de revenu.

Tableau 5.5 : Niveau de vie, structure démographique des ménages et différentiel de revenus : analyse en classification multiple selon les capitales[1]

Capitales	Ouagadougou			Yaoundé			Abidjan			Conakry			Bamako		
Variable indép.	N	D.NA (Eta)	D.A (Beta)	N	D.NA (Eta)	D.A (Beta)	N	D.NA (Eta)	D.A (Beta)	N	D.NA (Eta)	D.A (Beta	N	D.NA (Eta)	D.A (Beta
A/Q[2]															
Classe 1	78	-0,13	-0,30	74	-0,07	-0,26	50	-0,26	-0,31	43	0,15	-0,16	104	0,02	-0,16
Classe 2	77	0,01	0,10	109	-0,09	-0,05	136	-0,22	-0,08	139	-0,04	-0,03	85	-0,02	0,06
Classe 3	89	0,11	0,18	81	0,19	0,31	90	0,48	0,30	82	-0,01	0,13	83	-0,16	0,13
		(0,08)	(0,17)		(0,12)	(0,21)		(0,32)	(0,21)		(0,08)	(0,12)		(0,02)	(0,11)
E/A[3]															
Classe 1	80	-0,35	-0,57	86	-0,36	-0,56	136	-0,26	-0,40	114	-0,30	-0,43	96	-0,49	-0,55
Classe 2	81	0,03	0,00	114	0,04	0,06	51	0,05	0,13	134	0,18	0,26	74	0,18	0,02
Classe 3	83	0,31	0,55	64	0,41	0,66	89	0,36	0,54	16	0,63	0,90	102	0,33	0,50
		(0,37)	(0,37)		(0,27)	(0,43)		(0,26)	0,40)		(0,35)	(0,50)		(0,32)	(0,38)
R/E[4]															
Classe 1	68	-1,34	-1,45	72	-1,09	-1,21	92	-0,98	-1,07	117	-0,49	-0,55	104	-0,91	-0,98
Classe 2	81	-0,18	-0,16	96	-0,02	0,01	87	0,06	0,03	89	0,15	0,14	74	-0,09	-0,08
Classe 3	95	1,11	1,17	96	0,84	0,90	97	0,88	0,98	41	0,53	0,60	94	1,08	1,14
Classe 4	-	-	-	-	-	-	-	-	-	17	1,35	1,58	-	-	-
		(0,80)	(0,85)		(0,72)	(0,79)		(0,73)	(0,80)		(0,65)	(0,74)		(0,73)	(0,77)
Statistiques		F	Sig F		F	Sig F		F	Sig F		F	Sig F		F	Sig F
E. principaux		133,198	0,00		105,978	0,00		127,396	0,00		68,211	0,00		88,505	0,00
A/Q		13,794	0,00		19,295	0,00		21,816	0,00		5,047	0,01		4,492	0,00
E/A		65,330	0,00		77,185	0,00		70,697	0,00		79,674	0,00		56,518	0,12
R/E		367,281	0,00		270,123	0,00		310,700	0,00		129,109	0,00		226,399	0,00
Expliquée		31,733	0,00		25,331	0,00		29,961	0,00		68,211	0,00		20,804	0,00
Moy. princ.		1,109			1,995			10,195			9,483			0,780	
R^2		0,767			0,710			0,744			0,651			0,676	
R		0,876			0,843			0,862			0,807			0,822	

Note : La variable dépendante est le logarithme du revenu par tête ajusté.

(1) D.N.A.= déviation non ajustée ; D.A.= déviation ajustée avec les facteurs ; (2) Nombre d'adultes par ménage. Burkina Faso : classe 1 : ≤0,6 ; classe 2 : 0,61-0,75 ; classe 3 : 0,76-1,0 ; Cameroun : classe 1 : ≤0,65 ; classe 2 : 0,66-0,80 ; classe 3 : 0,81-1,0 ; Côte d'Ivoire : classe 1 : ≤0,6 ; classe 2 : 0,61-0,99 ; classe 3 : 1,0 ; Guinée : classe 1 : ≤0,6 ; classe 2 : 0,61-0,80 ; classe 3 : 0,81-1,0 ; Madagascar : classe 1 : ≤0,66 ; classe 2 : 0,67-0,90 ; classe 3 : 0,91-1,0 ; Mali: classe 1 : ≤0,65 ; classe 2 : 0,66-0,80 ; classe 3 : 0,81-1,0 ; (3) Nombre d'individus employés. Burkina Faso: classe 1 : ≤0,35 ; classe 2 : 0,36-0,75 ; classe 3 : 0,76-1,0 ; Cameroun : classe 1 : ≤0,30 ; classe 2 : 0,31-0,50; classe 3 : 0,51-1,0; Côte d'Ivoire : classe 1 : ≤0,5; classe 2 : 0,5 -0,99; classe 3 : ≥1,0; Guinée : classe 1 : ≤0,3; classe 2: 0,31-0,80; classe 3 : 0,81-1,0; Madagascar : classe 1 : ≤0,40; classe 2 : 0,41-0,67; classe 3 : 0,68-1,0; Mali : classe 1 : ≤0,16; classe 2: 0.31-0,50; classe 3 : 0,51-1,0; (4) Contribution au revenu. Burkina Faso (milliers F.CFA/semaine): classe 1 : ≤0,5; classe 2 : 5,01-15,0; classe 3 : >15,0; Cameroun (milliers F.CFA/semaine) : classe 1 : ≤16,0; classe 2 : 16,01-40,0; classe 3 : >40,0; Côte d'Ivoire (F.CFA/mois) : classe 1 : ≤40.000; classe 2 : 40.001-90.000; classe 3: >90.000; Guinée (milliers F.G/mois) : classe 1 : ≤50.000; classe 2 : 50.001-85.000; classe 3 : 85.001-150.000; classe 4 : >150.000; Madagascar (F.MG/semaine) : classe 1 : ≤15.000; classe 2 : 15.001-25.000; classe 3 : >25.000; Mali (milliers de F.CFA/semaine) : classe 1 : ≤16,0; classe 2 : 16,01-40,0; classe 3 : >40,0.

Sources : Enquêtes emploi pilotes auprès des ménages : Burkina Faso (Ouagadougou, 1992), Cameroun (Yaoundé, 1990-91), Côte d'Ivoire (Abidjan, 1986-87), Guinée (Conakry, 1991-92), Mali (Bamako, 1991).

niveau d'instruction des femmes, joue un rôle substantiel.

2. Instruction féminine et fécondité

A. *Théorie et spécifications empiriques*

Sans aucun doute, les faibles niveaux de vie en Afrique sont en partie la conséquence de la croissance rapide de la population. Ainsi, au cours de la période 1980-93, le taux de croissance annuel de la population d'Afrique subsaharienne a été de 2,9 pour cent, alors que le produit intérieur brut ne progressait annuellement que de 1,6 pour cent. De ce fait, entre 1980 et 1993, le produit national brut par habitant a diminué chaque année de 1,6 pour cent[24]. Par ailleurs, au cours des années 1995-2004, malgré une prévision de croissance annuelle du produit intérieur brut de 3,8 pour cent, le maintien probable du rythme de croissance démographique actuel contribuera à affaiblir la dynamique du développement et à accroître l'incidence de la pauvreté[25].

Dans maints pays africains, une telle perspective incite à identifier d'urgence des politiques susceptibles de limiter la croissance rapide de la population et d'améliorer la qualité de la vie. Dans ce contexte, une stratégie multidimensionnelle apparaît nécessaire car, plus qu'ailleurs, le poids des facteurs socio-culturels réduit l'efficacité de la contraception et rehausse la demande d'enfants. Cependant, le souhait d'avoir beaucoup d'enfants est probablement autant la conséquence de l'incidence de la société traditionnelle que du bas niveau de développement, en particulier la forte mortalité infantile et la faible scolarisation des femmes. Pour cette raison, il importe d'examiner la relation entre l'instruction féminine et la fécondité.

Selon le modèle de base le plus répandu, dû à Leibenstein[26] et surtout à Becker[27], les déterminants de la fécondité peuvent être appréhendés dans le cadre de la théorie du consommateur. Dans cette optique, les décisions en matière de fécondité sont dictées principalement par des facteurs économiques, les contraintes en matière de ressources impliquant la recherche d'un nombre optimal d'enfants. En d'autres termes, les parents maximisent leur utilité jointe, cette dernière étant fonction du nombre

---

[24] Banque mondiale [1995a].

[25] Banque mondiale [1995b]. Le taux de croissance du PIB par habitant en Afrique subsaharienne ne serait que de 0,9 pour cent au cours de la période 1995-2004. Le nombre de pauvres, estimé à 184 millions en 1985, serait de 304 millions en 2000, soit une incidence de 49,7 pour cent, contre 47,8 pour cent en 1985. Banque mondiale [1992].

[26] Leibenstein [1957].

[27] Becker [1960].

d'enfants, de la qualité de chaque enfant — approximée par le niveau d'instruction — et de la quantité de biens et services consommés. Le modèle orthodoxe de Becker fut ultérieurement amendé en prenant en considération le coût d'opportunité supporté par les femmes qui s'occupent des enfants au lieu de participer au marché du travail. De même, un modèle théorique complet de la demande d'enfants fut développé[28], tandis que l'incertitude en matière d'éducation fut prise en compte[29]. Enfin, une approche plus socio-économique a tenté de synthétiser les facteurs de la fécondité, en reconnaissant que cette dernière pouvait être due à la fois à des éléments économiques et sociologiques[30]. Sans être en contradiction avec le modèle orthodoxe de base, cette option analytique met en évidence l'incidence des facteurs biologiques et culturels sur la fécondité. En réalité, malgré les développements ultérieurs et les limites d'une telle approche[31], le modèle orthodoxe de base demeure la référence. Ainsi, la maximisation d'une fonction d'utilité jointe, sous la contrainte de fonctions de production et du revenu du vivant des individus, génère des conditions nécessaires de premier ordre à partir desquelles les fonctions de demande du nombre d'enfants, de la qualité des enfants et des biens du ménage sont obtenues. Ces dernières peuvent être formalisées comme suit[32] :

$$D_n = f(S_h, S_f, p_n, p_q, p_b, R) \quad [1]$$

$$D_q = g(S_h, S_f, p_n, p_q, p_b, R) \quad [2]$$

$$D_b = h(S_h, S_f, p_n, p_q, p_b, R) \quad [3]$$

où D_n, D_q et D_b représentent, respectivement, les demandes du nombre d'enfants n, de la qualité des enfants q et des biens b. Les variables S, R et p se rapportent, respectivement, au prix du temps — le salaire du marché — au revenu non lié au travail et aux prix des ressources associées à chaque argument de la contrainte du revenu total ; enfin h et f se réfèrent,

---

[28] Willis [1973].

[29] Becker, Willis [1973].

[30] Easterlin [1969].

[31] Schafgans [1991] fait remarquer que le modèle se réfère à une période de temps et ne permet pas une analyse dynamique de la fertilité. Par ailleurs, il n'incorpore pas l'incertitude, le caractère aléatoire du sexe des enfants et l'expérience de la mortalité. De même, les données utilisées n'incluent aucune information sur les types de services de planning familial. Enfin, la possibilité de décisions jointes des parents quant au nombre d'enfants n'est pas prise en compte dans l'analyse.

[32] Nous suivons la présentation de Schafgans [1991].

respectivement, aux hommes et aux femmes. Ainsi, la demande d'enfants est fonction du revenu du vivant des individus, du salaire du marché et des prix des ressources utilisées. Par ailleurs, on suppose que les parents peuvent substituer la qualité à la quantité des enfants.

L'estimation des équations réduites des demandes du nombre et de la qualité des enfants déjà nés nécessite plusieurs précisions[33]. En premier lieu, examinons les facteurs susceptibles d'affecter la fécondité, pris en considération dans le modèle. Tout d'abord, il importe de spécifier les variables observables pouvant approximer les prix des ressources p_n, p_q et p_b. Alors que p_b est supposé constant selon les divers ménages, p_n est considéré comme pouvant varier avec plusieurs paramètres inhérents à la mère : âge, années d'instruction, niveau de formation et naissance dans la capitale. En effet, compte tenu des risques des grossesses en termes de mortalité infantile, on peut s'attendre à ce que le nombre d'enfants soit corrélé avec l'âge de la mère[34]. De même, l'hypothèse d'une relation inverse entre l'éducation de la mère et le nombre d'enfants paraît logique, bien que dans le contexte africain, un tel lien de causalité soit probablement plus distendu que dans d'autres régions en développement[35]. En principe, un niveau d'éducation élevé contribue à réduire la mortalité infantile, à mieux maîtriser la contraception et à espacer les naissances. De plus, il a déjà été montré que l'âge du mariage était corrélé avec le niveau d'instruction[36]. En outre, le coût des enfants est probablement moindre en milieu rural que dans la capitale, phénomène que l'on tente de capter avec l'introduction du lieu de naissance dans la capitale[37]. Il est à remarquer que cette dernière variable est susceptible d'influencer également p_q ; en effet, on peut supposer qu'en milieu rural la qualité des enfants est moindre étant donné leur importance potentielle en termes de contribution productive.

Ensuite, plusieurs éléments justifient la prise en compte du revenu dans les décisions en matière de fécondité. D'une part, de nombreuses

---

[33] Voir par exemple sur ces aspects Schafgans [1991].

[34] Dans cetaines recherches, la mortalité infantile constitue une variable spécifique. Montgomery, Kouamé, Oliver [1995].

[35] La relation entre l'éducation et la fécondité ne peut faire abstraction de l'organisation sociale, en particulier dans le contexte africain : solidarité familiale et ethnique ; rôle des enfants les plus âgés quant à la garde et à l'éducation des plus jeunes ; processus de décision d'une grossesse dans le ménage. Sur ce dernier point, il est à remarquer que c'est parfois l'homme qui décide, alors que c'est la femme qui pourvoit à l'entretien des enfants — notamment le coût marginal.

[36] Chapitre 2.

[37] Dans ce contexte, rappelons qu'il a été montré au chapitre 2 que beaucoup de femmes s'étaient mariées avant la migration.

recherches, longitudinales ou transversales — y compris la présente étude — tendent à montrer qu'il existe une relation inverse entre la fécondité et le revenu du ménage[38]. Il en est ainsi probablement parce que l'effet de substitution l'emporte sur l'effet de revenu[39]. D'autre part, on peut escompter une liaison positive entre la qualité des enfants et le revenu, puisque lorsque ce dernier s'élève, les parents considèrent qu'il est nécessaire de dépenser davantage pour l'éducation des enfants. Dans ce contexte, le revenu peut être introduit de deux manières dans les équations réduites. D'un côté, on peut considérer que les décisions en matière de fécondité sont davantage associées à un flux de ressources permanentes ; dans ce cas, le revenu total du ménage constitue une variable plus stable que les revenus courants[40]. D'un autre côté, il peut être opportun, a priori, de tester un modèle incorporant les flux de revenus actuels des parents, issus du travail — salaires et profits — ou provenant d'autres sources. A cet égard, les revenus du travail constituent une approximation du coût d'opportunité du temps des parents ; de ce fait, une élévation du revenu du travail accroît le prix des enfants et réduit la quantité demandée de ces derniers. Dans la présente étude, cette seconde approche produit des résultats médiocres et est seulement présentée en annexe (tableau A1.5).

En second lieu, les procédures économétriques inhérentes à l'estimation des équations réduites appellent deux observations. Premièrement, en ce qui concerne l'analyse des déterminants du nombre d'enfants, l'estimation économétrique a été effectuée par la méthode des moindres carrés et la procédure Tobit[41]. Bien que produisant des résultats

---

[38] Voir Ainsworth, Beegle, Nyamete [1995] pour une présentation bibliographique résumée des analyses multivariées des déterminants de la fécondité en Afrique subsaharienne. Il faut cependant reconnaître qu'il existe une controverse sur cette question. Dans les modèles orthodoxes, l'éducation des enfants et la fécondité sont considérés comme des substituts. En fait, l'éducation étant un bien normal, sa demande augmente avec le revenu, ce qui accroît aussi le coût d'opportunité des enfants. Il en résulte une élévation de la fécondité jusqu'à un certain seuil de revenu, puis une baisse par la suite.

[39] Le coût d'un enfant s'accroît lorsque le coût d'opportunité pour élever cet enfant s'élève — effet de substitution — alors que les ressources de la famille augmentent — effet de revenu.

[40] Il aurait été préférable d'utiliser la dépense totale plutôt que le revenu. Cependant, pour des raisons déjà évoquées, les données utilisées ne comportent pas l'agrégat des dépenses totales du ménage. Notons que pour tenir compte des non linéarités, le revenu au carré est aussi introduit.

[41] En effet, des observations sont censurées puisque la variable dépendante prend la valeur 0 ou des valeurs entières. De ce fait, l'hypothèse de la loi continue habituellement faite sur les perturbations n'est pas adaptée.

proches[42], l'approche du maximum de vraisemblance est présentée [43]. En fait, malgré la possibilité de certains biais, il n'a pas été jugé opportun d'utiliser des procédures économétriques alternatives, certaines des hypothèses auxquelles ces dernières sont soumises apparaissant aussi restrictives que l'approche des moindres carrés[44]. La variable dépendante, supposée continue, se réfère à la fécondité cumulée, exprimée par le nombre d'enfants déjà nés. A cet égard, il importe de souligner que la variable dépendante utilisée dans le cadre de la présente étude se heurte à deux difficultés. Tout d'abord, elle se réfère uniquement aux enfants des ménages ne comportant qu'une seule épouse — chef de ménage ou non. Il en est ainsi parce que les investigations empiriques utilisées, n'ayant pas pour objectif prioritaire l'analyse de la fécondité, ont spécifié la situation des individus du ménage par rapport au chef de ce dernier. Par conséquent, il est possible que, dans certains cas, la variable dépendante soit liée à des individus qui ne sont pas des enfants des épouses identifiées[45]. Ensuite, le présent échantillon inclut des femmes dont la fécondité n'est pas achevée. Toutefois, la prise en compte de l'âge — et du carré de l'âge — en tant que facteur de la fécondité permet de tenir compte des situations de risques différentiels des grossesses des femmes dans le temps[46]. Deuxièmement, la méthode des moindres carrés est également utilisée pour estimer l'effet qualité[47]. A cet égard, le choix d'une variable dépendante opérationnelle est difficile. Dans la présente recherche, la variable dépendante se réfère au

---

[42] Cette observation est faite par d'autres auteurs. Ainsworth, Beegle, Nyamete [1995].

[43] Voir aussi le tableau A2.5 en annexe pour les estimations incorporant le revenu des parents.

[44] Des modèles économétriques à choix qualitatifs peuvent être utilisés. Premièrement, lorsque la variable dépendante est discrète, on suppose que les parents opèrent leurs décisions en matière de fertilité de manière séquencielle : décision d'avoir ou non des enfants, puis décision d'avoir plus d'un enfant, etc. A cet égard, dans le cas d'un modèle logit, la variable dépendante est le log des chances d'avoir i+1 enfants pour les ménages ayant i enfants. Deuxièmement, si la variable dépendante se réfère au nombre d'enfants déjà nés durant une période de temps donnée, le modèle de Poisson peut être utilisé. Dans ce cas, la variable dépendante représente un processus qui génère un nombre de naissances pendant une période de temps fixée. Schafgans [1991] souligne trois limites inhérentes à ce modèle : (i) la variance est égale à la moyenne ; (ii) les naissances ne peuvent survenir indépendamment puisqu'une période d'au moins neuf mois doit séparer chacune d'entre elles ; (iii) le taux de naissance est constant dans le temps.

[45] Mais un des avantages d'un tel échantillon est ne ne pas comporter de femmes en cours de scolarisation.

[46] Sous l'impulsion de divers facteurs — amélioration des revenus, meilleure scolarisation, etc. — la relation entre l'éducation et la fécondité peut varier dans le temps.

[47] Pour une estimation utilisant les moindres carrés généralisés, on consultera Schafgans [1991].

nombre d'années de scolarisation normalisées par l'âge. Pour chaque enfant entre 7 et 20 ans, on effectue le rapport entre, d'une part, le nombre actuel d'années de scolarisation et de formation et, d'autre part, le nombre moyen d'années de scolarisation et de formation pour les enfants aux âges spécifiques[48].

B. Fécondité et instruction : une relation de substitution

Les résultats des estimations économétriques tendent à mettre en évidence une relation de substitution entre la fécondité et l'éducation des enfants. Premièrement, le tableau 6.5 montre l'influence de l'éducation de la mère en matière de fécondité. Dans toutes les capitales, on observe une corrélation négative entre le niveau d'instruction de la mère et le nombre d'enfants[49]. Selon les agglomérations, un accroissement d'une année d'instruction de la mère réduit le nombre d'enfants de 0,07 à 0,16, toutes choses égales par ailleurs. En fait, ce résultat appelle deux observations additionnelles. D'une part, la relation entre la fécondité et l'éducation de la mère n'est pas linéaire, et prévaut essentiellement lorsque cette dernière possède au moins le niveau du second cycle du secondaire. Le tableau A1.5 en annexe montre que, toutes choses égales par ailleurs, le fait pour une épouse d'avoir accédé au moins au deuxième cycle du secondaire plutôt que d'être sans instruction réduit le nombre d'enfants déjà nés de 1,3 à 2,3 selon la capitale[50]. Un tel résultat semble avoir été observé dans d'autres zones urbaines d'Afrique subsaharienne[51]. D'autre part, il apparaît que l'ampleur des cœfficients relatifs à l'instruction est indépendante du niveau de PNB par habitant[52].

Le calcul des élasticités non compensées par rapport au niveau d'instruction de la mère — supposé être un coût du nombre d'enfants — indique qu'elles sont comprises entre -0,22 et -0,08 (tableau 7.5). Cela

---

[48] Le fait de considérer les enfants de 7 à 20 ans est susceptible de réduire l'ampleur de l'exogénéité du revenu du ménage dans les équations réduites, puisque peu d'entre eux exercent une activité économique.

[49] Dans le cas de Yaoundé, c'est la variable relative au diplôme qui est significative.

[50] L'effet est moindre lorsque la formation exerce un effet négatif sur la fécondité — Abidjan.

[51] Ainsi, selon Ainsworth, Beegle, Nyamete [1995], les cœfficients pour les femmes localisées dans les zones urbaines du Mali et du Cameroun — deux pays pris en compte dans la présente étude —, ayant au moins 11 années de scolarisation sont, respectivement, de -1,363 et de -1,208. Une telle relation prévaut aussi en milieu rural.

[52] De même, d'autres études ne semblent pas indiquer de relation entre le cœfficient de l'éducation des femmes et le PNB par habitant. Ainsworth, Beegle, Nyamete [1995].

Tableau 6.5 : Cœfficients de régression de l'estimation par les moindres carrés de la quantité d'enfants selon la capitale — variable dépendante: nombre d'enfants[1]

Capitale	Ouagadougou		Yaoundé		Abidjan		Conakry		Bamako	
Paramètre	OLS	Tobit	OLS	Tobit	OLS	Tobit	OLS	Tobit	OLS	Tobit
Instruction (mère)										
Années	-0,1389	-0,1516	0,4486	0,0560	-0,1567	-0,1697	-0,0733	-0,0768	-0,1060	-0,1112
	(-4,530)*	(-4,722)*	(0,869)	(1,039)	(-1,617)*	(-1,475)	(-1,691)**	(-1,710)**	(-1,583)	(-1,658)**
Diplôme[2]	0,7392	0,8212	-1,2400	-1,3766	0,7706	0,7117	0,9103	0,8189	0,2299	0,2032
	(1,752)**	(1,868)**	(-1,924)*	(-2,039)*	(1,094)	(0,857)	(-0,956)	(0,825)	(0,404)	(0,357)
Formation (mère)[3]										
Informel	-0,2243	-0,1739	-0,7136	-0,7196	0,0173	0,0466	-0,7850	-0,9212	-1,0423	-0,9881
	(-0,360)	(-0,269)	(-1,406)	(-1,364)	(0,029)	(0,068)	(-0,737)	(-0,829)	(-0,803)	(-0,762)
Moderne	0,2947	0,4113	0,0026	0,0123	0,7680	1,0091	2,2947	2,4136	-0,1922	-0,2113
	(0,729)	(0,978)	(0,005)	(0,022)	(1,262)	(1,415)	(2,294)*	(2,343)*	(-0,239)	(-0,261)
Age (mère)	0,4501	0,5086	0,4979	0,5634	0,4094	0,4782	0,4099	0,4210	0,5739	0,5819
	(6.731)*	(6,972)*	(4,400)*	(4,691)*	(4,679)*	(4,698)*	(3,760)*	(3,730)*	(5,095)*	(5,154)*
$(Age)^2$ (mère)	-0,0050	-0,0058	-0,0049	-0,0057	-0,0046	-0,0054	-0,0044	-0,0045	-0,0058	-0,0059
	(-6,262)*	(-6,541)*	(-3,320)*	(-3,619)*	(-3,883)*	(-3,920)*	(-3,400)*	(-3,354)*	(-4.629)*	(-4,682)*
Naissance capitale (mère)	0,4222	0,4987	-0,6654	-0,7420	-0,4705	-0,6741	0,1422	0,0850	-0,2476	-0,3027
	(1.540)	(1,745)	(-1,520)	(-1,618)	(-0,842)	(-1,020)	(0,286)	(0,164)	(-0,542)	(-0,660)
Nationalité[4]	-	-	-	-	1,2984	1,5374	-	-	-	-
	-	-	-	-	(3,770)*	(3,820)*	-	-	-	-
Revenu par tête ajusté	-0,0156	-0,0230	-0,0187	-0,0181	-1,65E-5	-0,22E-4	-4,95E-5	-0,50E-4	-0,0878	-0,0849
	(-0,512)	(-0,723)	(-1,362)	(-1,277)	(-2,144)*	(-2,507)*	(-2,276)*	(-2,251)*	(-1,385)	(-1,339)
$(Revenu\ par\ tête\ ajusté)^2$	4,80E-5	0,9965	1,79E-5	0,17E-4	4,16E-11	0,6132	2,42E-10	0,25E-8	0,0016	0,16E-2
	(0,233)	(0,462)	(1,360)	(1,271)	(1,361)	(1,728)**	(1,457)	(1,485)	(1,862)*	(1,839)**
Constante	-5,2934	-6,3467	-6,6755	-8,1342	-5,3442	-6,8923	-3,5984	-3,9264	-7,3448	-7,5331
	(-4,116)*	(-4,564)*	(-3,295)*	(-3,754)*	(-3,390)*	(-3,734)*	(-1,662)**	(-1,746)**	(-3,029)*	(-3,098)*
Log vraisemblance	-	-422,708	-	-527,052	-	-424,301	-	-413,480	-	-429,641
% obs. >0	-	93,0	-	93,1	-	82,0	-	93,1	-	96,6
Chi^2	-	73,397	-	64,574	-	62,004	-	33,497	-	46,752
R^2 ajusté	0,2499	-	0,2117	-	0,2234	-	0,1373	-	0,1916	-
F	8,8879	-	7,8638	-	6,9001	-	4,0614	-	5,6639	-
Sig F (Chi^2)	0,0000	0,0000	0,0000	0,0000	0,0000	0,0000	0,0001	0,0001	0,0000	0,0000
N	214	214	231	231	206	206	174	174	178	176

Note : La variable dépendante utilisée dans le cadre de la présente étude se réfère uniquement aux enfants des ménages ne comportant qu'une seule épouse — chef de ménage ou non.

(1) Le t est entre parenthèses ; (2) Burkina Faso, Côte d'Ivoire, Mali : diplôme quelconque ; Cameroun, Guinée : ≥ baccalauréat ; (3) base = sans formation ; (4) Ivoirien.

* = significatif à 5 pour cent au moins ; ** = significatif entre 5 et 10 pour cent.

Sources : Enquêtes emploi pilotes auprès des ménages: Burkina Faso (Ouagadougou, 1992), Cameroun (Yaoundé, 1990-91), Côte d'Ivoire (Abidjan, 1986-87), Guinée (Conakry, 1991-92), Mali (Bamako, 1991).

signifie que, toutes choses étant égales par ailleurs, un accroissement du nombre d'années d'instruction des femmes de 10 pour cent induit une réduction de la fécondité cumulée de 0,8 à 2,2 pour cent. En fait, on peut également calculer des élasticités-prix compensées qui expriment le pourcentage de variation du nombre — ou de la qualité — d'enfants inhérent à une variation d'un pourcentage donné d'éducation de la mère, en supposant l'utilité et les autres prix constants. Dans ce cas, ces élasticités varient de 0,5 à 1,5 selon les capitales. En d'autres termes, une élévation

Tableau 7.5 : Elasticités des demandes-revenu et prix : quantité et qualité des enfants selon les capitales

Capitale Paramètre	Ouaga- dougou	Yaoundé	Abidjan	Conakry	Bamako
Quantité[2]					
Elasticités revenu					
Revenu par tête ajusté	(-0,028)	(-0,069)	-0,221	-0,246	(-0,089)
Elasticités prix non compensées[1]					
Education de la mère	-0,220	(0,086)	-0,158	-0,105	-0,084
Elasticités prix compensées[1]					
Education de la mère	(0,357)	-0,449	-0,795	-1,490	(-0,427)
Qualité[2]					
Elasticités revenu					
Revenu par tête ajusté	0,058	(0,068)	0,116	0,065	(-0,029)
Elasticités prix non compensées[2]					
Education de la mère	0,072	0,154	(-0,063)	0,073	0,161
Elasticités prix compensées[1]					
Education de la mère	0,296	(0,657)	(0,272)	0,380	(0,061)

(1) Selon la relation de Slutsky, l'effet prix non compensé de l'éducation de la mère sur la quantité et la qualité peut être décomposé en un effet de prix et un effet de revenu. Par exemple : $\partial g_i/\partial p_j = s_{ij} - (q_j \cdot \partial g_i/\partial y)$, où s_{ij} est l'effet de substitution de la variation des prix et $(q_j \cdot \partial g_i/\partial y)$ l'effet revenu du changement des prix. Ainsi, s_{ij} représente le changement de la quantité i due à la variation du prix d'une unité de j après que la dépense totale ait été suffisamment augmentée afin de compenser la variation du prix ; (2) Entre parenthèses figurent les élasticités calculées à partir des paramètres non significatifs à 10% ;

Sources : Enquêtes emploi pilotes auprès des ménages: Burkina Faso (Ouagadougou, 1992), Cameroun (Yaoundé, 1990-91), Côte d'Ivoire (Abidjan, 1986-87), Guinée (Conakry, 1991-92), Mali (Bamako, 1991 ; tableaux 6.5 et 8.5

de 10 pour cent de l'éducation de la mère, l'utilité et les autres prix étant constants, diminue la demande d'enfants de 5 à 15 pour cent selon les pays pris en considération.

Deuxièmement, et corrélativement, il importe de remarquer que l'éducation des mères exerce également une influence sur la qualité des enfants — exprimée en années d'instruction normalisées. En effet, le tableau 8.5 affiche des cœfficients positifs pour l'éducation dans toutes les capitales[53]. Une année d'instruction supplémentaire des femmes accroît le nombre d'années d'instruction normalisées des enfants de 0,02 à 0,05 selon les villes, toutes choses égales par ailleurs[54]. Ainsi, les élastictés non compensées de l'instruction normalisée des enfants par rapport à l'éducation des mères varient selon les pays pris en compte de 0,07 à 0,16. Par conséquent, il semblerait qu'il existe une relation inverse entre la quantité et la qualité des enfants[55]. D'ailleurs, les élasticités compensées inhérentes à la qualité de l'éducation — élasticités croisées — suggèrent

[53] Le diplôme dans le cas d'Abidjan.

[54] La moyenne est comprise entre 1,03 et 1,07 selon les capitales (tableau 9.5).

[55] Un résultat de ce type ne semble pas prévaloir en milieu rural. Montgomery, Kouamé, Oliver [1995].

Tableau 8.5 : Cœfficients de régression de l'estimation de la qualité des enfants – moindres carrés – selon la capitale ; variable dépendante : années de scolarisation normalisées par l'âge[1,2]

Capitale	Ouagadougou	Yaoundé	Abidjan	Conakry	Bamako
Paramètre	OLS	OLS	OLS	OLS	OLS
Instruction (mère)					
Années	0,0197	0,0213	-0,0226	0,0168	0,0508
	(1,914)**	(1,899)**	(-1,301)	(3,214)*	(4,198)*
Diplôme[3]	0,1940	-0,0143	0,2348	-0,1080	-0,1390
	(1,649)**	(-0,092)	(1,860)**	(-0,913)	(-1,456)
Formation (mère)[4]					
Informel	0,2142	0,4361	0,0974	0,1914	0,0927
	(1,341)	(3,456)*	(0,968)	(1,380)	(0,479)
Moderne	0,0525	0,3153	0,1042	-0,0027	0,1218
	(0,465)	(2,967)*	(1,052)	(-0,030	(0,755)
Sexe (enfant)	0,1550	-0,0865	0,1223	0,0749	0,1499
	(2,273)*	(-1,164)	(2,274)*	(1,556)	(2,008)*
Age (enfant)	-0,0804	0,0361	-0,0103	0,0851	-0,0532
	(-1,264)	(0,523)	(-0,201)	(1,936)**	(-0,763)
(Age)² (enfant)	0,0027	-0,0012	2,86E-4	-0,0026	0,0018
	(1,132)	(-0,492)	(0,146)	(-1,668)**	(0,705)
Naissance capitale (enfant)	-0,0165	-0,3375	0,0204	-0,1302	0,0766
	(-0,188)	(-3,598)*	(0,332)	(-2,055)*	(0,557)
Nationalité (enfant)[5]	-	-	0,1395	-	-
	-	-	(1,901)**	-	-
Revenu par tête ajusté	0,0127	0,0034	4,01E-4	4,42E-6	-0,0065
	(1,549)	(1,130)	(2,517)*	(1,673)**	(-0,498)
(Revenu par tête ajusté)²	-6,56E-5	-2,73E-6	-4,09E-12	-2,69E-11	-5,30E-5
	(-1,097)	(-0,951)	(-0,600)	(-1,360)	(-0,297)
Constante	1,3520	0,8200	0,7530	0,4065	1,1890
	(3,366)*	(1,805)**	(2,289)*	(1,386)	(2,618)*
R^2	0,1027	0,0983	0,1344	0,0952	0,1130
R^2 ajusté	0,0775	0,0799	0,1006	0,0674	0,0921
F	4,0782	5,3442	3,9817	3,4318	5,4065
Sig F	0,0000	0,0000	0,0000	0,0003	0,0000
N	367	501	294	337	435

(1) Le nombre d'années de scolarisation normalisées par l'âge est calculé en effectuant, pour chaque enfant entre 7 et 20 ans, le rapport entre, d'une part, le nombre actuel d'années de scolarisation et de formation et, d'autre part, le nombre moyen d'années de scolarisation et de formation pour les enfants aux âges spécifiques ; (2) le t est entre parenthèses ; (2) le t est entre parenthèses ; (3) Burkina Faso, Côte d'Ivoire, Mali : diplôme quelconque ; Cameroun, Guinée : ≥ baccalauréat ; (4) base = sans formation ; (5) Ivoirien.
Note : * = significatif à 5 pour cent au moins ; ** = significatif entre 5 et 10 pour cent.
Sources : Enquêtes emploi pilotes auprès des ménages: Burkina Faso (Ouagadougou, 1992), Cameroun (Yaoundé, 1990-91), Côte d'Ivoire (Abidjan, 1986-87), Guinée (Conakry, 1991-92), Mali (Bamako, 1991.

que lorsque l'utilité et les autres prix sont constants, un accroissement de 10 pour cent de l'instruction des mères entraîne une élévation de la demande d'éducation des enfants de l'ordre de 3 à 4 pour cent. Le signe positif de ces élasticités croisées signifie que le nombre d'enfant et l'instruction de ces derniers sont des substituts.

Troisièmement, la prise en considération du revenu du ménage tend à confirmer cette dernière hypothèse. En effet, le signe des cœfficents du revenu par tête ajusté est négatif dans les équations de fécondité, mais positif — dans quatre cas sur cinq — dans celles qui se réfèrent à la qualité des enfants (tableaux 6.5 et 8.5)[56]. A cet égard, on observe que ces cœfficients sont significatifs dans deux capitales, Abidjan et Conakry. A Abidjan, les élasticités revenu-quantité et revenu-qualité s'élèvent, respectivement, à -0,221 et 0,116, tandis qu'à Conakry les mêmes paramètres valent, respectivement, -0,246 et 0,065 (tableau 7.5). Par conséquent, dans la capitale ivoirienne, une élavation du revenu par tête ajusté des ménages de 10 pour cent induit, toutes choses égales par ailleurs, une réduction de la fécondité de 2,21 pour cent et une augmentation du nombre d'années d'éducation normalisées des enfants de 1,16 pour cent ; de même, à Conakry, une réduction du nombre d'enfants de 2,46 pour cent et une augmentation de 0,65 pour cent de la qualité de ces derniers sont associées à une élévation de 10 pour cent du revenu.

Ainsi, en milieu urbain, il apparaît que la fécondité est un bien inférieur, alors que l'éducation est un bien normal[57]. Cependant, les élasticités-revenu sont plus élevées en matière de fécondité que pour la qualité de l'éducation. De ce fait, un accroissement de revenu n'induit pas une élévation du ratio qualité/quantité. Il en résulte une non augmentation du coût relatif nombre d'enfants/qualité des enfants, ce qui réduit les substitutions additionnelles. En vérité, de tels résultats pourraient être l'expression d'une transition démographique spécifique. Dans les années 1960-70, la relation entre la fécondité et l'éducation était plutôt positive, étant donné le poids de l'Etat en matière de subvention de cette dernière. Depuis le début de années 1980, dans maints pays africains, le désengagement de l'Etat a rehaussé les coûts privés de l'éducation, alors que la chute des revenus réels était substantielle. L'effet de revenu, le rôle de l'éducation féminine en tant que véhicule des idées occidentales[58] et les tensions accrues sur le marché du travail, particulièrement sensibles en milieu urbain, contribuent probablement à réduire la fécondité des femmes, même si l'organisation sociale africaine — solidarité, rôle des aînés, etc. — constitue un facteur de réduction du coût d'opportunité des enfants. Mais, les transformations sociales en milieu urbain, la plus grande participation

---

[56] Il est à souligner que les échantillons des deux estimations se réfèrent au même échantillon de femmes.

[57] Dans le cas de la Côte d'Ivoire, l'étude de Montgoméry, Kouamé, Oliver [1995], basée sur des données inhérentes à la même époque que celles utilisées dans la présente recherche, indique pour le milieu urbain une élasticité revenu-quantité positive — bien que non significative dans le modèle linéaire.

[58] Meilleure appréhension des responsabilités parentales — en termes de temps consacré par la mère à l'éducation des enfants — et redistribution du pouvoir au sein du ménage.

Tableau 9.5 : Simulation des effets quantité et qualité des enfants selon l'instruction de la mère, le revenu du ménage, le sexe des enfants et les capitales

Capitale Paramètre	Ouaga- dougou	Yaoundé	Abidjan	Conakry	Bamako
Quantité					
Moyenne des enfants	3,15	4,06	2,87	3,93	4,86
Education de la mère :					
+ deux années	2,87	-	2,56	3,78	(4,65)
+ quatre années	2,59	4,21[2]	2,24	3,63	(4,44)
+ six années	2,32	2,97[3]	1,93	3,49	(4,23)
Revenu du ménage :					
+ 25 pour cent	(3,13)	(4,01)	2,75	3,73	(4,76)
+ 50 pour cent	(3,11)	(3,96)	2,63	3,54	(4,65)
+ 100 pour cent	(3,08)	(3,87)	2,39	3,16	(4,43)
Qualité					
Moyenne des années d'instruction normalisées	1,07	1,03	1,03	1,09	1,05
Education de la mère :					
+ deux années	1,11	1,08	-	1,12	1,15
+ quatre années	1,15	1,12	1,18[2]	1,16	1,25
+ six années	1,19	1,16	0,94[3]	1,19	1,35
Revenu du ménage :					
+ 25 pour cent	(1,08)	(1,05)	1,06	1,11	(1,04)
+ 50 pour cent	(1,09)	(1,07)	1,09	1,14	(1,03)
+ 100 pour cent	(1,12)	(1,10)	1,14	1,16	(1,02)
Sexe des enfants :					
Garçon	1,13	-	1,09	1,12	1,12
Fille	0,98	-	0,97	1,05	0,97

(1) Entre parenthèses les simulations inhérentes à des cœfficients non signficatifs ; (2) non diplômé ; (3) diplômé.
Sources : Enquêtes emploi pilotes auprès des ménages: Burkina Faso (Ouagadougou, 1992), Cameroun (Yaoundé, 1990-91), Côte d'Ivoire (Abidjan, 1986-87), Guinée (Conakry, 1991-92), Mali (Bamako, 1991 ; tableaux 6.5 et 8.5

des femmes au marché du travail et les politiques en matière d'éducation semblent affaiblir considérablement l'effet de prix. De ce fait, l'éducation demeure un bien normal, bien que, toutes choses égales par ailleurs, la valeur des élasticités-revenu enseigne que l'incitation à réduire le nombre d'enfants semble plus forte que la propension à élever la qualité de l'éducation de ces derniers. Ainsi, le cheminement du développement en Afrique — du moins en milieu urbain — pourrait de moins en moins constraster avec celui qui prévaut dans les autres régions les moins avancées. La présente étude tendrait à suggérer qu'au cours des années futures, une réduction de la croissance de la population active pourrait être associée à une élévation du capital humain par actif.

Quatrièmement, les estimations économétriques mettent en évidence deux autres résultats significatifs. En premier lieu, dans toutes les capitales, le nombre d'enfants déjà nés augmente avec l'âge de la mère, mais à un taux décroissant pour celles qui sont plus âgées — à partir de 45-52 ans selon les pays. Il en est probablement ainsi pour deux raisons. D'une part, le cycle de fécondité des femmes les plus jeunes n'est pas encore achevé;

d'autre part, les jeunes femmes qui ont différées leur mariage ont réduit leur période de fécondité. En second lieu, le tableau 8.5 montre que les garçons sont beaucoup plus favorisés que les filles en matière d'instruction. Dans la majorité des capitales, les cœfficients relatifs aux hommes sont positifs et significatifs. En moyenne, les garçons ont un nombre d'années normalisées supérieur à 15 pour cent à celui des filles. L'exercice de simulation, présenté au tableau 9.5, illustre l'influence du genre sur la qualité de l'éducation des enfants, ainsi que l'impact de l'éducation et du revenu du ménage sur la relation quantité-qualité.

Conclusion

Dans les capitales africaines, à la fin des années 1980 et au début des années 1990, la probabilité d'accès des femmes au deuxième cycle du secondaire est encore beaucoup plus faible que pour les hommes. Bien que l'accès des femmes au système éducatif soit influencé par un ensemble de facteurs — en particulier le statut social des parents — le revenu du ménage semble jouer un rôle — positif — prépondérant, d'autant que les élasticités des probabilités de choix des femmes par rapport au revenu apparaissent supérieures à celles des hommes. Néanmoins, dans certains cas, la croissance du ratio des probabilités de non accès au deuxième cycle des femmes et des hommes avec le niveau de vie du ménage, incite à penser qu'en l'absence de politiques d'éducation appropriées, maintes femmes sont susceptibles de demeurer exclues du système éducatif.

Cette situation est d'autant plus préoccupante qu'une relation inverse entre la fécondité et la qualité des enfants est observée. En effet, les investigations empiriques montrent que l'éducation des femmes influence, d'une part, négativement la fécondité cumulée et, d'autre part, positivement le nombre d'années normalisées des enfants. Un tel résultat, probablement plus spécifique aux zones urbaines, conduit à penser qu'au cours des années futures, une moindre croissance de la population active pourrait être associée à un rehaussement du capital humain par individu employé. Dans ces conditions, un meilleur accès des femmes au système éducatif apparaît comme un des éléments clés ayant la capacité de contribuer à promouvoir un nouveau cheminement du développement.

Dans ce contexte, le chapitre suivant se propose de préciser les conséquences en termes de revenu du différentiel d'accès au système éducatif et au marché du travail selon le genre.

6. Ecarts de revenus, discrimination et genre

Dans la mesure où les revenus issus de la participation des femmes au marché du travail urbain sont, en moyenne, deux fois moins importants que ceux des hommes, il importe de spécifier si ce différentiel brut de gains est imputable à l'écart des dotations en capital humain selon le sexe ou s'il résulte d'un processus de discrimination. Après avoir précisé la méthode de recherche, la présente étude se propose d'examiner cette question, successivement, aux niveaux des salaires et des profits.

1. Concepts et méthode

Le modèle de base sous-jacent à la présente analyse est le modèle du capital humain. En effet, malgré les incertitudes et les controverses inhérentes à la théorie du capital humain[1], ce type d'approche peut contribuer à appréhender certains aspects du marché du travail. A cet égard, l'estimation de fonctions de gains constitue une méthode pragmatique permettant d'incorporer les implications majeures des modèles du capital humain optimal dans un cadre analytique simple.

Dans cette optique, la discrimination économique est généralement appréhendée en termes d'écarts de revenus entre ménages ou en termes d'écarts de salaires entre travailleurs[2]. De ce fait, la recherche empirique sur la discrimination économique s'est principalement occupée d'estimer le montant et les déterminants de la discrimination, par exemple les effets du sexe ou de la race sur les salaires[3].

Il est cependant possible d'appliquer cette approche au travail indépendant, et de tenter d'examiner si l'écart de profits entre deux groupes d'individus — par exemple les hommes et les femmes — peut s'expliquer par des caractéristiques quantifiables, ayant une incidence sur la productivité, ou par des différences concernant l'environnement social et institutionnel. Par exemple, la discrimination contre les entrepreneurs féminins sur le marché du capital peut expliquer l'existence d'un différentiel net de gains à l'avantage des chefs d'entreprise masculins. Dans

---

[1] Willis [1986].

[2] Cain [1986].

[3] Les études empiriques de ce type font référence au modèle néo-classique ou au modèle structuraliste.

ces conditions, la portion inexpliquée de l'écart global des profits — ou des salaires — entre les hommes et les femmes occupant un emploi à propre compte — ou un emploi salarié —, représentera la limite supérieure de la discrimination qui s'exerce contre ces dernières.

En fait, l'approche habituelle des fonctions de gains suppose que les individus, par rapport à leurs caractéristiques non observables influençant le salaire, sont aléatoirement distribués entre les composantes du système productif. Or, il se peut qu'un processus de sélection, inhérent à la confrontation à la fois des préférences des employeurs et des employés, conduise à la constitution d'échantillons «auto-déterminés» et, par conséquent, non aléatoires. En d'autres termes, les paramètres estimés peuvent refléter non seulement l'influence des variables explicatives, mais également la probabilité d'appartenir à tel ou tel segment du marché du travail[4]. Il en résulte que les comparaisons de salaires (ou de profits) peuvent être trompeuses[5].

Dans ces conditions, le modèle général utilisé peut être exprimé comme suit (les indices h et f se réfèrent, respectivement, aux hommes et aux femmes) :

$$Ln(W_h) = L_h\beta_h + u_h \qquad [1]$$

$$Ln(W_f) = L_f\beta_f + u_f \qquad [2]$$

$$I_1{}^* = Z_1\alpha_1 + \epsilon_1 \qquad [3]$$

Les équations [1] et [2] expriment le logarithme du revenu — salaire ou profit — potentiel d'un travailleur, respectivement, masculin et féminin. L_h et L_f sont les vecteurs des variables déterminant les revenus, β_h et β_f expriment des vecteurs de cœfficients, W_h et W_f représentent les revenus — salaires ou profits — et les termes aléatoires sont indiqués par u_h et u_f. Les Z sont des vecteurs de variables exogènes qui peuvent englober certaines ou toutes les variables inhérentes aux L ; Z_1 correspond aux caractéristiques qui sont associées à la probabilité d'être salarié ou travailleur indépendant. Toutefois, l'équation [3] représente l'équation de sélection de l'emploi salarié (ou indépendant) par rapport aux statuts résiduels — inactif et indépendant ou inactif et salarié. En d'autres termes, on admet que la décision de participation n'est pas donnée, et que la correction du biais de sélection ne doit pas être réalisée uniquement en

[4] La covariance des erreurs et des caractéristiques non observables n'est pas nulle.

[5] Voir sur ces aspects Heckman [1976] ; Maddala [1983].

référence aux segments du marché du travail[6].

D'un point de vue pratique, la stratégie d'estimation utilisée est habituelle et peut être résumée comme suit[7]. Tout d'abord, l'estimation logistique multinomiale de l'équation [3] permet de déterminer le rapport inverse de Mills, $\lambda_j(s_j)$. Ce cœfficient capture la probabilité d'être inclus dans l'échantillon en tant que salarié (ou travailleur indépendant). Ainsi, la variable dépendante de ce modèle logit multinomial prend les valeurs 1 et 2, respectivement, si l'individu est à propre compte[8] et salarié[9] (ou 1 et 2, respectivement, si l'individu est salarié et travailleur indépendant), et 0 dans le cas contraire — inactif. Ensuite, les équations suivantes ont été estimées par la méthode des moindres carrés.

$$Ln(W_h) = \phi_h L_h + \lambda_h s_h + \pi_h \qquad [5]$$

$$Ln(W_f) = \phi_f L_f + \lambda_f s_f + \pi_f \qquad [6]$$

où $E(\pi) = 0$ pour $j = h, f$.

Finalement, les écarts de salaires (ou de profits) entre les hommes et les femmes peuvent être décomposés en trois éléments[10] : (i) un écart dû aux différences de dotations des individus (L) ; (ii) un écart dû à la structure des rémunérations (ϕ), et ; (iii) le biais de sélection (λ). La décomposition est généralement réalisée par rapport à la moyenne arithmétique de l'échantillon, soit[11] :

$$\hat{Y}_h - \hat{Y}_f = 0,5\,(\phi_h + \phi_f)\,(\bar{L}_h - \bar{L}_f) + 0,5\,(\bar{L}_h + \bar{L}_f)\,(\phi_h - \phi_f)$$

$$+ (\lambda_h \bar{s}_h - \lambda_f \bar{s}_f) + c_h + c_f = E + D \qquad [7]$$

où $\hat{Y}_j$, $\bar{L}_j$, ϕ_j, $\bar{s}_j$ et c_j ($j = h, f$) se réfèrent, respectivement, à la moyenne du logarithme des salaires (ou des profits), aux caractéristiques moyennes et aux paramètres à estimer. Dans ce contexte, l'équation [7] appelle deux

---

6 Voir le chapitre 3 sur ce point.

7 Dans le cas présent, il s'agit d'un modèle bi-sectoriel, mais la procédure est identique à celle qui a été décrite lors de l'analyse de l'offre de travail au cours du chapire 3.

8 Y compris les indépendants avec capital et des travailleurs irréguliers.

9 Protégés et non protégés, y compris des travailleurs irréguliers.

10 Voir Oaxaca [1973] ; Terrell [1991].

11 On peut également assurer la décomposition par rapport aux hommes ou aux femmes. Sur ce point, on consultera avec profit Oaxaca, Ransom [1994].

observations. Premièrement, le différentiel de revenus — salaires ou profits — observé prend en compte deux éléments. D'une part, les écarts des revenus moyens offerts entre les hommes et les femmes — basés sur la correction du biais de sélection ; d'autre part, les écarts des biais de sélection moyens entre les hommes et les femmes. Selon l'ampleur et la direction des biais de sélection, les différences quant aux salaires (ou profits) moyens observés peuvent diverger sensiblement des écarts des salaires (ou profits) offerts. De ce fait, il est parfois suggéré d'opérer la décomposition des revenus uniquement par rapport aux revenus offerts, et non par rapport aux revenus observés. Pour cette raison, les deux types de calculs seront présentés. D'autre part, on associe généralement le cœfficient du terme constant aux autres cœfficients ϕ de la fonction de gains, afin d'identifier l'écart de salaires inhérent à la structure des rémunérations. En fait, selon la théorie du capital humain, le terme constant est imputable aux gains de base, en l'absence de toutes dotations liées au capital humain. Par conséquent, l'écart de salaires (ou de profits) attribuable à la structure des gains peut être scindé en deux éléments : (i) un écart dû au salaire (profit) de base (le terme constant), et ; (ii) un écart imputable aux rendements des caractéristiques du capital humain (les autres ϕ)[12].

Ainsi, le différentiel brut de salaires (ou de profits) entre les hommes et les femmes ($\hat{Y}_h$-$\hat{Y}_f$) est scindé en deux parties : une partie expliquée par les dotations (E) et une partie inexpliquée (D), inhérente à la structure du salaire (ou du profit), c'est-à-dire les termes constants (c_h et c_f) — et éventuellement les bais de sélection — et les cœfficients de régression pour les deux sous-groupes.

En réalité, le choix du sous-groupe — ou de l'occupation — du système productif peut avoir une incidence sur le salaire (ou le profit) que les individus obtiennent. Lorsque c'est le cas — par exemple pour des raisons institutionnelles et sociales — il importe de distinguer la discrimination par les salaires (ou les profits) de la discrimination par l'occupation[13]. En effet, il se peut que les déterminants de l'accès à un sous-groupe du système productif — secteur moderne ou secteur informel — ne soient pas identiques pour les hommes et les femmes. Dans ces conditions, des individus de sexe différent, ayant cependant les mêmes caractéristiques, peuvent être localisés dans des sous-groupes ou des occupations différentes à cause d'un processus de discrimination. L'écart de salaires (ou de profits), intégrant ce processus, est exprimé par [8] :

---

[12] Nous suivons la démarche de Terrell [1991].

[13] Voir Banerjee, Knight [1985].

$$\hat{Y}_h - \hat{Y}_f = \Sigma\,(p_{ih}\,\hat{Y}_{ih} - p_{if}\,\hat{Y}_{if}) = \Sigma\,(p_{ih}\,L_{ih}\,\beta_{ih} - p_{if}\,L_{if}\,\beta_{ih})$$

$$= \Sigma p_{if}\,(L_{ih}\,\beta_{ih} - L_{if}\,\beta_{ih}) + \Sigma\,L_{ih}\beta_{ih}\,(p_{ih} - p_{if})$$

$$= B + S \qquad [8]$$

où p_{ih} et p_{if} sont les proportions, respectivement, des hommes et des femmes de chaque sous-groupe du système productif — par exemple, i = 1, segment protégé (ou secteur informel évolutif) ; i = 2, secteur non protégé (ou secteur informel involutif) — dans l'échantillon. L'écart brut de salaires (ou de profits), inhérent à des différences de salaires (ou des profits) au sein des sous-groupes, est indiqué par B, tandis que S exprime la partie due aux différences dans la structure des occupations, c'est-à-dire à la localisation relative entre les divers sous-groupes. Toutefois, il importe de noter que B et S intègrent une composante expliquée et une composante inexpliquée. Ainsi, en supposant que $\hat{g}_{if}$ représente la proportion de femmes de l'échantillon qui serait dans le sous-groupe i du système productif moderne (ou informel) si elles avaient la même structure des occupations que les hommes, l'écart brut des salaires (ou des profits) peut être décomposé selon [9] :

$$\hat{Y}_h - \hat{Y}_f = \Sigma p_{if}\,[0{,}5\,(\beta_{ih} + \beta_{if})\,(L_{ih} - L_{if})] +$$

$$\Sigma p_{if}\,[0{,}5\,(L_{ih} + L_{if})\,(\beta_{ih} - \beta_{if}) + c_{ih} - c_{if} + \lambda_{ih} - \lambda_{if}] +$$

$$\Sigma \hat{Y}_{if}(p_{ih} - \hat{g}_{if}) + \Sigma \hat{Y}_{if}(\hat{g}_{if} - p_{if})$$

$$= BE + BD + SE + SD \qquad [9]$$

Dans l'équation [9], BE représente la part expliquée par les dotations des individus (et éventuellement des entreprises), puisque la structure des salaires (ou des profits) et des occupations est constante. BD se réfère à l'impact de la différence sexuelle sur la structure des salaires (ou des profits) au sein des différents sous-groupes, et pourrait traduire un processus de discrimination. La seconde composante expliquée est SE, puisqu'elle découle des différences d'accès aux sous-groupes inhérentes aux différentes dotations. Enfin, SD représenterait une discrimination en termes d'occupations, dans la mesure où il isole l'effet de la différence sexuelle quant à l'accès aux sous-groupes du système productif, non explicable par les dotations des individus et des unités de production.

2. Différentiel de salaires, discrimination et genre

Les informations disponibles, relatives aux diverses enquêtes pilotes auprès des ménages auxquelles il est fait référence dans la présente recherche, permettent d'appréhender le différentiel de salaires selon le sexe pour l'ensemble des systèmes productifs urbains. Néanmoins, il a semblé opportun d'examiner également cette question à l'aide de données issues d'enquêtes nationales auprès d'établissements, mais limitées au secteur moderne (hors fonction publique) d'une capitale, Abidjan.

1. Systèmes productifs urbains, différentiel de salaires et genre

Les écarts bruts de salaires selon le sexe, affichés au tableau 1.6, mettent en évidence deux éléments. En premier lieu, pour l'ensemble du système productif urbain, il apparaît que dans quatre capitales sur cinq — l'exception étant Ouagadougou — le différentiel brut de salaires en faveur des hommes est compris entre 30 et 50 pour cent. En outre, le t, qui teste l'hypothèse de l'égalité des moyennes des salaires des hommes et des femmes, est significatif pour ces mêmes capitales[14]. Par contre, à Ouagadougou, la supériorité des salaires masculins sur les salaires féminins n'est de que 15 pour cent environ, et le t n'est pas significatif. Dans ce contexte, il importe de rappeler que les salaires pris en compte concernent à la fois les segments protégés et non protégés. Par conséquent, cela signifie que les résultats obtenus ne sont pas directement comparables à ceux qui sont issus d'investigations relatives au secteur moderne — bien que le salariat du secteur informel soit peu répandu. D'ailleurs, il a été précédemment montré que les écarts bruts de salaires selon le sexe étaient peu importants dans le segment protégé, mais relativement substantiels dans le segment non protégé[15].

En second lieu, la structures des rémunérations annexes diverge sensiblement selon le sexe. Dans toutes les capitales, la part des primes et des prestations diverses dans les salaires est environ deux fois moins élevée pour les femmes que pour les hommes. Il en est de même d'ailleurs des avantages en nature, sauf à Ouagadougou où l'inverse prévaut. Cette situation est probablement la conséquence d'une moindre valorisation des compétences professionnelles des femmes dans le salariat. Ainsi, malgré la

---

[14] Pour Abidjan, le seuil de signification n'est que de 0,08. Ajoutons que le dispersion des salaires est à peu près comparable selon le genre.

[15] Chapitre 4.

Tableau 1.6 : Statistiques descriptives relatives aux salaires selon le sexe dans les capitales africaines[1]

Capitale/sexe	Ougadougou		Yaoundé		Abidjan		Conakry		Bamako	
Paramètre	Hommes	Femmes	Hommes	Femmes	Hommes	Femmes	Hommes	Femmes	Hommes	Femmes
Distribution										
Moy.(000 CFA/sem.)	19,0[2]	16,6[2]	39,9[2]	28,7[2]	27,5[2]	21,6[2]	21,7[2]	15,5[2]	13,4[2]	9,1[2]
(Ecart-type)	(20,8)	(14,4)	(38,4)	(25,6)	(26,8)	(22,1)	(16,9)	(5,8)	(25,8)	(7,2)
25e percentile[3]	5,0	6,2	14,0	12,0	11,4	8,0	13,5	10,0	5,0	5,0
75e percentile[3]	25,0	20,8	53,0	40,0	33,6	31,0	25,0	19,0	14,0	10,0
Médiane	12,5	15,0	30,0	21,0	18,4	12,9	18,0	15,0	8,0	8,0
Ecart (%) :										
$(W_h-W_f)/W_f$[4]	14,6		39,1		27,3		40,0		47,3	
t (2 tail sig)[5]	-1,12	0,263	-3,20	0,002	-1,72	0,088	-4,34	0,000	-2,62	0,002
Structure										
Primes, prest. (%)	5,1	1,8	6,7	5,3	6,4	0,0	11,3	6,0	6,1	3,3
Avantages nature (%)	2,5	5,1	5,1	2,5	5,3	0,8	5,7	1,8	3,9	0,1
N	215	72	231	111	223	56	195	60	299	99

(1) Les salaires sont ceux de la fonction publique, des entreprises publiques et du secteur privé ; ce dernier n'opère pas la distinction entre les secteurs formel et informel ; (2) Y compris les primes, indemnités, gratifications, prestations sociales, et avantages en nature ; (3) Valeur pondérée de Xi et Xi+1 par la formule (1-f)Xi+fXi+1 où (W+1)p est décomposé en une partie entière i et une partie fractionnée f ; (4) h et f se réfèrent, respectivement, aux hommes et aux femmes ; (5) Le test t teste que l'hypothèse de l'égalité des moyennes des salaires des hommes et des femmes ; si sig $\leq$ 0.1, l'hypothèse d'égalité doit être rejetée doit être rejetée.
Sources : Enquêtes emploi pilotes auprès des ménages : Burkina Faso (Ouagadougou, 1992), Cameroun (Yaoundé, 1990-91), Côte d'Ivoire (Abidjan, 1986-87), Guinée (Conakry, 1991-92), Mali (Bamako, 1991).

plus faible incidence relative du salariat non protégé féminin[16], une telle structure des rémunérations favorise l'ampleur du différentiel brut de salaires entre les hommes et les femmes.

Ce contexte appelle un examen de l'écart net des salaires selon le genre. Les équations de sélection — équation [3] — inhérentes au modèle logit multinomial bi-sectoriel ne sont pas reproduites[17]. Les variables indépendantes prises en considération dans ce dernier sont l'âge, la durée d'instruction, le niveau de formation — informel, moderne —, le lieu de naissance, le statut matrimonial — marié, chef de ménage —, la nationalité[18], le nombre d'enfants de 7 ans et plus dans le ménage, le

[16] Rapport entre le pourcentage de femmes salariées non protégées et le pourcentage d'hommes ayant le même statut. Dans le salariat non protégé, les rémunérations annexes sont moins répandues.

[17] Dans le cas du modèle bi-sectoriel, la variable dépendante prend les valeurs 0, 1 et 2, repectivement, pour les inactifs, les indépendants et les salariés.

[18] Uniquement dans le cas de la Côte d'Ivoire

nombre de femmes de 15 ans et plus dans le ménage et le statut professionnel des parents — indépendants, salariés protégés, salariés non protégés. A cet égard, on constate que, quel que soit le sexe, la probabilité d'être un travailleur salarié, plutôt de que de ne pas participer au marché du travail, est influencée positivement par l'instruction[19], la formation, l'âge, le statut dans le ménage — chef — et le statut matrimonial — marié. Par contre, la probabilité d'être travailleur à propre compte est peu liée à l'instruction et à la formation moderne — la corrélation est parfois négative; outre l'âge et le statut de chef de ménage[20], c'est surtout l'existence d'une formation dans le secteur informel qui accroît les chances d'être travailleur indépendant plutôt que d'être inactif.

Les fonctions de gains, estimées séparément pour les hommes et les femmes et incorporant λ issu des équations de sélection, sont présentées au tableau 2.6. Le teste de Chow n'est pas significatif pour deux capitales — Abidjan, Bamako — tandis que dans deux autres cas — Ougadougou, Conakry — le seuil de signification est compris entre 5 et 10 pour cent. Par conséquent, la décomposition de l'écart brut de salaires ne peut être réalisée que dans les capitales où les cœfficients des équations de gains sont significativement différents selon le genre — Ouagadougou, Yaoundé et Conakry. D'ailleurs, l'estimation des équations de gains — non reproduites — pour l'ensemble des individus — hommes et femmes — montre que la variable binaire relative au sexe n'est significative que pour deux capitales, Yaoundé et Conakry. Toutes choses égales par ailleurs, les hommes obtiennent des salaires supérieurs de 13,4 et 18,8 pour cent, respectivement, dans ces deux capitales.

La prise en compte des trois capitales où les cœfficients des équations de gains sont significativement différents entre les hommes et les femmes permet de formuler quelques observations. Tout d'abord, le rôle de l'instruction et de l'expérience professionnelle dans la détermination des gains est relativement comparable selon le sexe — sauf à Conakry où les cœfficients relatifs aux femmes ne sont pas significatifs. Par conséquent, le rôle du capital humain dans la détermination des gains apparaît important à la fois pour les hommes et les femmes. Par contre, le statut du travail semble affecter différemment les salaires masculins et féminins. En effet, alors que pour les hommes la localisation dans le segment protégé accroît systématiquement les gains, cette situation prévaut rarement pour les

---

[19] On peut cependant noter quelques différence mineures. Pour les femmes, la probabilité d'être salariées est systématiquement influencée par l'instruction et la formation dans le secteur moderne. Par contre, en ce qui concerne les hommes, les cœfficients relatifs à l'instruction et à la formation moderne ne sont significatifs que, respectivement, dans quatre et trois capitales.

[20] De même que le fait d'être marié pour les hommes.

Tableau 2.6 : Cœfficients des équations de gains de l'ensemble des salariés selon le sexe — 15 ans et plus et non en cours de scolarisation — et la capitale — avec biais de sélection et modèle bi-sectoriel[1]

Capitale	Ouagadougou		Yaoundé		Abidjan		Conakry		Bamako	
Paramètre	Hom-mes	Fem-mes	Hom-mes	Fem-mes	Hom-mes	Fem-mes	Hom-mes	Fem-mes	Hom-mes	Fem-mes
Constante	1,39189	1,19216	1,97603	1,45558	12,10150	13,81810	1,83297	3,43958	2,10540	1,64527
	(3,9950)*	(1,6332)	(6,2154)*	(2,8420)*	(21,9265)*	(8,8933)*	(6,2326)*	(5,1874)*	(7,8724)*	(2,6437)*
Primaire[2]	0,37338	1,23739	-0,13547	1,50801	-0,17349	-0,05182	0,13454	-0,56991	0,01051	0,48915
	(2,6272)*	(2,3813)*	(-0,5754)	(3,8863)*	(-1,4874)	(-0,2160)	(0,9606)	(-08407)	(0,0897)	(1,9289)**
Secondaire 1c[2]	0,91217	2,06497	0,10078	1,96049	0,06150	0,22710	0,29053	-0,48031	0,19161	0,47551
	(4,7595)*	(3;5052)*	(0,4198)	(5,1283)*	(0,4715)	(0,9127)	(2,1911)*	(-1,0581)	(1,3522)	(1,5284)
Secondaire 2c[2]	1,20200	2,21663	0,29198	2,24596	-0,16827	0,32233	0,47158	-0,50615	-	-
	(5,5885)*	(3,5256)*	(1,1740)	(5,5607)*	(-1,1026)	(1,2204)	(3,4976)*	(-1,0773)	-	-
Supérieur[2]	1,54660	2,48421	1,05454	2,51363	0,68236	0,52910	0,69132	-0,20937	0,55893[8]	1,22190
	(7,0635)*	(3,7032)*	(4,0404)*	(6,0264)*	(4,4526)*	(2,1618)*	(4,5193)*	(-0,3739)	(3,2911)*	(2,9973)*
Formation inf.[3]	0,06894	-0,20692	0,33397	-0,26399	-0,16678	-0,12666	0,06172	0,14422	-0,02082	-0,42014
	(0,5267)	(-0,5493)	(2,3276)*	(-1,8069)**	(-1,4228)	(-0,5829)	(0,5428)	(0,7312)	(-0,1705)	(-1,3645)
Formation mod[3]	0,16837	-0,27622	0,06808	-0,14194	0,25453	0,27279	0,13842	-0,19020	0,04683	-0,22477
	(1,4137)	(-1,6270)**	(0,5870)	(-1,0103)	(2,1925)*	(1,2435)	(1,6603)**	(-1,3458)	(0,4826)	(-1,1196)
Exp. générale[4]	0,01060	-0,07755	0,03720	-0,07079	-0,04783	-0,11025	0,04563	-0,01242	-0,01765	-0,02766
	(0,5080)	(-2,4960)*	(2,0523)*	(-2,6866)*	(1,9501)*	(-1,9029)**	(3,0671)*	(-0,5515)	(-1,5022)	(-1,1709)
(Exp. gén)²/100	0,01526	0,18489	-0,06020	0,16805	0,02466	0,07515	-0,06078	0,0449	0,01977	0,05061
	(0,4014)	(2,1600)*	(-1,6756)**	(2,5533)*	(0,7249)	(1,1378)	(-2,3015)*	(0,6208)	(1,1187)	(0,9602)
Exp. emploi[5]	0,02466	0,07259	0,06190	0,07045	0,02196	-0,01518	-0,02455	0,01355	0,03490	0,05366
	(1,1234)	(2,5345)*	(3,3813)*	(3,3188)*	(0,3754)	(-0,0808)	(-1,7992)**	(0,4760)	(2,2736)*	(1,9090)**
(Exp. emp.)²/100	-0,04194	-0,15950	-0,14022	-0,16359	0,04766	0,02944	0,07698	-0,09238	-0,07210	-0,11851
	(-0,5652)	(-1,7584)**	(-2,3924)*	(-2,1167)*	(0,1992)	(0,0280)	(1,6367)**	(-0,8361)	(-1,4857)	(-1,1199)
Nais. : capitale	0,06648	-0,02332	-0,07642	-0,03920	0,16554	-0,00359	0,06658	-0,11783	-0,00756	-0,05919
	(0,6098)	(-0,1788)	(-0,6818)	(-0,3354)	(0,9178)	(-0,0225)	(0,8667)	(-1,0177)	(-0,0902)	(-0,5257)
Salarié protégé[6]	0,22920	0,02187	0,47075	0,40965	0,29214	0,38027	0,24507	0,06327	0,24560	0,21448
	(1,8331)**	(0,1471)	(4,3315)*	(3,4969)*	(3,1168)*	(1,9687)*	(3,1484)*	(0,4977)	(2,5839)*	(1,5598)
Nationalité[7]	-	-	-	-	0,31533	0,13357	-	-	-	-
	-	-	-	-	(2,9675)*	(0,6502)	-	-	-	-
Lambda	-0,09277	-0,15898	0,00295	-0,15274	-0,57140	-0,00129	0,00405	-0,07840	-0,06212	-0,04948
	(-2,4611)*	(-2,4902)*	(0,1309)	(-3,8414)*	(-1,9871)*	(-0,0287)	(0,1292)	(-1,5104)	(-1,8931)**	(-0,8353)
R^2 ajusté	0,5424	0,7154	0,4939	0,7028	0,5001	0,7607	0,2875	0,1004	0,2311	0,3319
F	18,419	12,604	16,318	18,834	16,867	13,490	7,021	1,5066	8,4662	5,0574
Sig F	0,0000	0,0000	0,0000	0,0000	0,0000	0,0000	0,0000	0,0050	0,0000	0,0000
Chow	1,734	-	2,710	-	0,701	-	1,571	-	0,483	-
Sig Chow	0,050	-	0,000	-	0,781	-	0,088	-	0,933	-
N	192	61	205	99	223	56	195	60	299	99

(1) Probabilité «two-tailed» que le cœfficient soit égal à zéro ; le t — entre parenthèses — est le rapport entre β et l'erreur-type ; (2) base = sans instruction ; (3) base = sans formation ; (4) age - 6 - instruction - formation ; (5) emploi actuel ; (6) base = salarié non protégé ; (7) ivoirien ; (8) ensemble du secondaire.
Note : * = significatif à 5 pour cent au moins ; ** = significatif entre 5 et 10 pour cent.
Sources : Enquêtes pilotes sur l'emploi auprès des ménages : Burkina Faso (Ouagadougou, 1992), Cameroun (Yaoundé, 1990-91), Côte d'Ivoire (Abidjan, 1986-87), Guinée (Conakry, 1991-92), Mali (Bamako, 1991).

femmes — sauf à Yaoundé. Ainsi, dans certaines capitales, toutes choses égales par ailleurs, le fait pour les femmes d'avoir un emploi protégé ne rehausse pas systématiquement les gains par rapport à ceux du segment non protégé, contrairement à ce qui prévaut pour les hommes[21]. On remarquera

[21] Ce résultat n'est pas en contradiction avec les commentaires relatifs au tableau 2.4 du chapitre 4. Ces derniers se référaient aux écarts bruts de salaires.

Tableau 3.6 : Décomposition du différentiel brut de salaire selon le sexe dans les capitales africaines

Capitale	Ougadougou		Yaoundé		Abidjan		Conakry		Bamako	
Paramètre	Dotations	Fonction	Dotations	Fonction	Dotations	Fonction	Dotations	Fonction	Dotations	Fonction
Décomposition										
Education	-0,423	-0,810	0,039	-1,689	-	-	0,046	0,777	-	-
Formation	-0,001	0,174	0,001	0,154	-	-	0,022	0,070	-	-
Expérience	0,087	0,568	0,025	0,950	-	-	0,063	0,459	-	-
Autres variables[1]	-0,026	0,143	-0,003	0,023	-	-	-0,024	0,192	-	-
Constante	-	0,200	-	0,520	-	-	-	-1,607	-	-
Lambda (λ)	-	0,127	-	0,295	-	-	-	0,256	-	-
Ensemble (avec λ)	-0,363	0,402	0,062	0,253	-	-	0,107	0,147	-	-
Pourcentage	-930,8	1030,8	19,7	80,3	-	-	42,1	57,9	-	-
Ecart [log (%)]	0,039 (4,0)		0,315 (37,0)		-		0,254 (28,9)		-	
Ensemble (hors λ)	-0,363	0,275	0,062	-0,042	-	-	0,107	-0,109	-	-
Pourcentage	412,5	-312,5	310,0	-210,0	-	-	-5350,0	5450,0	-	-
Ecart [log (%)]	-0,088 (-8,4)		0,020 (2,0)		-		-0,002 (-0,2)		-	

(1) Lieu de naissance dans la capitale ; mode d'emploi — salarié protégé ; pour la Côte d'Ivoire, il faut ajouter la nationalité — ivoirienne.

Sources : Enquêtes emploi pilotes auprès des ménages : Burkina Faso (Ouagadougou, 1992), Cameroun (Yaoundé, 1990-91), Côte d'Ivoire (Abidjan, 1986-87), Guinée (Conakry, 1991-92), Mali (Bamako, 1991) ; à partir du tableau 2.6.

également que lorsque les cœfficients λ sont significatifs, ils sont négatifs. Un tel résultat a déjà été mis en évidence au chapitre 3.

Ensuite, la décomposition du différentiel brut de salaires entre les hommes et les femmes, à partir de l'équation [8], semble mettre en évidence la prééminence des cœfficients des fonctions de gains — partie inexpliquée D. A cet égard, bien que le rôle de λ modifie sensiblement le différentiel de salaires observé, il semble préférable d'intégrer λ dans l'analyse. Ainsi, lorsque ce dernier est pris en compte, on observe un écart de salaires entre hommes et les femmes de 4,0, 37,0 et 28,9 pour cent, respectivement, à Ouagadougou, Yaoundé et Conakry (tableau 3.6), ce qui est cohérent avec les informations affichées au tableau 2.6. En fait, les dotations des individus n'expliquent que 20 à 40 pour cent des écarts de salaires entre les hommes et les femmes dans deux capitales — Yaoundé, Conakry —, et ne jouent aucun rôle dans le cas de Ouagadougou. Ce résultat pourrait être l'expression d'une certaine discrimination à l'encontre des femmes sur le marché du travail.

En réalité, les situations sont assez contrastées selon les pays. Certes, on note que l'essentiel des écarts de gains dus aux dotations est attribuable à l'instruction et, dans une moindre mesure, à l'expérience. Cependant, à Ouagadougou et à Yaoundé, le rendement de l'instruction est favorable aux femmes, tandis que l'inverse prévaut en ce qui concerne l'expérience et la rémunération de base — la constante. Or, à Conakry, le rendement du capital humain est plus élevé pour les hommes, alors que le salaire de base apparaît plus faible pour les femmes. Enfin, on notera que le rendement des autres variables — principalement, la localisation dans le segment protégé — est systématiquement favorable aux hommes.

La taille réduite des échantillons ne permet pas de décomposer le différentiel de salaires selon l'équation [9]. Quoi qu'il en soit, il semble que les dotations des individus jouent un rôle mineur quant à l'explication du différentiel de salaires urbains selon le sexe. Dans les trois capitales prises en considération, la plus grande partie du différentiel de salaires est imputable à la fonction de gains.

2. Système productif moderne, différentiel de salaires et genre

L'analyse des revenus d'activité a montré que la plus grande productivité des hommes par rapport aux femmes était due, en grande partie, à la supériorité des gains masculins issus du salariat non protégé ou du travail indépendant. Dans le segment protégé, les salaires masculins et féminins sont, en moyenne, relativement comparables — bien qu'un faible écart subsiste en faveur des premiers. A cet égard, il a même été observé que dans la capitale ivoirienne, les salaires féminins du segment protégé étaient plus élevés que ceux de leurs homologues masculins[22]. Cette situation appelle, dans ce centre urbain, un examen plus approfondi du différentiel de salaires entre les hommes et les femmes.

La présente étude se propose d'examiner cette question, en utilisant les données issues d'enquêtes sur les salaires dans les établissements du secteur moderne, privés et semi-publics — hors fonction publique — réalisées en 1979 et 1989 en Côte d'Ivoire[23]. Bien que l'emploi de ces établissements englobe probablement à la fois des salariés protégés et des salariés non protégés, il peut être opportun d'appréhender les écarts de salaires selon le genre à partir d'informations ayant une portée nationale[24].

En limitant le champ d'investigation à Abidjan, on observe que les

[22] Tableau 2.4, chapitre 4. Les écarts sont de 3,0 et 31,6 pour cent, respectivement, pour l'ensemble des femmes et celles qui sont chefs de ménage.

[23] Il s'agit des établissements qui tiennent une comptabilité normalisée — Plan comptable ivoirien — et qui ont un chiffre d'affaires au moins égal à 12 millions de F.CFA.

[24] Il faut aussi indiquer que, malgré l'homogénéité des deux enquêtes, la comparabilité dans le temps est incertaine, compte tenu des conditions de l'enquête de 1989.

salaires féminins étaient supérieurs à ceux des hommes de 32 et 14 pour cent, respectivement, en 1979 et 1989[25]. L'estimation des fonctions de gains — sans biais de sélection[26] — produit les cœfficients affichés au tableau 4.6. Sur un plan statistique, les résultats sont très acceptables. Le modèle proposé explique environ 60 pour cent de la variance du logarithme du salaire mensuel brut, et la plupart des cœfficients sont significatifs à 1 pour cent. Lorsque l'on estime les fonctions de gains en introduisant une variable dichotomique se référant au sexe, on constate que le cœfficient de cette dernière est significatif à 1 pour cent ; dans ce cas, toutes choses égales par ailleurs, les gains des femmes sont supérieurs de 3,6 pour cent à ceux des hommes en 1979 et inférieurs de 6,2 pour cent en 1989. En fait, cette procédure d'estimation de l'impact du sexe sur les salaires n'est justifiée que si les fonctions de gains des deux groupes diffèrent uniquement par rapport au terme constant. Or, le test de Chow est significatif pour 1979 et 1989. Cela signifie que le différentiel de salaires observé entre les femmes et les hommes n'est probablement pas explicable uniquement en termes des caractéristiques des individus.

L'estimation des fonctions de gains, séparément pour les femmes et les hommes, met en évidence quelques particularités. Tout d'abord, en 1979, la variation du R^2 montre que, pour les hommes, l'essentiel de la variance des gains est dû à l'instruction, à la formation technique et au diplôme, alors que pour les femmes, le poids de l'expérience professionnelle et de l'âge équivaut à celui de l'éducation. A cet égard, la rentabilité de la formation technique et du diplôme est considérablement plus élevée pour les hommes que pour les femmes. En 1989, la contribution de l'éducation à la variabilité des gains s'est beaucoup améliorée pour les femmes, en grande partie à cause d'une meilleure valorisation des compétences techniques et professionnelles. Par contre, quel que soit le sexe, les diplômés paraissent désavantagés en termes de gains.

Ensuite, il apparaît que les hommes et les femmes sont moins bien rémunérés dans les entreprises semi-publiques que privées, et que cet écart s'est accentué entre 1979 et 1989, sous l'impulsion du désengagement de l'Etat. Cependant, la moindre rémunération relative des femmes s'est

---

[25] En 1979, le salaire moyen mensuel brut féminin du secteur moderne privé et semi-public s'élevait à 112,9 milliers de F.CFA — $\sigma = 82,7$ —, contre 85,5 milliers de F.CFA — $\sigma = 135,2$ — pour les hommes. En 1989, les valeurs moyennes étaient, respectivement, de 166,9 milliers de F.CFA — $\sigma = 165,4$ — et 146,4 milliers de F.CFA — $\sigma = 257,7$.

[26] La correction du biais de sélection est impossible étant donné la nature des informations. Par ailleurs, les estimations sont réalisées à partir d'échantillons aléatoirement déterminés à 10 pour cent.

Tableau 4.6 : Cœfficients des équations de gains des salariés du secteur moderne selon le sexe — Abidjan 1979-89[1]

Année	1979				1989			
Paramètre	Ensemble	Ensemble	Hommes	Femmes	Ensemble	Ensemble	Hommes	Femmes
Constante	2,20201	2,16720	2,20637	2,23180	2;27362	2,31930	2,29886	2,39577
	(35,144)*	(35,492)*	(34,509)*	(11,388)*	(22,404)*	(22,984)*	(20,755)*	(10,031)*
Groupe 1 :								
Instruction (années)	0,09337	0,09355	0,09120	0,08695	0,10597	0,10556	0,10422	0,10579
	(80,982)*	(81,266)*	(74,667)*	(20,951)*	(87,529)*	(87,439)*	(78,897)*	(31,418)*
Formation tech./prof[2]	0,23243	0,23556	0,30235	0,04883	0,22176	0,21543	0,25292	0,18563
	(14,935)*	(15,195)*	(17,051)*	(1,696)**	(13,797)*	(13,459)*	(13,353)*	(6,214)*
Diplôme[3]	0,12224	0,12416	0,11798	0,08801	-0,12773	-0,13109	-0,15183	-0,06129
	(9,634)*	(9,803)*	(8,463)*	(3,392)*	(-8,929)*	(-9,172)*	(-9,426)*	(-2,026)*
Groupe 2 :								
Expérience emploi	0,01112	0,01139	0,00985	0,00870	0,02270	0,02241	0,02438	0,02019
	(5,092)*	(5,217)*	(4,316)*	(3,534)*	(9,471)*	(9,346)*	(9,378)*	(3,119)*
(Exp. emploi)²/100	-0,01559	-0,01638	-0,01161	-0,03304	-0,03996	-0,03910	-0,04209	-0,04605
	(-1,751)**	(-1,840)**	(-1,261)	(-0,848)	(-4,855)*	(-4,749)*	(-4,807)*	(-1,719)**
Age	0,05446	0,05445	0,05200	0,07141	0,05180	0,05217	0,05194	0,06120
	(16,094)*	(16,090*	(14,702*	(6,644)*	(9,703)*	(9,766**	(8,896*	(4,744*
(Age)²/100	-0,04613	-0,04620	-0,04363	-0,07082	-0,03395	-0,03417	-0,03448	-0,04787
	(-10,235)*	(-10,250)*	(-9,258)*	(-5,000)*	(-5,073)*	(-5,102)*	(-4,727)*	(-2,883)*
Sexe masculin	-0,03693	-	-	-	0,06028	-	-	-
	(-2,403)*	-	-	-	(4,004)*	-	-	-
Nationalité : ivoirien[4]	-0,09559	-0,09563	-0,07160	-0,41027	-0,18058	-0,18197	-0,13484	-0,46941
	(-9,394)*	(-9,396)*	(-6,720)*	(-11,022)*	(-12,407)*	(-12,498)*	(-8,641)*	(-11,179)*
Groupe 3 :								
Secteur secondaire[5]	-0,22633	-0,22768	-0,22727	-0,07876	-0,10350	-0,09683	-0,10046	-0,05678
	(-18,958)*	(-19,090)*	(-18,228)*	(-1,820)**	(-7,320)*	(-6,892)*	(-6,745)*	(-1,201)
Entreprise publique[6]	-0,09575	-0,09486	-0,08964	-0,11560	-0,17519	-0,17721	-0,11236	-0,38371
	(-8,067)*	(-7,994)*	(-7,126)*	(-3,288)*	(-11,197)*	(-11,324)	(-6,444)*	(-10,868)*
Taille entreprise/100	0,03631	0,03623	0,03648	0,03144	0,01806	0,01847	0,01472	0,03059
	(38,066)*	(38,004)*	(37,074)*	(8,153)*	(12,632)*	(12,936)*	(9,317)*	(9,260)*
Variation F (sig)								
Groupe 1 (sig)	0,46 (0,00)	0,46 (0,00)	0,45 (0,00)	0,30 (0,00)	0,45 (0,00)	0,45 (0,00)	0,45 (0,00)	0,46 (0,00)
Groupe 2 (sig)	0,09 (0,00)	0,09 (0,00)	0,08 (0,00)	0,28 (0,00)	0,12 (0,00)	0,12 (0,00)	0,12 (0,00)	0,12 (0,00)
Groupe 3 (sig)	0,05 (0,00)	0,05 (0,00)	0,05 (0,00)	0,02 (0,00)	0,01 (0,00)	0,01 (0,00)	0,01 (0,00)	0,02 (0,00)
R^2 ajusté	0,6085	0,6085	0,6020	0,6162	0,5901	0,5895	0,5829	0,6253
F	1725,208	1818,763	1665,808	176,592	1258,388	1369,363	1119,494	255,453
Ssig F	0,000	0,000	0,000	0,000	0,000	0,000	0,000	0,000
Chow	-	18,076	-	-	-	13,816	-	-
Sig Chow	-	0,000	-	-	-	0,000	-	-
N	13309	13309	12105	1204	10482	10482	8804	1678

Note : La variable dépendante est le logarithme du salaire mensuel brut.

(1) Le secteur moderne est composé des entreprises para-publiques — établissements publics, sociétés d'Etat et sociétés à participation publique quelle que soit l'ampleur de cette dernière — et privées dont le chiffre d'affaires annuel est au moins égal à 12 millions de F.CFA. Probabilité «two-tailed» que le cœfficient soit égal à zéro ; le t — entre parenthèses — est le rapport entre β et l'erreur-type ; (2) base = formation générale ou sans formation; (3) base = sans diplôme; (4) base = autre nationalité ; (5) base = tertiaire ; (6) base = entreprises privées.

Note : * = significatif à 5 pour cent au moins ; ** = significatif entre 5 et 10 pour cent.

Source : A partir des enquêtes sur les salariés du secteur moderne de 1979 et 1989 (ONFP).

amplifiée au cours de la période. En effet, alors qu'en 1979 les femmes obtenaient des salaires dans les entreprises publiques inférieurs de 10,9 pour cent à ceux du privé, en 1989, le pourcentage s'élève à 31,9 pour cent ; or, pour les hommes les proportions respectives sont de 8,6 et 10,6 pour cent.

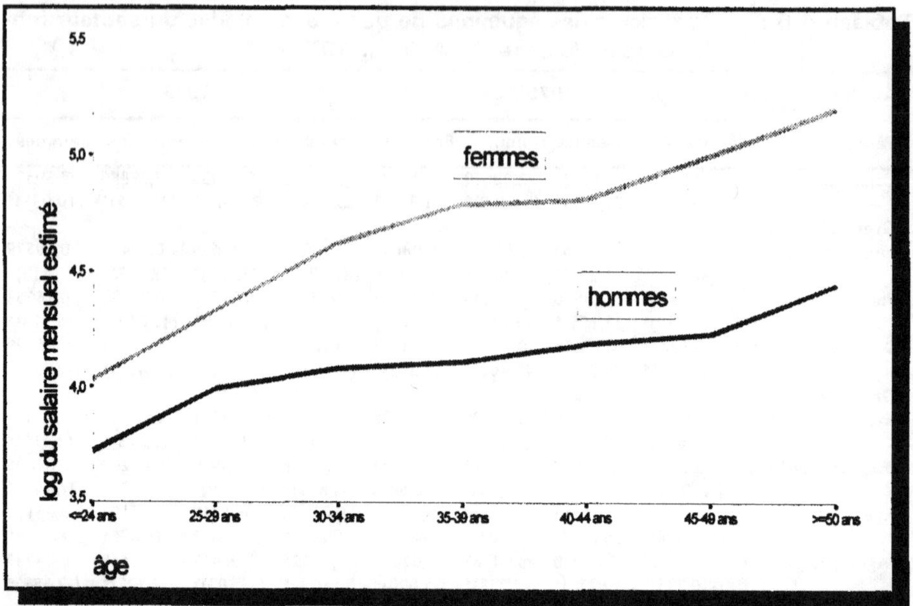

Figure 1.6 : Log du salaire estimé selon le sexe et l'âge — Abidjan 1979

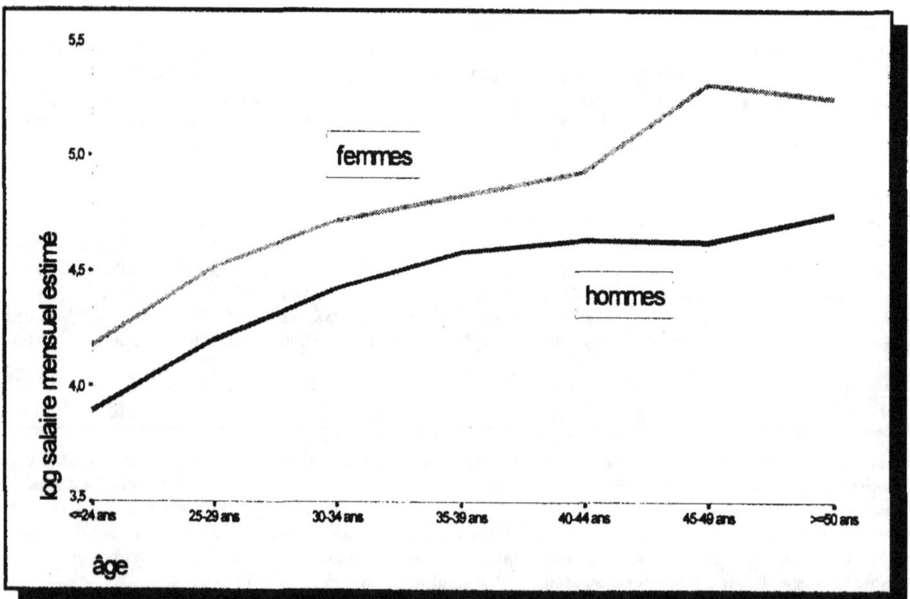

Figure 2.6 : log du salaire estimé selon le sexe et l'âge — Abidjan 1989

Tableau 5.6 : Décomposition des écarts bruts de salaires du secteur moderne — hors fonction publique — selon le sexe — Abidjan 1979-1989

Année	1979						1989					
	Ecart brut[1]	Dotations		Fonction de gains			Ecart brut[1]	Dotations		Fonction de gains		
Paramètre	(%)	Valeur	%	Cons-tante	Autres cœf.	%	(%)	Valeur	%	Cons-tante	Autres cœf.	%
Décomposition												
Education	-	-0,428	116,9	-	0,103	-106,2	-	-0,436	137,1	-	-0,037	-82,2
Expérience	-	-2,12E-	0,6	-	-0,102	105,1	-	0,016	-5,0	-	0,041	91,1
Age	-	3	-7,7	-	-0,324	334,4	-	0,057	-17,9	-	-0,151	-335,6
Nationalité	-	0,028	-4,4	-	0,247	-254,6	-	0,022	-6,9	-	0,280	622,2
Autres	-	0,016	-5,5		-4,31E-3	-4,4	-	0,023	-7,2		-8,29E-3	18,4
variables[2]	-	0,020		-0,025	-	25,8	-	-	-	-0,097	-	-215,6
Constante		-										
Ensemble	-0,463 (37,1)	-0,366	79,1 100,0	-0,025	-0,072	20,9 100,0	-0,273 (23,9)	-0,318	116,5 100,0	-0,097	0,142	-16,5 100,0

(1) Logarithme ; (2) secteur, statut et taille des entreprises.

Source : A partir des enquêtes sur les salariés du secteur moderne de 1979 et 1989 (ONFP) et du tableau 4.6.

Tableau 6.6 : Répartition des catégories professionnelles des salariés du secteur moderne — hors fonction publique — selon le sexe — Abidjan 1979-89[1]

Année/Sexe	1979						1989					
CSP	Femmes		Hommes		Ensemble		Femmes		Hommes		Ensemble	
	%	N	%	N	%	N	%	N	%	N	%	N
Personnel direc.	1,7	20	1,1	132	1,1	152	2,7	46	2,4	212	2,5	258
Cadre supérieur	7,7	93	6,9	831	6,9	924	8,9	150	7,8	687	8,0	837
Cadre moyen	10,2	123	3,0	368	3,7	491	15,6	262	10,0	882	10,9	1144
Agent maîtrise	23,1	278	12,0	1447	13,0	1725	30,2	506	14,8	1303	17,3	1809
Emploi qualifié	29,1	350	23,5	2843	24,0	3193	16,8	282	21,3	1876	20,6	2158
Emploi non qual.	28,2	340	36,0	4357	35,3	4697	24,2	406	30,9	2717	29,8	3123
Manœuvre	0,0	0,0	17,5	2118	15,9	2118	1,4	23	12,6	1111	10,8	1134
Apprentis	0,0	0,0	0,1	9	0,1	9	0,2	3	0,2	16	0,2	19
Ensemble	100,0	1204	100,0	12105	100,0	13309	100,0	1678	100,0	8804	100,0	10482

Source : A partir des enquêtes sur les salariés du secteur moderne de 1979 et 1989 (ONFP).

Il est également intéressant de remarquer que les ivoiriennes obtiennent des salaires moins élevés que les non ivoiriennes, et que cet écart relatif est beaucoup plus fort que pour leurs homologues masculins.

Enfin, les fonctions de gains, estimées séparément selon le sexe, mettent en évidence un écart brut de salaires en faveur des femmes de 37,1 pour cent en 1979 et de 23,9 pour cent en 1989 (tableau 5.6). Ainsi, les figures 1.6 et 2.6, affichant le logarithme du salaire mensuel estimé en fonction du sexe et de l'âge, indiquent non seulement la supériorité des salaires féminins sur les salaires masculins, mais également la réduction de l'écart entre 1979 et 1989. A cet égard, le tableau 5.6 montre la prééminence des dotations dans l'explication des écarts de salaires entre les femmes et les hommes. En 1979, près de 80 pour cent du différentiel de salaires selon le sexe étaient dues aux caractéristiques des individus, tandis qu'en 1989, ces dernières expliquent l'essentiel de l'écart. Comme cela a déjà été suggéré, l'éducation joue un rôle majeur dans les dotations des individus, mais son taux de rendement semble être devenu plus favorable aux femmes qu'aux hommes en 1989. Dans ce contexte, il faut rappeler que les cœfficients des fonctions de gains relatifs à la formation professionnelle et technique des femmes se sont beaucoup élevés entre 1979 et 1989. Toutefois, la meilleure rentabilité de l'éducation — instruction et formation — des femmes et le salaire de base plus élevé — la constante — ont été compensés par une moindre rémunération de l'expérience sur le marché du travail — expérience dans l'emploi et âge —, ce qui explique le rapprochement des profils âge-gains affichés aux figures 1.6 et 2.6.

En fait, les écarts de salaires en faveur des femmes et le rôle des dotations individuelles résultent, en grande partie, de la structure des emplois salariés du secteur moderne, semi-public et privé. En effet, le tableau 6.6 indique une plus forte incidence des femmes au niveau de l'encadrement des entreprises semi-publiques et privées. Ainsi, en 1979, la proportion de cadres moyens et agents de maîtrise féminins était de 33,3 pour cent contre 15 pour cent pour les hommes ; en 1989, les proportions respectives étaient de 45,8 et 24,8 pour cent. Par conséquent, les hommes occupent beaucoup plus que les femmes des emplois qualifiés, non qualifiés ou de manœuvre. Par exemple, en 1989, les deux tiers des hommes avaient ces trois derniers statuts, contre les deux cinquièmes environ pour les femmes.

Dans ces conditions, il importe de décomposer le différentiel de salaires selon l'équation [9]. Les estimations logistiques multinomiales des déterminants d'accès aux catégories professionnelles du secteur moderne sont présentées au tableau A1.6 en annexe, tandis que le tableau 7.6 affiche la décomposition totale du différentiel de salaires. Il apparaît que la composante expliquée, découlant des différences d'accès aux catégories professionnelles inhérentes aux différentes dotations, explique près de 70 pour cent de l'écart brut de salaires en 1979, et la majorité de ce dernier en 1989. La part inexpliquée des salaires en faveur des femmes de 24,8 pour cent en 1979 a disparu en 1989, et fait place à une part inexpliquée en termes de salaires pour les hommes de 10,9 pour cent. De même, la part inexpliquée en termes d'occupations au profit des hommes s'est accrue entre 1979 et 1989.

En définitive, les écarts de gains dans le secteur moderne semi-public

Tableau 7.6 : Décomposition totale du différentiel de salaires entre les hommes et les femmes des catégories professionnelles du secteur moderne, Abidjan 1979-89

Catégorie professionnelle Paramètre	Emploi non qualifié	Emploi qualifié	Maîtrise/cadre moyen	Direction-cadre sup.	Total	Proportion[2] (%)	Signification[3]
				1979			
Ecart brut : $[\hat{Y}_h - \hat{Y}_f]$[1]	0,294	-0,118	-0,320	-0,322	-	-	
Dotations : [E]	0,040	-0,139	-0,096	-0,119	-	-	
Fonction de profits [D]	0,254	-0,049	-0,224	-0,203	-	-	
Produit : $[p_{if} * E]$	0,0038	-0,0463	-0,0279	-0,0336	-0,1040	22,4	Expliquée (dotation) =BE
Produit : $[p_{if} * D]$	0,0239	-0,0163	-0,0651	-0,0573	-0,1148	24,8	Inexpliquée (salaires) =BD
Produit $[(p_{ih} - \hat{g}_f) * \hat{Y}_h]$	-0,4619	-0,6015	-0,1979	0,9400	-0,3213	69,3	Expliquée (occupation) =SE
Produit$[(\hat{g}_{if} - p_{if}) * \hat{Y}_h]$	0,3807	-0,2561	-0,0275	-0,0203	0,0768	-16,6	Inexpliquée (occupation)=SD
Total	-	-	-	-	-0,463	100,0	
				1989			
Ecart brut : $[\hat{Y}_h - \hat{Y}_f]$[1]	0,178	-0,104	-0,037	0,038	-	-	-
Dotations : [E]	-0,018	-0,041	-0,086	-0,069	-	-	-
Fonction de profits [D]	0,196	-0,063	0,049	0,107	-	-	-
Produit : $[p_{if} * E]$	-0,0021	-0,0188	-0,0145	-0,0178	-0,0032	19,5	Expliquée (dotations) BE
Produit : $[p_{if} * D]$	0,0229	-0,0288	0,0082	0,0275	0,0298	-10,9	Inexpliquée (salaires) BD
Produit $[(p_{ih} - \hat{g}_f) * \hat{Y}_h]$	-0,4669	-0,7006	0,1253	0,7261	-0,3161	116,1	Expliquée (occupation) SE
Produit$[(\hat{g}_{if} - p_{if}) * \hat{Y}_h]$	0,3768	-0,3515	0,0719	-0,0299	0,0673	-24,7	Inexpliquée (occupation) SD
Total	-	-	-	-	-0,273	100,0	

(1) Les fonctions de gains relatives aux différentes catégories professionnelles ne sont pas reproduites ; (2) Le total est égal à 1 ; (3) Voir équation [9].
Source : A partir des résultats du tableau 4.6, du tableau A1.6 en annexe et de l'équation [9].

et privé d'Abidjan semblent largement justifiés, tant en 1979 qu'en 1989, par la structure des dotations et des occupations. Néanmoins, alors que le rendement de l'éducation des femmes s'est amélioré, des profils âge-gains plus favorables aux hommes ont contribué à la réduction du différentiel au cours de la période.

3. Différentiel de profits, discrimination et genre

Dans la mesure où le différentiel de revenus selon le genre sur les marchés du travail urbains d'Afrique francophone, résulte, en grande partie, de la plus grande précarité relative du travail indépendant féminin, il importe d'examiner attentivement cette question. A cet égard, il a été jugé préférable de mener les investigations sur les centres urbains où l'on disposait d'informations statistiques ayant une portée nationale. Pour cette raison, dans la présente étude, le différentiel de profits sera analysé à partir de l'enquête sur le secteur informel urbain de Côte d'Ivoire, réalisée en

1985[27].

Cette investigation statistique met en évidence une faible contribution productive des entreprises ayant à leur tête une femme, les profits des entrepreneurs masculins étant, en moyenne, deux fois plus élevés que ceux de leurs homologues féminins[28]. Cette situation incite à approfondir la connaissance du processus de détermination des profits, ainsi que l'analyse des écarts de gains selon le sexe.

1. Profits et informalisation du travail féminin

L'analyse des déterminants des profits des secteurs informels urbains est fonction de la nature des informations disponibles, ainsi que de la forme du modèle utilisé. Dans le cas présent, il importe de souligner que la nature des données de l'enquête de 1985 limite probablement la fécondité d'une telle analyse. En effet, d'une part, la qualité des informations relatives aux profits et au capital est très incertaine ; d'autre part, l'absence de données inhérentes à l'accumulation du capital[29] et au mode de gestion des entreprises affaiblit, dans une certaine mesure, la validité des résultats obtenus. En ce qui concerne le second élément, diverses tentatives ont montré qu'une spécification de la fonction de profits de type Cobb-Douglas donnait, a priori, les meilleurs résultats. De ce fait, le modèle suivant a été estimé [10][30] :

$$P = a\, K^{\alpha}\, L^{\lambda}\, g\,(X_i)\, u \qquad [10]$$

ou : P = profits ; K = valeur du capital ; L = travail utilisé ; X_i = ensemble de paramètres inhérents à l'entreprise ou à l'entrepreneur ; u = terme aléatoire capturant tous les déterminants des profits non pris en compte par les autres variables. Sous forme linéarisée, l'équation [10] — qui suppose

---

[27] On se reportera au chapitre 1 pour les aspects méthodologiques. Les développements de cette partie sont empruntés à Lachaud [1995c].

[28] On rappelle que l'introduction d'une variable binaire induit un gain net masculin en termes de profits de 36 pour cent. Par ailleurs, le profit moyen feminin est de 16 000 F.CFA par mois, contre 34 480 F.CFA pour les hommes. En outre, c'est seulement dans le secteur évolutif que les femmes gagnent, en moyenne, plus que les hommes. En effet, les profits mensuels sont de 36 785, 33 003 et 34 913 F.CFA pour les hommes localisés, respectivement, dans les secteurs primaire, secondaire et involutif. Pour les femmes, ces mêmes montants sont, respectivement, de 41 624, 17 103 et 14 892 F.CFA.

[29] Voir House [1984] pour la prise en compte de cette variable.

[30] Un modèle linéaire différent à déjà été utilisé pour la Côte d'Ivoire. Voir Vijverberg [1988].

des fonctions de production homogènes[31] — peut s'écrire :

$$\pi = c_0 + \alpha k + \lambda l + \gamma x_1 + \ldots + \delta x_n + \eta \qquad [11]$$

L'équation [11] appelle deux spécifications. Premièrement, la signification des variables utilisées. π, k et l représentent le logarithme naturel, respectivement, des profits mensuels (P) de l'entreprise, de la valeur du stock de capital utilisé[32] (K) et du nombre total — entrepreneur et main-d'œuvre — d'heures de travail normalisées, utilisées mensuellement dans l'unité de production. En ce qui concerne le travail, l'homogénéisation a été effectuée en considérant que la main-d'œuvre salariée avait une productivité deux fois plus élevée que la main-d'œuvre non salariée — apprentis et aides familiaux[33]. Les autres variables relatives à x_n prennent en considération deux paramètres. D'une part, l'entreprise : (i) existence d'une comptabilité — quelle que soit sa nature ; (ii) paiement des impôts — indépendamment de leur nature ; (iii) ancienneté de l'entreprise[34] ; (iv) localisation spatiale. D'autre part, l'entrepreneur : (i) nationalité ; (ii) formation ; (iii) instruction ; (iv) expérience professionnelle générale. Deuxièmement, les cœfficients α et β représentent les élasticités, respectivement, du travail et du capital, et permettent de calculer la productivité marginale des facteurs, toutes choses égales par ailleurs[35]. Néanmoins, l'évaluation des produits marginaux des facteurs est soumise à deux contraintes. D'une part, la conclusion que l'on peut porter sur l'ampleur des produits marginaux — en particulier du travail — des facteurs actuellement utilisés, n'est valable que sous l'hypothèse de l'égalité entre les montants des facteurs utilisés et requis. D'autre part, bien que la différence de qualité du travail soit ajustée, il n'est pas certain que le type d'ajustement réalisé prenne en considération toutes les différences possibles

---

31 Voir Vijverberg [1988] pour une approche différente. En fait, le modèle utilisé dans la présente étude suppose que toutes les entreprises ont la même fonction de production, qu'elles font face aux mêmes prix du marché des produits et des facteurs, et qu'elles maximisent, instantanément et parfaitement, leurs profits.

32 De ce fait, on suppose que les services du capital utilisés dans le processus de production sont proportionnels au stock de capital disponible.

33 Toutefois, certaines estimations ont opéré la différence entre le travail familial et le travail non familial.

34 Dans l'enquête, l'ancienneté de l'entreprise est rigoureusement identique à l'ancienneté des individus dans l'activité.

35 Par exemple, la productivité marginale du travail est : $P_{ml} = \alpha(\hat{Y}/\hat{l})$, si $\hat{Y}$ et $\hat{l}$ représentent, respectiviement, la moyenne géométrique du profit et du travail. De même, la productivité marginale du capital est : $P_{mk} = \beta(\hat{Y}/\hat{S})$, si $\hat{S}$ représente la moyenne géométrique du capital.

quant à la qualité du travail. C'est en ayant ces considérations à l'esprit que les résultats du présent modèle devront être interprétés.

Les différentes estimations des fonctions de profits selon le sexe, issues des équations [10] et [11], sont affichées au tableau 8.6 et appellent plusieurs observations.

En premier lieu, on constate que le pourcentage de variance des profits expliquée à l'aide du modèle précédent est très variable — 14 à 50 pour cent —, et demeure le plus faible pour le sous-groupe masculin — entre 14 et 20 pour cent. En outre, les tests de Chow confirment la différenciation des processus de formation des profits selon le sexe ; en effet, les cœfficients de régression des divers sous-groupes, considérés deux à deux, sont statistiquement différents.

En second lieu, le tableau 8.6 fait apparaître plusieurs éléments exprimant une relative divergence entre les hommes et les femmes quant au processus de génération des profits. Premièrement, les actifs physiques jouent, comme précédemment, un rôle essentiel dans la formation des profits. Toutefois, ils semblent économiquement plus importants pour les entreprises ayant à leur tête une femme que pour celles dont le chef est un homme. En effet, l'observation des variations du R^2 montre que la contribution du capital à la variance des profits atteint 75 pour cent pour les femmes — colonne (2) — alors qu'elle s'élève à 50 pour cent pour les hommes — colonne (1). Par ailleurs, une valeur des élasticités-capital de 0,19 pour les femmes et de 0,13 pour les hommes, implique, toutes choses égales par ailleurs, compte tenu des valeurs de la moyenne géométrique des profits et des actifs physiques, une productivité marginale du capital deux fois plus élevée pour les premières que pour les seconds[36]. Une observation similaire prévaut pour le secteur informel involutif. Ainsi, alors que l'incidence de la pauvreté est la plus forte dans les ménages ayant à leur tête une femme et que l'informalisation du travail féminin induit une plus forte précarisation, le rôle économique du capital, compte tenu de sa plus grande rareté, semble plus décisif pour les entreprises dont le chef est une femme. Naturellement, cela ne signifie pas qu'il faille délaisser toute intervention par le biais du capital dans les entreprises gérées par les hommes ; cependant, le présent modèle enseigne que cette approche aura une efficacité économique relative moindre.

Deuxièmement, la prise en considération du travail conduit à des observations inverses. Sauf pour le secteur informel évolutif englobant peu

[36] La productivité marginale du capital est de 283 et 145 F.CFA/F.CFA, respectivement, pour les femmes et les hommes.

Tableau 8.6 : Cœfficients des équations de régression des estimations linéaires des déterminants des profits des systèmes productifs informels urbains selon le sexe, Côte d'Ivoire 1985[6]

Paramètre Variable indépendante	Hommes (1)	Femmes (2)	Evolutif hommes[8] (3)	Evolutif femmes[8] (4)	Involutif hommes (5)	Involutif femmes (6)
	β^1	β^1	β^1	β^1	β^1	β^1
Log du capital[2]	0,12745	0,18854	0,07325	0,00129	0,16146	0,20692
	(16,915)*	(12,301)*	(6,278)*	(0,030)	(16,565)*	(12,470)*
Log du travail[3]	0,37171	0,16170	0,36869	0,51142	0,39917	0,11183
	(12,486)*	(3,387)*	(8,987)*	(4,446)*	(9,489)*	(2,170)**
Entreprise						
Existence de	0,43374	0,30023	0,54847	-0,14735	0,36194	0,39421
comptabilité[4]	(7,010)*	(2,473)*	(6,079)*	(-0,659)	(4,316)*	(2,830)*
Paiement des impôts[4]	0,55414	0,44399	0,37477	1,13924	0,63101	0,41828
	(13,110)*	(8,571)*	(5,597)*	(5,172)*	(11,713)*	(7,842)*
Ancienneté activité	0,03134	0,02727	0,02215	0,02922	0,03966	0,02857
(années)	(5,577)*	(2,360)*	(2,538)*	(0,806)	(5,467)*	(2,341)*
(Ancienneté	-0,09003	-0,03525	-0,08138	-0,07663	-0,10087	-0,03389
activité)²/100	(-4,687)*	(-0,936)	(-2,672)*	(-0,715)	(-4,092)*	(-0,827)
Zone d'implantation :	0,15722	0,13805	0,18737	-0,36915	0,15271	0,17487
Abidjan	(6,010)*	(2,999)*	(4,370)*	(-2,497)*	(4,666)*	(3,639)*
Entrepreneur						
Nationalité ivoirienne	-0,11115	0,14031	0,01830	0,47209	-0,22966	0,13599
	(-3,484)*	(2,943)*	(0,418)	(2,317)**	(-4,940)*	(2,749)*
Formation (années)	-0,06996	-0,00038	0,02216	-0,03327	-0,15417	0,11393
	(-8,373)*	(-0,015)	(0,922)	(-0,470)	(-5,407)*	(2,276)**
Instruction (années)	0,06933	0,03424	-0,00152	0,07468	0,02291	0,03181
	(1,398)	(3,227)*	(-0,228)	(2,905)*	(3,159)*	(2,697)*
Expérience générale	-0,00094	0,02934	-0,01073	0,07797	0,00656	0,02378
(années)[5]	(-0,182)	(3,250)*	(-1,316)	(2,580)*	(0,925)	(2,441)*
(Expérience	-0,00245	-0,05738	0,02002	-0,14558	-0,01571	-0,04954
générale)²/100	(-0,288)	(-4,025)*	(1,324)	(-2,091)**	(-1,413)	(-3,270)*
Constante	-0,17801	0,01272	-0,07325	-2,55684	-0,58592	0,34199
	(-0,963)	(0,045)	(-0,275)	(-3,436)*	(-2,237)	(1,119)
Variation : R^2 (Sig)						
Log du capital	0,087 (0,00)	0,219 (0,00)	0,061 (0,00)	0,269 (0,00)	0,114 (0,00)	0,195 (0,00)
Log du travail	0,022 (0,00)	0,013 (0,00)	0,040 (0,00)	0,100 (0,00)	0,024 (0,00)	0,010 (0,00)
Entreprise	0,047 (0,00)	0,042 (0,00)	0,040 (0,00)	0,110 (0,00)	0,051 (0,00)	0,044 (0,00)
Entrepreneur	0,013 (0,00)	0,015 (0,00)	0,001 (0,00)	0,049 (0,08)	0,013 (0,06)	0,018 (0,06)
R^2	0,169	0,290	0,142	0,529	0,202	0,267
R^2 ajusté	0,168	0,285	0,137	0,490	0,200	0,263
F	106,52	65,31	29,99	13,47	85,93	53,71
(Sig F)	0,000	0,000	0,000	0,000	0,000	0,000
Chow (Sig) : (1)/(2)[7]	-	23,40 (0,00)	-	-	-	-
Chow (Sig) : (3)/(4)[7]	-	-	-	3,46 (0,00)	-	-
Chow (Sig) : (5)/(6)[7]	-	-	-	-	-	19,95 (0,00)
N	6284	1934	2196	157	4088	1777

(1) Le t est entre parenthèses ; (2) Le capital des entreprises est en milliers de F.CFA ; (3) Le travail utilisé mensuellement est en heures normalisées, en considérant que la main-d'œuvre salariée — y compris l'entrepreneur et les associés — est deux fois plus productive que la main-d'œuvre non salariée ; (4) Variables dichotomiques : oui = 1 ; (5) Evaluée selon: [age - (6 + années formation + années instruction)]; (6) La variable dépendante est le logarithme naturel du profit mensuel (en milliers de F.CFA) ; (7) Valeur critique $F_{0.05}$ = 1.75 ; (8) Ensemble des secteurs évolutifs — test de Chow non significatif entre les deux secteurs évolutifs, selon le sexe.

Note : * = significatif à 1 pour cent ; ** = significatif à 5 pour cent ; *** = significatif à 10 pour cent.

Source : Enquête secteur informel de Côte d'Ivoire, 1985.

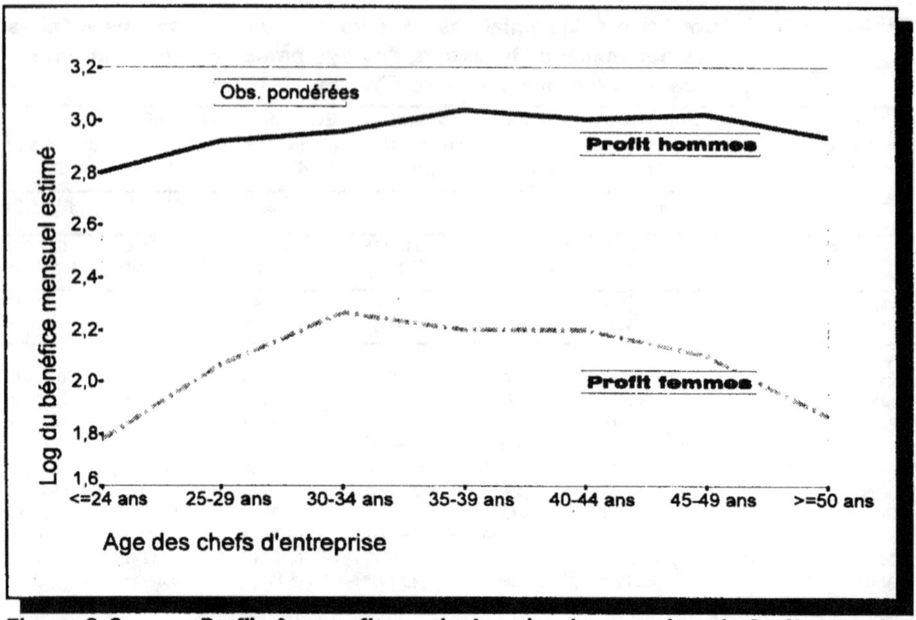

Figure 3.6 : Profils âge-profits estimés selon le sexe des chefs d'entreprise du secteur informel urbain, Côte d'ivoire 1985

de femmes, le tableau 8.6 affiche des élasticités-travail plus élevées pour les hommes que pour les femmes. En moyenne, une augmentation de 1 pour cent des heures de travail induit, toutes choses étant égales par ailleurs, une élévation des profits de 0,4 et 0,2 pour cent dans les entreprises ayant à leur tête, respectivement, un homme et une femme. D'une manière générale, la productivité marginale du travail est nettement plus élevée dans les premières que dans les secondes[37]. Par ailleurs, malgré la nécessité de relativiser ce résultat, compte tenu de la faible contribution du travail à la variance des profits — 10 pour cent pour les hommes et 5 pour cent pour les femmes —, il faut remarquer que les salaires estimés que les femmes auraient pu obtenir si elles avaient été employées dans le secteur moderne privé, sont environ trois fois plus élevés que le rendement marginal actuel du travail dans le secteur informel[38].

Troisièmement, la «formalisation» — existence d'une comptabilité —,

---

[37] Sauf dans le secteur évolutif peu représenté par les femmes. La productivité marginale du travail est de 182, 176 et 540 F.CFA/heure, respectivement, pour l'ensemble des entreprises appartenant aux hommes, le secteur évolutif et le secteur involutif. Pour les femmes, les valeurs respectives sont de 58, 223 et 39.

[38] A l'aide d'une fonction de gains obtenue à partir des données de 1984 — test de Chow significatif selon le sexe —, le salaire horaire féminin estimé est de 182 F.CFA.

la légalisation et l'ancienneté des entreprises, ainsi que leur implantation à Abidjan, sont corrélées positivement avec les profits, quel que soit le sexe des entrepreneurs ; mais, leur influence apparaît plus importante lorsque ces derniers sont des hommes. Par exemple, le fait de tenir une comptabilité induit, toutes choses égales par ailleurs, un profit additionnel de 54 pour cent pour les hommes et de 35 pour cent pour les femmes. Dans ce contexte, quelques divergences semblent exister selon les sous-groupes du secteur informel urbain. Ainsi, toutes choses étant égales par ailleurs, la localisation des activités involutives à Abidjan induit des gains relatifs plus élevés pour les femmes.

Quatrièmement, l'influence des caractéristiques des entrepreneurs selon le sexe apparaît assez contrastée. Si la nationalité ivoirienne avantage économiquement les femmes, quelle que soit la composante du secteur informel prise en compte, on observe que les variables du capital humain exercent des effets plus mitigés en termes de profits. Ainsi, l'instruction et l'expérience sur le marché du travail des chefs d'entreprise féminins influencent positivement et systématiquement le niveau des gains qu'elles obtiennent, alors que pour les hommes cet effet — du moins pour l'instruction — est uniquement observé dans le secteur involutif. L'inverse a tendance à prévaloir en ce qui concerne les années de formation. Ces dernières sont corrélées négativement aux profits des entreprises gérées par les hommes ; or, dans le secteur involutif, une année supplémentaire de formation entraîne, toutes choses étant égales par ailleurs, une augmentation des profits de 11,3 pour cent dans les entreprises appartenant aux femmes.

La figure 3.6 exhibe des profils âge-profits nettement défavorables aux femmes. Cette configuration des profits est, en partie, liée au fait que 98,2 pour cent des femmes de l'échantillon exercent une activité dans le commerce et les autres services, et que 93,4 pour cent d'entre elles appartiennent au sous-groupe involutif. Dans ces conditions, l'informalisation du travail induit, non seulement des gains immédiats plus faibles, mais également des profils de carrière beaucoup plus plats que ceux des hommes. Bien que dans maintes situations, l'informalisation du travail féminin concerne des activités secondaires du ménage, les résultats de la présente étude expliquent, dans une certaine mesure, le fait que l'incidence de la pauvreté soit beaucoup plus forte dans les ménages ayant à leur tête une femme que ceux dont le chef est un homme. Par ailleurs, dans la mesure où les points d'entrée sur le marché du travail exercent un puissant effet sur le déroulement de la carrière professionnelle des individus[39], on mesure l'impact que peuvent avoir de tels profils de gains lorsque ces

[39] Lachaud [1994a].

derniers résultent d'une première insertion sur le marché du travail pour près de 70 pour cent des femmes.

Enfin, les résultats précédents suggèrent une ambiguïté du concept d'informalisation du travail et la nécessité de distinguer deux approches, partiellement indépendantes. L'approche structuraliste identifie l'informalisation à la précarisation, c'est-à-dire une croissance de l'instabilité, de l'absence de contrôle et de protection et de la vulnérabilité économique et sociale des emplois[40]. Dans ce contexte, des études récentes, menées dans plusieurs capitales africaines, ont permis d'explorer une nouvelle stratification du marché du travail urbain en termes de vulnérabilité des statuts d'emploi. Cette approche est sous-jacente à la présente recherche[41]. Bien qu'il soit possible d'affiner ce type d'analyse, l'intérêt d'une telle approche[42] est de mieux appréhender les liens entre la participation au marché du travail urbain et la pauvreté[43], ce qui favorise une meilleure connaissance des fondements des politiques sociales. Ainsi, l'emploi indépendant — non salarié — n'apparaît plus comme une catégorie homogène, identifiée au «secteur informel», mais comme un ensemble de segments caractérisés par un degré inégal de vulnérabilité économique et sociale ; de la même manière, tout travail salarié ne doit pas être perçu comme régulier, permanent et assuré. De ce fait, l'informalisation du travail peut être horizontale — mobilité, par exemple, du salariat vers le travail à propre compte — ou verticale — par exemple, lorsque des salariés protégés deviennent des salariés non protégés. L'approche étroite ou dualiste se préoccupe davantage de l'informalisation du travail en termes de réduction du taux de salarisation des participants au marché du travail. Ainsi, en milieu urbain africain, la part croissante des actifs occupés dans le secteur informel constitue un indice d'informalisation du travail. Une telle orientation analytique, centrée sur la différentiation des systèmes productifs urbains, comporte plusieurs désavantages. Premièrement, elle appauvrit la réalité, dans la mesure où la dichotomisation formel-informel ne reflète que partiellement la diversité des segments des marchés du travail urbains. Deuxièmement, elle prive la

[40] Rodgers [1990]. En fait, ce sont les combinaisons spécifiques de tous ces facteurs qu'il faut prendre en compte, les emplois instables n'étant pas nécessairement précaires. Voir également Harriss [1986] pour une approche similaire dans le contexte asiatique.

[41] L'origine de cette approche est due à Rodgers [1986]. Dans ce contexte, on notera également les analyses de Gerry [1979] visant à mettre l'accent sur le caractère fonctionnel de certains segments du marché du travail par rapport au capitalisme périphérique.

[42] Notamment à l'aide d'enquêtes comportant des échantillons plus importants.

[43] Ainsi, l'incidence de la pauvreté est la plus forte dans les ménages dont le chef est travailleur irrégulier, indépendant marginal ou salarié non protégé.

politique économique d'instruments d'action adaptés, le secteur informel étant souvent considéré comme une entité homogène. Or, l'informalisation du travail — au sens étroit du terme — ne signifie pas toujours un processus d'exclusion par rapport à un statut de travail protégé, comme le suggèrent les résultats du tableau 8.6. Cette vision des choses est particulièrement dangereuse lorsqu'elle fonde la structure de certains modèles[44].

2. Différentiel de profits et discrimination

Le tableau 9.6 présente la décomposition du différentiel de profits entre les hommes et les femmes des sous-groupes du secteur informel urbain de Côte d'Ivoire. On observe immédiatement que pour l'ensemble des entreprises de l'échantillon, la différence brute de profits entre les hommes et les femmes, exprimée en termes du logarithme naturel, est de 0,90. Près de la moitié de cette différence — 49,4 pour cent — s'explique par les dotations des entreprises — capital technique, travail, ancienneté, légalité, gestion, localisation géographique — et les caractéristiques des entrepreneurs — formation, instruction, expérience générale, nationalité. A cet égard, on observe que le capital explique la moitié environ des différences inhérentes aux dotations. Ce résultat était attendu, compte tenu du processus de formation des profits affichés au tableau 8.6[45] ; mais, les autres variables liées aux caractéristiques de l'entreprise jouent également un rôle de premier plan. En fait, ces dernières et le capital contribuent à l'essentiel des différences de profits dues aux dotations. Par ailleurs, alors que les commentaires précédents s'appliquent aussi au secteur involutif, le sous-groupe évolutif[46] exhibe une situation tout à fait différente puisque les dotations n'expliquent que 3,2 pour cent de l'écart brut de profits entre les hommes et les femmes. Bien que la nature des données soit, en partie, à l'origine de ce résultat[47], on constate que le capital ne joue plus le rôle qu'il avait précédemment. La prise en compte de la partie inexpliquée — fonction de profits — de l'écart brut de profits montre que c'est le moindre rendement du travail des femmes qui est à l'origine du différentiel de gains de 1,23 — supérieur à l'écart global de 0,90. Ce résultat est cohérent avec

[44] Voir par exemple le modèle d'équilibre général calculable du Cameroun. Cogneau, Razafindrakoto, Roubaud [1994].

[45] Les variations de R^2 pour le capital sont les plus importantes.

[46] Les secteurs évolutifs secondaire et primaire ont été regroupés, car le test de Chow sur les fonctions de profits n'est pas significatif.

[47] L'échantillon des femmes du sous-groupe évolutif est assez faible.

Tableau 9.6 : Décomposition du différentiel brut de profits entre les hommes et les femmes selon les sous-groupes du secteur informel urbain et les variables, Côte d'Ivoire 1985

Groupe	Ensemble		Informel évolutif[1]		Informel involutif	
Paramètre	Dotations (E)	Fonction de profits (D)	Dotations (E)	Fonction de profits (D)	Dotations (E)	Fonction de profits (D)
Capital	0,191	-0,120	-0,0001	0,238	0,181	-0,076
Travail	0,086	1,230	0,065	-0,871	0,068	1,666
Autres variables entreprise	0,200	0,090	0,111	-0,251	0,216	0,152
Entrepreneur	-0,032	-0,554	-0,166	-1,292	0,023	-0,354
Constante	-	-0,191	-	2,483	-	-0,928
Ensemble des variables	0,445	0,455	0,010	0,307	0,488	0,460
Pourcentage	49,4	50,6	3,2	96,8	51,5	48,5

Note : Les secteurs informels involutifs sont regroupés, le test de Chow n'étant pas significatif.
Source : A partir des résultats du tableau 8.6 et de l'équation [7].

Tableau 10.6 : Décomposition totale du différentiel de profits entre les hommes et les femmes des sous-groupes du secteur informel urbain, Côte d'Ivoire 1985

Groupe Paramètre		Informel Involutif	Informel évolutif	Total	Proportion[2]	Signification[3]
Ecart brut :	$[\hat{Y}_h - \hat{Y}_f]$	0,9480	0,3170	-	-	-
Dotations :	[E]	0,4880	0,0099	-	-	-
Fonction de profits :	[D]	0,4600	0,3070	-	-	-
Produit :	$[p_{if} * E]$	0,4479	0,0008	0,4487	0,4989	**Expliquée (dotations)=BE**
Produit :	$[p_{if} * D]$	0,4222	0,0252	0,4474	0,4975	**Inexpliquée (profits) =BD**
Produit :	$[(p_{ih} - \hat{g}_{if}) * \hat{Y}_h]$	-0,8359	0,8393	0,0034	0,0038	**Expliquée (secteur) =SE**
Produit :	$[(\hat{g}_{if} - p_f) * \hat{Y}_h]$	0,0422	-0,0424	-0,0002	-0,0002	**Inexpliquée (secteur) =SD**

(1) Estimé à partir d'une fonction logistique ; voir annexe A2.6 ; (2) Le total est égal à 1 ; (3) Equation [9].
Source : A partir des résultats du tableau 8.6, du tableau A2.6 en annexe et de l'équation [9].

ce qui a été précédemment indiqué à partir des informations affichées au tableau 8.6 ; en particulier, toutes choses égales par ailleurs, la productivité marginale du travail des femmes apparaissait trois fois moins élevée que celle des hommes. Toutefois, dans les entreprises dont le chef est une femme, le désavantage quant au rendement du travail est contrebalancé par une meilleure rentabilité du capital technique et humain. Un processus similaire s'observe dans le sous-groupe involutif. Par contre, dans le secteur évolutif, la moindre rentabilité du capital des entreprises dont le chef est une femme joue un rôle majeur dans l'explication de l'écart brut lié à la fonction de profits.

En fait, il est nécessaire de mieux appréhender le désavantage des femmes en termes de profits dans le secteur informel. En effet, l'écart brut de profits peut s'expliquer, logiquement, par des différences de gains dues à des dotations différentes — aux niveaux des entreprises ou des individus — toutes choses étant égales par ailleurs — structures des profits et des occupations constantes — ou par un accès relatif spécifique aux sous-groupes du secteur informel, précisément à causes de ces caractéristiques différentes. Cependant, le différentiel de profits peut aussi être dû à un effet du sexe, soit sur la structure des gains au sein d'un même sous-groupe du secteur informel, soit sur la structure des occupations non explicable par les dotations différentes. Par exemple, le plus faible niveau de capital humain des femmes explique, en partie, leur plus forte proportion dans le sous-groupe involutif — notamment le petit commerce —, ainsi que leur désavantage relatif en termes de gains. Néanmoins, il se peut qu'au sein de cette composante du secteur informel, le désavantage des femmes au niveau des bénéfices soit lié également, par exemple, à un moindre accès au crédit — ce qui réduit l'échelle des opérations commerciales — ou au fait que la nature des produits ou des services commercialisés s'adresse à un segment de demande à faible pouvoir d'achat.

L'équation [9] tente de capter ce phénomène. Sur un plan pratique, les fonctions de profits du tableau 8.6 — colonnes (3) à (6) — permettent de décomposer les écarts de gains entre les hommes et les femmes selon les sous-groupes du secteur informel. Ces derniers sont réduits à deux dans la mesure où le test de Chow pour les hommes et les femmes du secteur évolutif primaire n'est pas significatif. Par ailleurs, la fonction logistique présentée en annexe — tableau A2.6 — permet d'estimer la probabilité d'accès des hommes aux sous-groupes du secteur informel[48]. Cette équation conduit à estimer la répartition des hommes — $\hat{g}_{ih} = p_{ih}$ — et des femmes — $\hat{g}_{if}$ — dans les sous-groupes du secteur informel[49].

Le tableau 10.6 présente la décomposition totale du différentiel de profits entre les hommes et les femmes des sous-groupes du secteur informel urbain. On observe que la moitié de l'écart brut des profits entre les hommes et les femmes est encore expliquée par les dotations. Toutefois, le tableau 10.6 révèle que c'est la structure des gains au sein d'un même sous-groupe du secteur informel qui joue un rôle de premier plan dans le différentiel de profits selon le sexe. En effet, la part de BD — composante qui isole l'effet du sexe sur la structure des gains au sein des sous-groupes — est de l'ordre de 50 pour cent de l'écart global et équivaut à la quasi-totalité de la partie inexpliquée. En d'autres termes, ce n'est pas la structure

---

[48] On notera que l'estimation d'une fonction polytomique — trois secteurs — donne un résultat identique.

[49] En effet, on suppose que la distribution sectorielle des hommes et des femmes est déterminée de la même manière.

de la localisation dans les divers sous-groupes du secteur informel — évolutif-involutif — qui explique la faible rémunération du travail indépendant féminin, mais le désavantage en termes de revenus de ce dernier au sein d'un sous-groupe donné. Cela signifie qu'à occupation identique, les gains des femmes sont moins élevés.

Plusieurs éléments peuvent expliquer ce résultat. Tout d'abord, la nature de données. Bien que les informations disponibles aient permis de distinguer trois composantes du système productif informel urbain ivoirien, la désagrégation est encore vraisemblablement trop grossière. Une décomposition plus fine des sous-groupes, à l'aide de données plus adaptées, aurait vraisemblablement conduit à mettre en évidence le rôle plus accentué de la structure des occupations dans l'explication du différentiel de gains entre les hommes et les femmes. Ensuite, il est probable, qu'au sein d'un sous-groupe donné, des occupations apparemment identiques procurent des gains sensiblement différents par un simple effet du sexe. Par exemple, le commerce des femmes est très souvent limité à un petit commerce de détail de produits alimentaires, s'adressant à une clientèle ayant un très faible pouvoir d'achat ; or, les hommes sont beaucoup moins présents que les femmes dans ce type d'activité, et se consacrent beaucoup plus à la commercialisation de produits manufacturés. Une comparaison identique pourrait être formulée dans la restauration ; la petite gargote du coin de la rue tenue par une femme n'a rien de commun avec le petit restaurant installé dans des locaux en dur, souvent géré par un homme. Ces phénomènes sont bien connus en Afrique, et s'expliquent, en partie, par plusieurs éléments structurels défavorables aux femmes : plus grande difficulté d'accès au marché du crédit, structures sociales — notamment la répartition des tâches au sein de la famille — et faiblesse du capital humain. En fait, ce dernier élément est, dans bien des cas, responsable de la structure actuelle des occupations entre les hommes et les femmes, ce qui engendre par la suite un désavantage institutionnel quant au développement des activités de ces dernières. Dans ces conditions, le processus d'informalisation du travail féminin doit être davantage appréhendé en termes de précarisation qu'en termes de simple mobilité horizontale sur le marché du travail — secteur moderne-secteur informel. Cette vulnérabilité des femmes est, en grande partie le résultat d'une pré-discrimination en termes de capital humain, qui ne favorise pas par la suite l'accès aux actifs physiques et humains nécessaires. Un meilleur accès des femmes au système éducatif — instruction et formation — et l'évolution des structures sociales traditionnelles, constituent de puissants éléments susceptibles de réduire la précarisation du travail indépendant féminin. En termes de bien-être, cette observation présente un intérêt évident lorsque les femmes sont à la tête des ménages. Mais, même lorsque le travail féminin ne concerne que des activités secondaires des ménages, certaines études ont montré que la contribution des femmes au bien-être de ces derniers pouvait être substantielle[50].

4. Salaires réels et genre[51]

L'existence d'une flexibilité du marché du travail dans les pays en développement est fréquemment évoquée, et correspond vraisemblablement à la réalité. Par exemple, dans le contexte africain, il a été récemment affirmé que les salaires réels auraient, en moyenne, diminué de 30 pour cent entre 1980 et 1986[52]. De même, une autre étude récente portant sur 12 pays en développement, dont trois en Afrique au sud du Sahara — Ghana, Côte d'Ivoire, Kenya — conclut que les marchés du travail sont relativement flexibles au cours du processus d'ajustement[53].

Bien que dans le contexte africain la disponibilité de données appropriées constitue la principale contrainte[54] pour appréhender l'évolution des salaires réels, la plupart des études relatives à cette question omettent de prendre en considération deux éléments. D'une part, la variation de la composition de la main-d'œuvre affecte la structure des salaires de l'ensemble des individus ou des groupes d'individus. Par exemple, en Côte d'Ivoire, les statistiques macroéconomiques montrent que la part de la main-d'œuvre d'encadrement a considérablement augmenté entre 1979 et 1989, tandis qu'au cours de la même période, la catégorie des manœuvres diminuait substantiellement. S'il n'était pas tenu compte de cette évolution dans la composition de la main-d'œuvre, le salaire réel du secteur moderne productif aurait augmenté — faiblement — dans ce pays de 2,4 pour cent au cours de la décennie 1980 ; or, le calcul du salaire réel, utilisant les pondérations relatives aux catégories de main-d'œuvre de l'année de base — 1979 — montre que ce dernier a baissé de 18,4 pour cent en dix ans[55]. D'autre part, l'estimation des salaires réels est fonction de l'indice des prix

---

[50] Voir Lachaud [1994a], tableau 3.4.

[51] L'aspect méthodologique de cette partie est tiré de Lachaud [1994b].

[52] Vandemoortele [1991].

[53] Horton, Kanbur, Mazumdar [1991]. Voir également la bibliographie fournie par Levy, Newman [1989].

[54] Couverture sectorielle — moderne, informel ; privé, public — des salaires ; éléments annexes des salaires ; comparabilité dans le temps, etc. En général, les salaires de la fonction publique sont les mieux connus, et les services de la solde peuvent fournir les banques de données appropriées.

[55] Lachaud [1994b], annexe A.

utilisé. Dans l'exemple précédent, le déflateur du salaire nominal était l'indice des prix à la consommation d'Abidjan issu des statistiques du Fonds monétaire international. Toutefois, si le déflateur implicite du PIB avait été utilisé[56], les salaires réels en Côte d'Ivoire n'auraient baissé que de 0,9 pour cent entre 1979 et 1989.

Dans ce contexte, l'appréhension de l'évolution des salaires réels dans le secteur moderne — même si ce dernier ne représente qu'environ 10 pour cent de l'emploi — semble se justifier à plusieurs niveaux. Tout d'abord, la période 1979-89 se caractérise par la mise en œuvre de trois programmes d'ajustement structurel dont les mesures ont contribué à aggraver les récessions de 1983-84 et 1987-88[57]; selon les données des recensements des salariés du secteur moderne productif, l'emploi dans ce dernier aurait diminué de 23 pour cent entre 1979 et 1989. Ensuite, les politiques salariales des pouvoirs publics concernent surtout ce secteur, dans la mesure où les rigidités des salaires sont censées y être importantes. Enfin, l'évolution des salaires du secteur moderne productif influence les rémunérations du secteur informel, et probablement les anticipations en matière de recherche d'emploi.

Bien que certains auteurs aient déjà tenté d'appréhender l'évolution des salaires réels en Côte d'Ivoire entre 1979 et 1984, en prenant en compte les changements dans la structure de la main-d'œuvre[58], leur analyse comportait deux incertitudes. D'une part, les populations des travailleurs de 1984 et 1979 ne sont pas tout à fait homogènes, alors que la méthode d'évaluation des salaires réels mise en œuvre est tributaire de cette hypothèse[59]. D'autre part, la sensibilité de l'estimation des salaires réels à

---

[56] Il reflète les mouvements annuels des prix de tous les biens et services produits dans une économie.

[57] Dans les trois déclarations de politique de développement — 1981, 1983 et 1986 — les politiques d'ajustement mettent un accent particulier sur la stabilisation financière par le biais d'une réduction de l'investissement et des dépenses publiques. Sur la période 1980-89, le PIB n'a augmenté que de 1,2 pour cent par an ; il a diminué de 2,5, 2,0, 2,7 et 3,7 pour cent, respectivement, en 1983, 1984, 1987 et 1988.

[58] Levy, Newman [1989].

[59] Les deux auteurs reconnaissent ce fait: «Si en 1984 la population totale des travailleurs ne se compose que de ceux qui ont conservé leur emploi et des nouvelles recrues, il n'en va pas de même en 1979. Les travailleurs qui ont été embauchés avant 1974 et qui ont perdu leur emploi entre 1979 et 1984 ne figurent pas dans l'estimation. De surcroît, on compte parmi les travailleurs ayant conservé leur emploi un certain nombre de travailleurs nouvellement embauchés en 1979. Cela signifie que la moyenne pondérée des variations de salaire réel des travailleurs ayant conservé leur emploi et des nouvelles recrues n'est pas exactement conforme à celle que l'on obtiendrait pour l'ensemble des travailleurs». Levy, Newman [1989], p.26.

Tableau 11.6 : Cœfficients des équations de gains des salariés du secteur moderne selon l'ancienneté dans l'emploi, le statut des entreprises et le sexe – Abidjan 1979[1]

Année	1979								
Paramètre	Nouvelles recrues			Secteur para-public			Secteur privé		
	Ensemble	Hommes	Femmes	Ensemble	Hommes	Femmes	Ensemble	Hommes	Femmes
Constante	2,18578	2,17032	2,60331	2,25190	2;42066	2,74281	1,97842	2,02419	2,06194
	(24,728)*	(23,519)*	(8,946)*	(28,649)*	(27,759)*	(10,962)*	(23,227)*	(22,834)*	(6,940)*
Instruction	0,09526	0,09294	0,09633	0,08390	0,08212	0,10066	0,10324	0,10089	0,08362
(années)	(58,679)*	(53,700)*	(16,977)*	(58,244)*	(52,896)*	(20,833)*	(58,810)*	(54,123)*	(12,522)*
Formation	0,28620	0,37345	0,05866	0,22495	0,30628	-0,04041	0,19485	0,23659	0,11609
technique/prof[2]	(13,269)*	(15,013)*	(1,470)	(11,862)*	(13,833)*	(-1,210)	(8,439)*	(9,068)*	(2,513)*
Diplôme[3]	0,10934	0,09692	0,10643	0,03003	0,02341	0,01219	0,22261	0,22180	0,16415
	(5,627)*	(4,525)*	(2,588)*	(2,032)*	(1,404)	(0,452)	(11,233)*	(10,358)*	(3,403)*
Expérience emploi	-	-	-	0,02930	0,02552	0,04164	0,00203	0,00169	0,02940
(Expérience	-	-	-	(10,787)*	(8,777)*	(4,496)*	(0,633)	(0,511)	(2,234)*
emploi)²/100	-	-	-	-0,05101	-0,04258	-0,00603	-0,00287	1,85E-4	-0,12449
Age	-	-	-	(-4,825)*	(-3,830)*	(-0,140)	(-0,209)	(0,013)	(-1,953)*
	0,05236	0,05206	0,04271	0,04745	0,04546	0,02211	0,05721	0,05466	0,07725
(Age)²/100	(10,260)*	(9,782)*	(2,543)*	(10,688)*	(9,731)*	(1,545)	(12,075*	(11,072)*	(4,849)*
	-0,04158	-0,04215	-0,02360	-0,04712	-0,04460	-0,01712	-0,04420	-0,04171	-0,07221
Nationalité	(-5,701)*	(-5,546)*	(-0,974)	(-8,037)*	(-7,233)*	(-0,898)	(-6,966)*	(-6,303)*	(-3,478)*
ivoirienne[4]	-0,15620	-0,12503	-0,39201	0,14996	-0,15401	-0,18462	-0,07446	-0,04907	-0,42637
Secteur	(-10,325)*	(-7,851)*	(-7,529)*	(-8,801)*	(-8,565)*	(-3,255)*	(-5,860)*-	(-3,703)*	(-8,191)*
secondaire[5]	-0,13756	-0,12548	-0,13516	-	-	-	0,11641	-0,12971	0,09067
Entreprise	(-8,389)*	(-7,271)*	(-2,377)*	-	-	-	(-7,784)*	(-8,375)*	(1,594)*
publique[6]	-0,10269	-0,08349	-0,13947	-	-	-	-	-	-
Dimension	(-5,804)*	(-4,410)*	(-2,953)*	-	-	-	-	-	-
entreprise/100	0,03997	0,04003	0,03177	0,03602	0,03496	0,02932	0,03126	0,03255	0,01109
	(28,923)*	(27,936)*	(5,824)*	(24,264)*	(21,757)*	(7,233)*	(25,104)*	(25,620)*	(1,668)**
R^2 ajusté	0,6409	0,6335	0,6662	0,5860	0,5819	0,6526	0,6157	0;6043	0,6284
F	1258,659	1108,852	127,642	852,007	739,387	133,798	1266,396	1120,689	96,743
Ssig F	0,000	0,000	0,000	0,000	0,000	0,000	0,000	0,000	0,000
Chow	9,52	-	-	10,06	-	-	9,51	-	-
Sig Chow	0,000	-	-	0,000	-	-	0,000	-	-
N	6341	5769	572	5412	4775	637	7897	7330	567

(1) Le secteur moderne est composé des entreprises para-publiques — établissements publics, sociétés d'Etat et sociétés à participation publique quelle que soit l'ampleur de cette dernière — et privées dont le chiffre d'affaires annuel est au moins égal à 12 millions de F.CFA. Probabilité «two-tailed» que le cœfficient soit égal à zéro ; le t — entre parenthèses — est le rapport entre β et l'erreur-type ; (2) base = formation générale ou sans formation; (3) base = sans diplôme; (4) base = autre nationalité ; (5) base = tertiaire ; (6) base = entreprises privées.
Note : * = significatif à 5 pour cent au moins ; ** = significatif entre 5 et 10 pour cent.
Source : A partir des enquêtes sur les salariés du secteur moderne de 1979 et 1989 (ONFP).

l'égard de l'indice de prix utilisé n'est pas évoquée.

Une étude récente a tenté de surmonter ces deux difficultés, afin d'appréhender l'évolution des salaires réels du secteur moderne productif de Côte d'Ivoire au cours de la période 1979-89[60]. La présente recherche utilise cette option méthodologique pour apprécier la tendance des salaires

[60] Lachaud [1994b].

Tableau 12.6 : Cœfficients des équations de gains des salariés du secteur moderne l'ancienneté dans l'emploi, le statut des entreprises et le sexe – Abidjan 1989[1]

Année	1989								
Paramètre	Nouvelles recrues			Secteur para-public			Secteur privé		
	Ensemble	Hommes	Femmes	Ensemble	Hommes	Femmes	Ensemble	Hommes	Femmes
Constante	2,56902	2,65956	2,38000	2,75645	2;74462	2,20558	2,19831	2,16660	2,64066
	(14,872)*	(17,745)*	(6,144)*	(17,764)*	(16,073)*	(6,557)*	(18,281)*	(16,590)*	(8,775)*
Instruction	0,09166	0,09187	0,08482	0,08372	0,08041	0,10488	0,11180	0,11117	0,09947
(années)	(37,894)*	(34,173)*	(12,980)*	(38,864)*	(34,409)*	(21,117)*	(80,863)*	(74,076)*	(22,375)*
Formation	0,24788	0,30251	0,08514	0,44823	0,48508	0,35773	0,07345	0,10904	0,03880
technique/prof[2]	(7,760)*	(7,852)*	(1,425)	(20,168)*	(18,922)*	(8,167)*	(3,491)*	(4,427)*	(0,946)
Diplôme[3]	0,02459	-0,01923	0,19980	-0,44508	-044203	-0,15282	0,06575	0,04076	0,22065
	(0,867)	(-0,604)	(3,108)*	(-22,272)*	(-19,615)*	(-3,576)*	(3,550)*	(1,987)*	(5,013)*
Expérience	-	-	-	0,01303	0,02093	-0,02696	0,04077	0,03862	0,04892
emploi	-	-	-	(3,973)*	(5,736)*	(-3,697)*	(13,017)*	(11,661)*	(4,892)*
(Expérience	-	-	-	-0,00742	-0,02650	0,11125	-0,08973	-0,08208	-0,11424
emploi)^2/100	-	-	-	(-0,716)	(-2,368)*	(3,928)*	(-7,866)*	(-6,894)*	(-2,643)*
Age	0,04464	0,03749	0,07042	0,01643	0,01557	0,06272	0,05440	0,05677	0,03435
	(4,633)*	(3,459)*	(3,342)*	(2,044)*	(1,771)**	(3,545)*	(8,471)*	(8,169)*	(2,077)*
(Age)^2/100	-0,02107	-0,01023	-0,06430	7,07E-4	3,74E-4	-0,05928	-0,03661	-0,03948	-0,01108
	(-1,597)	(-0,687)	(-2,270)	(0,071)	(0,015)	(-2,605)*	(-4,524)*	(-4,521)*	(-0,522)
Nationalité	-0,39860	-0,37293	-0,54960	0,24254	0,29410	-0,19726	-0,28128	-0,24701	-0,48336
ivoirienne[4]	(-14,120)*	(-12,095)*	(-7,222)*	(9,372)*	(10,961)*	(-1,975)*	(-16,664)*	(-13,629)*	(-9,999)*
Secteur	-0,14339	-0,00633	-0,08517	-	-	-	-0,10435	-0,11860	-0,03492
secondaire[5]	(-0,512)	(-0,212)	(-0,979)	-	-	-	(-7,141)*	(-7,717)*	(-0,687)
Entreprise	-0,23818	-0,24402	-0,12232	-	-	-	-	-	-
publique[6]	(-6,396)*	(-5,813)*	(-1,334)	-	-	-	-	-	-
Dimension	0,04257	0,04380	0,03350	0,03569	0,03556	0,01472	0,01094	0,00470	0,05489
entreprise/100	(12,123)*	(11,305)*	(3,637)*	(22,663)*	(20,185)*	(4,464)*	(5,047)*	(2,028)*	(8,882)*
R^2 ajusté	0,5745	0,5645	0,5865	0,6754	0,6787	0,7562	0,6126	0;6067	0,6080
F	416,849	329,881	77,916	768,580	621,466	233,974	1133,575	951,405	156,147
Ssig F	0,000	0,000	0,000	0,000	0,000	0,000	0,000	0,000	0,000
Chow	2,56	-	-	21,30	-	-	8,97	-	-
Sig Chow	0,000	-	-	0,000	-	-	0,000	-	-
N	2773	2284	489	3321	2644	677	7161	6160	1001

(1) Le secteur moderne est composé des entreprises para-publiques — établissements publics, sociétés d'Etat et sociétés à participation publique quelle que soit l'ampleur de cette dernière — et privées dont le chiffre d'affaires annuel est au moins égal à 12 millions de F.CFA. Probabilité «two-tailed» que le cœfficient soit égal à zéro ; le t — entre parenthèses — est le rapport entre β et l'erreur-type ; (2) base = formation générale ou sans formation; (3) base = sans diplôme; (4) base = autre nationalité ; (5) base = tertiaire ; (6) base = entreprises privées.
Note : * = significatif à 5 pour cent au moins ; ** = significatif entre 5 et 10 pour cent.
Source : A partir des enquêtes sur les salariés du secteur moderne de 1979 et 1989 (ONFP).

réels selon le sexe au cours de la même période à Abidjan[61]. A cet égard,

[61] Tout comme dans l'étude de Levy et Newman, l'appréhension des salaires réels dans la présente recherche s'efforce de distinguer les effets de la variation du niveau des variables influençant les salaires, de la variation des leurs effets sur ces derniers. Par ailleurs, il importe d'identifier les rémunérations réelles des personnes nouvellement embauchées, dans la mesure où leurs gains sont susceptibles de mesurer le coût marginal du travail pour l'entreprise ; ainsi, l'un des moyens de réduire [illegible] salaires est de diminuer les sala[illegible] des nouvelles recrues

compte tenu de l'estimation des relations [1] et [2] — tableaux 11.6 et 13.6 — et de la décomposition selon la relation [7] — sauf le biais de sélection — si a_j représente le cœfficient de pondération inhérent aux différences de niveau des variables (L) du secteur j estimé à partir de [7], et p_i l'indice de prix i, la variation des salaires réels entre 1989 et 1979, D_j, est calculée par l'équation [12], où W_{0j} est le salaire nominal moyen de 1979 du secteur j et W_{tj} le salaire nominal moyen de 1989 du secteur j.

$$D_j = \{[(W_{tj} - W_{0j})(1-a_j) + W_{0j}]/p_i - W_{0j}\}/W_{0j} \qquad [12]$$

L'examen des équations de gains selon le secteur — privé ou public — et l'ancienneté des individus — nouvelles recrues ou non — tend à confirmer les observations précédentes. Tout d'abord, on observe que le rendement de la formation technique s'accroît considérablement dans le secteur semi-public entre 1979 et 1989, mais baisse dans le secteur privé, notamment pour les femmes. En outre, pour ces dernières, cela s'accompagne d'une diminution sensible de la rentabilité du diplôme — notamment dans le secteur semi-public — et de l'expérience professionnelle. Ensuite, s'agissant des nouvelles recrues, le capital humain des femmes semble générer une meilleure rentabilité en 1989 par rapport à 1979, bien que les qualifications techniques des hommes conservent un avantage certain. Par exemple, en 1989, le fait d'avoir une formation technique accroît les gains de 35 et 9 pour cent, respectivement, pour les hommes et les femmes, toutes choses égales par ailleurs. Ces différentes évolutions expliquent probablement le déclin plus accentué des salaires réels féminins, comparativement à ceux des hommes. Ainsi, à qualité constante de la main-d'œuvre et des entreprises, au cours des années 1979-89, les salaires réels à Abidjan ont baissé annuellement de 5,5 et 3,9 pour cent, respectivement, pour les femmes et les hommes — lorsque le déflateur pris en considération est l'indice des prix à la consommation (tableau 13.6)[62]. Nécessairement, compte tenu des nouvelles politiques macroécomiques mises en œuvre en Côte d'ivoire au cours des années 1980, la baisse des salaires réels a été plus forte dans le secteur semi-public que dans le secteur privé. En fait, la réduction des gains réels dans le secteur semi-public a été beaucoup plus accentuée pour les femmes que pour les hommes — annuellement 7,1 pour cent contre 4,8 pour cent. Par ailleurs, le coût réel annuel des nouvelles recrues a davantage diminué pour les femmes que pour les hommes — 4,7 pour cent contre 4 pour cent.

[62] La diminution est de 3,7 et 2,7 pour cent, lorsque le déflateur implicite du PIB est pris en compte.

Tableau 13.6 Evolution nette des salaires réels du secteur moderne selon l'ancienneté dans l'emploi, le statut des entreprises et le sexe — Abidjan 1979-89

Paramètres	Variation en pourcentage			
Secteur/statut des entreprises	Indice des prix à la consommation[2]		Déflateur implicite du PIB[3]	
	1989/79[1]	annuelle	1989/79[1]	annuelle
Ensemble des salariés	-34,3	-4,1	-20,1	-2,2
Hommes	-32,7	-3,9	-18,3	-2,0
Femmes	-43,3	-5,5	-31,1	-3,7
Nouvelles recrues[4]	-34,6	-4,2	-20,6	-2,3
Hommes	-33,6	-4,0	-19,4	-2,1
Femmes	-38,4	-4,7	-25,1	-2,9
Secteur para-public[5]	-41,3	-5,2	-28,7	-3,3
Hommes	-38,8	-4,8	-25,7	-2,9
Femmes	-52,3	-7,1	-42,0	-5,3
Secteur privé	-28,0	-3,2	-12,5	-1,3
Hommes	-28,0	-3,2	-12,5	-1,3
Femmes	-30,6	-3,6	-15,7	-1,7

(1) Voir l'équation [12] pour le calcul des salaires réels; (2) 1979-89 : +74.7% [FMI (1992)]; (3) estimé à +43.8% au cours de la période 1979-89 [Banque mondiale (1991) et estimation de l'auteur]; (4) embauche au cours des trois dernières années ; (5) Quelle que soit la participation de l'Etat.
Source: A partir des données des recensements de la main-d'œuvre de 1979 et 1989 (ONFP); tableaux 11.6 et 12.6.

Conclusion

Dans les pays d'Afrique subsaharienne, un différentiel brut de salaires en faveur des hommes de 30 à 50 pour cent semble prévaloir au niveau de l'ensemble du système productif urbain. L'impact du capital humain sur la détermination des gains apparaît comparable pour les hommes et les femmes, mais la localisation dans le segment protégé accroît, la plupart du temps, les salaires masculins. Alors qu'un différentiel net de salaires selon le genre n'est pas observable dans trois capitales, dans les deux autres, d'une part, il demeure encore substantiel — 30 pour cent environ — et, d'autre part, il n'est pas expliqué majoritairement par les dotations individuelles. Ce résultat pourrait être l'expression d'une certaine discrimination à l'encontre des femmes sur le marché du travail.

Certes, dans certains cas, la situation des femmes est plus favorable que celle des hommes. Ainsi, les femmes salariées du secteur moderne, semi-public et privé, d'Abidjan gagnaient 32 et 14 pour cent de plus que les hommes, respectivement, en 1979 et 1989. En réalité, d'une part, l'essentiel de l'écart brut de salaires s'explique par la structure des caractéristiques et des occupations des individus ; d'autre part, la réduction de l'écart brut des salaires nominaux s'est accompagnée d'un déclin plus rapide des gains réels féminins — en particulier dans le secteur semi-public — que ceux de leurs homologues masculins — à qualité constante des individus et des entreprises.

En fait, la précarité des femmes en termes de revenus est surtout liée à l'exercice d'un travail indépendant. S'agissant du milieu informel urbain ivoirien, on observe un écart brut de profits de 146 pour cent en faveur des hommes, la moitié seulement de cette différence étant expliquée par les dotations des entreprises et les caractéristiques des entrepreneurs. A cet égard, le faible rendement du travail féminin — partiellement contrebalancé par la meilleure rentabilité du capital — est, en grande partie, à l'origine du différentiel de profits entre les hommes et les femmes. En outre, ce n'est pas la structure de la localisation dans les divers sous-groupes du secteur informel — évolutif-involutif — qui explique la faible rémunération du travail indépendant féminin, mais le désavantage en termes de revenus de ce dernier au sein d'un sous-groupe donné. Cela signifie qu'à occupation identique, les gains des femmes sont moins élevés. Cette situation, partiellement liée à une pré-discrimination en termes de capital humain, est à l'origine de profils âge-profits beaucoup plus plats pour les femmes.

Dans ce contexte, l'appréhension du profil carrière des individus se révèle opportune, notamment pour mieux cerner la structure actuelle des gains et des occupations qui prévaut selon le sexe. Le chapitre suivant se propose d'examiner cette question.

7. Accès à l'emploi, mobilité et genre

Le mode de participation des femmes au marché du travail urbain est la résultante d'un long processus qui fonde l'architecture de leur carrière professionnelle. De ce fait, l'appréhension de la structure actuelle des occupations et des gains exige une analyse de modalités d'accès à l'emploi et des profils de carrière.

1. Accès à l'emploi et genre

La connaissance des modalités d'accès à l'emploi et aux divers statuts du travail permet d'approfondir la compréhension des mécanismes du marché du travail urbain. Compte tenu des données disponibles, la présente étude se propose d'examiner ces questions dans trois capitales — Ouagadougou, Yaoundé et Abidjan.

1. Les modalités d'accès à l'emploi

En milieu urbain, les modalités d'accès à l'emploi peuvent être caractérisées par rapport à l'emploi salarié et l'emploi à propre compte[1].

A. L'accès à l'emploi salarié

Les éléments d'accès à l'emploi salarié féminin, affichés au tableau 1.7, révèlent quelques spécificités.

Dans les agglomérations africaines, le capital humain demeure un facteur important d'accès à l'emploi salarié, indépendamment du genre. Dans deux capitales sur trois, les compétences techniques des femmes — tests, essais professionnels — expliquent environ un tiers des processus d'accès à l'emploi salarié. Cette proportion est légèrement en retrait par rapport aux hommes, puisque 40 à 45 pour cent d'entre eux ont dû faire la démonstration de leurs qualifications techniques. C'est seulement dans le cas de Ouagadougou que les tests et essais professionnels représentent la modalité d'accès à l'emploi féminin la plus répandue — 60 pour cent, contre 44 pour cent pour les hommes. Par ailleurs, bien que le diplôme ne soit pas le passeport pour l'emploi le plus décisif, son rôle quant à l'accès

[1] Certains développements sont empruntés à Lachaud [1994a].

Tableau 1.7 Modalités d'accès à l'emploi actuel des salariés selon le sexe, le niveau de vie et la capitale (pourcentage)

Capitale		Ouagadougou			Yaoundé			Abidjan		
Paramètre		Hommes	Femmes	Ensemble	Hommes	Femmes	Ensemble	Hommes	Femmes	Ensemble
Pauvres	Famille/ethnie	50,8	25,0	46,7	40,0	33,3	36,8	50,0	100,0	53,3
	Diplôme	6,3	8,3	6,7	20,0	11,1	15,8	0,0	0,0	0,0
	Test/essai	20,6	66,7	28,0	40,0	22,2	31,6	14,3	0,0	13,3
	Cond. employeur	19,0	0,0	16,0	0,0	33,3	15,8	7,1	0,0	6,7
	Autre cas[1]	3,2	0,0	2,7	0,0	0,0	0,0	28,6	0,0	26,7
	N	63	12	75	10	9	19	14	1	15
Non pauvres	Famille/ethnie	24,1	11,5	20,5	19,8	32,6	23,8	41,1	43,6	41,6
	Diplôme	12,8	15,4	13,5	13,4	16,3	14,3	12,6	18,2	13,7
	Test/essai	55,6	59,6	56,8	49,2	34,9	44,7	38,6	27,3	36,3
	Cond. employeur	5,3	5,8	5,4	11,2	10,5	11,0	7,2	5,5	6,9
	Autre cas[1]	2,3	7,7	3,8	6,4	5,8	6,2	0,5	5,5	1,5
	N	133	52	185	187	86	273	207	55	262
Ensemble	Famille/ethnie	32,7	14,1	28,1	20,8	32,6	24,7	41,6	44,6	42,2
	Diplôme	10,7	14,1	11,5	13,7	15,8	14,4	11,8	17,9	13,0
	Test/essai	44,4	60,9	48,5	48,7	33,7	43,8	37,1	26,8	35,0
	Cond. employeur	9,7	4,7	8,5	10,7	12,6	11,3	7,2	5,4	6,9
	Autre cas[1]	2,6	6,3	3,5	6,1	5,3	5,8	2,3	5,4	2,9
	N	196	64	260	197	95	292	221	56	277

(1) Y compris apprentis du patron.
Sources : Enquêtes emploi pilotes auprès des ménages : Burkina Faso (Ouagadougou, 1992), Cameroun (Yaoundé, 1990-91), Côte d'Ivoire (Abidjan, 1986-87).

à l'emploi féminin doit être souligné. Ainsi, selon les capitales prises en considération, le diplôme constitue entre 14 à 18 pour cent des modalités d'accès à l'emploi féminin, alors que seulement 11 à 14 pour cent des hommes ont été embauchés sur la base de ce critère. Deux éléments expliquent probablement, en partie, les spécificités relatives du processus d'accès à l'emploi salarié féminin. D'une part, les qualifications techniques diffèrent selon le genre, les femmes étant surtout employées dans les services, alors que l'industrie occupe beaucoup plus les hommes[2]. D'autre part, le décalage croissant entre les compétences apparentes attestées par le diplôme et les compétences réelles que ce dernier est censé véhiculer, incite les employeurs à beaucoup de prudence et à recourir à des méthodes d'embauche plus diversifiées[3].

---

[2] Par exemple, en 1989 à Abidjan, 92,3 pour cent des femmes salariées du secteur moderne — hors fonction publique — occupaient un emploi tertiaire, contre 76,8 pour cent des hommes.

[3] Depuis une quinzaine d'années, la qualité de l'enseignement s'est dégradée Afrique. Par conséquent, les qualifications réelles de beaucoup d'individus ne correspondent plus guère aux diplômes secondaires ou universitaires dont ils disposent.

Mais, l'accès des femmes à l'emploi salarié ne semble pas dépendre uniquement de considérations techniques. En effet, les investigations statistiques suggèrent que la mise en œuvre des relations familiales ou ethniques constitue un élément important de l'accès à l'emploi féminin. Dans deux capitales — Yaoundé, Abidjan — un tiers à près de la moitié des femmes ont accédé au salariat par le biais de cette modalité ; pour les hommes, sauf à Ouagadougou, cette proportion est légèrement inférieure. Ainsi, même en milieu urbain, la nature des institutions sociales africaines structure les relations professionnelles, en pondérant davantage les facteurs familiaux, claniques ou ethniques. S'agissant de l'accès à l'emploi, les femmes — tout comme les hommes — bénéficient largement de ce processus.

En fait, on observe une différenciation des processus d'accès à l'emploi selon le niveau de vie, l'incidence des institutions traditionnelles étant plus forte lorsque les individus sont localisés dans des ménages pauvres. En effet, dans ces derniers, en moyenne, deux fois plus d'individus utilisent les canaux de la société traditionnelle pour obtenir un emploi salarié, comparativement à ceux qui sont localisés dans les ménages aisés. L'inverse prévaut en ce qui concerne le rôle du diplôme et la vérification des compétences techniques[4]. Cependant, les écarts précédemment mentionnés selon le genre tendent à prévaloir quel que soit le niveau de vie. Cela signifie qu'il n'existe pas de différence significative selon le genre quant à la valorisation des compétences en fonction du niveau de vie du ménage. Car, à caractéristiques identiques, la probabilité de valorisation des compétences techniques sur le marché est vraisemblablement plus faible pour les individus appartenant à des ménages pauvres que pour ceux issus de ménages plus aisés. Evidemment, l'égalité entre les hommes et les femmes n'est pas pour autant assurée. L'accès à l'emploi résulte d'un long processus qui, non seulement structure l'environnement social dès la scolarisation, mais également confère aux individus un capital humain différent. La plus faible participation des femmes au salariat et leur plus forte incidence au niveau du travail indépendant marginal s'inscrit précisément dans ce processus.

[4] Cette différenciation des processus d'accès à l'emploi s'observe également selon le statut des individus sur le marché du travail. Une étude récente a montré que l'accès à l'emploi par le biais des institutions sociales était positivement corrélé à la vulnérabilité sur le marché du travail ; par contre, une corrélation inverse a été observée en ce qui concerne le diplôme et le test des compétences techniques. Ces résultats corroborent le fait que pour la grande majorité — plus de 80 pour cent — des travailleurs protégés, les compétences techniques sont appropriées à l'emploi qu'ils occupent ; or, cette situation ne prévaut que pour environ 40 pour cent des salariés non protégés et irréguliers. Lachaud [1994a].

B. L'accès à l'emploi indépendant

Les modalités d'accès au travail indépendant ont été mises en évidence dans notre étude comparative récente. A cet égard, il a été montré que si l'accès au travail indépendant actuel est fonction de la disponibilité d'un capital et de la connaissance du métier, ce dernier occupe une place prédominante pour les hommes, tandis que le capital joue un rôle essentiel pour les femmes. En outre, le contexte institutionnel constitue également un éléments clé d'accès à l'emploi indépendant, et interfère différemment selon la nature des activités exercées. Ainsi, les canaux de la société traditionnelle — ménage, famille — facilitent davantage l'obtention du capital pour les travailleurs indépendants marginaux et irréguliers, comparativement aux indépendants dotés en capital[5].

Dans la mesure où les femmes exercent beaucoup plus souvent que les hommes des activités à propre compte précaires, il n'est pas surprenant de constater une différenciation selon le sexe des modes d'accès au capital de départ des travailleurs indépendants (tableau 2.7). En effet, si l'on excepte le cas d'Abidjan[6], on observe que les femmes financent environ 50 à 60 pour cent du volume du capital de départ de l'entreprise grâce à la famille ou au ménage. Or, pour les hommes, les canaux de la société traditionnelle ne financent qu'un quart du capital nécessaire à la constitution des unités de production. L'inverse prévaut en ce qui concerne l'épargne personnelle. Plus de la moitié du capital de départ des entrepreneurs masculins provient de cette source, alors que pour les femmes la proportion se situe entre 20 et 25 pour cent. Dans ces conditions, la plus grande précarité du statut de travailleur indépendant féminin est aisément explicable. Premièrement, l'épargne du ménage est nécessairement restreinte, et ne peut financer, la plupart du temps, que des activités marginales associées à un capital humain réduit. Deuxièmement, la moindre mobilité des femmes au cours de leur carrière professionnelle limite les opportunités d'accumuler une épargne substantielle. Troisièmement, le rôle des banques et de l'Etat est très minoritaire quant au financement du capital de départ. Toutefois, la spécificité de la situation des femmes est beaucoup moins marquée sur ce point. Quatrièmement, l'absence relative de capital humain limite les opportunités prévisibles de gains, et induit un mimétisme des actions en référence à la situation familiale[7]. Ainsi, malgré l'existence de nombreuses

---

[5] Lachaud [1994a].

[6] Sur ce point, les enquêtes relatives aux diverses capitales ne sont pas homogènes. Dans le cas d'Abidjan, les éléments «famille/ménage» et «épargne» sont assemblés.

[7] Le cas typique est celui des aides-familiales, ayant peu d'instruction, qui s'installent à leur propre compte dans le secteur du commerce.

Tableau 2.7 : Accès au capital de départ selon le sexe des travailleurs indépendants et la capitale — emploi actuel (pourcentage) [1]

Capitale / Paramètre		Ouagadougou	Yaoundé	Abidjan
Hommes	Famille/ménage	26,8	23,7	60,7[3]
	Epargne	54,1	54,0	-
	Petit prêteur	9,2	2,1	3,6
	Banque/Etat	2,5	5,7	0,0
	Autres cas[2]	7,4	14,5	35,7
Femmes	Famille/ménage	57,6	52,6	89,1[3]
	Epargne	26,6	20,5	-
	Petit prêteur	6,6	2,5	1,1
	Banque/Etat	1,9	0,7	0,0
	Autres cas[2]	7,3	23,7	9,8
Ensemble	Famille/ménage	38,5	37,1	75,7[3]
	Epargne	43,6	38,5	-
	Petit prêteur	8,2	2,3	2,3
	Banque/Etat	2,3	3,4	0,0
	Autres cas[2]	7,4	18,7	22,0
	N	143	130	177

(1) Il s'agit du pourcentage se référant à la proportion du montant du capital de départ ; (2) Tontine, héritage et divers; (3) Y compris l'épargne.
Sources : Enquêtes emploi pilotes auprès des ménages : Burkina Faso (Ouagadougou, 1992), Cameroun (Yaoundé, 1990-91), Côte d'Ivoire (Abidjan, 1986-87).

exceptions, conférant aux femmes un réel pouvoir économique[8], ce schéma est malheureusement très fréquent en Afrique au sud du Sahara. Il induit un statut de la femme, non seulement socialement fragile, mais également économiquement inefficace, dans la mesure où la productivité marginale du capital est, compte tenu de sa rareté, beaucoup plus forte dans les entreprises gérées par une femme que dans celles qui ont un homme à leur tête.

2. Les déterminants de l'accès aux statuts du travail

Les déterminants de l'accès aux statuts du travail seront identifiés successivement pour l'ensemble des systèmes productifs urbains et informels.

A. Systèmes productifs urbains et statuts du travail

On peut tenter d'appréhender les déterminants d'accès aux statuts du travail à l'aide d'un modèle multinomial, estimé pour l'ensemble des individus — 15 ans et plus — exerçant une activité économique au moment

[8] Le cas des Nana Benz par exemple au Togo ou au Bénin.

de l'enquête. La variable dépendante prend les valeurs 0, 1 ou 2 selon que les individus occupent un emploi indépendant, salarié non protégé ou salarié protégé. De ce fait, elle indique le logarithme des chances, relativement au travail indépendant, d'accès au travail salarié protégé et non protégé. Les variables indépendantes se réfèrent à l'instruction, la formation, l'âge, le sexe — masculin — le lieu de naissance dans la capitale, le statut matrimonial — marié —, la nationalité[9], le statut du premier emploi et le statut professionnel des parents. Les cœfficients du modèle multinomial et l'exercice de simulation relatifs aux trois capitales, présentés, respectivement, aux tableaux 3.7 et 4.7, permettent de formuler plusieurs observations.

Premièrement, on observe que le log des chances d'être salarié protégé ou non protégé, plutôt que d'être travailleur indépendant, est plus élevé pour les hommes que pour les femmes, toutes choses égales par ailleurs. Sauf pour le travail protégé dans la capitale camerounaise, les cœffcients relatifs au sexe du modèle multinomial sont tous positifs et significatifs. L'exercice de simulation affiche les probabilités d'accès aux différents statuts du travail et confirme la faiblesse relative des femmes dans le salariat. Par contre, ces dernières ont une probabilité beaucoup plus forte d'accès au travail indépendant, en particulier à Ouagadougou et Abidjan.

Deuxièmement, le log des chances d'exercer un travail salarié protégé ou non protégé, plutôt que d'être travailleur à propre compte, est influencé par le niveau d'instruction. En particulier, l'accès à l'enseignement secondaire ou supérieur accroît considérablement la probabilité d'accéder au salariat protégé, plutôt que d'exercer un emploi indépendant. A cet égard, on notera que la probabilité d'être travailleur indépendant est inversement corrélée avec le niveau d'instruction. Par exemple, à Ouagadougou, la probabilité de travailler à propre compte, plutôt que d'être salarié, est de 0,266 et 0,147, respectivement, lorsque les individus ont accédé aux niveaux d'instruction du secondaire premier cycle et du supérieur. L'écart de probabilité est encore plus élevé à Yaoundé, mais beaucoup plus faible à Abidjan.

Troisièmement, deux autres facteurs d'accès aux statuts du travail appellent une attention particulière. D'une part, l'âge exerce un effet positif et significatif dans deux capitales — Ouagadougou et Yaoundé. En fait, c'est surtout la probabilité d'accès au travail protégé qui est influencée par premier emploi protégé augmente considérablement les chances de posséder actuellement un statut identique, en particulier à Ouagadougou et Abidjan l'âge, notamment jusqu'à 55 ans. D'autre part, le fait d'avoir exercé un

[9] Pour la Côte d'Ivoire uniquement.

Tableau 3.7 : Cœfficients de régression des estimations logistiques multinomiales des déterminants d'accès aux statuts du travail selon la capitale — 15 ans et plus

Echantillon	Ouagadougou		Yaoundé		Abidjan	
Variable dépendante	Log des chances, relativement au travail indépendant, d'accès au travail salarié[1,2]					
Variable indépendante	Salarié non protégé	Salarié protégé	Salarié non protégé	Salarié protégé	Salarié non protégé	Salarié protégé
Primaire[3]	1,10102	2,40584	-0,04256	0,99767	0,53328	0,42964
	(2,408)*	(3,116)*	(-0,084)	(1,180)	(1,536)	(1,013)
Secondaire 1er cycle[3]	1,03534	4,15741	-0,00452	2,10583	0,63227	1,35465
	(1,443)	(4,599)*	(-0,008)	(2,469)*	(1,245)	(2,501)*
Secondaire 2eme cycle[3]	2,87085	5,85855	0,51694	3,68457	0,02545	1,52939
	(2,337)*	(4,324)*	(0,886)	(4,168)*	(0,033)	(2,133)*
Supérieur[3]	2,42862	5,26347	2,53445	6,46842	0,92175	1,71709
	(2,640)*	(4,923)*	(2,202)*	(4,939)*	(0,991)	(1,907)**
Formation informelle[4]	-0,46130	-1,09732	-0,68018	-0,45438	-0,43637	0,81654
	(-1,089)	(-1,606)	(-2,198)*	(-1,298)	(-1,211)	(1,914)**
Formation moderne[4]	0,33107	1,17274	0,39736	0,97382	0,60940	2,30626
	(0,039)	(1,369)	(1,057)	(2,534)*	(1,289)	(4,717)*
Age (années)	0,23035	0,92851	-0,13251	0,36228	0,06570	-0,09062
	(2,222)*	(4,014)*	(-1,499)	(2,919)*	(0,591)	(-0,584)
$(Age)^2/100$	-0,28348	-1,12528	0,10820	-0,38143	-0,18031	0,11006
	(-2,304)*	(-3,785)*	(0,988)	(-2,497)*	(-1,158)	(0,802)
Naissance : capitale	0,41082	0,85178	-0,44630	0,44174	0,33717	0,53064
	(1,037)	(1,424)	(-1,359)	(1,303)	(0,720)	(0,970)
Sexe masculin	1,96863	1,31068	0,74136	0,37656	1,67268	1,40884
	(4,157)*	(2,139)*	(2,624)**	(1,208)	(4,484)*	(3,300)*
Mariée	-0,85630	-0,88373	-0,53083	-0,07162	0,03334	0,23256
	(-1,815)**	(-1,260)	(-1,807)**	(0,206)	(0,099)	(0,599)
Nationalité ivoirienne	-	-	-	-	0,53852	1,03529
	-	-	-	-	(1,704)	(2,773)*
Premier emp. sal. protégé	1,2854	4,46795	-3,20184	-1,10002	0,51609	2,00528
	(1,988)*	(6,506)*	(-2,978)*	(-2,196)*	(0,944)	(4,268)*
Premier emp. sal. non protégé	4,58521	1,47295	0,11280	-0,28082	1,38797	1,08047
	(7,775)*	(1,595)	(0,347)	(-0,743)	(4,251)*	(2,807)*
Parents indépendants	1,34332	0,49097	0,09434	0,19902	-1,02987	-0,49934
	(2,256)*	(0,576)	(0,288)	(0,561)	(-1,970)*	(-0,836)
Parents sal. protégés	1,62985	0,31933	0,58227	0,33463	-0,50211	-0,25655
	(1,830)**	(0,307)	(1,518)	(0,799)	(-0,718)	(-0,351)
Parents sal. non. prot.	1,08198	0,25369	0,00808	0,05513	0,49835	1,17574
	(1,624)	(0,259)	(0,021)	(0,132)	(0,698)	(1,544)
Constante	-8,26187	-23,15890	3,34397	-10,6513	-1,71810	0,42964
	(-3,806)*	(-5,127)*	(1,866)**	(-4,159)*	(-0,882)	(1,013)
Log de vraisemblance	-180,413		-347,348		-325,914	
Chi² (sig)[5]	621,815 (0,000)		272,714 (0,000)		339,323 (0,000)	
N	448		479		457	

(1) Normalisation à 0 : travail indépendant — marginal et avec capital — y compris le travail irrégulier ; (2) Le t — rapport entre β et l'erreur-type — est entre parenthèses (probabilité «two-tailed» que le cœfficient soit égal à zéro) ; (3) Base = sans instruction ; (4) Base = absence de formation ; (5) Il s'agit du test du rapport de vraisemblance calculé selon : $LR=2(L_1-L_0)$, si L_1 est le log de vraisemblance du modèle sans contrainte et L_0 le log de vraisemblance du modèle contraint (tous les cœfficients sont égaux à 0, sauf la constante). Il suit une loi du Chi² avec des degrés de liberté égaux au nombre de contraintes — (2n-1) et (n-1), respectivement, pour le modèle multinomial et le modèle binaire (n=nombre de paramètres).

Note : * = significatif à 5 pour cent au moins ; ** = significatif entre 5 et 10 pour cent.

Sources : Enquêtes pilotes sur l'emploi auprès des ménages : Burkina Faso (Ouagadougou, 1992), Cameroun (Yaoundé, 1990-91), Côte d'Ivoire (Abidjan, 1986-87).

Tableau 4.7 : Simulation : probabilités d'accès aux statuts du travail selon les capitales — 15 ans et plus

Capitale	Ouagadougou			Yaoundé			Abidjan		
Paramètre	Indépendant	Salarié non protégé	Salarié protégé	Indépendant	Salarié non protégé	Salarié protégé	Indépendant	Salarié non protégé	Salarié protégé
Sexe :									
Hommes	0,315	0,358	0,327	0,248	0,391	0,361[1]	0,306	0,327	0,367
Femmes	0,466	0,217	0,317	0,244	0,291	0,365[1]	0,541	0,162	0,297
Instruction :									
Secondaire 1c	0,266[1]	0,296	0,444	0,342	0,373[1]	0,285	0,314	0,273[1]	0,412
Supérieur	0,147	0,380	0,473	0,015	0,244	0,741	0,269	0,288[1]	0,444
Age :									
25 ans	0,411	0,340	0,249	0,271	0,572[1]	0,157	0,298[1]	0,468[1]	0,234[1]
35 ans	0,318	0,317	0,365	0,288	0,307[1]	0,405	0,369[1]	0,246[1]	0,385[1]
45 ans	0,308	0,310	0,382	0,276	0,184[1]	0,540	0,378[1]	0,074[1]	0,547[1]
55 ans	0,387	0,324	0,289	0,310	0,165[1]	0,525	0,294[1]	0,010[1]	0,695[1]
Premier emploi protégé :									
Oui	0,178	0,264	0,558	0,593	0,049	0,359	0,249	0,195[1]	0,556
Non	0,434	0,366	0,200	0,269	0,367	0,364	0,424	0,285	0,292

Note : (1) Non significatif.
Source : A partir du tableau 3.7.

Ainsi, dans ces deux dernières capitales, toutes choses égales par ailleurs, la probabilité d'être salarié protégé est deux fois plus élevée lorsque le premier emploi était également protégé, plutôt que non protégé. Dans le cas de Yaoundé, l'effet du statut protégé du premier emploi quant au travail protégé actuel est moins clair ; par contre, il accroît les chances d'exercer un travail indépendant. Ce résultat signifie l'existence d'une certaine mobilité sur laquelle nous reviendrons ultérieurement.

Quatrièmement, d'autres variables sont significatives, mais ont des effets plus contrastés. Tout d'abord, la formation. Paradoxalement, dans la capitale ivoirienne, le fait d'avoir une formation informelle accroît les chances de travailler dans le segment protégé du marché du travail. Ensuite, le statut des parents. A Ouagadougou, lorsque les parents sont des travailleurs indépendants, les individus ont une probabilité plus élevée d'être localisés dans le salariat ; l'inverse prévaut pour Abidjan. Le différentiel de niveau de vie de ces deux capitales est probablement à prendre en compte dans l'appréhension de ce résultat contrasté. Enfin, le fait d'être marié est négativement corrélé à l'accès au statut de salarié non protégé à Ouagadougou et Abidjan. Ce résultat corrobore l'importance des travailleurs secondaires des ménages dans le salariat concurrentiel.

B. Systèmes productifs informels et statuts du travail[10]

La plus grande précarité du travail indépendant féminin appelle une analyse spécifique des déterminants d'accès aux systèmes productifs informels[11]. Les données relatives au secteur informel urbain de Côte d'Ivoire, collectées en 1985, sont utilisées à cette fin.

Le tableau 5.7 présente les paramètres du modèle logistique multinomial estimés pour l'ensemble de l'échantillon des entreprises du secteur informel — colonnes 1 et 2[12]. Les variables prises en compte sont relatives aux chefs d'entreprises : (i) éducation — formation et diplôme technique ; (ii) démographie — âge, $(\text{âge})^2$, nationalité ivoirienne, sexe féminin, situation matrimoniale (marié) ; (iii) autres paramètres — statut antérieur d'indépendant dans le secteur moderne, statut antérieur d'ouvrier dans le secteur moderne, branche d'activité antérieure identique, financement des moyens de déplacement par l'épargne personnelle, exercice d'une autre activité et localisation à Abidjan. Dans ce contexte, on notera que la contrainte liée au capital technique est absente de l'analyse. Il en est ainsi parce que l'enquête de 1985 ne fournit pas d'informations fiables sur ce point, et surtout, ne permet pas d'identifier quelles sont les activités qui constituent un point d'entrée sur le marché du travail ; de ce fait, la cohorte d'entreprises considérée rassemble des parcours professionnels différents. Néanmoins, nous montrerons que ce paramètre est sous-jacent à certaines variables.

Les résultats obtenus au tableau 5.7 appellent plusieurs observations. Premièrement, le modèle estimé montre que le fait d'être une femme réduit le logarithme des chances de choix d'accès aux sous-groupes évolutifs — notamment le secteur secondaire — plutôt qu'au sous-groupe involutif[13]. Ce

---

[10] Cette partie est empruntée à Lachaud [1995c].

[11] On se reportera au chapitre 1 pour un résumé sur la stratification du secteur informel urbain ivoirien.

[12] Dans le modèle estimé, les cœfficients du secteur informel involutif sont normalisés à zéro. Par conséquent, les cœfficients estimés pour les sous-groupes évolutifs primaire et secondaire indiquent, respectivement, la variation du logarithme des chances de choix d'accès à ces deux secteurs plutôt qu'au secteur informel involutif. Par ailleurs, en faisant la différence des cœfficients comparables, on peut évaluer la variation du logarithme des chances de choix d'entrer, par exemple, dans le sous-groupe primaire plutôt que dans le sous-groupe secondaire. Toutefois, afin de déterminer si les différences inhérentes aux cœfficients comparables des sous-groupes secondaire et primaire sont significatives, un modèle logistique binaire a été estimé pour l'échantillon des entreprises évolutives. Ainsi, la colonne 3 du tableau 5.7 affiche la probabilité d'accéder au sous-groupe primaire plutôt qu'au sous-groupe secondaire.

[13] Toutefois, c'est seulement pour le sous-groupe secondaire que la variation de probabilité est négative.

Tableau 5.7 : Cœfficients des équations de régression des estimations logistiques des déterminants de l'accès aux systèmes productifs informels urbains, Côte d'Ivoire 1985

Echantillon	Echantillon total				Informel évolutif	
Modèle	Logistique multinomial				Logistique binaire	
Variable dépendante	Log des chances, relativement au secteur involutif, d'accès aux secteurs évolutifs				Log des chances, relativement au secteur évolutif secondaire, d'accès au secteur évolutif primaire	
	Evolutif primaire (1)		Evolutif secondaire (2)		Evolutif primaire (3)	
Variable indépendante	β	t^2	β	t^2	β	t^2
Education						
Formation (années)	1,62742	27,8754*	1,78032	45,7100*	-0,18828	-2,9287*
Instruction (années)	0,10446	4,6102*	-0,01821	-0,9016	0,12238	7,2288*
Diplôme technique (≥ CAP)[1]	2,06931	6,8291*	0,36506	1,1213	1,78084	7,5463*
Démographie						
Age	0,11923	2,3998*	0,05913	1,4626	0,03838	0,8901
$(Age)^2$	-0,11138	-1,8061**	-0,05960	-1,1780	-0,02749	-0,5067
Nationalité ivoirienne[1]	1,20524	7,0810*	0,38956	2,6950*	0,84611	6,6240*
Sexe féminin[1]	-0,52819	-2,3459*	-1,86219	-8,7953*	1,16931	5,5846*
Situation matrimoniale : marié, div.[1]	0,02109	-0,1102	-0,33672	-2,1649*	0,39515	2,5386*
Autres paramètres						
Statut antérieur : indépendant moderne[1]	1,45131	2,0713*	0,04463	0,0623	1,34762	3,9533*
Statut antérieur : ouvrier moderne[1]	0,85338	3,8238*	-0,52078	-2,3787*	1,36762	8,5335*
Branche activité antérieure identique[1]	0,31274	1,9410**	-0,24152	-1,7838**	0,61807	4,7911*
Finan. moy. déplacement par épargne[1]	-0,10486	-0,4036	-0,36445	-1,6158	0,31258	1,7136**
Existence d'une autre activité[1]	0,16449	0,4933	-0,48853	-1,5883	0,61352	2,2440*
Milieu urbain Abidjan[1]	0,45764	2,7866*	0,24247	1,8260**	0,25138	1,8885**
Constante	-9,08508	-9,7653*	-4,74070	-6,5391*	-3,87511	-4,7784*
Log de vraisemblance	-2075,96				-904,73	
Chi² (sig)[3]	8293,00 (0,000)				582,32 (0,000)	
R^2[4]	0,666				0,244	
Cas correctement prédits (%)	-				86,0	
N	8363				2415	

(1) Variable binaire ; (2) Probabilité «two-tailed» que le cœfficient soit égal à zéro ; le t est le rapport entre β et l'erreur-type ; (3) Il s'agit du test du rapport de vraisemblance calculé selon : $LR=2(L_1-L_0)$, si L_1 est le log de vraisemblance du modèle sans contrainte et L_0 le log de vraisemblance du modèle contraint (tous les cœfficients sont égaux à 0, sauf la constante). Il suit une loi du Chi² avec des degrés de liberté égaux au nombre de contraintes - (2n-1) et (n-1), respectivement, pour le modèle multinomial et le modèle binaire (n=nombre de paramètres) ; (4) Il s'agit d'un pseudo-R^2 égal à : $1 -(L_1/L_0)$.
Note : * = significatif à 5 pour cent ; ** = significatif à 10 pour cent.
Source : Enquête secteur informel de Côte d'Ivoire, 1985.

résultat met bien en évidence la précarité du statut économique des femmes qui exercent un travail indépendant. Dans ce contexte, il faut rappeler que le secteur informel involutif englobe la majorité — 71,1 pour cent — des activités informelles et possède des traits qui s'opposent presque systématiquement aux secteurs évolutifs primaire — où la transition économique est bien avancée — et secondaire — secteur artisanal de production et de services : faible niveau des profits[14] ; peu de salariés — 4,7 pour cent — et d'apprentis, mais surtout une main-d'œuvre familiale — 51,1 pour cent — composée de femmes dans 25 pour cent des cas ; capital en moyenne deux fois plus faible que dans le secteur évolutif secondaire[15] et absence relative d'investissement en moyens de déplacement[16] ; proportion des entreprises ayant un local en dur presque deux fois moins importante que dans les groupes précédents ; absence relative de formation — 96,6 pour cent — et faible niveau d'éducation des entrepreneurs — 1,4 années d'instruction[17]; forte localisation dans le commerce et les autres services ; proportion relativement élevée de femmes — 30,4 pour cent — à la tête des entreprises[18]. Ainsi, non seulement la participation des femmes au marché du travail salarié est réduite, mais lorsqu'elles s'engagent dans des activités économiques indépendantes, ces dernières sont, dans maintes situations, peu productives.

On observe aussi que l'âge et la nationalité ivoirienne accentuent la probabilité d'accéder au sous-groupe des activités dynamiques ; ce résultat est en partie lié à la carrière antérieure des individus.

Deuxièmement, d'autres facteurs influencent la probabilité d'accès aux statuts informels du travail. Tout d'abord, les variables liées à la formation professionnelle jouent un rôle de premier plan dans l'accès aux secteurs informels évolutifs. Pour ces derniers, les cœfficients relatifs à la formation sont positifs et élevés ; ainsi, la variation du logarithme des chances de choix d'accès aux sous-groupes évolutifs plutôt qu'au sous-groupe involutif due à une année de formation additionnelle varie de 1,6 à 1,8, ce qui implique une variation de probabilité, respectivement, de 0,008 et 0,05. Ce résultat n'est pas surprenant étant donné les niveaux relatifs de formation des différents sous-groupes du secteur informel affichés au tableau 1[19]. Par

---

[14] Le profit mensuel moyen du secteur évolutif primaire était de 37 600 F.CFA en 1985, soit 14 et 23,3 pour cent plus élevé, respectivement, que dans l'informel évolutif secondaire et l'informel involutif. Voir le chapitre 6 sur ce point.

[15] De l'ordre de 70 000 F.CFA.

[16] 5,7 pour cent des individus possèdent un moyen de déplacement.

[17] 78 pour cent des chefs d'entreprise de ce groupe sont sans instruction.

[18] 91,8 pour cent des femmes ayant une activité informelle sont localisées dans ce groupe.

[19] A partir d'une analyse discriminante inhérente aux mêmes données, le rôle de la formation et de l'instruction quant à l'accès à l'emploi urbain avaient été également mis en

ailleurs, deux autres paramètres liés au capital humain favorisent l'accès au secteur informel dynamique. Il s'agit du niveau d'instruction, et surtout, du diplôme technique — Certificat d'aptitudes professionnelles, en particulier. En effet, le fait de posséder un diplôme technique accroît le logarithme des chances de choix d'accès au sous-groupe évolutif primaire plutôt qu'au sous-groupe involutif de 2,1 et la probabilité de 0,07[20]. La colonne 3 du tableau 5.7 confirme les appréciations relatives précédentes à l'égard des deux secteurs évolutifs. Par conséquent, le type d'informalisation du travail tendrait à être prédéterminé, non seulement par l'existence d'une formation professionnelle — la probabilité d'accéder à des emplois évolutifs croît avec les années de formation — mais également par la nature de cette dernière — une formation de type moderne favorise l'insertion dans le sous-groupe avancé du secteur informel urbain. Le fait que le secteur informel le moins avancé utilise surtout une main-d'œuvre familiale, ayant souvent un faible niveau de formation, renforce ce point de vue.

Ensuite, cette observation doit être reliée à l'appréciation de l'influence du statut antérieur des individus sur le marché du travail quant à l'accès à un sous-groupe donné. En effet, les estimations économétriques montrent que le fait d'avoir eu préalablement un emploi dans le secteur moderne — indépendant ou salarié — accroît sensiblement la probabilité — de l'ordre de 0,05 — d'exercer une activité dans le secteur informel évolutif primaire — colonne 1 —, ce qui n'est pas le cas pour le sous-groupe secondaire — colonne 2 ; on observe même que le fait d'avoir été préalablement salarié du secteur moderne réduit le logarithme des chances, relativement au secteur involutif, d'accès au secteur évolutif secondaire. Le modèle binaire confirme ce résultat. Il semble même que ce type de mobilité est d'autant plus intense qu'il s'effectue au sein de la même branche d'activité. Par conséquent, le type d'informalisation du travail semble, dans une certaine mesure, prédéterminé par la carrière professionnelle des individus, une formation moderne donnant accès à un emploi moderne, et par la suite favorisant, volontairement ou involontairement, l'exercice d'activités informelles de transition. Evidemment, cela ne signifie pas que tous les travailleurs du secteur moderne ayant migré dans le secteur informel appartiennent au sous-groupe des activités dynamiques. Ajoutons que la probabilité d'accès aux secteurs informels évolutifs — surtout le primaire — relativement au secteur involutif, est sensiblement accrue à Abidjan. Dans la capitale ivoirienne, la prééminence du secteur moderne — lieu antérieur de formation ou d'emploi

---

évidence. Voir Lachaud [1989].

[20] Valeur la plus élevée de l'ensemble des variables.

—, la disponibilité d'infrastructures et la nature de la demande, expliquent largement cette situation. Dans ce contexte, la contrainte en termes de capital technique est probablement sous-jacente au modèle[21].

2. *Mobilité, carrière professionnelle et genre*

Les informations relatives à la mobilité des individus sur le marché du travail urbain en Afrique subsaharienne sont fragmentaires. Il en est ainsi principalement pour deux raisons. D'une part, les statistiques nécessaires à ce type d'analyse sont complexes et coûteuses. D'autre part, la recherche quant aux relations entre les mécanismes du marché du travail et la pauvreté a été peu développée ; or, cette option analytique exige une bonne connaissance du profil de carrière des individus. Bien que cette question ait déjà fait l'objet de certaines investigations[22], la présente recherche se propose de donner un éclairage spécifique en ce qui concerne la mobilité des femmes sur le marché du travail. A cet égard, la mobilité et la carrière professionnelle des femmes seront appréhendées successivement aux niveaux de l'ensemble des systèmes productifs urbains et informels.

1. Systèmes productifs urbains et carrière professionnelle

Plusieurs indicateurs statistiques concourent à appréhender la mobilité des individus sur le marché du travail. Tout d'abord, on peut déterminer un taux de mobilité exprimant le pourcentage des individus ayant eu un premier emploi différent de l'emploi actuel. En fait, lorsque l'on prend en compte les individus pourvus d'un emploi et ayant eu un premier emploi différent de l'emploi actuel[23], la mobilité peut être spécifiée à l'aide de trois indicateurs. Premièrement, la répartition des individus en fonction du statut du travail du premier emploi. Deuxièmement, le taux de rétention, c'est-à-dire le pourcentage de ceux qui ont actuellement un statut donné et dont le premier emploi était également inhérent à ce statut. Troisièmement, les gains nets, écarts entre le pourcentage de la part du statut actuel et le pourcentage de la part du statut de départ. Le tableau 6.7 affiche la valeur de ces divers indicateurs et suggère plusieurs observations. En premier lieu,

---

[21] Par exemple, l'exercice d'une activité antérieure salariée dans le secteur moderne suggère la constitution d'une épargne, réinvestie par la suite dans le secteur informel. Il a d'ailleurs été montré que c'est précisément dans le secteur évolutif primaire que le niveau du capital est le plus élevé.

[22] Lachaud [1994a].

[23] Hors apprentis. Dans le cas de la Côte d'Ivoire, le premier emploi pris en considération se réfère à la deuxième activité.

Tableau 6.7 : Mobilité professionnelle selon le statut, le sexe et la capitale

Statut[1] Paramètre	Irrégulier	Indépendant[2]	Salarié protégé	Salarié non protégé	Total	N
Ouagadougou						
Ratio du 1er emploi dans le statut						
Hommes	8,0	25,3	36,0	30,7	100,0	75
Femmes	18,8	37,5	31,3	12,5	100,0	16
Taux de rétention[3]						
Hommes	16,7	47,4	55,6	69,6	-	75
Femmes	33,3	33,3	60,0	0,0	-	16
Gains nets[4]						
Hommes	-2,7	0,0	-6,7	9,3	-	75
Femmes	6,2	-12,5	12,5	-6,2	-	16
Taux de mobilité[5]						
Hommes	46,1	29,3	29,3	29,5	30,2	-
Femmes	23,1	15,4	12,2	8,7	13,8	-
Yaoundé						
Ratio du 1er emploi dans le statut						
Hommes	3,1	11,6	29,5	55,8	100,0	129
Femmes	10,3	23,1	17,9	48,7	100,0	39
Taux de rétention[3]						
Hommes	25,0	46,7	47,4	34,7	-	129
Femmes	0,0	55,6	100,0	57,9	-	39
Gains nets[4]						
Hommes	6,2	16,4	3,8	-27,1	-	129
Femmes	0,0	-5,2	12,9	-7,7	-	39
Taux de mobilité[5]						
Hommes	18,2	50,0	33,9	50,7	42,2	-
Femmes	21,0	18,0	13,4	35,8	22,4	-
Abidjan						
Ratio du 1er emploi dans le statut						
Hommes	4,6	23,0	33,5	38,9	100,0	239
Femmes	4,5	53,4	17,0	25,0	100,0	88
Taux de rétention[3]						
Hommes	0,0	74,5	81,3	38,7	-	239
Femmes	0,0	95,7	73,3	45,5	-	88
Gains nets[4]						
Hommes	1,3	4,6	10,0	-15,9	-	239
Femmes	-3,4	9,1	3,5	-9,1	-	88
Taux de mobilité[5]						
Hommes	84,6	82,1	74,8	76,9	77,6	-
Femmes	80,0	56,0	57,7	64,7	59,1	-

(1) Hors apprentis. Il s'agit des individus pourvus d'un emploi et ayant eu un premier emploi différent de l'emploi actuel ; dans le cas de la Côte d'Ivoire, le premier emploi pris en considération est la deuxième activité ; (2) Indépendants marginaux et indépendants avec capital pris ensemble étant donné la taille limitée de l'échantillon; (3) Pourcentage de ceux qui ont actuellement ce statut et dont le premier emploi était également inhérent à ce statut ; (4) Pourcentage de la part du statut actuel moins pourcentage de la part du statut de départ ; (5) Pourcentage des individus ayant eu un premier emploi différent de l'emploi actuel.

Sources : Enquêtes emploi pilotes auprès des ménages : Burkina Faso (Ouagadougou, 1992), Cameroun (Yaoundé, 1990-91), Côte d'Ivoire (A bidjan, 1986-87).

on constate que dans les capitales prises en considération, les femmes qui se sont insérées pour la première fois sur le marché du travail, ont eu, beaucoup plus souvent que les hommes, un statut vulnérable. D'une part, alors que 70 à 80 pour cent des femmes ont eu un premier emploi irrégulier, indépendant ou salarié non protégé, cette proportion n'est que des deux tiers pour les hommes. D'autre part, le tableau 6.7 indique que l'incidence du travail indépendant et irrégulier, en termes d'accès au premier emploi, est deux fois plus élevée pour les femmes que pour les hommes. Ainsi, entre le quart et la moitié des femmes ont eu un premier emploi indépendant ; or, pour les hommes, cette proportion se situe entre 10 et 25 pour cent. Par conséquent, la participation des femmes au salariat — protégé et non protégé — a été sensiblement plus réduite dès la première insertion sur le marché du travail — 40 à 65 pour cent, contre 70 à 85 pour cent pour les hommes. Cette structure du premier emploi constitue une explication de la faiblesse du salariat féminin urbain de maints pays d'Afrique subsaharienne.

Deuxièmement, cette plus grande vulnérabilité relative du travail féminin ne s'est que faiblement amenuisée au cours de la carrière professionnelle. En effet, d'une part, il apparaît que dans deux capitales — Yaoundé, Abidjan — les taux de rétention féminins du travail indépendant et salarié non protégé sont supérieurs à ceux des hommes concernés par le même statut. Ainsi, à Yaoundé et Abidjan, le pourcentage de femmes qui ont actuellement un statut de travailleur indépendant et dont le premier emploi était également inhérent à ce statut est, respectivement, de 55,6 et 95,7 pour cent ; par contre, pour les hommes, ce même paramètre ne s'élève qu'à, respectivement, 46,7 et 74,5 pour cent. Une observation similaire peut être faite quant au travail salarié non protégé. D'autre part, les gains nets féminins — écart entre le pourcentage de la part du statut actuel et le pourcentage de la part du statut de départ — concernant le travail vulnérable — irrégulier, indépendant et salarié non protégé — bien que négatifs la plupart du temps, demeurent faibles dans l'ensemble — -5 à -10 pour cent[24]. Dans certains cas, ils sont même positifs. Par exemple, dans la capitale ivoirienne, l'incidence du travail indépendant féminin a augmenté de 9,1 points de pourcentage entre le premier emploi et l'emploi actuel. Dans ces conditions, il n'est pas réellement surprenant de constater que les femmes ont eu tendance à exercer, plus souvent que les hommes, des activités économiques irrégulières au cours de leur carrière professionnelle (figure 1.7). Naturellement, les gains nets en termes de travail protégé féminin demeurent faibles, bien qu'ils soient contrastés selon les capitales. Il faut également observer que l'ampleur des gains nets négatifs — -15,9 à -27,1 pour cent — pour les travailleurs masculins du segment salarié concurrentiel de Yaoundé et Abidjan, ne sont compensés

[24] Des gains nets négatifs pour le travail vulnérable impliquent des gains positifs pour le travail protégé.

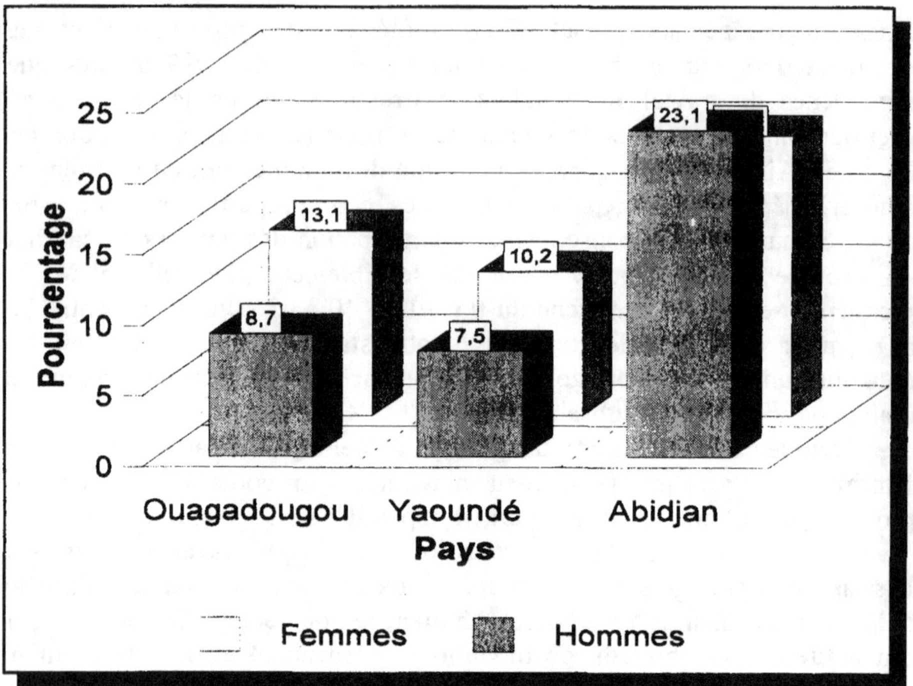

Figure 1.7 : Pourcentage d'emplois irréguliers au cours de la carrière professionnelle selon le sexe et la capitale — individus ayant eu une mobilité professionnelle

qu'en partie par des gains positifs en termes de travail protégé.

Troisièmement, les investigations statistiques mettent en évidence une mobilité du travail féminin environ deux fois moins élevée que celle des hommes. Ainsi, le pourcentage de femmes ayant eu un premier emploi différent de l'emploi actuel — en termes de statut du travail — est de 11,8, 22,4 et 59,1 pour cent, respectivement, à Ouagadougou, Yaoundé et Abidjan. Or, pour les hommes, ces proportions sont pour les mêmes capitales, respectivement, de 30,2, 42,2 et 77,6 pour cent. Dans ce contexte, les informations figurant au tableau 6.7 tendent à montrer que la mobilité féminine est relativement plus élevée lorsque les femmes occupent un emploi salarié non protégé[25]. Par conséquent, la faible pénétration des femmes dans le salariat explique leur moindre mobilité générale relative.

En réalité, l'indicateur précédent demeure imparfait pour appréhender l'ampleur de la mobilité des individus, dans la mesure où il ne tient pas compte de la durée de la carrière professionnelle et des caractéristiques des

[25] Ce phénomène peut être observé à Yaoundé et à Abidjan.

Tableau 7.7 : Cœfficients de régression des estimations Tobit selon la capitale des déterminants de la mobilité professionnelle[1] — 15 ans et plus

Capitale	Ouagadougou		Yaoundé		Abidjan	
Paramètre	β	t[2]	β	t[2]	β	t[2]
Constante	-0,21926	-4,5581*	-0,30812	-3,0568*	-0,01572	-0,4049
Primaire[3]	0,00041	0,0313	0,00963	0,3025	0,00661	0,7812
Secondaire 1er cycle[3]	-0,03653	-2,0819*	0,04993	1,5733	0,02598	2,4019*
Secondaire 2eme cycle[3]	-0,00323	-0,1624	0,05550	1,7177**	0,02560	1,9331**
Supérieur[3]	0,01165	0,7075	0,00169	0,0508	-0,00097	-0,0694
Formation informelle[4]	-0,00041	-0,0338	0,02979	1,9168**	-0,00650	-0,7781
Formation moderne[4]	-0,02833	-1,8606**	0,00460	0,2816	-0,02008	-2,1083*
Age (années)	0,00693	3,0275*	0,00827	1,6965**	-0,00022	-0,1061
$(Age)^2/100$	-0,00754	-2,8537*	-0,00826	-1,3775	0,00565	2,0491*
Naissance : capitale	-0,03043	-2,8352*	-0,00547	-0,3472	-0,00377	-0,3528
Sexe masculin	0,03285	3,2196*	0,05561	4,0009*	0,02825	3,7014*
Mariée	-0,00419	-0,3537	-0,00744	-0,4912	0,01041	1,4298
Nationalité[5]	-	-	-	-	0,00390	0,5500
Parents indépendants	0,04651	3,0012*	0,03580	2,2627*	-0,03249	-3,0890*
Parents sal. protégés	0,05520	2,7718*	0,00455	0,2552	-0,02579	-1,8127**
Parents sal. non. prot.	0,06194	3,6085*	-0,02886	-1,4978	-0,05000	-3,3591*
Log de vraisemblance		35,7274		-12,5608		285,3100
% observations positives		38,3		37,8		65,8
Chi^2 (sig)		69,7446 (0,000)		57,6905 (0,000)		167,1074 (0,000)
Sigma[6] (t)		0,08892 (17,9510)		0,11009 (16,4047)		0,06068 (22,6200)
N		543		468		457

(1) La variable dépendante est le rapport entre le nombre de fois que les individus ont changé d'emploi au cours de leur carrière professionnelle et leur expérience sur le marché du travail - âge moins années d'instruction et de formation moins 6 années ; les années éventuelles de chômage n'ont pas été comptées ; (2) Probabilité «two-tailed» que le cœfficient soit égal à zéro ; le t est le rapport entre β et l'erreur-type; (3) base = sans instruction ; (4) base = sans formation ; (5) Ivoirien ; (6) écart-type des résidus.

Note : * = significatif à 5 pour cent au moins ; ** = significatif entre 5 et 10 pour cent.

Source : Enquêtes pilotes sur l'emploi auprès des ménages : Burkina Faso (Ouagadougou, 1992), Cameroun (Yaoundé, 1990-91), Côte d'Ivoire (Abidjan, 1986-87.

individus. C'est pour cette raison qu'il a été jugé opportun d'estimer un modèle Tobit, dans lequel la variable dépendante est le rapport entre le nombre de fois que les individus ont changé d'emploi au cours de leurs carrière professionnelle et leur expérience sur le marché du travail. Cette dernière a été évaluée en effectuant la différence entre, d'une part, l'âge et, d'autre part, la somme des années d'instruction et de formation auxquelles 6 années sont ajoutées[26]. Les variables prises en considération sont les suivantes : instruction, formation, âge, sexe — masculin — lieu de naissance dans la capitale, statut matrimonial — marié —, nationalité[27] et statut professionnel des parents. Les résultats du modèle Tobit relatif à l'ensemble des individus, affichés au tableau 7.7, permettent de spécifier

[26] Les années éventuelles de chômage n'ont pas été comptées.

[27] Pour la Côte d'Ivoire uniquement.

davantage la mobilité des individus.

Tout d'abord, il apparaît que les cœfficients relatifs au sexe sont positifs et significatifs dans toutes les capitales[28]. Cela signifie que, toutes choses égales par ailleurs, la mobilité des femmes au cours de la carrière professionnelle est plus faible que celles des hommes. Ce résultat ne constitue pas une surprise, compte tenu des tendances précédemment évoquées à l'aide d'indicateurs moins élaborés. Mais, d'autres facteurs semblent influencer la mobilité professionnelle, bien que leurs effets soient plus contrastés. Naturellement, l'âge affecte positivement la mobilité — Ouagadougou, Yaoundé —, notamment jusqu'à 45-50 ans. Il en est de même de l'instruction — Yaoundé, Abidjan —, mais seulement à partir du niveau du secondaire[29]. En ce qui concerne la formation, on constate qu'une qualification professionnelle acquise dans le secteur moderne tend à réduire la mobilité des individus — Ouagadougou, Abidjan —, alors que l'inverse prévaut lorsque ces derniers possèdent un apprentissage informel — Yaoundé. Le profil professionnel des parents semble influencer la mobilité des individus. A cet égard, on remarquera que les effets sont très divers selon les capitales, bien que dans deux d'entre elles — Ouagadougou, Yaoundé — le statut de travailleur indépendant des parents apparaisse positivement corrélé à la mobilité. Enfin, il est à souligner que le fait d'être né dans la capitale ne réduit la mobilité que dans le cas de Ouagadougou; mais, cette variable n'est probablement pas suffisante pour appréhender le processus migratoire.

En réalité, lorsque le modèle Tobit est estimé séparément selon le sexe, les cœfficients relatifs aux hommes et aux femmes sont statistiquement différents[30]. A cet égard, il apparaît que la mobilité des femmes est positivement liée aux facteurs du capital humain, en particulier l'instruction — Abidjan — et la formation informelle — Ouagadougou, Yaoundé. Un tel résultat tendrait à confirmer la plus grande mobilité des femmes salariées non protégées ; en effet, les dotations en capital humain de ces dernières sont, en moyenne, plus importantes que celles qui exercent un travail indépendant. Les autres facteurs pris en compte semblent beaucoup moins affecter la mobilité féminine, sauf à Ouagadougou où l'âge et le statut professionnel des parents — quel qu'il soit — exercent un effet positif. L'examen des cœfficient relatifs aux hommes fait apparaître une

---

[28] Les cœfficients relatifs au sexe sont en général les plus élevés ; il en est de même des variations de probabilité liées à ces cœfficients.

[29] L'effet est négatif à Ouagadougou.

[30] Les estimations ne sont pas reproduites. Pour les trois capitales, les tests du rapport de vraisemblance sont significatifs à 1 pour cent — Ouagadougou : 27,175 (0,018) ; Yaoundé : 31,744 (0,004) ; Abidjan : 38,700 (0,000).

certaine similitude par rapport aux femmes. En effet, le niveau d'instruction secondaire est systématiquement corrélé positivement à la mobilité. Par contre, l'influence du profil professionnel des parents est beaucoup plus marquée. Dans toutes les capitales, les cœfficents relatifs au statut de travailleur indépendant des parents sont significatifs et positifs dans deux cas — Ouagadougou et Yaoundé. De même, le statut de salarié concurrentiel des parents affecte positivement la mobilité à Ouagadougou, mais négativement à Abidjan. Cette situation peut s'expliquer par le fait que la mobilité des individus n'est pas indépendante des processus d'accès à l'emploi. A cet égard, il faut rappeler que l'incidence des institutions traditionnelles en termes d'accès à l'emploi est d'autant plus forte que les individus sont localisés dans des ménages pauvres.

En définitive, il importe de déterminer si la mobilité professionnelle des individus est source de progrès économique ou facteur de régression sociale. Cette question revêt une importance particulière dans le contexte de l'Afrique subsaharienne, exposée à des chocs macroéconomiques d'une ampleur considérable. Malheureusement, les informations disponibles ne permettent pas de spécifier l'évolution des revenus au cours de la carrière professionnelle des individus. A cet égard, une tentative d'appréhension des types de mobilité — descendante, stationnaire et ascendante — en fonction de l'évolution des statuts du travail n'a pas abouti à des résultats concluants[31]. La déstabilisation des économies africaines et la spécificité des modes de participation des femmes au marché du travail, rendent peu probable, pour la majorité d'entre elles, une mobilité ascendante au cours des deux dernières décennies. Mais, il est suggéré que la recherche future explore davantage cette question[32].

2. Systèmes productifs informels et carrière professionnelle[33]

En s'appuyant sur le cas ivoirien, il a été précédemment montré que la probabilité d'accès des femmes au segment dynamique du secteur informel urbain était beaucoup plus faible que pour les hommes — tableau 5.7. Un tel résultat incite à préciser le rôle de la carrière antérieure quant à l'accès aux systèmes productifs informels[34]. Malgré la précarité des

[31] Le tableau A1.7, en annexe, affiche les cœfficients d'une estimation multinomiale.

[32] De même, il pourrait être opportun de vérifier une hypothèse parfois avancée, à savoir la moindre vulnérabilité des ménages gérées par une femme lors de chocs macroéconomiques. Glewwe, Hall [1995].

[33] Cette partie est empruntée partiellement à Lachaud [1995c].

[34] Certains aspects de cette question ont déjà été présentés dans Lachaud [1989].

informations disponibles[35], le tableau 8.7, présentant la répartition des entrepreneurs en fonction de leur activité antérieure et selon le sexe, suggère plusieurs commentaires.

En premier lieu, sur un plan statistique, il existe une dépendance entre le statut antérieur sur le marché du travail et les sous-groupes du secteur informel urbain. En effet, le tableau 8.7 — hormis les deux derniers rangs — rassemble trois tableaux de contingence — hommes, femmes et ensemble — dont les Chi^2 sont tous significatifs à 0,000 et les Eta — lorsque les sous-groupes du secteur informel constituent la variable dépendante — sont compris entre 0,43 et 0,53[36].

En second lieu, on remarque que si 49,7 pour cent des entrepreneurs ont indiqué ne pas avoir eu une occupation antérieure à leur activité actuelle, il existe de réelles différences selon le sexe et les sous-groupes du secteur informel. Ainsi, il apparaît que plus des deux tiers des entrepreneurs féminins ont un premier emploi dans le secteur informel, contre un peu plus des deux cinquièmes des hommes. En outre, les femmes sont majoritairement localisées dans le secteur informel involutif, qu'elles accèdent pour la première fois au marché du travail — 94,2 pour cent — ou qu'elles aient déjà eu une carrière professionnelle — 86,4 pour cent. Or, la proportion des entrepreneurs masculins est sensiblement plus accentuée dans les secteurs évolutifs, surtout lorsqu'ils ont déjà eu une expérience professionnelle. Par ailleurs, dans le secteur informel évolutif primaire, 27 pour cent des individus n'ont eu aucune activité antérieure, alors que cette proportion est deux fois plus importante pour ceux qui travaillent dans le secteur informel involutif. La différenciation est encore plus nette si l'on prend en considération le sexe. En effet, dans les secteurs évolutifs, environ 45-50 pour cent des femmes n'ont pas eu d'activité antérieure ; or, cette proportion est de 71,1 pour cent dans le secteur involutif. Ce simple fait met en évidence la différence de nature des diverses activités informelles selon le genre et les conséquences en termes d'informalisation du travail. Non seulement les femmes accèdent au marché du travail par des emplois précaires plus fréquemment que les hommes, mais leur mobilité est beaucoup plus réduite que celle de ces derniers.

En troisième lieu, d'une manière générale, le statut antérieur sur le marché du travail influence fortement l'appartenance à un sous-groupe donné. Ainsi, 81 pour cent des travailleurs qui étaient des indépendants du secteur informel se retrouvent dans le secteur évolutif secondaire et 71,7

[35] Malheureusement, l'enquête ne précise pas s'il s'agit de la seule activité exercée. De ce fait, la totalité de la carrière professionnelle ne peut être prise en compte.

[36] Le $(Eta)^2$ traduit la proportion de variance expliquée.

Tableau 8.7 : Répartition des entrepreneurs selon les secteurs informels, le statut antérieur sur le marché du travail et le sexe, Côte d'Ivoire 1985[1]

Secteur / Statut	Informel évolutif secondaire			Informel évolutif primaire			Informel involutif			Ensemble		
	H	F	T	H	F	T	H	F	T	H	F	T
Indépendant secteur informel	520	6	526	61	2	63	50	10	60	631	18	649
	82,4	33,3	81,0	9,7	11,1	9,7	7,9	55,6	9,2	100,0	100,0	100,0
	44,3	16,2	43,4	20,3	4,4	18,2	2,4	1,9	2,3	17,5	3,0	15,4
Indépendant secteur moderne	17	4	21	16	18	34	6	0,0	6	39	22	61
	43,6	18,2	34,4	41,0	81,8	55,7	15,4	0,0	9,8	100,0	100,0	100,0
	1,4	10,8	1,7	5,3	40,0	9,8	0,3	0,0	0,2	1,1	3,6	1,4
Aide-familial	290	25	315	42	10	52	1133	441	1574	1465	476	1941
	19,8	5,3	16,2	2,9	2,1	2,7	77,3	92,6	81,1	100,0	100,0	100,0
	24,7	67,6	26,0	14,0	22,2	15,0	53,3	84,3	59,4	40,7	78,7	46,1
Ouvrier secteur informel	201	0,0	201	59	6	65	619	54	673	879	60	939
	22,9	0,0	21,4	6,7	10,0	6,9	70,4	90,0	71,7	100,0	100,0	100,0
	17,1	0,0	16,6	19,6	13,3	18,8	29,1	10,3	25,4	24,4	9,9	22,3
Ouvrier secteur moderne	146	2	148	123	9	132	319	18	337	588	29	617
	24,8	6,9	24,0	20,9	31,0	21,4	54,3	62,1	54,6	100,0	100,0	100,0
	12,4	5,4	12,2	40,9	20,0	38,2	15,0	3,4	12,7	16,3	4,8	14,7
Total	1174	37	1211	301	45	346	2127	523	2650	3602	605	4207
	32,6	6,1	28,8	8,4	7,4	8,2	59,1	86,4	63,0	100,0	100,0	100,0
	100,0	100,0	100,0	100,0	100,0	100,0	100,0	100,0	100,0	100,0	100,0	100,0
%s sans activité ant. déclarée	37,0	53,2	37,6	23,0	45,8	27,0	48,6	71,1	55,5	43,6	69,3	49,7
% informel	24,8	2,9	17,6	3,2	2,8	3,1	72,1	94,2	79,3	100,0	100,0	100,0
Echantillon (N)	1863	79	1942	391	83	474	4137	1811	5948	6391	1973	8364

(1) Lorsque l'on ne prend pas en compte les deux dernières lignes, ce tableau regroupe trois tableaux de contingence montrant une dépendance entre les variables : (i) ensemble des observations : Chi^2 de Pearson =1563,34 significatif à 0,000; Eta = 0,533 (avec les sous-groupes du secteur informel en variable dépendante) ; (ii) hommes : Chi^2 de Pearson =1206,13 significatif à 0,000 ; Eta = 0,523 (avec les sous-groupes du secteur informel en variable dépendante) ; (ii) femmes : Chi^2 de Pearson =260,95 significatif à 0,000 ; Eta = 0,436 (avec les sous-groupes du secteur informel en variable dépendante);
Note : H = homme ; F = femme ; T = total.
Source : Enquête secteur informel de Côte d'Ivoire, 1985.

pour cent de ceux qui ont été préalablement des salariés informels exercent à présent une activité dans le secteur involutif ; de même, ce dernier absorbe 81,1 pour cent de ceux qui étaient des aides familiaux. Toutefois, ce schéma s'applique davantage aux hommes qu'aux femmes ; celles qui étaient indépendantes dans le secteur informel se retrouvent majoritairement — 55,6 pour cent — dans le secteur involutif, et ce dernier englobe 92,6 pour cent de celles qui étaient des aides-familiales — contre 77,3 pour cent pour les hommes. Par ailleurs, il apparaît que 55,7 et 21,4 pour cent des travailleurs, respectivement, indépendants du secteur moderne et ouvriers de ce même secteur, appartiennent au secteur évolutif primaire ; ces proportions s'élèvent, respectivement, à 90,1 et 45,4 pour cent si l'on considère la mobilité vers les deux sous-groupes évolutifs. De ce fait, le secteur évolutif primaire est constitué approximativement pour moitié de travailleurs ayant eu une position antérieure dans le secteur moderne. Toutefois, il importe de souligner que plus de la moitié des personnes ayant été salariées dans le secteur moderne appartiennent à présent au secteur involutif. Par conséquent, l'informalisation du travail traduit réellement un processus différencié en termes de précarisation. La prise en considération du sexe des chefs d'entreprise modifie cependant quelque peu ce schéma. Quelle que soit leur occupation antérieure, les femmes occupent à présent majoritairement des emplois dans le secteur involutif. Par exemple, parmi celles qui ont été employées dans le secteur moderne, les deux tiers sont des travailleuses indépendantes du sous-groupe involutif — contre un peu plus de la moitié pour les hommes ; de même, ce dernier englobe 90 pour cent des femmes auparavant ouvrières dans le secteur informel. Dans ces conditions, l'informalisation du travail féminin s'accompagnerait d'une plus grande précarisation.

A cet égard, les entrepreneurs du secteur évolutif primaire ayant été préalablement des ouvriers dans le secteur moderne, ont les bénéfices les plus élevés, et l'écart brut avec les salaires qu'ils auraient pu percevoir dans ce dernier est l'un des plus faibles — 29,8 pour cent. En outre, la présence de cette catégorie de main-d'œuvre semble rehausser sensiblement les bénéfices du secteur involutif — tableau 9.7.

On peut tenter de mieux appréhender les informations affichées au tableau 8.7, inhérentes au lien entre les sous-groupes du secteur informel et le statut sur le marché du travail relatif à l'occupation antérieure, à l'aide d'une analyse des correspondances. Les figures 2.7 et 3.7 indiquent les éléments du diagramme en deux dimensions — scores des lignes et des colonnes — de l'analyse des correspondances produite par une normalisation canonique. Cette dernière est utilisée afin de mettre en évidence les similitudes ou les différences entre les sous-groupes du secteur informel et les catégories d'occupation antérieures[37]. L'interprétation des

[37] Alors qu'avec une normalisation selon les rangs ou les colonnes, on maximise les distances entre les catégories inhérentes aux rangs ou aux colonnes, dans ce cas, l'inertie — somme pondérée de toutes les distances au centroïde divisée par la somme de toutes les cellules dans le tableau de correspondance — influence de manière symétrique les scores-rangs et les scores- colonnes.

Tableau 9.7 : Bénéfices actuels et salaires estimés des entrepreneurs selon les secteurs informels urbains et le statut antérieur sur le marché du travail, Côte d'Ivoire 1985

Gains	Bénéfice mensuel actuel dans le secteur informel (B) (0,000 F.CFA)				Salaire antérieur mensuel estimé dans le secteur moderne (S) (0,000 F.CFA)[1]			
Paramètre	Evolutif primaire	Evolutif secondaire	Involutif	Total	Evolutif primaire	Evolutif secondaire	Involutif	Total
Ensemble du secteur informel urbain	37,6	32,4	28,8	30,2	53,3	39,0	37,8	38,9
Anciens ouvriers du secteur moderne urbain	45,7	27,3	37,0	36,7	59,3	45,6	47,4	49,3
Ecart pour l'ensemble (%)= $(S_e-B_e)/B_e$	-	-	-	-	41,8	20,4	31,2	28,8
Ecart anciens ouvriers (%)= $(S_o-B_o)/B_o$	-	-	-	-	29,8	67,0	28,1	34.3
N	132	148	337		-	-	-	-
% d'ouvriers modernes dans les sous-groupes	38,2	12,2	12,7		-	-	-	-

(1) Estimation à partir d'une fonction de gains des salariés du secteur moderne privé, à l'aide des données du recensement des salariés de 1984. Voir Lachaud [1989].

Source : Enquête secteur informel de Côte d'Ivoire, 1985.

figures 2.7 et 3.7 est assez simple puisqu'elles montrent les relations entre les deux variables : les points qui sont proches ont une plus grande similitude que ceux qui sont éloignés. Ainsi, on peut observer que les occupations antérieures inhérentes au secteur moderne sont proches du secteur évolutif primaire, alors que le secteur involutif se positionne près des aides familiaux et des ouvriers informels ; de même, le secteur évolutif secondaire est à proximité du travail indépendant informel. D'ailleurs, si l'on trace depuis l'origine une ligne joignant chaque point-colonne — type de secteur informel — et que l'on effectue sur ces lignes une projection orthogonale des points-lignes — statut antérieur du travail —, la distance de l'intersection de ces deux lignes aux points colonnes donne une indication de la liaison des deux variables. Par exemple, si l'on trace une ligne allant de l'origine à «évolutif primaire» (EP), et que l'on abaisse une

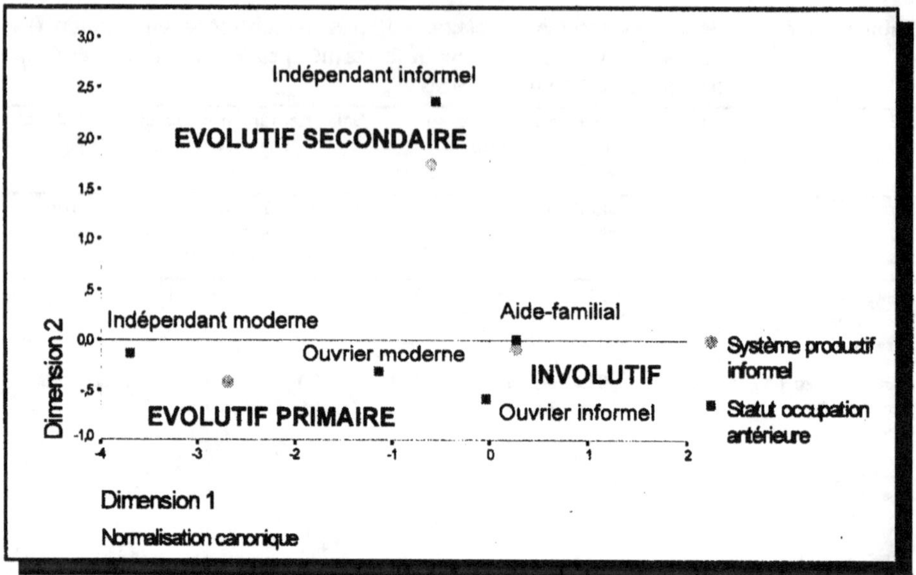

Figure 2.7 : Systèmes productifs informels urbains et carrière professionnelle des entrepreneurs féminins : analyse des correspondances, Côte d'Ivoire 1985

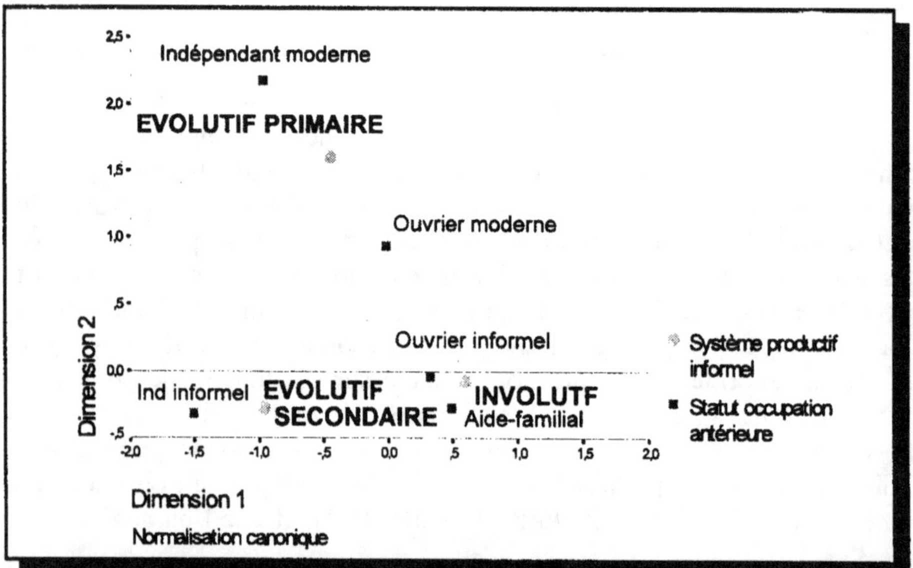

Figure 3.7 : Systèmes productifs informels urbains et carrière professionnelle des entrepreneurs masculins : analyse des correspondances, Côte d'Ivoire 1985

perpendiculaire sur cette ligne depuis chaque point relatif aux divers statuts, les distances entre EP et les intersections liées aux statuts du secteur moderne sont plus faibles que celles entre EP et les statuts antérieurs informels[38].

Conclusion

L'architecture de la carrière professionnelle des individus est le résultat d'un long processus. Les points d'entrée des femmes sur le marché du travail sont, en termes de statuts d'emploi, beaucoup plus vulnérables que ceux des hommes. Compte tenu de leurs dotations, de la structure du marché du travail et de l'incidence de la société traditionnelle, la probabilité des femmes d'accéder au salariat protégé ou non protégé, plutôt qu'au travail indépendant, est considérablement plus faible que pour les hommes. Mais, en même temps, il apparaît que les chances d'accéder aux sous-groupes évolutifs du secteur informel sont plus limitées que pour leurs homologues masculins. La précarité du statut économique des femmes qui exercent un travail indépendant, est en partie liée aux modalités d'accès au capital de départ, ce dernier résultant, dans la plupart des cas, d'une solidarité familiale.

En réalité, cette plus grande vulnérabilité relative du travail féminin ne s'amenuise que faiblement au cours de la carrière professionnelle, les taux de rétention en termes de travail précaires demeurant substantiels et plus élevés que pour les hommes. Dans ces conditions, les investigations statistiques mettent en évidence une mobilité du travail féminin environ deux fois moins forte que celle du travail masculin. Cette situation qui est, dans une certaine mesure, l'expression d'une segmentation du marché du travail, a deux conséquences. D'une part, elle induit un statut de la femme mariée socialement fragile, en l'absence de possibilité réelle de contrôle des ressources au sein du ménage. D'autre part, en limitant les opportunités de gains, elle accentue les risques de pauvreté et de moindre accès aux besoins de base.

---

[38] Il est à remarquer que la première dimension explique l'essentiel de l'inertie totale et que les points «évolutif secondaire» et «involutif» sont dominants quant à leur contribution à l'inertie de la dimension 1.

8. Conclusion

Dans la plupart des capitales d'Afrique subsaharienne francophone, les processus d'exclusion sociale mettent en évidence de fortes inégalités entre les hommes et les femmes en termes d'accès aux biens et services, aux droits sociaux et aux marchés du travail. A cet égard, la nouvelle dynamique des systèmes sociaux, en général, et des marchés du travail, en particulier, accélérée par les réformes économiques et la dégradation de l'environnement socio-économique, induit des ajustements qui contribuent probablement à accentuer les handicaps que les femmes doivent vaincre pour accéder aux opportunités économiques.

Si l'on admet que le statut social de la femme dépend à la fois de la capacité à contrôler les ressources internes et des opportunités de gains externes, l'examen approfondi de l'une des dimensions de l'exclusion sociale, la participation au marché du travail, révèle la prééminence du modèle «inside-outside». D'une part, la plupart des femmes ont un rôle économique et social secondaire dans les ménages, le statut de chef de ménage féminin étant peu répandu. D'autre part, les familles gérées par des femmes apparaissent plus vulnérables, compte tenu de la moindre activité économique relative de ces dernières et de la structure monoparentale des ménages qui limite les apports économiques potentiels des membres secondaires. Bien que cette situation soit imputable à un ensemble de facteurs sociaux, économiques et techniques, plus ou moins contraignants selon le niveau de développement, elle est en grande partie le reflet d'une moindre dotation des femmes en capital humain.

A cet égard, plusieurs éléments expriment la plus grande précarité relative des femmes en termes de participation au marché du travail. Tout d'abord, les taux d'offre de travail féminin sont environ deux fois moins élevés que ceux des hommes, et, bien que pour l'ensemble des individus ils évoluent selon une courbe en cloche en fonction de l'âge, les taux d'activité relatifs des femmes ont tendance à décliner avec l'âge. Dans ce contexte, les modèles économétriques incorporant les divers segments du marché du travail quant au choix de participation suggèrent que, toutes choses égales par ailleurs, la propension des femmes à participer au salariat, plutôt que d'être inactives, est beaucoup plus faible que pour les hommes. L'inverse prévaut en ce qui concerne l'accès au segment du travail indépendant. En même temps, il semblerait que des femmes très qualifiées, ayant la possibilité d'obtenir des gains importants, sont susceptibles d'avoir en même temps un salaire souhaité élevé et préfèrent ne pas participer au marché du travail. Ces spécificités féminines expliquent en partie que l'élévation du niveau de vie des ménages soit associée à de meilleures opportunités économiques externes des femmes.

En fait, la plus grande précarité du statut du travail féminin doit être appréhendée en termes de régularité des revenus, de contrôle du travail et de protection. Dans les capitales d'Afrique subsaharienne, alors que le salariat protégé englobe une proportion à peu près équivalente d'hommes et de femmes, l'emploi indépendant marginal et le salariat non protégé constituent un mode privilégié de participation des femmes au marché du travail. Par ailleurs, bien que les niveaux du chômage féminin et masculin soient comparables et inversement reliés au niveau de vie, une plus grande vulnérabilité des femmes en termes de chômage marginal, de chômage de longue durée et de capacité de sortie du chômage est observée ; un tel phénomène apparaît préoccupant dans la mesure où la plupart des femmes au chômage s'insèrent pour la première fois sur le marché du travail. A cet égard, l'ampleur des taux de chômage marginal féminin suggère une auto-exclusion du marché du travail, inhérente à des contraintes économiques et sociales, génératrice de manques en termes de gains, et de considération sociale et privée.

Cette situation explique probablement la faible productivité du travail féminin, l'inégalité relative selon le genre et l'existence de profils âge-revenus — salaires ou profits — beaucoup plus plats pour les femmes par rapport aux hommes. A cet égard, un différentiel brut de salaires en faveur des hommes de 30 à 50 pour cent semble prévaloir au niveau de l'ensemble du système productif urbain ; mais, l'existence d'un écart net de salaires selon le genre — encore substantiel et non explicable par les dotations individuelles — observable dans trois capitales, pourrait être l'expression d'une certaine discrimination à l'encontre des femmes sur le marché du travail. Certes, la situation des femmes salariées apparaît parfois plus favorable que celle des hommes. Cependant, lorsque c'est le cas, d'une part, l'essentiel du différentiel brut de salaires s'explique par la structure des caractéristiques et des occupations des individus ; d'autre part, l'écart brut des salaires nominaux a diminué dans le temps et s'est accompagné d'un déclin plus rapide des gains réels féminins — en particulier dans le secteur semi-public — que ceux de leurs homologues masculins — à qualité constante des individus et des entreprises. En fait, l'exercice d'un travail indépendant influence davantage la précarité des femmes en termes de revenus. Par exemple, dans le milieu informel urbain ivoirien, un écart brut de profits de 146 pour cent en faveur des hommes a été observé, la moitié seulement de cette différence étant expliquée par les dotations des micro-entreprises et les caractéristiques des entrepreneurs. C'est d'ailleurs le faible rendement du travail féminin — compensé en partie par une rentabilité du capital plus élevée — qui est largement à l'origine du différentiel de profits entre les hommes et les femmes. En outre, à occupation identique, les gains des femmes sont moins élevés par rapport à ceux de leurs homologues masculins.

Dans ces conditions, il n'est pas réellement surprenant de constater que, dans la plupart des capitales, les indicateurs de pauvreté soient beaucoup plus défavorables dans les ménages gérés par une femme que dans ceux ayant un homme à leur tête. Malgré tout, le processus d'ajustement s'est effectué sans choc majeur, les structures sociales, les habitudes africaines et le développement de stratégies de survie spécifiques — transferts internes et externes surtout dans les ménages gérés par une femme — ayant amorti l'impact social de la crise.

Sans aucun doute, cette plus grande fragilité des femmes sur le marché du travail est en grande partie le résultat de leur moindre probabilité d'accès à l'instruction, en particulier au deuxième cycle du secondaire. Sur ce point, l'analyse suggère à la fois espoir et inquiétude. En effet, bien que l'accès des femmes au système éducatif soit influencé par un ensemble de facteurs — en particulier, le statut social des parents — le revenu du ménage joue un rôle prépondérant, d'autant que les élasticités des probabilités de choix des femmes par rapport au revenu apparaissent supérieures à celles des hommes. En réalité, certaines situations exhibent une croissance du ratio des probabilités de non accès au deuxième cycle des femmes et des hommes avec le niveau de vie du ménage, ce qui signifie qu'en l'absence de politiques d'éducation appropriées, maintes femmes sont susceptibles de constituer majoritairement le groupe des exclus du système éducatif. Une telle situation apparaît paradoxale dans la mesure où les investigations économétriques démontrent, en même temps, que l'éducation des femmes influence, d'une part, négativement la fécondité cumulée et, d'autre part, positivement la qualité des enfants — repérée par le nombre d'années d'instruction normalisées. Dans ces conditions, même si la véridicité de ce résultat est plus probable en milieu urbain, un meilleur accès des femmes au système éducatif pourrait induire, au cours des années futures, une moindre croissance de la population active, elle-même associée à un rehaussement du capital humain par individu employé.

Mais, les dotations en capital humain des femmes, la structure du marché du travail et l'incidence de la société traditionnelle structurent leur carrière professionnelle, et favorisent des points sur le marché du travail beaucoup plus vulnérables en termes de statuts d'emploi que ceux des hommes. Non seulement la probabilité des femmes d'accéder au salariat, plutôt qu'au travail indépendant, est plus faible que pour les hommes, mais également — malgré l'existence d'une solidarité familiale permettant l'accès au capital — leurs chances d'intégrer les sous-groupes évolutifs du secteur informel sont plus limitées que pour ces derniers. Par ailleurs, cette plus grande vulnérabilité relative du travail féminin ne s'amenuise que faiblement au cours de la carrière professionnelle, les taux de rétention en termes de travail précaire demeurant substantiels et plus élevés que pour les hommes. De ce fait, la plus faible mobilité du travail féminin par rapport à celle du travail masculin — environ deux fois moins forte — est probablement l'expression d'une segmentation du marché du travail.

Ainsi, dans les capitales africaines, malgré la diversité des situations et les nombreuses exceptions, le statut de la femme — notamment mariée — demeure socialement fragile, en l'absence de possibilité réelle de contrôle des ressources au sein du ménage et d'opportunités de gains, ce qui accentue les risques de pauvreté et de moindre accès aux besoins de base. Une telle situation exige une profonde réflexion quant aux possibilités de mieux associer les femmes au processus de développement. Dans ce contexte, le réalisme induit un optimisme modéré. En effet, il existe de puissants facteurs susceptibles de freiner la promotion de la femme, même en milieu urbain. A cet égard, trois d'entre eux apparaissent déterminants. Premièrement, la crise économique accroît les tensions sur le marché du travail, exacerbe la concurrence pour accéder aux emplois disponibles et raréfie les actifs productifs. De ce fait, non seulement les femmes ont des opportunités de gains plus limitées, mais également elles doivent surmonter des handicaps supplémentaires pour accéder au marché du travail. Par exemple, la réduction de la dépense publique diminue à la fois les chances des femmes d'accéder au salariat et l'ampleur de la solidarité familiale quant à l'accès au capital pour l'exercice d'un travail indépendant. De même, l'absence de croissance économique limite les possibilités en matière de redistribution et de dépenses sociales. Deuxièmement, même en milieu urbain, la société traditionnelle — notamment dans les pays musulmans — constitue un frein à l'émancipation de la femme. Certes, les apparences peuvent parfois suggérer que l'inégalité selon le genre constitue une préoccupation majeure ; mais, le poids des valeurs traditionnelles demeure tel que dans maintes situations l'aversion pour l'inégalité entre les hommes et les femmes est vraisemblablement nulle. A cet égard, Etounga-Manguelle évoque le «totalitarisme de la famille lignagère» africaine et «l'écrasement total» des femmes[1]. Bien que ses observations soient surtout appropriées au secteur rural, elles ne manquent pas d'intérêt en milieu urbain. En effet, il indique que la «dépendance [de la femme] à l'égard de l'homme s'est intensifiée avec l'introduction des cultures dites de rente dont la vente,

[1] Etounga-Manguelle [1990].

assurée par des hommes, constitue la seule source de revenus. Pour avoir accès aux biens de consommation indispensables et non produits par elle, 'la femme doit littéralement faire la manche à l'homme, seul intendant de la bourse familiale'. Les femmes n'accèdent ni aux comptes bancaires, ni au crédit, ni à la propriété. Elles n'ont pas droit à la parole... En Afrique comme ailleurs, le degré d'émancipation des femmes est le meilleur instrument de mesure pour jauger le niveau social et politique atteint par une société. Sans une femme africaine, libre et responsable, il n'y aura jamais d'homme africain debout. Il est temps de le réaliser»[2]. Troisièmement, l'absence de volonté politique quant à la réduction des inégalités selon le genre constitue un autre facteur de blocage important. Certes, en Afrique plus que partout ailleurs, les ressources disponibles et la capacité administrative sont limitées. Mais, sans la mise en œuvre de stratégies étatiques appropriées, volontaristes, et déconnectées des réminiscences permanentes des valeurs traditionnelles, de la préoccupation de survie des régimes politiques et de l'action prédatrice des groupes de pression, il est vain d'espérer une réduction significative des inégalités entre les hommes et les femmes.

Ainsi, compte tenu de l'incidence — variable selon les pays — des trois facteurs précédemment avancés, il est probable que l'évolution du système social africain sera lente, et que les changements quant au statut social et économique de la femme s'inscriront dans le cadre d'un long processus structurel, impliquant des ajustements complexes et difficiles. Néanmoins, un tel contexte ne doit pas sous-estimer les motifs d'espérance et les possibilités d'accélérer le rythme des changements nécessaires. Premièrement, la communauté internationale et de nombreuses institutions nationales ou locales s'efforcent d'infléchir les politiques en direction de la promotion féminine. En particulier, la stratégie du Pnud[3], axée autour de l'élimination des discriminations juridiques[4], la modification des normes sociales et institutionnelles[5], la fixation d'un seuil de 30 pour cent pour la participation des femmes, et la promotion de programmes clés pour offrir

---

[2] Etounga-Manguelle [1990], pp. 88-89.

[3] Pnud [1995].

[4] En particulier, 41 pays membres de Nations unies n'ont pas encore signé la Convention sur l'élimination de toutes les formes de discrimination à l'égard des femmes, adoptée par les Nations unies en 1979.

[5] Elargissement du concept de service public, modification des incitations en matière de fiscalité et de sécurité sociale, modification des lois relatives à la propriété, aménagement des horaires flexibles, amélioration de l'information concernant le travail des femmes et évaluation du travail non rémunéré, etc.

de nouvelles opportunités[6], constitue une orientation majeure, susceptible d'influencer considérablement, directement ou indirectement, les politiques nationales. Deuxièmement, les stratégies de lutte contre la pauvreté et l'exclusion sociale, suggérées un peu partout en Afrique et appuyées par maintes institutions internationales, constituent un cadre conceptuel favorable pour améliorer les opportunités des femmes. Dans ce contexte, les résultats de la présente recherche incitent à privilégier plusieurs actions. En premier lieu, il importe d'accroître substantiellement l'accès des jeunes filles au système éducatif. Un tel objectif exige des actions fortes et continues, par exemple, la réduction drastique des dépenses d'éducation privées, l'allocation au secteur éducatif des moyens nécessaires[7] et le développement de l'information en matière de contraception. En deuxième lieu, le système de la formation professionnelle féminine doit être profondément amendé. Les filières techniques du système formel doivent être systématiquement encouragées au détriment des formations pléthoriques — par exemple, le secrétariat — dont les débouchés sont de plus en plus restreints, tandis que les possibilités d'apprentissage et de stages dans les entreprises du secteur moderne, privé et public, doivent être explorées. Dans la plupart des pays d'Afrique, l'apprentissage dans les grandes entreprises est inexistant ; or, il devrait être possible de mettre sur pied, dans certaines branches, un système d'incitations permettant le développement de ce type de formation pour les jeunes filles, notamment celles qui s'insèrent pour la première fois sur le marché du travail. En troisième lieu, et corrélativement, l'accès au capital doit être fortement facilité pour les jeunes filles qui cherchent à créer leur entreprise, en particulier lorsqu'il s'agit d'accéder à des segments de marché nouveaux et ayant des perspectives réelles de développement. De même, compte tenu de la productivité élevée du capital, les femmes qui exercent un emploi indépendant doivent pouvoir bénéficier, sous certaines conditions, d'un surcroît de capital. A cet égard, le système bancaire classique étant inadapté, des formules nouvelles sont à promouvoir. En quatrième lieu, les emplois sociaux, probablement temporaires mais permettant un premier contact avec la vie professionnelle, liés au système éducatif ou sanitaire doivent être développés, en particulier pour les jeunes filles sans formation et au chômage. En cinquième lieu, l'organisation des femmes —

---

[6] En matière d'éducation, de droits à la santé, d'accès au crédit, notamment les personnes défavorisées, d'accès à tous aux services sociaux élémentaires, de protection de la santé maternelle, et de programmes de lutte contre la pauvreté, etc.

[7] Par exemple, au Bénin, l'accès des filles à l'école est gratuit. Or, les établissements scolaires doivent assurer eux-mêmes leurs dépenses de fonctionnement à l'aide des droits d'inscription. De ce fait, les chefs d'établissement inscrivent prioritairement les garçons.

associations, syndicats, etc. — doit être explicitement appuyée — financièrement et institutionnellement — tant par les pouvoirs publics que par la communauté internationale.

Ainsi, même en milieu urbain africain, malgré la prééminence tenace du préjugé masculin et les réminiscences des valeurs traditionnelles, les femmes accéderont de plus en plus fréquemment à de meilleures opportunités économiques et seront en mesure de mieux contrôler les ressources internes du ménage. Cette évolution du statut de la femme est non seulement inéluctable, mais également souhaitable, même si ce processus s'inscrit dans le long terme et si beaucoup d'efforts sont encore nécessaires pour réduire les disparités selon le genre. L'éradication de la pauvreté est illusoire sans une meilleure participation des femmes au développement, en général, et au marché du travail, en particulier, tant en milieu urbain que dans les zones rurales.

Références bibliographiques

Agresti, A. 1990. *Categorical data analysis*, New York, John Wiley & Sons.

Ainsworth, M., Beegle, K., Nyamete, A. 1995. *The impact of female schooling on fertility and contraceptive use*, Washinton, LSMS working papers n° 110, Banque mondiale.

Appleton, S., Collier, P., Horsnell, P. 1990. *Gender, education, and employment in Côte d'Ivoire*, Working paper policy analysis n°8, Washington, Banque mondiale.

Arends, M. 1992. "Female labor force participation and earnings. A case study of Panama", dans l'ouvrage publié sous la direction de Psacharopoulos, G., Tzannatos, Z. *Case studies on women's employment and pay in Latin America*, Washington, Banque mondiale.

Aryee, G.A., Mhone, G.C.Z. 1986. *Vulnerable segments of the labor market in southern Africa*, Genève, Bit/Satep.

Banerjee, B., Knight, J.B. 1985. "Caste discrimination in the Indian urban labour market", *Journal of development economics*, n°17, North-Holland.

Banque mondiale 1980. *Rapport sur le développement dans le monde 1980*, Washington.

— . 1986. *Rapport sur le développement dans le monde 1986*, Washington.

— . 1989a. *Social development in Africa report*. Statistical tables, Washington.

— . 1989b. *Rapport sur le développement dans le monde 1989. Systèmes financiers et développement*, Washington.

— . 1991a. *Gender and poverty in India*, Washington, Banque mondiale.

— . 1991b. *Rapport sur le développement dans le monde 1991*, Washington, Banque mondiale.

— . 1992. *Rapport sur le développement dans le monde 1992. Le développement et l'environnement*, Washington, Banque mondiale.

— . 1995a. *Rapport sur le développement dans le monde 1995. Le monde au travail dans une économie sans frontières*, Washington, Banque mondiale.

— . 1995b. *Global economic prospects and the developing countries*, Washington, Banque mondiale.

Baris, P. 1980. *Recensement des activités en milieu urbain, 1976. Présentation des résultats par grands secteurs économiques et par activités*, Abidjan, Ministère de l'économie, des finances et du plan, Direction de l'activité industrielle.

Becker, G. S. 1960. "An economic analysis of fertility", dans l'ouvrage publié sous la direction du National bureau committee for economic research *Demographic and economic change in developed countries*, Princeton, Princeton University Press.

— . 1975. *Human capital*, Chicago, University of Chicago Press.

Becker, G. S., Lewis, H.G. 1973. "On the interaction between the quantity and the quality of children", *Journal of political economy*, vol. 81, n°2.

Bennett, L. 1992. *Women, poverty and productivity in India*, Washington, EDI seminar papers n° 41, Banque mondiale.

Cain, G.C. 1986. "The economic analysis of labour market discrimination : a survey", dans l'ouvrage publié sous la direction de Ashenfelter, O., Layard, R. : *Hanbook of labor economics*, New York, vol.1, Elsevier science publishers.

Cogneau, D., Razafindrakoto, M., Roubaud,F. 1994. *Le secteur informel crée-t-il sa propre demande. Faits empiriques et modélisation macroéconomique*, Paris, n°1994-13/E, Développement des investigations sur l'ajustement à long terme.

De Miras, C. 1980. *Secteur de subsistance, ménage et salariat. Origine des revenus domestiques dans un quartier d'Abidjan*, Abidjan, Direction de la statistique, Ministère de l'économie, des finances et du plan.

Easterlin, R.A. 1969. "Towards a socioeconomic theory of fertility: a survey of recent research on economic factors in American fertility", dans l'ouvrage publié sous la direction de Behrman, J., Corea, L., Freedman, Jr., *Fertility and family planning: a world view*, Ann Arbor, Michigan University Press.

Etounga-Manguelle, D. 1990. *L'Afrique a-t-elle besoin d'un programme d'ajustement culturel?*, Ivry-sur-seine, Editions nouvelles du Sud.

Fonds monétaire international 1992. *International financial statistics*, Washington.

Gerry, Ch. 1979. "Small-scale manufacturing and repairs in Dakar : a survey of market relations within the urban economy", dans l'ouvrage publié sous la direction de Bromley, R., Gerry, Ch. : *Casual work and poverty in the thirld world cities*. Londres, Chichester.

Gill, I. 1992. "Is there sex discrimination in Chile? Evidence from the CASEN survey", dans l'ouvrage publié sous la direction de Psacharopoulos, G., Tzannatos, Z. *Case studies on women's employment and pay in Latin America*, Washington, Banque mondiale.

Gindling, T.H. 1991. "Determination of wages in the public, private-formal, and informal sectors in San José, Costa Rica", *Economic Development and Cultural Change*, vol.39, n°3, avril.

Glewwe, P., Hall, G. 1995. *Who is most vulnerable to macroeconomics shocks? Hypothese tests using panel data from Peru*, Washington, LSMS n° 117, Banque mondiale.

Harriss, J. 1986. *Vulnerable workers in the urban labour market of South and South-East Asia*, Genève, document polycopié, Bureau international du travail.

Harris, J., Kannan, K.P., Rodgers, G. 1990. *Urban labour market structure and jobs access in India: a study of Coimbatore*, Genève, Research series 92, Institut international d'études sociales.

Hart, K. 1973. "Informal incomes opportunities and urban employment in Ghana", *Journal of Modern African studies*, vol.11, n° 1, mars.

Hechman, J. 1976. «The common structure of statistical models of truncation, sample selection and limited dependant variable and a simple estimator for such models», *Annals of economic and social measurement*, vol. 5, n° 4.

Hill, A., King, E.M. 1993. "Women's education in developing countries : an overview", dans l'ouvrage publié sous la direction de Hill, A., King, E.M. : *Women's education in developing countries*, London, The Johs Hopkins University Press.

Horton, S., Kanbur R., Mazumdar D. 1991. "Labor markets in an era of adjustment: evidence from 12 developing countries", *Revue internationale du travail*, vol.130, n^{os}5-6.

House, W.J. 1984. "Nairobi's informal sector : dynamic entrepreneurs or surplus labor", *Economic development and cultural change*, vol.32, n°2, janvier.

Humphries, J. 1995. *Gender and économics*, Vermont, Edward Elgan publishing company.

Hyde, K.A.L. 1993. "Sub-Saharan Africa", dans l'ouvrage publié sous la direction de Hill, A., King, E.M. : *Women's education in developing countries*, London, The Johs Hopkins University Press.

Kannappan, S. 1985. "Urban employment and the labor market in developing nations", *Economic development and cultural change*, vol.33, n°4, avril.

Khandker, S.R. 1992. *Earnings, occupational choice and mobility in segmented labor markets of India*, Washington, discussion papers 154, Banque mondiale.

Lachaud, J.-P. 1976. *Contribution à l'étude du secteur informel en Côte d'Ivoire : le cas du secteur de l'habillement*, Bordeaux, thèse de troisième cycle, Université Bordeaux 1.

— . 1988. *Pauvreté et marché du travail urbain: le cas d'Abidjan (Côte d'Ivoire)*, Genève, discussion papers n°8, Institut international d'études sociales.

— . 1989. *Le marché du travail urbain en Côte d'Ivoire : structure et segmentation*, Genève, série de recherche n° 95, Institut international d'études sociales.

— . 1990. *Etude du marché de l'emploi au Mali*, Washington, International management & development group, Ltd.

— . 1994a. *Pauvreté et marché du travail urbain en Afrique subsaharienne : analyse comparative*, Genève, Institut international d'études sociales.

— . 1994b. *The labour market in Africa*, Research series 102, Genève, Institut international d'études sociales.

— . 1995a. *Pauvreté et marché du travail au Bénin : quelques éléments d'analyse*, Bordeaux, document de travail n°6, Carl duisberg Gesellschaft e.V., Centre d'économie du développement.

— . 1995b. "Marché du travail et exclusion sociale dans les capitales d'Afrique francophone: quelques éléments d'analyse", *Revue Tiers-Monde*, n°145, avril-juin.

— . 1995c. *Le secteur informel urbain et l'informalisation du travail en Afrique subsaharienne : rhétorique et réalités. Le cas de la Côte d'Ivoire*, Bordeaux, document de travail n°5, Centre d'économie du développement.

Leibenstein, H. 1957. *Economic backwardness and economic growth. Studies in the theory of economic development*, New York, Wiley.

Levy, V., Newman, J.L. 1989. *Rigidité des salaires. Données microéconomiques et macroéconomiques sur l'ajustement du marché du travail dans le secteur moderne*, Washington, EMNV n°55F, Banque mondiale.

Maddala, G.S. 1983. *Limited dependent and qualitative variables in econometrics*, Cambridge, Cambridge University Press.

Mazumdar; D. 1989. *Microeconomics issues of labor markets in developing countries. Analysis and policy implications*, Washington, EDI seminar paper n°40, Banque mondiale.

McFadden, D. 1974. "Analysis of qualitative choice behavior", dans l'ouvrage publié sous la direction de Zarembka, P., *Frontiers in Econometrics*, New york, Academic Press.

Ministère de la coopération et du développement 1992. *Les états d'Afrique, de l'Océan Indien et des Caraïbes ; situation économique et financière en 1991*, Paris, Ministère de la coopération et du développement.

Montgomery, M., Kouamé, Oliver, R. 1995. *The tradeoff between number of children and child schooling*, Washington, LSMS n° 112, Banque mondiale.

Moser, C. 1995. "La femme et la ville", dans le rapport publié sous la direction de l'Ocde, *Les femmes, les distinctions hommes/femmes et la politique de développement urbain*, Paris, Ocde.

Oaxaca, R. 1973. "Male-female wage differentials in urban labor markets", *International economic review*, vol. 14.

Oaxaca, R., Ransom, M.R. 1994. "On discrimination and the decomposition of wage differentials", *Journal of econometrics*, vol. 61, n°1.

Oit 1972. *Employment, incomes and equality: a strategy for increasing productive employment in Kenya*, Genève.

Pecta 1991. *Rapport sur l'emploi en Afrique 1990*, Addis Abeba. Pecta.

Pnud 1995. *Rapport mondial sur le développement humain 1995*, Paris. Economica.

Ravallion, M. 1992. *Poverty comparaisons: a guide to concepts and methods*, Washington, LSMS, WP n°88, Banque mondiale.

Rodgers, G. 1986. "Labour markets, labour processes and economic development", *Labour and society*, vol.11, n°2, mai.

Rodgers, G., Rodgers, J. eds 1990. *Les emplois précaires dans la régulation du marché du travail. La croissance du travail atypique en Europe de l'Ouest*, Genève, Institut international d'études sociales.

Rosenhouse, S. 1989. *Identifyong the poor. Is "headship" a useful concept?"*, Washington, LSMS, n°58, Banque mondiale.

Roubaub, F. 1993. *Le marché du travail à Yaoundé 1983-93. La décennie perdue*, Paris, n° 1993-09/E, Dial.

Schafgans, M. 1991. "Fertility determinants in Peru: a quantity-quality analysis", dans l'ouvrage publié sous la direction de Herz, B.K., Khandker, S.R., *Women's work education, and family welfare in Peru*, Banque mondiale, Discussion papers 116, Whashington.

Sen, A. 1992. *Inequality reexamined*, Oxford, Clarendon press.

Steel, W., Takagi, Y. 1978. *The intermediate sector, unemployment, and the employement-output conflict: a multi-sector model*, Washington, Staff working paper n°301, octobre, Banque mondiale.

Stelcner, M., Smith, J.B., Breslaw, A., Monette, G. 1992. "Labor force behavior and earnings of Brazilian women and men, 1980", dans l'ouvrage publié sous la direction de Psacharopoulos, G., Tzannatos, Z. *Case studies on women's employment and pay in Latin America*, Washington, Banque mondiale.

Subbaco, K., Raney, L., Dundar, H., Haworth, J. 1994. *Women in higher education. Progress, constraints and promising initiatives*, Washington, World Bank discussion papers 244, Banque mondiale.

Terrell, K. 1991. *A selectivity model of public-private wage differentials in Haiti*, Pittsburg, Working papers n°268, University of Pittsburg.

Todaro, M.P. 1969. "A model of labor migration and urban unemployment in less developed countries", *American economic Review*, vol.59, mars.

Train, K. 1993. *Qualitative choice analysis*, Cambridge, The MIT Press

Turnham, D., Salomé, B., Schwarz, A. 1990. *The informal sector revisited*, Paris, Ocde.

Vandemoortelle, J. 1991. "Labour market informalisation in sub-saharan Africa", in Standing G., Tockman V. eds: *Toward social adjustment*, Genève, OIT.

Vijverberg, W. 1988. *Profits from self-employment. A case study of Côte d'Ivoire*, Washington, LSMS working paper n°43, Banque mondiale.

Weeks, J. 1986. *Vulnerable segments of labour market: urban areas of the African studies*, Genève, janvier, Oit.

Willis, R.J. 1973. "A new approach to the economic theory of fertility behavior", *Journal of political economy*, vol. 81, n°2.

Willis, R. 1986. "Wage determinants: a survey and reinterpretation of human capital earnings functions", dans l'ouvrage publié sous la direction de Ashenfelter, O., Layard, R. : *Hanbook of labor economics*, New York, vol.1, Elsevier science publishers.

Zarour, C. 1989. *Etude du secteur informel de Dakar et ses environs, phase III*, Dakar, Usaid.

Annexes

Annexe A : Tableaux

Tableau A1.1 : Indicateurs socio-économiques relatifs aux pays d'Afrique au sud du Sahara du présent échantillon

Pays Paramètre	Burkina Faso	Cameroun	Côte d'Ivoire	Guinée	Mali
PNB par habitant					
Niveau - dollars, 1993	300	820	630	500	270
Croissance 1965-90	1,3	3,0	0,5	1,1[1]	1,7
Croissance 1980-93	0,8	-2,2	-4,6	-0,1[2]	-1,0
Pauvreté/distribution du revenu					
Incidence pauvreté (% ménages) [11]	51,7	26,9	19,5	50,0	50,3
Quartile le plus pauvre (% revenu) [12]	0,5	1,4	1,7	5,3	1,8
Quartile le plus riche (% revenu) [12]	76,7	76,5	67,3	56,9	84,3
Répartition du PIB en % (1970/93)					
Agriculture	42/32	31/29	40/37	56[4]/24	61/42
Industrie	21/24	19/25	23/24	36[4]/31	11/15
Secteur manufacturier	14/14	10/11	13/17[3]	-/5	7/9
Services	37/44	50/47	36/39	8[4]/45	28/42
Population					
Population totale (PT) 1993 (millions)	9,8	12,5	13,3	6,3	10,1
Taux de croissance PT 1980-93 (%)	2,6	2,8	3,7	2,7	3,0
Population active (PA) 1993 (millions)	4,0	5,0	5,0	3,0	3,0
Taux de croissance PA 1980-93 (%)	2,0	2,0	2,6	1,7	2,6
Education (1992)					
Taux d'alphabétisation des adultes (%)	17,4	59,6	36,6	33,0	27,2
Taux bruts de scolarisation - tous niveaux (%)	19	50	39	22,0	15
Urbanisation					
Population urbaine, 1993 (% pop. totale)	23,0	43,0	42,0	28,0	26,0
Population capitale, 1990 (millions)[8]	0,4	0,7	2,1[9]	1,3	0,7
Taux de croissance pop. urb. (1980-93)	10,4	5,3	5,2	5,6	5,5
Emploi					
Taux d'activité (% population totale 1993)[13]	40,0	38,5	38,5	50,0	30,0
Population active, % en 1965 et 1990/92					
• Agriculture	90,0/87,0	87,0/79,0	80,0/65,0	87,0/78,0	91,0/85,0
• Industrie	3,0/4,0	4,0/7,0	5,0/8,0	6,0/1,0	1,0/2,0
• Services	7,0/9,0	9,0/14,0	15,0/27,0	7,0/21,0	8,0/13,0
Population active féminine (% population totale de 15 ans et plus 1994)	45	32	34	38	15
Emploi salarié de la capitale (% population active urbaine)[10]					
Secteur public	30,0	22,3	13,1	23,3	22,7
Secteur privé	15,2	21,7	35,0	9,0	15,0
Fonction publique (% population active en 1990)	0,8	4,2	2,6	2,3	1,5

(1) 1965-84; (2) 1980-87; en 1987-89, le taux de croissance a été de -0,3 pour cent; (3) 1989; (4) 1960; (5) 4 pour cent en 1960; (6) 1987; (7) 1986; (8) évaluation d'après : Banque mondiale [1992], sauf pour Abidjan; (9) Abidjan; (10) Burkina Faso, 1992; Cameroun, 1990-91; Côte d'ivoire, 1986-87; Guinée, 1991-92; Madagascar, 1989; Mali, 1991; (11) voir la section sur la méthodologie pour les définitions de la pauvreté; (12) y compris les revenus nuls ou négatifs ; (13) calculés d'après Banque mondiale [1995a].

Sources : Banque mondiale [1980], [1986], [1989a], [1989b], [1992], [1995a] ; PECTA [1991]; Enquêtes emploi pilotes auprès des ménages : Burkina Faso (Ouagadougou, 1992), Cameroun (Yaoundé, 1990-91), Côte d'Ivoire (Abidjan, 1986-87), Guinée (Conakry, 1991-92), Mali (Bamako, 1991) ; Ministère de la coopération et du développement [1992] ; Pnud [1995].

Tableau A1.2 : Répartition des types de ménage selon le niveau de vie, le sexe du chef de ménage et la capitale

Niveau de vie Capitale/paramètre	Pauvres	Intermédiaires	Non pauvres	Ensemble
Ouagadougou				
Ensemble des ménages (N)	154	100	45	**299**
Mono parental[1]	10,4	5,0	11,1	**8,7**
Nucléaire[2]	29,9	25,0	28,9	**28,1**
Elargi[3]	59,7	70,0	60,0	**63,2**
Chef de ménage féminin (N)	23	6	2	**31**
Mono parental[1]	34,8	50,0	-	**35,5**
Nucléaire[2]	-		-	**-**
Elargi[3]	65,2	50,0	100,0	**64,5**
Yaoundé				
Ensemble des ménages (N)	81	129	91	**301**
Mono parental[1]	12,3	7,8	9,9	**9,6**
Nucléaire[2]	25,9	16,3	16,5	**19,9**
Elargi[3]	61,7	76,0	73,6	**71,4**
Chef de ménage féminin (N)	21	13	11	**45**
Mono parental[1]	33,3	46,2	54,5	**42,2**
Nucléaire[2]	-	-	-	**-**
Elargi[3]	66,7	53,8	45,5	**57,8**
Abidjan				
Ensemble des ménages (N)	57	147	88	**292**
Mono parental[1]	12,3	10,9	12,5	**11,6**
Nucléaire[2]	42,1	38,1	27,3	**35,6**
Elargi[3]	45,6	51,0	60,2	**52,7**
Chef de ménage féminin (N)	5	17	10	**31**
Mono parental[1]	40,0	35,3	44,4	**38,7**
Nucléaire[2]	-	5,9	-	**3,2**
Elargi[3]	60,0	58,8	55,6	**58,1**
Conakry				
Ensemble des ménages (N)	150	59	91	**300**
Mono parental[1]	1,3	3,4	2,2	**2,0**
Nucléaire[2]	16,6	22,0	24,2	**20,0**
Elargi[3]	82,0	74,6	73,6	**78,0**
Chef de ménage féminin (N)	4	3	3	**10**
Mono parental[1]	25,0	66,7	-	**30,0**
Nucléaire[2]	25,0	-	-	**10,0**
Elargi[3]	50,0	33,3	100,0	**60,0**
Bamako				
Ensemble des ménages (N)	151	58	91	**300**
Mono parental[1]	2,0	1,7	1,1	**1,7**
Nucléaire[2]	29,1	24,1	27,5	**27,7**
Elargi[3]	68,9	74,1	71,4	**70,7**
Chef de ménage féminin (N)	16	6	5	**27**
Mono parental[1]	12,5	-	20,0	**11,1**
Nucléaire[2]	6,3	16,7	-	**7,4**
Elargi[3]	81,3	83,3	80,0	**81,5**

(1) Un seul parent avec ou sans enfants sans autres personnes apparentées au chef ; (2) Chef de ménage et épouse avec ou sans enfants sans autres personnes apparentées au chef; (3) Chef de ménage, épouse avec ou sans enfants et autres personnes apparentées au chef.

Source s: Enquêtes emploi pilotes auprès des ménages : Burkina Faso (Ouagadougou, 1992), Cameroun (Yaoundé, 1990-91), Côte d'Ivoire (Abidjan, 1986-87), Guinée (Conakry, 1991-92), Mali (Bamako, 1991).

Tableau A1.4 : Taux de chômage urbain selon l'instruction, l'âge — 15 ans et plus — le sexe et la capitale (% de la population active)

Capitale Paramètre		Ouaga- dougou	Yaoundé	Abidjan	Conakry	Bamako
Hommes						
Sans instruction	15-29 ans	30,6	0,0	17,0	13,3	19,0
	30-39 ans	11,4	20,0	10,7	0,0	10,3
	≥ 40 ans	7,7	0,0	17,3	16,9	2,0
	Ensemble	**16,3**	**8,3**	15,7	**12,9**	**10,4**
Primaire	15-29 ans	40,3	46,3	34,7	10,0	19,5
	30-39 ans	0,0	31,0	6,9	15,0	11,3
	≥ 40 ans	15,8	8,6	4,0	28,6	11,4
	Ensemble	**29,8**	**29,5**	**22,2**	**15,6**	**16,7**
Secondaire	15-29 ans	58,1	45,8	47,2	26,7	42,9
	30-39 ans	3,2	13,3	11,7	18,3	14,3
	≥ 40 ans	6,7	20,4	16,7	20,4	12,5
	Ensemble	**35,2**	**29,1**	33,8	**22,9**	**24,3**
Supérieur	15-29 ans	25,0	59,5	33,3	61,1	61,5
	30-39 ans	0,0	23,8	16,7	28,6	35,3
	≥ 40 ans	0,0	0,0	0,0	7,7	0,0
	Ensemble	**5,6**	**33,0**	**23,1**	**29,0**	**29,9**
Ensemble	15-29 ans	41,8	48,6	37,5	21,2	24,1
	30-39 ans	5,0	19,9	10,6	17,8	16,6
	≥ 40 ans	7,9	12,0	13,5	18,6	5,0
	Ensemble	**22,8**	**29,5**	**25,5**	**19,5**	**17,1**
Femmes						
Sans instruction	15-29 ans	29,3	0,0	8,1	11,4	20,8
	30-39 ans	10,0	0,0	3,1	3,6	0,0
	≥ 40 ans	0,0	0,0	3,3	2,5	2,6
	Ensemble	**12,7**	**0,0**	**5,6**	**4,9**	**8,5**
Primaire	15-29 ans	45,5	70,0	35,9	19,4	22,0
	30-39 ans	45,5	5,9	13,3	27,3	0,0
	≥ 40 ans	28,6	4,8	0,0	0,0	0,0
	Ensemble	**43,5**	**27,6**	**30,1**	**18,2**	**14,3**
Secondaire	15-29 ans	61,2	52,2	38,5	34,4	48,4
	30-39 ans	15,4	12,1	10,0	23,1	10,3
	≥ 40 ans	10,0	5,9	33,3	5,0	0,0
	Ensemble	**41,2**	**30,6**	**33,8**	**25,6**	**24,4**
Supérieur	15-29 ans	14,3	66,7	100,0	85,7	100,0
	30-39 ans	18,2	9,1	0,0	31,3	25,0
	≥ 40 ans	0,0	0,0	-	0,0	0,0
	Ensemble	**15,0**	**26,9**	**33,3**	**45,8**	**28,6**
Ensemble	15-29 ans	44,7	56,6	27,4	27,3	30,2
	30-39 ans	19,1	10,3	6,8	19,6	7,1
	≥ 40 ans	4,4	3,6	5,4	2,7	1,0
	Ensemble	**28,5**	**27,8**	**20,0**	**17,4**	**16,3**

Note : Le taux de chômage été calculé de la manière suivante : taux de chômage = [(chômeurs)/(employés + sous-occupés + chômeurs)].

Sources : Enquêtes emploi pilotes auprès des ménages : Burkina Faso (Ouagadougou, 1992), Cameroun (Yaoundé, 1990-91), Côte d'Ivoire (Abidjan, 1986-87), Guinée (Conakry, 1991-92), Mali (Bamako, 1991) ; Lachaud (1994).

Tableau A2.4 : Anticipations à la baisse des salaires selon l'expérience professionnelle, le sexe des chômeurs et la capitale

Capitale Paramètre	Ouaga-dougou	Yaoundé	Abidjan	Conakry	Bamako
Ensemble					
Chômeur sans expérience (N)	141	127	138	103	99
Révisions en baisse (% ind.)	78,0	88,2	88,6	61,2	75,6
% de baisse salaire accepté	21,9	17,5	-	8,1	9,5
Durée du chômage (mois)	35,1	38,7	27,2	26,9	24,1
Chômeurs avec expérience (N)	22	48	53	71	20
Révisions en baisse (% ind.)	90,9	81,3	78,7	50,7	70,0
% de baisse salaire accepté	21,2	21,7	-	12,2	7,9
Durée du chômage (mois)	27,1	36,5	33,5	29,4	26,5
Hommes					
Chômeur sans expérience (N)	82	75	96	65	73
Révisions en baisse (% ind.)	84,1	86,7	96,9	58.5	75,3
% de baisse salaire accepté	19,7	18,3	-	8,0	10,0
Durée du chômage (mois)	29,7	36,9	26,6	26.5	25,3
Chômeurs avec expérience (N)	16	40	44	61	18
Révisions en baisse (% ind.)	87,5	80,0	90,9	54,1	72,2
% de baisse salaire accepté	23,6	21,5	-	17,3	7,9
Durée du chômage (mois)	30,2	38,5	34,0	32,2	25,4
Femmes					
Chômeur sans expérience (N)	59	52	42	38	26
Révisions en baisse (% ind.)	69,5	90,4	92,9	68,5	76,9
% de baisse salaire accepté	25,5	15,4	-	7,7	9,1
Durée du chômage (mois)	42,1	41,7	29,1	27,1	24,7
Chômeurs avec expérience (N)	6	8	9	10	2
Révisions en baisse (% ind.)	100,0	87,5	88,9	30,0	50,0
% de baisse salaire accepté	16,7	25,3	-	12,3	-
Durée du chômage (mois)	19,0	23,5	31,8	32.2	33,8

Sources : Enquêtes emploi pilotes auprès des ménages : Burkina Faso (Ouagadougou, 1992), Cameroun (Yaoundé, 1990-91), Côte d'Ivoire (Abidjan, 1986-87), Guinée (Conakry, 1991-92), Mali (Bamako, 1991).

Tableau A1.5 : Cœfficients de régression de l'estimation par les moindres carrés de la quantité d'enfants selon la capitale, le niveau d'instruction et le type de — revenu variable dépendante : nombre d'enfants[1]

Capitale	Ouagadougou		Yaoundé		Abidjan		Conakry		Bamako	
Paramètre	M1	M2	M1	M2	M1	M2	M1	M2	M1	M2
Instruction (mère)[2]										
Primaire	0,0475	0,0673	0,3436	0,3543	0,1045	0,1334	-0,7356	-0,7968	0,1500	0,1357
	(0,139)	(0,198)	(0,488)	(0,507)	(0,243)	(0,315)	(-1,054)	(-1,160)	(0,197)	(0,177)
Secondaire	-0,7996	-0,7793	0,7491	0,7569	-0,2337	-0,0269	-0,8898	-0,6926	-1,3529*	-1,3484
	(-2,131)*	(-2,183)*	(1,009)	(1,034)	(-0,361)[4]	(-0,042)[4]	(-1,621)**	(-1,327)	(-2,273)[4]	(-2,271)[4]*
Supérieur	-2,1063	-2,3260	-0,6124	-0,5972	-	-	-1,4209	-1,1347	-	-
	(-3,411)*	(-4,561)*	(-0,679)	(-0,692)			(-1,571)	(-1,273)		
Formation (mère)[3]										
Apprentissage	-0,4298	-0,4371	-0,6230	-0,6214	-0,0207	-0,98E-3	-0,9918	-0,5350	-0,6299	-0,6904
	(-0,799)	(-0,814)	(1,328)	(-1,348)	(-0,033)	(-0,002)	(-0,911)	(-0,506)	(-0,532)	(-0,580)
Autre formation	0,2091	0,0084	0,0207	-0,0015	0,5177	-0,5340	2,0861	2,0582	-0,4024	-0,4042
	(0,448)	(0,019)	(0,034)	(-0,006)	(0,747)	(-0,796)	(2,054)*	(2,062)*	(-0,513)	(-0,525)
Age (mère)	0,4890	0,4789	0,4700	0,4736	0,3917	0,3838	0,4133	0,4185	0,5335	0,5462
	(7,265)*	(7,219)*	(4,132)*	(4,259)*	(4,285)*	(4,297)*	(3,627)*	(3,338)*	(4,708)*	(4,820)*
(Age)² (mère)	-0,0054	-0,0053	-0,0045	-0,0045	-0,0041	-0,0041	-0,0044	-0,0045	-0,0054	-0,0055
	-(6,743)*	(-6,686)*	(-3,045)*	(-3,114)*	(-3,359)*	(-3,397)*	(-3,326)*	(-3,457)*	(-4,267)*	(-4,360)*
Naissance capitale	0,2785	0,2630	-0,6257	-0,6161	-0,5687	-0,5988	0,1231	0,1405	-0,1736	-0,1418
(mère)	(0,997)	(0,944)	(-1,416)	(-1,409)	(-0,965)	(-1,032)	(0,240)	(0,279)	(-0,383)	(-0,314)
Revenu de la mère	-0,0105	-	-0,0006	-	-0,41E-5	-	0,0061	-	0,0039	-
	(-0,619)		(-0,029)		(-1,448)		(0,201)		(0,259)	
Revenu du père	0,0022	-	-0,20E-4	-	0,16E-5	-	-0,0022	-	0,0042	-
	(0,602)		(-0,069)		(1,482)		(-0,346)		(2,306)*	
Transferts nets	0,0714	-	0,0051	-	0,75E-6	-	-0,0247	-	0,0640	-
ménage	(1,541)		(0,298)		(0,216)		(-1,064)		(0,571)	
Revenu par tête	-	-0,0102	-	-0,0007	-	-0,84E-6	-	-0,23E-4	-	0,0263
ajusté		(-1,238)		(-0,309)		(-2,477)*		(-2,140)*		(1,313)
Constante	-6,3264	-6,0633	-6,6881	-6,7642	-5,0138	-4,4862	-4,3001	-4,0552	-6,7247	-7,0007
	(-4,821)*	(-4,683)*	(-3,090)*	(-3,224)*	(-3,120)*	(-2,845)*	(-1,937)*	(-1,893)*	(-2,761)*	(-2,874)*
R^2	0,2896	0,2835	0,2368	0,2368	0,1925	0,2012	0,1550	0,1717	0,2444	0,2269
R^2 ajusté	0,2509	0,2518	0,1985	0,2057	0,1511	0,1688	0,0976	0,1262	0,1992	0,1903
F	7,4869	8,9688	6,1798	7,6212	4,6497	6,2050	2,7028	3,7777	5,4039	6,2007
Sig F	0,0000	0,0000	0,0000	0,0000	0,0000	0,0000	0,0101	0,0005	0,0000	0,0000
N	214	214	231	231	206	206	174	174	176	176

Note : La variable dépendante utilisée dans le cadre de la présente étude se réfère uniquement aux enfants des ménages ne comportant qu'une seule épouse — chef de ménage ou non.

* = significatif à 5 pour cent au moins ; ** = significatif entre 5 et 10 pour cent.

(1) Le t est entre parenthèses ; (2) base = sans instruction ; (3) base = sans formation ; (4) secondaire et supérieur.

Sources : Enquêtes emploi pilotes auprès des ménages: Burkina Faso (Ouagadougou, 1992), Cameroun (Yaoundé, 1990-91), Côte d'Ivoire (Abidjan, 1986-87), Guinée (Conakry, 1991-92), Mali (Bamako, 1991).

Tableau A2.5 : Cœfficients de régression de l'estimation Tobit de la quantité d'enfants selon la capitale selon la capitale, le niveau d'instruction et le type de revenu ; variable dépendante : nombre d'enfants[1]

Capitale	Ouagadougou		Yaoundé		Abidjan		Conakry		Bamako	
Paramètre	M1	M2	M1	M2	M1	M2	M1	M2	M1	M2
Instruction (mère)[2]										
Primaire	0,0122	0,0367	0,4042	0,4136	0,0915	0,1245	-0,7280	-0,7820	0,1979	0,1846
	(0,034)	(0,104)	(0,554)	(0,568)	(0,183)	(0,251)	(-1,016)	(-1,103)	(0,261)	(0,241)
Secondaire	-0,8486	-0,8606	0,8373	0,8471	-0,6021	-0,3882	-0,9117	-0,7089	-1,4154	-1,4072
	(-2,178)*	(-2,314)*	(1,088)	(1,111)	(-0,773)[4]	(-0,506)[4]	(-1,617)**	(-1,313)	(-2,375)[4]*	(-2,353)[4]*
Supérieur	-2,1643	-2,5178	-0,5196	-0,5020	-	-	-1,5944	-1,3067	-	-
	(-3,363)*	(-4,699)*	(-0,556)	(-0,559)			(-1,696)**	(-1,402)		
Formation (mère)[3]										
Apprentissage	-0,3918	-0,4056	-0,6483	-0,6445	0,0162	-0,0508	-1,1211	-0,6426	-0,5766	-0,6348
	(-0,708)	(-0,730)	(1,331)	(-1,341)	(0,022)	(-0,070)	(-0,996)	(-0,585)	(-0,489)	(-0,532)
Autre formation	0,3554	0,0800	0,0891	0,0688	0,8888	0,9421	2,1837	2,1565	-0,4379	-0,4289
	(0,731)	(0,177)	(0,143)	(0,111)	(1,081)	(1,175)	(2,102)*	(2,099)*	(-0,557)	(-0,553)
Age (mère)	0,5507	0,5375	0,5359	0,5398	0,4604	0,4507	0,4235	0,4303	0,5388	0,5530
	(7,534)*	(7,416)*	(4,448)*	(4,568)*	(4,314)*	(4,305)*	(3,614)*	(3,813)*	(4,760)*	(4,857)*
$(Age)^2$ (mère)	-0,0062	-0,0062	-0,0052	-0,0053	-0,0049	-0,0048	-0,0045	-0,0046	-0,0054	-0,0055
	-(7,040)*	(-6,918)*	(-3,376)*	(-3,439)*	(-3,405)*	(-3,424)*	(-3,205)*	(-3,414)*	(-4,307)*	(-4,387)*
Naissance capitale (mère)	0,3445	0,3267	-0,6845	-0,6755	-0,8654	-0,8876	0,0647	0,0800	-0,2390	-0,2041
	(1,189)	(1,126)	(-1,487)	(-1,477)	(-1,242)	(-1,289)	(0,122)	(0,153)	(-0,528)	(-0,450)
Revenu de la mère	-0,0174	-	-0,0005	-	-0,48E-5	-	0,0070	-	0,0052	-
	(-0,937)		(-0,083)		(-1,475)		(0,206)		(0,340)	
Revenu du père	0,0024	-	-0,20E-4	-	0,20E-5	-	-0,0016	-	0,0042	-
	(0,647)		(-0,066)		(1,560)		(-0,264)		(2,361)*	
Transferts nets ménage	0,0764	-	0,0047	-	0,12E-6	-	-0,0243	-	0,0648	-
	(1,594)		(0,264)		(0,302)		(-1,019)		(0,581)	
Revenu par tête ajusté	-	-0,0107	-	-0,0008	-	-0,98E-6	-	-0,22E-4	-	0,0279
		(-1,252)		(-0,301)		(-2,463)*		(-2,038)*		(1,388)
Constante	-7,4713	-7,1364	-8,1477	-8,2309	-6,6314	-5,9960	-4,6488	-4,4305	-6,8793	-7,1949
	(-5,292)*	(-5,096)*	(-3,543)*	(-3,680)*	(-3,511)*	(-3,224)*	(-2,032)*	(-1,994)**	(-2,825)*	(-2,937)*
Log vraisemblance	-421,846	-423,103	527,985	527,977	433,038	432,123	416,038	414,537	428,185	430,143
% observations >0	92,9	92,9	93,1	93,1	82,0	82,0	93,1	93,1	96,6	96,6
Sigma[5]	1,8593	1,8678	2,5989	2,5988	2,5378	2,5232	2,9041	2,8758	2,8009	2,8331
(ecrat-typeà)	(19,643)	(19,637)	(20,425)	(20,425)	(17,687)	(17,688)	(17,718)	(17,715)	(18,403)	(18,404)
N	214	214	231	231	206	206	174	174	176	176

Note : La variable dépendante utilisée dans le cadre de la présente étude se réfère uniquement aux enfants des ménages ne comportant qu'une seule épouse — chef de ménage ou non.

(1) Le t est entre parenthèses ; (2) base = sans instruction ; (3) base = sans formation ; (4) secondaire et supérieur ; (5) écart-type des résidus.

Note : * = significatif à 5 pour cent au moins ; ** = significatif entre 5 et 10 pour cent.

Sources : Enquêtes emploi pilotes auprès des ménages : Burkina Faso (Ouagadougou, 1992), Cameroun (Yaoundé, 1990-91), Côte d'Ivoire (Abidjan, 1986-87), Guinée (Conakry, 1991-92), Mali (Bamako, 1991).

Tableau A1.6 : Cœfficients de régression des estimations logistiques multinomiales des déterminants d'accès des hommes aux catégories professionnelles du secteur moderne, Abidjan 1979-89

Echantillon	Hommes 1989			Hommes 1989		
Modèle	Logistique multinomial			Logistique multinomial		
Variable dépendante	Log des chances, relativement aux emplois non qualifiés, d'accès aux autres catégories professionnelles[1]			Log des chances, relativement aux emplois non qualifiés, d'accès aux autres catégories professionnelles[1]		
Variable indépendante	Emploi qualifié	Maîtrise-cadre moyen	Direction-cadre supérieur	Emploi qualifié	Maîtrise-cadre moyen	Direction-cadre supérieur
Primaire[2]	0,89229	2,19847	1,76994	0,74878	1,46168	1,61863
	(14,115)*	(16,934)*	(4,377)*	(8,620)*	(12,380)*	(4,694)*
Secondaire 1c <3e[2]	1,83041	3,58143	4,32055	1,22323	3,17231	4,90737
	(20,168)*	(22,963)*	(10,107)*	(11,272)*	(25,003)*	(14,889)*
Secondaire 1c BEPC CAP[2]	2,50850	4,81393	5,88145	1,20664	2,93366	4,31549
	(23,925)*	(30,3030*	(14,787)*	(9,970)*	(20,549)*	(12,668)*
Secondaire 2c < terminale[2]	3,15399	6,19156	7,89677	1,07128	3,92701	5,77340
	(15,632)*	(26,263)*	(17,675)*	(5,443)*	(20,861)*	(15,763)*
Terminale Bac Bsec[2]	3,00633	7,28112	9,56372	2,21867	5,73338	7,60012
	(8,031)*	(20,058)*	(18,467)*	(7,492)*	(20,386)*	(18,559)*
Iut - Bts[2,6]	3,19444	7,71425	11,75680	1,56657	6,11168	9,33304
	(4,943)*	(12,622)*	(16,598)*	(1,867)**	(8,212)*	(11,520)*
Gdes écoles - supérieur[2]	-	-	-	0,83951	6,50247	10,88900
	-	-	-	(1,285)	(15,017)*	(21,119)*
Formation technique/prof[3]	0,59863	0,77285	0,18228	1,33652	1,52671	1,34930
	(3,642)*	(4,545)*	(0,898)	(7,715)*	(9,192)*	(6,582)*
Diplôme[4]	0,49202	1,12384	2,25544	-0,01086	-0,08947	0,61115
	(6,431)*	(12,167)*	(14,035)*	(-0,120)	(-0,869)	(3,753)*
Age	0,25159	0,51078	0,83963	0,33158	0,46062	0,48964
	(12,304)*	(17,314)*	(16,741)*	(10,433)*	(12,110)*	(7,929)*
(Age)²/100	-0,25743	-0,50900	-0,85616	-0,33572	-0,42099	-0,39138
	(-9,506)*	(-13,468)*	(-13,709)*	(-8,460)*	(-8,938)*	(-5,184)*
Nationalité ivoirienne	0,77416	0,81168	-0,32728	0,75215	1,00911	-1,39809
	(12,462)*	(8,817)*	(-2,435)*	(9,233)*	(9,167)*	(-8,928)*
Constante	-7,65533	-15,95520	-25,25000	-9,42812	-14,75010	-18,06870
	(-19,881)*	(-27,072)*	(-23,526)*	(-14,978)*	(-19,316)*	(-14,422)*
Log de vraisemblance	-9237,32			-7641,26		
Chi² (sig)[5]	9622,05 (0,000)			7081,76 (0,000)		
N	12105			8804		

(1) Normalisation à 0 : emploi non qualifié ; le t — rapport entre β et l'erreur-type — est entre parenthèses (probabilité «two-tailed» que le cœfficient soit égal à zéro) ; (2) base = sans instruction ; (3) base = autres formations ou absence de formation ; (4) base = absence de diplôme; (5) il s'agit du test du rapport de vraisemblance calculé selon : $LR=2(L_1-L_0)$, si L_1 est le log de vraisemblance du modèle sans contrainte et L_0 le log de vraisemblance du modèle contraint (tous les cœfficients sont égaux à 0, sauf la constante). Il suit une loi du Chi² avec des degrés de liberté égaux au nombre de contraintes — (2n-1) et (n-1), respectivement, pour le modèle multinomial et le modèle binaire (n=nombre de paramètres) ; (6) y compris le supérieur.

Note : * = significatif à 5 pour cent au moins ; ** = significatif entre 5 et 10 pour cent ; pour une années donnée, les rapports de vraisemblance relatifs aux différentes catégories professionnelles sont significatifs.

Source : A partir des enquêtes sur les salariés du secteur moderne de 1979 et 1989 (ONFP).

Tableau A2.6 : Cœfficients de régression de l'estimation logistique dichotomique des déterminants d'accès des hommes aux systèmes productifs informels urbains, Côte d'Ivoire 1985

Echantillon	Hommes	
Modèle	Logistique dichotomique	
Variable dépendante	Log des chances, relativement au secteur involutif d'accès aux secteurs évolutifs	
Variable indépendante	β	t^2
Education		
Formation (années)	1,77367	44,4511*
Instruction (années)	-0,00647	-0,0290
Diplôme technique (≥ CAP)[1]	1,47864	4,5507*
Démographie		
Age	0,03206	0,7521
$(Age)^2$	-0,02562	-04888
Nationalité ivoirienne[1]	0,58591	3,8182*
Situation matrimoniale : marié, div.[1]	-0,09684	-0,5722
Autres paramètres		
Statut antérieur: indépendant moderne[1]	-0,33925	-0,4717
Statut antérieur : ouvrier moderne[1]	-0,15970	-0,7280
Branche activité antérieure identique[1]	-0,07803	-0,5474
Finan. moy. déplacement par épargne[1]	-0,33963	-1,4770
Existence d'une autre activité[1]	-0,24308	-0,7622
Milieu urbain Abidjan[1]	0,33153	2,3285*
Constante	-4,44106	-5,7836*
Log de vraisemblance	-980,66	
Chi^2 (sig)[3]	6333,28 (0,000)	
R^{2}[4]	0,763[5]	
Cas correctement prédits (%)	96,2	
N	6390	

(1) Variable binaire ; (2) Probabilité «two-tailed» que le cœfficient soit égal à zéro ; le t est le rapport entre β et l'erreur-type ; (3) il s'agit du test du rapport de vraisemblance calculé selon : $LR=2(L_1-L_0)$, si L_1 est le log de vraisemblance du modèle sans contrainte et L_0 le log de vraisemblance du modèle contraint (tous les cœfficients sont égaux à 0, sauf la constante). Il suit une loi du Chi^2 avec des degrés de liberté égaux au nombre de contraintes — (2n-1) et (n-1), respectivement, pour le modèle multinomial et le modèle binaire (n=nombre de paramètres) ; (4) Il s'agit d'un pseudo-R^2 égal à : $1 -(L_1/L_0)$; (5) Calculé par les résidus, le R^2 est égal à 0,845.

Note : * = significatif à 5 pour cent ; ** = significatif à 10 pour cent.

Source : Enquête secteur informel de Côte d'Ivoire, 1985.

Tableau A1.7 : Cœfficients de régression des estimations logistiques multinomiales des modalités de la mobilité professionnelle — ascendante, stationnaire et descendante — selon la capitale — 15 ans et plus

Echantillon	Ouagadougou		Yaoundé		Abidjan	
Modèle	Logistique multinomial		Logistique multinomial		Logistique multinomial	
Variable dépendante	Log des chances, relativement à la mobilité descendante, de non-mobilité ou de mobilité ascendante[12]					
Variable indépendante	Non-mobilité	Mobilité ascendante	Non-mobilité	Mobilité ascendante	Non-mobilité	Mobilité ascendante
Primaire[3]	1,23558	2,17182	1,06678	0,77644	-0,66523	-0,66699
	(1,403)	(1,811)**	(0,983)	(0,540)	(-1,657)**	(-1,184)
Secondaire 1er cycle[3]	1,50550	3,87803	0,08052	0,71101	0,37343	0,58344
	(1,091)	(2,320)*	(0,076)	(0,515)	(0,645)	(0,827)
Secondaire 2eme cycle[3]	1,33117	2,53135	0,80559	0,81847	0,27551	0,80108
	(1,365)[6]	(1,838)**[6]	(0,753)	(0,577)	(0,360)	(0,938)
Supérieur[3]	-	-	1,46350	1,94760	-0,39678	0,24559
	-	-	(1,190)	(1,271)	(-0,478)	(0,277)
Formation informelle[4]	-0,12595	-0,35140	-1,34612	-0,79836	-0,34614	-0,21987
	(-0,183)	(-0,337)	(-2,406)*	(-1,323)	(-0,863)	(-0,406)
Formation moderne[4]	-0,46525	-0,46473	-0,19894	0,81873	0,00284	0,30471
	(-0,452)	(-0,356)	(-0,322)	(1,301)	(0,005)	(0,520)
Age (années)	0,54679	0,55753	-0,19827	0,13050	0,04502	-0,08053
	(2,249)*	(1,862)**	(-0,951)	(0,561)	(0,408)	(-0,600)
$(Age)^2/100$	-0,55329	-0,54240	0,24297	-0,12173	-0,05850	0,11521
	(-2,082)*	(-1,656)**	(1,067)	(-0,439)	(-0,410)	(0,676)
Naissance : capitale	1,72363	2,71812	-1,43246	0,45728	1,68066	1,18647
	(1,728)**	(2,331)*	(-2,028)**	(0,710)	(2,069)**	(1,255)
Sexe	-0,54816	-0,77565	-1,53617	-0,70738	-0,47791	0,46806
	(-0,514)	(-0,629)	(-2,505)**	(-1,036)	(-1,118)	(0,810)
Mariée	-2,07002	-2,50536	-1,26511	-1,23080	-0,26681	0,29168
	(-1,986)*	(-1,995)*	(-1,938)*	(-1,738)**	(-0,684)	(0,580)
Nationalité	-	-	-	-	-0,12224	0,38156
	-	-	-	-	(-0,335)	(0,787)
Parents indépendants	-0,63522	0,16912	0,21751	0,86693	0,29232	0,10354
	(-0,509)	(0,102)	(0,335)	(1,141)	(0,480)	(0,139)
Parents sal. protégés	-1,01560	-2,67863	0,83823	0,18592	-0,21737	1,16488
	(-0,639)	(-1,322)	(1,044)	(0,205)	(-0,268)	(1,316)
Parents sal. non. prot.	0,76031	2,03375	0,65780	-0,47216	-0,47217	0,21119
	(0,676)	(1,393)	(0,855)	(-0,515)	(-0,490)	(0,198)
Constante	-9,46969	-12,60980	5,69517	-3,15343	1,04151	0,12359
	(-1,788)**	(-1,888)**	(1,442)	(-0,655)	(0,506)	(0,049)
Log de vraisemblance	-72,8248		-141,7010		-270,1420	
Chi² (sig)[5]	28,57 (0,011)		52,52 (0,000)		49,01 (0,000)	
N	91		159		331	

(1) Normalisation à 0 : mobilité descendante. Les types de mobilité ont été déterminés de la manière suivante : (i) mobilité descendante : salariat protégé ou non protégé vers travail irrégulier ou indépendnat ; salariat protégé vers salariat non protégé ; (ii) mobilité stationnaire: irréguliers et indépendants marginaux vers irréguliers ou indépendants marginaux ; salariat protégé vers salariat protégé et salariat non protégé vers salariat non protégé ; (iii) mobilité ascendante : irréguliers et indépendants vers salariat protégé ou salariat non protégé ; salariat non protégé vers salariat protégé; (2) Le t — rapport entre β et l'erreur-type — est entre parenthèses (probabilité «two-tailed» que le cœfficient soit égal à zéro) ; (3) Base = sans instruction ; (4) Base = absence de formation ; (5) Il s'agit du test du rapport de vraisemblance calculé selon: $LR=2(L_1-L_0)$, si L_1 est le log de vraisemblance du modèle sans contrainte et L_0 le log de vraisemblance du modèle contraint (tous les cœfficients sont égaux à 0, sauf la constante). Il suit une loi du Chi² avec des degrés de liberté égaux au nombre de contraintes — (2n-1) et (n-1), respectivement, pour le modèle multinomial et le modèle binaire (n=nombre de paramètres) ; (6) Y compris le supérieur.

Note : * = significatif à 5 pour cent au moins ; ** = significatif entre 5 et 10 pour cent.

Source : Enquêtes pilotes sur l'emploi auprès des ménages : Burkina Faso (Ouagadougou, 1992), Cameroun (Yaoundé, 1990-91), Côte d'Ivoire (Abidjan, 1986-87).

Annexe B : ISEMT : exemple de calcul pour Ouagadougou

1. *Les données nécessaires sont les suivantes — y compris celles qui servent à évaluer l'ISEMT corrigé des PPA en dollars* :

▸ Taux de chômage déclaré féminin	= 28,5%	= CHDF
▸ Taux de chômage déclaré masculin	= 23,2%	= CHDH
▸ Taux de chômage marginal féminin	= 16,1%	= CHMF
▸ Taux de chômage marginal masculin	= 4,7%	= CHMH
▸ Taux d'emploi vulnérable féminin	= 59,4%	= EVF
▸ Taux d'emploi vulnérable masculin	= 58,1%	= EVH
▸ Taux d'emploi féminin	= 32,2%	= TEF
▸ Taux d'emploi masculin	= 54,6%	= TEH
▸ Rapport des revenus féminins/masculins	= 1,005%	= REVFH
▸ Taux d'activité féminin	= 45,0%	= TACF
▸ Taux d'activité masculin	= 71,1%	= TACH
▸ Pourcentage population féminine	= 47,7%	= POPTF
▸ Pourcentage population masculine	= 52,3%	= POPTH
▸ Revenu maximun du travail par semaine F.CFA (moyenne dernier décile)	= 118 226	= REVMAX
▸ Revenu minimum du travail par semaine F.CFA (moyenne premier décile)	= 521	= REVMIN
▸ Revenu moyen du travail par semaine F.CFA	= 21 853	= REVMOY
▸ Revenu annuel moyen par tête annuel PPA (dollars)	= 2443	= RAJPPA$
▸ Revenu moyen par tête mondial corrigé PPA (dollars)[1] - maximun 1992	= 5448	
▸ Revenu moyen par tête mondial corrigé PPA (dollars) - minimum 1992	= 100	
▸ Coefficient d'aversion pour l'inégalité	= 2	

2. *Calcul indicateur du niveau de chômage déclaré également réparti* :

TCFBF = (CHDF-0)/(100-0)
TCHBF = (CHDH-0)/(100-0)
$ICHOERBF = [(POPTF/100)*(TCFBF)^{1} + (POPTH/100)*(TCHBF)^{1}]^{-1} = 0,255$

3. *Calcul indicateur du niveau de chômage marginal également réparti* :

TCFMBF = (CHMF-0)/(100-0).

[1] Conversion du revenu courant en CFA au taux de 1$ = 325 F.CFA (en 1992) et selon le rapport du PIB réel par tête et le PNB par tête de 2,613 en 1992. Soit : (5843x52x2,613)/325. Pnud [1995].

TCHMBF = (CHMH-0)/(100-0)

ICHMERBF = [(POPTF/100)*(TCFMBF)$^{-1}$)) + (POPTH/100)*(TCHMBF)$^{-1}$]$^{-1}$ = 0,071

4. Calcul indicateur du niveau de travail vulnérable également réparti :

TEVFBF = (EVF-0)/(100-0)

TEVHBF = (EVH-0)/(100-0)

IEVERBF = [(POPTF/100)*(TEVFBF)$^{-1}$)) + (POPTH/100)*(TEVHBF)$^{-1}$]$^{-1}$ = 0,587

5. Calcul indicateur du niveau de manque de revenu également réparti :

WWH = (REVFH*TEF) + (1*TEH)

WHW = 1/WWH

WFW = REVFH/WWH

PWF = WFW*TEF

PWH = WHW*TEH

PTF = PWF/(POPTF/100)

PTH = PWH/(POPTH/100)

IREV = [(POPTF/100)*(PTF)$^{-1}$ + (POPTH/100)*(PTH)$^{-1}$]$^{-1}$

IREVC = IREV*REVMOY

IREVBF = (IREVC-REVMIN)/(REVMAX-REVMIN)

RIREVBF = 1-IREVBF = 0,827

6. Calcul indicateur du niveau d'inactivité également réparti :

TACFBF = (100-TACF-0)/(100-0)

TACHBF = (100-TACH-0)/(100-0)

IACERBF = [(POPTF/100)*(TACFBF)$^{-1}$ + (POPTH/100)*(TACHBF)$^{-1}$]$^{-1}$ = 0,374

7. Evaluation ISEMT :

ISEMTBF = (0,255 + 0,071 + 0,587 + 0,827 + 0,374)/5 = 0,423

Dans la collection **"Alternatives rurales"**
Dirigée par Babacar Sall

Dernières parutions:

R. Verdier, A. Rochegude (sous la direction de), *Systèmes fonciers à la ville et au village. Afrique noire francophone.*
H. Lamarche (Sous la coordination de), *L'Agriculture familiale T.1. Une réalité polymorphe. T.2. Entre mythe et réalité.*
B. Hervieu (Etudes rassemblées par), *Les agriculteurs français aux urnes.*
B. Hervieu, R.-M. Lagrave (sous la direction de), *Les syndicats agricoles en Europe.'*
Y. Lambert, O. Galland, *Les jeunes ruraux..*
D. Gentil, *Mouvements coopératifs en Afrique de l'Ouest. Intervention de l'Etat ou organisation paysanne ?*
D. Gentil, *Pratiques coopératives en milieu rural africain.*
M.-C. Guéneau, *Afrique. Les petits projets de développement sont-ils efficaces ?*
M. Bodiguel, *Le rural en question. Politiques et sociologues en quête d'objet.*
D. Desjeux, *Stratégies paysannes en Afrique Noire. Essai sur la gestion de l'incertitude. Le cas du Congo.*
M.-D. Riss, *Femmes africaines en milieu rural.*
V. Pfeiffer, *Agriculture au Sud-Bénin : passé et perspectives.*
A. Guichaoua, *Destins paysans et politiques agraires en Afrique Centrale.* T1 : L'ordre paysan des hautes terres du Burundi & Rwanda, T2: La liquidation du monde paysan congolais.
Ledea-Ouedraogo, *Entraide villageoise et développement. Groupements paysans au Burkina-Faso.*
J. Le Monnier, *Créer son emploi en milieu rural.*
T. Mama, *Crise économique et politique au Cameroun.*
J. Brouard, *Paroles et parcours de paysans.*
A.Aït Abdelmalek, *L'Europe communautaire, l'Etat-nation et la Société rurale.*
B. Falaha, *Création sociale dans la réforme agraire chilienne.*
S. Damianakos, *Le paysan grec. Défi s et adaptations face à la société moderne.*
A. Le Roy, *Les activités de service : une chance pour les économies rurales ?*
S. Yatera, *La Mauritanie. Immigration et développement dans la vallée du fleuve Sénégal..*
E. M. Hernandez, *Le management des entreprises africaines.*
S. Bouchemal, *Mutations agraires en Algérie.*

L'Afrique Noire à L'Harmattan

(dernières parutions)

AKESSON Birgit : Le masque des eaux vives. Danses et chorégraphies traditionnelles d'Afrique Noire. Traduit du suédois, 346 p.
AMONDJI Marcel : L'Afrique Noire au miroir de l'Occident, Diffusion "Nouvelles du Sud", 204 p.
CAHEN Michel : Ethnicité Politique. Pour une lecture réaliste de l'identité, 170 p.
COQUERY-VIDROVITCH Catherine : Afrique Noire. Permanences et ruptures, 447 p.
COQUERY-VIDROVITCH Catherine : Histoire africaine du XXe siècle. Sociétés, villes, cultures, 226 p.
DELERIS Ferdinand coordinateur : Madagascar, 1991-94 dans l'œil du cyclone, Cahier n° 1, 156 p.
DIA KASSEMBE : Angola, 20 ans de guerre civile – Une femme accuse, 304 p.
DIOUF Makhtar : Sénégal, les ethnies et la Nation, 206 p.
ELA Jean-Marc : Afrique, l'irruption des pauvres. Société contre ingérence, pouvoir et argent, 266 p.
ELA Jean-Marc : Restituer l'Histoire aux sociétés africaines – Promouvoir les sciences sociales en Afrique Noire, 128 p.
FONTAINE Michel : Santé et Culture en Afrique Noire – Une expérience au Nord-Cameroun, 360 p.
INIESTA Ferrán, L'Univers africain – approche historique des cultures noires, (traduit de l'espagnol), 224 p.
JACQUIN Claude : Une gauche syndicale en Afrique du Sud, 1978-1993, préfacé par Jean Copans, 230 p.
KABALA Matuka D. : Protection des écosystèmes et développement des sociétés. État d'urgence en Afrique, 276 p.
LOUVEL Roland : Quelle Afrique pour quelle coopération ?, 196 p.
MOFFA Claudio : L'Afrique à la périphérie de l'Histoire (traduit de l'italien), préface de C. Coquery-Vidrovitch, 384 p.
MONNOT Jacques : Le drame du Sud-Soudan. Chronique d'une islamisation forcée, 222 p.
PERRET Thierry : Afrique, voyage en Démocratie, 360 p.

POCHON Jean-François : Zimbabwe, une économie assiégée, 272 p.
VARSIA Kovana : Précis des guerres et conflits au Tchad, 160 p.
SIKOUNMO Hilaire : Jeunesse et éducation en Afrique Noire, 172 p.
TORRENZANO Antonio : L'imbroglio somalien. Historique d'une crise de succession, 128 p.
de VILLERS Gauthier coordinateur : Belgique/Zaïre. Une histoire en quête d'avenir, Cahiers Africains, n° 9-10-11, 348 p.
WEISS Herbert : Radicalisme rural et lutte pour l'indépendance au Congo-Zaïre. Le cas du Parti Solidaire Africain, 372 p.
WILLAME Jean-Claude : Gouvernance et pouvoir. Essai sur trois trajectoires africaines : Madagascar, Somalie, Zaïre, Cahiers Africains, n° 7-8, 206 p.
YAMEOGO Hermann : Repenser l'État africain – Ses dimensions et prérogatives, 256 p.
Revue lusotopie, "Géopolitiques des mondes lusophones", n° 1-2, coédition CEAN/Maison des pays Ibériques/L'Harmattan, 448 p.

www.ingramcontent.com/pod-product-compliance
Lightning Source LLC
LaVergne TN
LVHW050651051026
849532LV00002B/599